U0855599

新清河
实验

李强　王拓涵　等著

生活·讀書·新知 三联书店　生活書店出版有限公司

Copyright © 2023 by Life Bookstore Publishing Co., Ltd.
All Rights Reserved.
本作品版权由生活书店出版有限公司所有。
未经许可，不得翻印。

图书在版编目（CIP）数据

新清河实验 / 李强等著 . — 北京：生活书店出版有限公司, 2023.5
ISBN 978-7-80768-394-0

Ⅰ. ①新… Ⅱ. ①李… Ⅲ. ①社会管理 – 研究 – 海淀区 Ⅳ. ①D671.3

中国版本图书馆CIP数据核字(2022)第228665号

责任编辑　欧阳帆
装帧设计　张　军
责任印制　孙　明
出版发行　生活書店出版有限公司
（北京市东城区美术馆东街22号）
邮　　编　100010
经　　销　新华书店
印　　刷　三河市腾飞印务有限公司
版　　次　2023年5月北京第1版
2023年5月北京第1次印刷
开　　本　635毫米×965毫米　1/16　印张26.5
字　　数　360千字
印　　数　0,001-3,000册
定　　价　69.00元
（印装查询：010-64052066；邮购查询：010-84010542）

目　录

序　言

从学术的角度看，本书属于社会学的社区研究。笔者以为，社区研究是社会学理论与方法研究的根基。笔者最初接触社会学是在20世纪70年代末，那时候，笔者正在中国人民大学读大学本科，当时，中国人民大学还没有社会学专业。1985年，笔者研究生毕业，入职中国人民大学社会学研究所，由此开始了专职的社会学研究与教学。从事专职的社会学研究以后，笔者在全国各地做过很多调查研究，多数研究都属于社区研究。社会学将社区视为一个小的社会，我们知道，“社会”概念太大，研究起来往往没有“抓手”，而社区研究就是社会学研究的最好“抓手”。

笔者从最初接触到社会学学科，到后来又专职从事社会学研究，算起来也有大约四十年时间了，子曰四十而不惑，与之类比，也就是到了这个时间段，应该对社会学有了比较稳定的理解和把握。笔者在从事社会学研究的时候，历来非常重视三点。第一，社会学是一门经世致用之学，中国社会学者研究社会学，最终还是要应用到中国社会发展、社会建设的实践中来，要十分重视中国现代化进程中诸多社会问题的研究。笔者主编的教材《应用社会学》又重新修订，出了第三版，也是为了突出社会学的应用特征。第二，非常重视社会调查、田野调查、一线调查。社会是极其复杂的，对于社会的深入研究如果仅仅依靠文献资料和二手得来的数据等，显然是不行的。当然，全国规模的一线社会调查、问卷调查、入户调查，确实也有很多问题，往往耗费巨大资金、人力和物力。现在很多调查越来越难，20世纪八九十年代的时候，在中国城市里做居民抽样入户调查是比较容易的事情，而今天全国规模的城市居民抽样入户调查已经十分困难了。当然，社会调查也有多种手段，本书所研究的“新清河实验”，由于与当地管理者、当地居民建立了比较密切的关系，很多基层调查也就进行得比较顺利。第三，笔者特别强调社会学的研究应该以社区研究为基础，社区就是在一定的空间领域里生活、工作的人群的共同体。社会学将社区视为各种不同类型、不同规模的社会，将小的社会、中等规模的社会搞清楚了，大大有利于我们理解整体的社会。以上强调的三个重点，在本书《新清河实验》中都会具体展现。

必须强调的一点是，“清河实验”的名称不是笔者发明的，社会学历史上的“清河实验”可以追溯至20世纪20年代末至30年代，当时的社会学家许仕廉、杨开道先生在北平西北郊外清河镇开展了乡村建设实验，命名为“清河实验”。1937年，由于日本军队占领北平，老一代的清河实验就此中断。而本书命名为“新清河实验”，所讲述的则是自2014年起至今，笔者所带领的清华大学研究团队在北京北五环外的清河地区（更准确地说是北京海淀区清河街道所辖区域）所做的社会学社区研究和社区治理的探索与实验。

在老清河实验中断后的七十多年时间里，清河地区已经发生了天翻地覆的变化，今日之清河已非昨日之清河。特别是改革开放四十多年来，中国社会、社区发生了巨大的变迁，而这些变迁几乎都可以在清河找到踪影。清河作为城乡接合部，已经没有了农田，成为了北京市城区的一部分，其内部发展也十分不均衡，出现了多种复杂的空间类型，既有高大上的、华丽的中产社区，也有明显衰落的老旧小区，甚至还有没有转成城市体制的农村、农村社区和“城中村”，其中还有农民户籍身份的当地居民，而这些恰恰可以看作是中国社会经历巨大变迁的缩影。在某种程度上可以说，中国的改革开放和社会变迁所遇到的社会问题，在清河地区都可以找到踪迹。对于这些变化和社会问题，社会学者特别强调，只有通过深入的、采用多种社会学方法的社区研究才能够正确认识。

说起“新清河实验”的初起，就不能不提到笔者的博士后王拓涵博士的贡献，当时她到清华大学社会学系来做博士后，主动要求到清河街道基层去调查和实践。笔者联系了当地的党政组织，北京市海淀区时任区委书记隋振江以及其他领导同志给予了很大的帮助和支持。后来，笔者带领的清华大学社会学系新清河实验团队不断开拓社区实践的内容与领域。实验团队骨干包括肖林副研究员、常宇博士、于建明副研究员、王拓涵博士后、谈小燕博士后、陈孟萍博士、史玲玲博士、葛天任博士、郑路长聘副教授、何晓斌副教授、杨艳文博士、万一老师、赵丽鹏博士、赵娜博士、韩巍硕士、罗家德教授、刘精明教授，以及笔者与清华大学建筑学院合作指导过的刘佳燕副教授、陈宇琳副教授等，清华大学的很多学生也参加过多次调研、实践，形成了一支实力十分强大的新清河实验团队。实验的目标越来越集中在基层社区治理和基层社会治理方面，实验的内容包括：基层组织改革实验、物业管理实验、社会组织实验、社区空间规划实验、社区民生实验，等等。

所以，新清河实验绝不仅仅是笔者主观的社会学学术构想，而是有着深刻社会实践基础的，新清河实验反映了当前中国基层社会治理迫切需要社会学学者参与的现实，也体现了社会学学者为探索我国社会的现代化进程提供具体的、实证的、新型的社区研究场域所做的尝试。可以说，新清河实验既是一个综合性的社会治理实验，也是一种社会科学的社会干预实验和社会科学的社区组织管理实验，还是社会学者的学术研究与社会发展研究相结合的社会参与实验。笔者正是希望通过这样的实验认识巨变中的中国社会。一方面，新清河实验在学理上秉承20世纪30年代老清河实验“为民谋福祉”的家国情怀和学术追求；另一方面，与当年老清河实验的关注点、注重点“乡村改造”有所不同，新清河实验关注的重点是城市社区（当然也包括城乡接合部和正在城镇化的乡村），旨在于中国改革开放新时期，针对变化了的情况做出新的设计，发现和解决新的社会问题，探索人口巨型、高密度社会的城镇化、现代化的路径。我们秉承社区实证研究方法、社区参与方法、社区干预方法，深入社区生活实践，以中国特有的社会情境为基础，研究解决社区治理问题，探索新时期社会学学术研究与转型中国社区建设、社区治理相互接轨的方式。

自2014年初，新清河实验团队开展了对清河地区的田野调查、理论构想、样本选择及实验设计，并围绕社会再组织及社区提升两个中心目标，在地方党委政府的协作支持下，具体开展了基层组织改革实验、社会组织提升实验、民生保障实验、社区规划实验、物业服务提升实验等等，九年多来，实验内容不断丰富扩展，实验团队更是在当地管理部门大力推进民生工程中发挥了重要的专业支持和智力支撑作用，时至今日，无论是在提升地区居民生活环境，还是在推进基层社会治理改革创新，又或是社会学及社区学术研究等多方面都取得了比较明显的成果。一批学生以新清河实验为基础完成了博士论文和硕士论文，也有不少学术论文发表。

特别是近年，在全国人民乃至全世界人民抗击新型冠状病毒的战役中，新清河实验团队也积极参与了清河地区的疫情防控工作，肖林博士、王拓涵博士后、谈小燕博士后、陈孟萍博士、刘屹博士、于建明博士、赵丽鹏博士、刘乐璇助理、张婷助理以及博士生孙弋帏、杨圆圆、从晓、张子约等都做出了贡献。

对于九年来的新清河实验的一些研究、体验、体会，此次结集出版，也是值得庆贺的事情。

本书共有二十一章，收录了基于对新清河实验总体性理论思考、实验推进过程中不同时期的实验总结及不同专题的田野调查报告，整体按照新清河实验九年多来的运作脉络展开，既有社区研究的理论阐释，也展示了实验的探索创新及社区治理的专项研究。本书的篇章内容顺序如下：第一章开宗明义，从理论上阐释了社区研究的社会学意义、社会学研究社区的主要理论视角。社区理论是新清河实验的重要理论基础。第二章为社会学在社区治理研究中的应用分析，主要阐释了社会治理的概念、基本特征、历史变迁及为什么要进行社会治理创新，最后提出了推进社区治理创新的六大任务。第三章则是对新清河实验的总体概述，阐释新清河实验重启的学理及实践意义，展示了新清河实验开展九年多来的主要内容。第四章题为“新清河实验与社区社会力量”，凸显了对社会力量的重点关注，新清河实验的基础理论是探索政府、市场与社会三者之间的关系，中国社会的基本特征是党和政府的管理能力十分强大。改革开放以后，市场经济也有了突飞猛进的发展，社会是市场的载体，如果仅仅重视经济发展和市场转型，而忽视社会的发展或“社会转型”，那么市场转型也很难最终成功。在政府、市场与社会三大力量中，中国目前的状况是社会力量明显偏弱，所以，新清河实验的重要内容之一就是探索、发现和培育社会力量，激发社会活力。中国是有着14亿多人口的社会，如果能够通过体制改革释放出更多的社会力量，其潜力无可限量。第五章题为“基层组织改革实验”，中国社会管理的最基层组织是城乡“居委会”和“村委会”，我国相关法律都强调两种组织的居民和村民的自治特征。要想改革基层社区、激发基层社区活力，最重要的推手就是基层组织和基层管理的改革。新清河实验创造了居委会“议事委员”的体制机制，针对普遍存在的基层群众性自治组织严重背离其自治属性的现实问题，对居委会进行了代表性和功能的扩充，选举产生一定比例的居委会议事委员，议事委员不用“坐班”，而是随时代表居民提出建议和进行监督，推动基层组织更好地回归自治功能，促使社区实现有效的自我管理和服务。第六章聚焦于如何更好地发挥“社会组织”的作用，所谓社会组织在中国有特定的含义，社会组织既区别于政府组织、行政组织，也区别于市场经营组织，国内曾有NGO（Non-Governmental Organizations）的说法，其实也很不准确。中央明确提出要“激发社会组织活力”。所以，新清河实验就是要通过培育“社会组织”来提升社区自治能力。多年来，新清河实验团队自己亲身实践，通过实际运营“社区提升中心”这一正式注册的真正由民间发起的社会组织，对议事委员及居民自组织进行培育孵化，完善基层社区现有的组织架构，在培育社区自治理念、提升社区自治能力等方面做了大量工作。第七章聚焦公众参与的社区空间改造实验。社区空间的改造对于社区生活极其重要，有时候仅仅修一条简单的道路或建立一个简朴的社区交往空间就可以极大地便利和活跃社区生活。社区空间改造需要广博的规划专业知识，也需要一系列的审批手续。所以，本团队通过培育多学科背景的综合性社区规划师团队，带领居民开展了社区空间改造、社区适老化改造等项目，并提供专业的技术支持。第八章、第九章聚焦发挥党委领导和政府负责作用，改善社区弱势群体服务，尤其是关注社区养老问题的民生保障实验，主要包括两方面内容，一方面是记述实验团队通过对社区老人的入户调查，研究不同需求弱势群体的支持策略，培育社区文化养老及互助养老模式；另一方面是实验团队参与当地民生工程“老旧小区改造”和加装电梯工作，发挥了坚强有力的专业支撑作用。第十章“改变市场失灵与物业管理提升实验”，详述了在当前市场失灵背景下，面对日益激化的物业矛盾，新清河实验帮助街道进行组织创新，成立了专门统筹物业服务的“社区治理指导中心”，帮助地区提升物业服务管理水平。第十一章“科技支撑”与大数据社会治理实验，利用“路见清河”在线地图互动平台的探索，展现了一种基于大数据技术手段的社会治理模式。自十二章起，全书研究与分析的重点从总体描述、理论建构、实验内容转向社区治理问题分析。第十二章便展现了从高度整合到分化独立的社区变迁史，分析了社区如何从总体性演变为碎片化，讲述了清河南部地区从一个总体性社区分化为17个独立社区的过程。第十三章提出了一个中国社区中普遍存在的“集体消费”问题，这个消费不是一家一户自己可以完成的，比如小区的物业费和物业服务问题，也进一步探讨了政府、市场与社会的关系。第十四章讲述了清河地区一个老旧社区的“自发市场”在十几年中经历的起落兴衰，再现了城市底层弱势群体的生存抗争过程。第十五章是针对社区居委会功能角色定位的研究，发现了居委会作用发挥与治理需求“脱节”问题，以及提出了解决脱节问题的对策。

第十六章“社区中的阶层认同”是对清河社区社会分层、阶层分化等问题的分析研究。第十七章是以单位制时代的老旧社区为案例，探索了在后单位制时期，在发生了原来的社区精英衰退、社区市场化不适应、社会化不适应以后，如何在老旧社区重新构建社区秩序。第十八章是以清河地区一个“城中村”的变迁史为案例，深入探讨在农民身份市民化、城市和农村在同一个地区并存的局面下，如何提高城中村的社区治理水平。第十九章探讨了清河社区的文化建设问题，提出了清河作为历史古镇所积淀的文化对于当前社会治理创新的启示。第二十章提出了对于高水平社区的憧憬，提出了“幸福社区指标体系”，并且以田野的实证问卷调查为基础，分析了不同类型社区的调研数据，提出了怎样才能真正建设高水平的宜居的幸福社区。最后，第二十一章试图从社区干预实验的角度对新清河实验做出几点学术的探讨与小结，提出了社会学干预的中介效应等学术观点。此外，本书也将历史上的老清河实验作为附录，介绍了老一代社会学家对老清河实验（1928—1937年）的贡献，也可以作为新清河实验的参考和参照。

新清河实验自2014年至今已经持续九年多时间了，其间实验地区很多居民积极参与和支持实验，我们得到了北京市、海淀区和清河街道众多党政干部的支持与帮助，尤其是海淀社工委民政局王玉方书记的大力支持，第十一届全国人大常委会副委员长华建敏同志还特别听取了笔者对于新清河实验的汇报，并给予了肯定。在此，对于所有的参与者、支持者和帮助者致以深深的谢意。

九年多来，新清河实验也得到了社会各界特别是学术界、各类媒体、很多管理者以及很多普通老百姓的关注。读者们可以从网络上找到关于新清河实验的诸多报道。虽然社会各界对于新清河实验给予了很多肯定，但是，笔者作为学术研究者和新清河实验的组织者，深知我们的实验也还是很初步的，也还存在很多漏洞与不足，“革命尚未成功，同志仍须努力”，新清河实验在今后的实验、实践和研究中还要逐步提高，逐步完善。

新清河实验是参与实验的团队集体劳动的成果，实验过程中有很多感人的故事，笔者至今历历在目。新清河实验团队大多是来自清华大学的教师、博士后、博士、硕士、博士生、硕士生、本科生等，也还有一些其他单位的研究者参与。新清河实验团队是一个十分团结友爱的群体，很多博士后、毕业生，出站或毕业了以后，虽然在其他单位有了繁重的新任务，但仍然积极参与新清河实验的工作，笔者对于不同时期加盟团队的全体成员所做出的贡献，在此诚心诚意地表示感谢。

本书书稿撰写各章的执笔者如下（以执笔者参与各章排列的先后为序）：

李强：序言、第一章、第二章、第三章一部分、第四章一部分、第十二章一部分、第十三章一部分、第二十章一部分；

王拓涵：第三章一部分、第四章一部分、第五章、第八章一部分、第九章一部分、第十章一部分、第十一章一部分、第十四章一部分、第十五章一部分；

陈孟萍：第六章、第十七章、第二十一章一部分；

刘佳燕：第七章；

史玲玲：第八章一部分、附录；

林康寒：第九章一部分；

曾思绮：第十章一部分；

杨春滋：第十章一部分；

何晓斌：第十一章一部分；

陈宇琳：第十一章一部分；

葛天任：第十二章一部分、第十三章一部分；

韩巍：第十四章一部分；

万一：第十五章一部分；

沈纪：第十六章；

赵丽鹏：第十八章；

赵娜：第十九章；

谈小燕：第二十章一部分；

肖林：第二十一章一部分。

本书属于社区实证研究，九年多来，曾经进行过多次家庭入户问卷调查、数据收集、个案访谈、座谈会等，参与调查的人有来自清华大学的师生，也有很多来自其他单位，如中华女子学院的李敏教授、北京师范大学的史玲玲讲师就曾多次带领她们的学生参与调查，还有很多人对于这些调查研究做出了贡献，笔者恐有遗漏，总之，对于提及的和可能没有提及的所有贡献者表示感谢。

本书的成书过程中，所有的执笔者都做出了贡献，特别是王拓涵博士后对于全书的形成做了很多编辑工作，中国社科院的肖林副研究员和我指导的现在台湾工作的陈孟萍博士一直是新清河实验的核心成员，既亲身实践了新清河实验，又在政策决策方面上做出很多创新，在北京市工作的常宇博士也对全书的成文提出很多有价值的修改意见。在此，对于新清河实验的所有参与者，再次深表谢意。

三联生活书店的欧阳帆编辑、冯慧敏编辑、肖严编辑，对书稿认真审读校对，提出很多重要的修订建议，也深深感谢她们的贡献。

本书是国家社科基金重大研究专项“加快构建中国特色哲学社会科学学科体系学术体系话语体系”（项目号 18VXK005）的重要研究成果之一。本书虽经各位作者认真撰写、校对，经编辑精心编校，但笔者深知任何一本学术著作常常会有缺点和缺陷，更何况“新清河实验”也仅仅是一种实验，实验就意味着很多方面是属于探讨、探索和尝试，所以，笔者也深感诚惶诚恐，恐存在诸多缺陷、疏漏、不足之处，还敬希广大读者不吝赐教，多多给予批评指正。

李强

于清华大学社会学系

2023年1月21日

第一章
社区研究的社会学意义

本书讲述的是笔者所带领的清华大学团队在北京清河地区所做的社会学社区研究和社区治理的实验探索。从实验团队的组成看，主要以社会学学科的人员为主，当然也有社会科学的其他学科如建筑和城市规划等学科的人员。从学科分类上看，最主要还是属于社会学学科的研究。

长久以来，社会学常常被认为是无所不包的学科，与社会科学的其他学科相比一直有一个难题，即由于“社会”的概念太庞大，社会学所涉及的领域比起经济学、政治学，似乎太广泛，甚至无边无际，这样就常常使得社会学的学者感到困惑，不知道社会学的研究重点在哪里，不知道社会学的研究从哪里入手。

“新清河实验”试图展示，社区研究是最为典型的社会学研究。笔者在社会学多年的教学中也一再向学生们展示，社会学研究是怎样从社区研究入手的。笔者以为，社区实际上是社会学研究社会最重要的切入点或“抓手”，是社会学研究最容易应用的领域。社区实际上就是一个小社会，包括了社会的各个要素，所以，社会学研究最为核心的研究领域和研究手段就是社区研究。老一代社会学家的研究成果，如吴文藻先生关于社区研究的多篇论文、费孝通先生的《江村经济》、林耀华先生的《金翼》等都是社区研究的典范。

一、怎样理解社区

(一)怎样认识和理解社区?

社区(community)是人们的地域社会生活共同体,是进行一定的社会活动、具有某种互动关系和共同文化维系力的人类群体及其活动领域。

社区实际上是从英文翻译过来的,汉语中原本没有“社区”这个词。根据老一代社会学家费孝通先生回忆,1933年,美国著名社会学家、芝加哥学派的重要代表人物帕克(Robert E. Park)到燕京大学讲学,讲课中使用了community概念,最初曾被翻译成“地方社会”,后来,费孝通等燕京大学的同学一起讨论,认为还是不够准确,于是,由费孝通先生首先提出,产生了汉语的“社区”概念。[①]今天理解,所谓社区,就是社会学所强调的地域生活共同体,它既是一个空间地域概念,也是一个“人群聚集”的社会群体概念。这一点,我们在新清河实验中有了更为深刻的体会。

当然,社会学讲社区概念,通常将其视为德国社会学家滕尼斯(F. Tönnies)的发明,认为是滕尼斯将共同体、社区概念引入社会学的。滕尼斯的重要著作《社区与社会》讨论了社区与社会的不同,其实是在比较传统社会与现代社会的差异。滕尼斯所说的社区(德文为Gemeinschaft),还是指那种比较传统的农村社区,那种熟人社会,所以,其本质是有密切互动关系的“共同体”。这些是社会学的基本知识。

改革开放至今已四十余年,中国多数人都居住在城市社区了,城市社区遍布着高楼大厦,居住在同一个楼的邻居虽然互相能够见到,但是很可能相互不来往,甚至连招呼也不打,这还算不算是一个共同体呢?笔者在北京回龙观社区调查发现,北京的回龙观是个巨大的

---

① 费孝通:《二十年来之中国社区研究》,见《费孝通文集》第五卷(1947—1948),北京:群言出版社,1999年,第530页。

居住社区，居住的人口大约有85万人。回龙观社区的形成也有二十多年的历史了，居住在这里的大多数人还远远谈不上是一个社会生活的共同体，居住在同一座楼房的人，多数人相互说不出姓名。所以，滕尼斯所说的社区概念或共同体概念，给我们以很大的启发，启迪我们去建设一种守望相助、邻里和谐、睦邻友好的共同体生活。

还需要说明的是，我国老百姓在日常生活中创造了一个“小区”的概念，小区与社区又是什么关系呢？笔者以为，小区与社区并没有本质区别，小区是一种民间俗称，不是学术规范用语，在多数老百姓约定俗成的理解中，小区往往是指城市居民居住的、有围墙的、属于同一个院落或房地产的、由同一个物业来管理的社区。所以，社区是一个更为规范化、学术化和官方的用语，而小区则是规模比较小的社区的民间用语。

（二）社区的构成要素

早年，将社区概念带到中国来的帕克对社区的定义最为简单，他提出了“三要素”的社区定义：“社区的基本特征可以概括如下：1. 它有一个按地域组织起来的人口；2. 这些人口程度不同地深深扎根在他们所生息的那块土地上；3. 社区中的每一个人都生活在一种相互依赖的关系之中。”①

在很长一段时期里，在中国大陆，社区概念也仅限于学者们在学术论著中使用，那时候，社区概念的知晓范围很小，多数老百姓都不知道这个概念。然而，时至今日，社区概念已经深入到中国人民的日常生活之中了，今天，说起社区，广大老百姓几乎无人不知、无人不晓，为什么会发生如此大的变化呢？这与中国积极推进社区建设密切相关。从文件溯源看，最早是2000年11月，中共中央办公厅、国务院办公厅转发了《民政部关于在全国推进城市社区建设的意见》（中办发〔2000〕23号），从此以后，社区概念在全国迅速普

---

① 何肇发主编：《社区概论》，广州：中山大学出版社，1991年，第3页。

及开来。在这一时期，城市中与老百姓生活密切相关的基层自治组织城市“居民委员会”也正式更名为“社区居民委员会”。这就是老百姓身边的基层组织，老百姓当然最为熟悉。值得注意的是，2017年6月中共中央、国务院发布了《中共中央国务院关于加强和完善城乡社区治理的意见》（中发〔2017〕13号），在文件中将城市和农村都称为“社区”，所以，今后社区的概念会更为普及，在社会学者看来，这也更加符合社会学的社区概念本意。

根据中国近年社区发展的实际情况，笔者以为，理解社区要素时，以下五个要素都不可忽视，换言之，社区是以下五个要素综合在一起的共同体。

第一，人口要素。社会、社区的主体是人，社区最重要的基础要素就是有一定数量的人口。当然，人口的构成往往是多元的，所以，社区要处理好不同年龄、不同民族、不同文化、不同职业的人群之间的关系。由于我国居民是分户籍的，所以，在我国还特别要处理好本地户籍与非本地户籍居民之间的关系。

第二，地域要素。实体社区脱离不开土地、空间，社区存在于自然地理、人文地理空间之中。人们居住、生活、工作、学习，都需要在一定的地域、地理空间上，甚至还需要空间上的物质条件，如房屋等，所以，地域要素异常重要。当然，在高科技发展的今天，新产生了“网络社会”，网络社会出现了跨空间的现象，社会学界也产生了“虚拟社区”“虚拟共同体”的说法。跨地域的、超空间的社会联络变得极为普遍，形成了不是建立在地域基础上的、跨空间的社会交往群体、社会网络、社会共同体。新清河实验就发现，微信群就是一种新的共同体，居民之间的密切交往是在小区微信群里实现的，其他的如：老战友微信群、老同学微信群、老同事微信群等，比比皆是。当然，即使有了微信群，人们也无法脱离地域而存在，微信群中的人，也是生活在地域里的，高科技的手段只不过使得生活在不同地域的人产生了新的社会交往。所以，“虚拟社区”是一种不完整的社区，虚拟社区中的成员想要“线下”见面的话，还是要回到实体社区中来。

第三，结构要素。这是指社区中的居民、人群之间比较稳定的社会关系。我国是高度组织化社会，社区是经由法定的组织规范而组织起来的，如城市社区居民委员会、农村村民委员会，社区的结构要素很多，还包括社区中的多种社会关系群体、社会组织，以及社区的制度、规则、规范等。新清河实验也创新了一些社区结构要素，如“居委会议事委员制度”等。

第四，文化要素、心理要素。这是指社区居民的精神要素，包括价值观、归属感、风俗、习俗、生活习惯、生活方式等。文化要素和心理要素是社区的软件要素，主要并不表现为社区的物质设施、硬件设施，但是，其意义非常重要，这些精神要素影响着社区居民的行为规范，人们对社区的认同感、归属感是和谐社区的灵魂。

第五，社区服务要素。这是指为社区提供服务的各种资源或设施，有了这些服务，人们才能更好地居住、生活或工作于社区之中。社区服务要素大体可以区分为三种类型：其一，政府提供的公共服务，这是用公共财政经费提供的服务，是社区中每一个居民都可以享有的；其二，市场提供的服务，这是有偿的服务，最典型的是社区物业公司的服务，这有利于激发市场活力为社区服务；其三，居民互惠互助提供的服务，包括居民的互相帮助、居民志愿者组织的活动。目前，三类服务相比较，我国多数城市社区的居民互惠服务最弱，所以，新清河实验较多地组织了居民互动服务的实验。

（三）我国基层社区和基层社区组织

从上文关于中国是高度组织化社会、高度组织化的社区的论述中，就可以认识到基层社区组织对于中国人生活的重要性。那么什么是基层社区组织呢？根据中国的两个法律《中华人民共和国城市居民委员会组织法》和《中华人民共和国村民委员会组织法》，中国城乡最为重要的基层组织就是城市居民委员会和农村村民委员会。当然社区中还会有其他组织，如业主委员会、社区公益组织、服务类社会组织等。依据法律，中国基层社区实行自治，城市社区居民委员会和农村村民委员会就是城乡社区最为基本的自治组织。在此意义上的社区范围与基层自治组织治理的范围是一致的，即，有多少个法律意义上的基层自治组织，也就是有多少个同层次上的社区。那么中国有多少个基层社区自治组织呢？根据中华人民共和国民政部统计[①]：截至2021年底，中国大陆共有基层群众性自治组织60.6万个，其中村民委员会49.0万个，城市居民委员会11.7万个，这些组织单位通过多种多样的形式治理着中国的基层社区。

那么在这些社区中的城镇与农村的人口是怎样分布的呢？根据第七次全国人口普查数据，中国大陆农村常住人口与城镇常住人口百分比为，农村36.11%，城镇63.89%，即农村常住人口约50979万人，城镇常住人口约901199万人。城镇人口已经明显超过农村了，可见城镇和乡村社区居住人口都发生了巨大的变迁。由于城市、城镇好找工作、好挣钱、教育医疗条件好，越来越多的劳动者与家庭进入城市、城镇。当然，如果统计户籍的话，很多城镇劳动者及其家庭成员还是农村户籍。很多农村户籍的人长期生活在城市里，新清河实验中的某一个城中村就聚集着数万的农村户籍劳动者，中国城市社区治理也要尝试改革管理制度，逐步接纳为城市建设做出了重大贡献的农村户籍人口。

二、我国的社区分类与社区变迁

（一）社区的分类

社区分类是社会学社区研究的基础知识，对于社区大的分类，通常有四个维度。

① 中华人民共和国民政部编：《2022中国民政统计年鉴》，北京：中国社会出版社，2022年，第63页。

1. 纵向分类

从纵向历史变迁看，可以将社区分为传统社区、转型社区和现代社区。所谓传统社区，通常是指农村社区，转型社区是指变迁中的社区，中国目前城镇化速度很快，在城乡接合部很多都是变迁中的社区，可以称之为转型社区。现代社区则是指，已经完成了城市化、城镇化，具备了现代化条件的社区，这种现代化社区在我国大城市、特大城市都可以看到。本书研究的清河地区也经历了巨大的历史变迁，在清河地区，传统的、转型的、现代的社区都可以找到对应的案例。

2. 横向分类

从横向分类来看或者从社区性质差异来看，可以区分为法定社区、自然社区、专能社区以及精神社区等。[①]所谓法定社区是指政府行政管辖规定的社区，有法律法规规定的社区边界，设有管理组织，如前文所说的农村村民委员会社区、城市居民委员会社区，就是此类社区。自然社区是在人口聚集过程中、市场经营过程中自然形成的社区，比如，我国行政村管辖的还有很多自然村落，我国城市社区居委会管理的还有很多小区，都属于自然社区。所谓专能社区，是指有着专门职能的社区，如我国的工业开发区、自贸区、科技园区等。所谓精神社区，是指居民因文化、信仰、价值观联系而形成的共同体，比如宗教信仰的共同体，精神社区可以与地理空间相重叠，比如教区的划分，也可以是跨越地理空间的精神信仰共同体。清河地区既有城市行政管辖的社区，也有少量的农村社区和本地农村户籍人口，还有科技园区等。笔者在调研中还曾发现了合法的基督教徒“聚集点”。

3. 实体社区与虚拟社区分类

传统上社区都是建立在地理、地域的基础之上，都是实体的

---

① 郑杭生、李强等：《社会学概论新修》（修订本），北京：中国人民大学出版社，1998年，第367—368页。

社区，但是，如今科学技术的发展、网络社会的形成，也创造出了很多非实体的共同体或非实体的社区。所谓虚拟社区（virtual community）是与传统的实体社区（real community）相对应的，是互联网时代以来新的社会现象，是从网络、互联网衍生出来的社会互动群体、社会共同体现象。这种跨空间的虚拟社区出现，也使得我们重新思考社会治理。我们的社会治理也有可能是超传统地理或地域空间的。虚拟社区的“居民”通常称为“网民”（netizen）。当然，虚拟空间、虚拟社区的交往也有自己的特征，这些特征包括：互动交往的符号特征、社会关系的扁平特征、地位平等特征、资源共享特征、关系松散特征等。

自从步入网络社会之后，虚拟社区、网络社区就进入了高速发展的时期，而且虚拟社区与实体社区还可以互相结合、互相促进。举例来说，有一个网络社区叫“回龙观社区网”，号称“全国第一社区网”，由创始人刘强于2000年3月创建。社区网迅速发展，十几年前就已注册成公司，该网站主要是为回龙观地区数十万社区居民服务。其突出特点是虚实结合，并不是纯粹的虚拟社区网站，该网站与社区居民线上、线下的互动都很密切，还曾经多次成功举办了回龙观地区广大居民参与的“春晚”表演活动，极大地增强了回龙观地区居民的社区认同。笔者看到，清河地区的所有社区、小区，居民都自发地组织了不同规模的微信群网络群体，常常在一个小区就有多个居民微信群体。

（二）我国社区以及清河社区的巨大变迁

对于如今变迁中的我国社区的分类还只是一种探索，我国社区还在变迁过程中，还需要不断做出归纳和总结。改革开放以前，我国社区类型比较简单，农村都是统一的人民公社体制，城市里大体是两种，一种是由各单位管理的“单位社区”（通常成立“家委会”），另一种是由基层街道、居委会管理的社区。

改革开放以后，社区发生巨大变迁，清河地区也是如此。农村废止了人民公社，建立了家庭联产承包责任制，土地承包给农民，后来又经过一系列的演变。今天，中国农村的社区类型极其复杂，大多历经乡镇企业和城镇化发展，从外观上看，一些与城市并没有什么区别，只是其居民户籍还是农村户籍，目前清河本地的农村户籍人口已经不多了。城市社区也发生了巨大的变化，笔者带领实验团队在北京一些城乡社区进行调研，试图探索改革开放以前和以后社区类型的变迁，探索今日的社区发生了哪些分化，并探索今天的大城市社区遇到了社会治理上的哪些难题。下面表1–1显示了笔者在调研中发现的社区类型的变化，这些新的社区类型绝大多数在清河地区都可以找到案例。如上所述，改革开放以前城乡社区类型都比较简单，仅粗略地区分一下，就可以发现如下的一些类别：新型商品房社区、传统老社区（后单位制社区）、传统单位大院、旧城古都风貌保护区、高档别墅社区、居民回迁社区、城中村社区、城市中的纯农村社区，等等。表中还列出了调研中发现的不同类型社区存在的问题，所以，对于这些不同类型的社区需要创新社区治理模式。

表1–1　在北京部分地区调研改革开放以后社区类型变迁及社区治理问题

改革开放前	改革开放后	调研地点	社区治理的主要问题
街道、胡同居委会社区	商品房小区	昌平区回龙观镇新龙城社区 东城区东花市街道忠实里社区 朝阳区望京街道 丰台区新村街道怡海家园 海淀区清河镇C小区	1. 商品房建设管理标准体系和监管不完善 2. 业委会成立困难，很难发挥作用 3. 陌生的居民关系 4. 公共服务水平低 5. 社区文化和认同不足
	古都风貌保护区	西城区椿树街道 西城区什刹海街道	1. 人户分离、外来人口聚集 2. 普遍的基本居住条件简陋 3. 基础设施不完善 4. 公共服务水平低 5. 原居住者自我组织能力弱
单位型社区	单位大院	东城区北新桥街道北官厅社区	1. 外来人员混居，缺乏管理 2. 单位组织无法覆盖全体居民

续表

改革开放前	改革开放后	调研地点	社区治理的主要问题
单位型社区	传统老社区（后单位制社区）	西城区月坛街道汽南社区 海淀区清河毛纺集团家属区	1. 物业服务缺失，物业费收缴困难 2. 社区配套水平低，公共空间少
农村人民公社社区	新城回迁社区	通州区台湖镇次渠家园 海淀区四季青镇北坞嘉园 平谷区夏各庄镇夏各庄新城	1. 原有村庄熟人社会被打破 2. 拆迁暴富后遗症 3. 生活方式亟待城市化 4. 物业费收缴困难，可持续性差
	城中村社区	朝阳区高碑店乡高碑店村 大兴区清源街道 海淀区马连洼街道兴隆庄 海淀区东升镇朱房村	1. 管理严重缺位 2. 流动人口多，管理困难 3. 基础设施条件差 4. 治安、卫生、基本生活服务水平低
	纯农村社区	密云县希望小镇 房山区韩村河镇	1. 公共开支依赖产业支撑 2. 农业生产与现代生活方式的冲突 3. 基础设施条件差 4. 青年人大量外流，可持续发展能力弱

三、社会学研究社区的主要理论视角

社区研究特别能体现社会学的应用价值，在社会学社区研究的历史上，创造过很多社区研究的经典范式范例。比较有名的如社会学家林德夫妇（Robert Lynd & Helen Lynd）的《中镇》，选择了美国一个中等规模的镇进行跟踪研究；威廉·怀特（William Foote Whyte）的《街角社会》表现了社会学家对于底层群体社区活动的研究。上文已述，著名社会学家费孝通的《江村经济》则是对于我国江南农村社区的经典研究。社区研究的经典范例很多，囿于篇幅所限，恕不一一赘述。本章试图归纳一下，社会学家在将社会学理论与方法应用于社区研究时，究竟有哪些“具有社会学学科特征的”观察视角或者也可以说是理论范式和应用范式。依此也向读者展示，面对今日中国社区的巨大变迁，我们究竟应该怎样进行社区研究，这些也能够体现新清河实验的理论基础。

作为新清河实验理论基础的社会学基本理论很多，大体上包括整体的视角或社会体系的视角、结构功能的视角、社会冲突的视角、社会互动的视角、文化空间的视角、社会治理或社区干预的视角等。本书还有很多章节涉及社会治理的视角、社区规划的视角、社区营造的视角、社区空间的视角、社区文化的视角、社区干预的视角等，囿于篇幅所限，本章只集中谈四种视角，这四种视角在“新清河实验”的诸多环节中都有所体现。至于其他理论视角，在本书各相应章节中凡涉及时会有解释。

（一）整体考察的视角或社会体系的视角

在社会科学中，社会学突出的学科特征就是综合性，就是试图从综合性的角度，从尽量囊括多方面的社会影响要素的角度探讨社会问题。新清河实验的社区研究当然也具有此种学科特征。社区就是一个小的社会，要理解这个小的社会，就需要全面了解影响该社区的多方面要素。社会或社区是有其内在构成体系的，这种整体视角也往往是沿着社区构成的体系进行探索，所以，该视角也称作社会体系的视角。新清河实验就突出体现了此种社会体系的视角。

在社区研究中，社会学比较重视的有五个社会体系或社会系统。[①]在此，我们必须强调，在一个完整的社区中，这五个体系都是必须具备的，但是，今天的很多社区，比如清河的很多城市商品房小区、社区，主要是一种“住区”，即居民大多仅仅在此居住而并不在此就业或工作，这样的社区也会出现社会体系不完整的现象。当

① Roland L. Warren, *The Community in America,* Chicago: Rand McNally College Publishing Company, 1978, pp.171–212.

然，迄今为止，在清河的农村属性社区，体系还比较多元。从社区理论上看，仅就完整的社区而言，这五个体系是不可或缺的。那些体系不完整的商品房小区、住区的居民，往往是通过进入城市其他社区得到了多元社会体系的服务。

第一，社区的经济体系。物质的和非物质的经济条件是社区得以正常运行的基础，完整的社区，比如一个村庄或乡镇，生产、产业、市场的支撑是社区居民能够工作、生活的基础。即使是不完整的社区，如城市商品房小区，也缺少不了经济的支撑，比如周边的商业服务、日常生活用品的市场、文化市场等，直接决定着小区居民生活的是否丰富和便利。调研发现，城市小区居民的很多抱怨都与经济体系欠缺有关，比如，在老年人口比例非常高的小区的老人，往往抱怨小区附近中午没有午餐服务，这就与服务于老年人的经济体系不健全有关。

第二，社区的政治体系或组织、管理体系。社区中的人们要想和谐相处，就必须形成一套社区管理规范，人们要遵守社区秩序，而秩序的维持需要有权力管理体系，亦称政治体系或组织管理体系。中国社会历来强调管理，当今的中国社会是高度组织的社会，形成了一套非常严密的政治组织和权力管理体系。中国的城乡社区受到从中央到地方的多层级管理体系的制约，当然，与社区居民比较直接的上级管理部门是辖区的党和政府组织，比如市、区、县的党和政府，因为这些组织所颁布的规定，直接约束着辖区内社区居民的行为规范。当然，我国城乡社区的最基层组织，是“城市居民委员会”和农村的“村民委员会”以及相应的党组织，这种最基层的组织完成着双重功能，一方面完成着上级党委和政府分派的任务，另一方面实现着居民自治的功能，而居民自治组织的性质是宪法所规定的。所以，从社区的政治体系看，我国社区中人们的行为不仅受到基层自治组织行为规范的约束，也受到更大范围的政治权力体系的约束，比如社区中如果发生犯罪行为、违法行为就会受到社会控制体系如公检法体系的约束。

第三，社区的教育或教化体系，社会学的术语是社会化（socialization）体系。这里的教育是大教育概念，小孩子在社区中受到的教化最早是从家庭开始的，所以，家庭或父母对于孩子的教育异常重要。当前，我国农村社区年轻人大多外出打工，出现了不少“留守儿童”，存在着父母对子女亲情教育的严重欠缺，这是亟待解决的问题。孩子长大了自然要进到社区的学校教育体系中来，所以，幼儿园、小学、中学等教育体系的配置就成为社区家长们最为关注的核心要素，由此也产生了中国城市中被炒作出惊人房价的“学区房”问题。这反映出我国城市社区教育体系的两个突出问题：其一，作为国家公共财政支撑的公共教育体系如何能够实现基本公共服务均等化，如何能够避免教育资源严重的不均衡问题；其二，在资源有限的情况下，设计怎样的公立学校入学录取制度才是公平的和公正的。

第四，社区的文化体系和精神体系。社区的这种体系常常被人们忽视，人们往往更注重的是社区的物质体系，因为文化体系、精神体系如果不是深入到社区生活之中，往往是难以直观看到的。我国自古有“孟母三迁”的故事，就是强调孟母非常重视社区的文化体系、精神体系对于孩子成长的巨大影响。我国农村，凡是和谐、宜居、稳定的社区，往往都有着良好的民风、民约、民俗，这种精神体系渗透到了村庄生活、家庭生活的细胞之中。近几十年来，我国城镇化、城市化发展速度极快，高比例的人口、家庭都搬迁到新的社区之中。调研发现，在这些新的社区之中，精神体系的建设往往比较欠缺，往往只是建设了高楼大厦，而极其缺少文化承载和文化沉积，所以，文化体系、精神体系的建设是今日中国城乡社区面临的最为重大的任务。

通过国际的社区比较我们可以看到，“欧美发达经济体”社区的精神体系受到明显的基督教影响，所以社区也有着教区的特征，中国自古不是宗教主导的社会，而是以家庭为基础的家庭伦理本位社会，所以，如何构建以良好的家庭伦理为基础的我国社区的精神体系是本实验一直思考的问题，也是全社会都需要思考的重大问题。

第五，社区的互助和福利保障体系。目前我国社区的这个体系比较复杂，一方面与上述的社区政治体系密不可分，上级的党和政府组织规定和制约着社区的福利保障体系，比如，在农村的新型农村合作医疗制度就是覆盖广大农村社区居民的最重要的医疗保障体系，又如，在城市社区的“城市居民最低生活保障”制度，就是由城市财政配置资源覆盖城市最低生活水平的社区居民的保障制度。另一方面，这个体系也与社区最基层的组织密切相关，由最基层的组织具体实施福利保障的规定。社区本是居民相互为邻、守望相助的共同体，所以，完善的社区应具有比较突出的社会互助体系。但是，如上文所述，我国城乡社区处于巨大变迁之中，迁入新社区的人口比例非常高，清河地区本地户籍人口与外来户籍人口数量几乎相等。可以看到，目前社区互助相对偏弱。正因为如此，《中共中央关于全面深化改革若干重大问题的决定》及十九大报告提出要激发社会组织活力、重点培育优先发展城乡社区服务类社会组织。

以上社区的五大社会体系的理论告诉我们，新清河实验是一种社会学的社区整体研究，可以从五个体系的角度发现社区中存在的问题并探索解决问题的办法，当然，在一个具体的社区中，这五个体系也是融为一体的，是相互包容、相互影响的。

（二）结构功能的视角

结构功能主义（structural functional）或结构功能视角是社区研究的基本理论之一。社区是由相互联系的诸多要素构成的，最主要的是人、地域空间、组织、房屋、设施等，其他的要素还有很多，如此多的要素在社区的运行、在人们的社区生活中都发挥着某种功能，正是因为众多要素功能的正常发挥，整个社区的正常运转才得以维持。如果某些要素发生了问题，其他要素也有可能发挥替代或补偿的功能，正是由于社会各要素之间的配合、合作以及整合（integration）才实现了社区整体的良性运行。结构功能视角最初起源于生物有机体的类比思想，也受到达尔文的生物进化论影响。在社会学中，结构功能主义是个宏大的理论流派，理论家人数众多，内部也有众多的理论分支。在考察社区的时候，结构功能视角关注的重点不是社区中的个人，而是人与人关系的结构，是社区的体制、机制，这样在改善或改进社区运行的时候，主要是通过调整社区人际关系结构、调整社区体制机制等，来实现其目标。

按照结构功能的视角，任何一个社区要想维持良好的运转、构建和谐社区，就必须具备一些基本的条件与合理的结构。这些条件包括：

第一，社区与物质环境相适应。任何社区都需要物质环境的支撑，这里的物质环境包括了所有支撑运转的物质要素，如自然环境的、经济的、市场的、政治的、社会的等物质要素。

第二，适当的社区人口再生产与“适度人口”。人是社区的核心，社区运转首要因素就是人。人的数量和质量都很重要。近来，我国一些农村出现“空心化”现象，年轻劳动力都外出打工，新生代农民工也很少返回家乡，造成农村社区发展的危机。根据日本增田宽也教授的研究，日本很多小城市也发生了严重的社区人口老化和社区人口难以再生产的危机，这些城市人口的日益减少导致税收下降，市政经费都难以维持。[①]笔者在北京的调研中也发现，中心城区很多老旧小区的人口严重老化，本地居民老龄人口比例在有些小区已经超过40%了，这样的小区当然就会出现严重的问题。所以，社区人口再生产与“适度人口”是社区良性运转的非常重要的条件。

第三，社区基本社会角色的适当配置。仅仅用人口来解释社区

---

① 增田宽也：《地方消失：东京一点集中导致的人口急剧减少》，东京：中央公论新社，2014年。

的良性运转是不够的，人们在社区生活中承担着不同的社会角色，社区中有老人就必须有年轻人，有被服务的群体就必须有从事服务工作的群体，那些大都市里居住着精英群体的社区，一刻都离不开体力劳动服务的群体、基本服务群体。而且，在一个完整的社区，不同职业群体需要有合理的比例，比如管理者与被管理者也是有适当的比例关系的。

第四，社区成员之间信息的沟通。良好运行的社区需要成员之间构建良好的社会关系，最起码成员之间要保持通畅的信息沟通。传统上，我国的农村社区、熟人社区邻里的信息沟通是司空见惯的事情，邻里之间的帮忙互助也是很平常的事情。但是，在城镇化迅速推进的局面下，今日的很多城镇社区、城市社区，居住者之间互不认识，变成匿名型社区，在楼房里居住的仅一墙之隔的邻居互相不知道姓名、没有信息沟通的也并不罕见。这样的社区显然存在巨大缺陷。社区成员信息沟通的另一个方面是上下的沟通，即社区基层组织、基层管理者与社区成员的沟通，如果这方面的信息沟通不畅，管理上肯定会存在盲区或漏洞。

第五，社区成员的文化认同。良好运行的社区，其成员需要具备文化认同的条件，即对于社区和社会中的基本事务有一致的认识，否则社区中就会矛盾重重。仅以上文提到的“虚拟社区”“微信群”为例，在一个群里互动的“虚拟社区”成员需要在最基本的事务上有一致的认识，如果没有，那微信群里就会冲突不断，最后甚至导致一些人退群。

在文化认同方面的一个重要内容是关于社会目标、群体奋斗目标的认识，也可以看作理想、信仰、价值观的认识。这涉及在更大范围内的文化认同，中国自古不是宗教社会，而是以伦理组织社会。① 传承数千年的中华民族传统精神家园也形成了仁义礼智信、礼义廉耻等基本认识。这是我国社区乃至华人社区得以良性运行的基

① 梁漱溟：《中国文化要义》，上海：上海人民出版社，2005年，第94—108页。

本条件。

第六，对社区成员的社会化训练。社会学的社会化概念指的是对社会成员的教化过程。在同一个社区里生活，要遵守同一个社区的各种规矩、规范。这些规矩规范有些是约定俗成的，比如传统农村社区延续着长久形成的民风民俗，虽然没有写成文本，但是社区成员们都会遵循。城市社区的规矩则往往有文本存档，有些还有合同约定。所有这些规范的实施，都需要对社区成员进行教育和教化，小孩子需要，成年人也需要，社区成员一生都不能停止教育和学习。

第七，社区生活中对于越轨行为的控制。上述文化认同和社会化都是试图从社区成员内在约束角度实现成员之间的和谐相处。但是，在各种各样的社区中，总会有不遵守规范，甚至严重违反规范的现象发生。在发生内在约束失效的局面下，为了保持社区的良性运行，社区需要建立外在的约束机制，需要有管理者，当出现违规行为、越轨行为时，对其加以约束。对于那些违反法律的行为，还需要有来自司法的强力部门、来自强力机构管理人员的约束。这样才能有效地保障社区的和谐与良性运行。

总之，采用结构功能的视角观察社区生活、社区活动，就是试图从上述诸多方面入手调整结构，在结构合理的条件下发挥其良性运行的功能。由上述分析，我们也可以看到，结构功能的视角与前述的社会体系的视角既有区别又有联系。

（三）社会冲突的视角

从社会冲突的角度研究社会治理和社区治理具有重大意义。我们知道，四十多年来，我国处于改革开放的重大历史变迁时期，城市化、产业化的迅速推进导致人们的生产方式、生活方式、权利权益关系以至于居住地等都发生了巨大变化。根据社会学的研究，当现代化转型中的城市化率处于50%上下的时候，往往是社会矛盾、社会冲突最容易激化的时期。虽然我国公布的“常住人口”城镇化率达到了甚至超过了60%的水平，但是将外来打工者、农民工（居住6个月及以上的）也都计算为城镇化人口了，实际上这些人的家、户籍还在农村，我国户籍人口城镇化率远低于50%。所以笔者以为当前中国的状况还是符合社会矛盾这条规律的。社区是人们赖以生活和工作的最基层的场所，所以，上述的矛盾、冲突也最容易表现在社区的日常活动之中。我们知道，在城市化、城镇化中，征地拆迁是最容易引发冲突和群体事件的导因，根据中国社会科学院专家的研究，中国大陆每年发生的群体事件达到上万起，[①]而未来的几十年依然是我国城市化、城镇化发展的高峰期。在新清河实验中，我们也目睹和体验到了多种类型的社会冲突。有的是居民家庭之间的冲突，有的是因工程、大型施工等引发的群体事件，也有的是个人由于遇到生活上的问题而导致的冲突。对于任何一种冲突，我们都必须非常重视，不可掉以轻心。譬如，众所周知的2020年7月发生的贵州安顺公交车坠湖恶性事件，我们仔细了解案件的细节就会发现，恶性事件发生之前有一系列引发冲突的细节，在所有这些细节中，如果管理者都真正认真负责、积极帮助解决问题，是有可能防止冲突一步步向恶性发展的。社会学研究冲突的一个重要目的就是探索犯罪发生的原因，并试图从犯罪的原因和过程中去采取措施，从而阻止其他犯罪的发生。犯罪和冲突也都是在社区中发生的，所以，从社会冲突的视角考察社会治理和社区治理都是异常重要的。

从学理的角度看，社区中发生的冲突是可以归为不同类型的，不同类型的社会冲突也对应着不同类型的理论视角，处理方式也会有很大的不同。笔者尝试着将研究社区冲突的理论视角分为以下四种类型。在此特别强调，这种划分仅仅是学术的划分，在实际社区生活中，这些不同类型的冲突往往是互相交织在一起的。

---

① 陆学艺、李培林、陈光金主编:《社会蓝皮书：2013年中国社会形势分析与预测》，北京：社会科学文献出版社，2012年，第13页。

第一，关于阶层或利益群体冲突的视角。

尽管阶层听起来不那么悦耳，但是，同一社区中或不同社区中生活的人们有可能有很大的阶层地位差异，也可以称之为地位不平等，这是无法否定的社会事实。这种不平等往往涉及根本的经济利益和经济地位的差异。当然，经济利益差别并不是都可以归类为阶级差异，只有那些具有极其明显的不同属性的经济利益群体才可以归类为阶级。虽然，我们并不否认阶级现象的存在，但是中国社会学界在今日的研究中，大多使用阶层概念。而且，阶级与冲突之间的关系也异常复杂，阶级利益差异不一定会引发冲突，冲突的发生有其自身演变发展的规律[①]。所以，如果采用阶级冲突分析视角，要十分谨慎。特别要接受历史上的经验教训，在改革开放以前的一段时间里，发生了阶级斗争扩大化的错误，那时候动辄说是阶级斗争，甚至提出以阶级斗争为纲，其结果是给我国经济社会发展造成了极大的伤害。所以，在今天的社区研究中，我们要极其慎用阶级分析范式，目前，我国学界在多数情况下使用“阶层”和“利益群体”概念。在我国社会学界以及理论界，目前大多数人采用上、中、下群体或阶层的分析范式，使用高收入层、中等收入层和低收入层的分析范式，这种缓解社会矛盾的做法值得借鉴。

在地位差异群体的研究中，再一种常用的范式就是职业地位差异、利益群体差异的分析范式。该范式具有很多优点。职业是现代社会中人们的首要社会地位，职业差异表现的是社会分工的不同，而分工意味着相互依赖、互不可分，分工中的每一种职业都具有不可缺少的特征。在职业分工的意义上，每一种职业的劳动都是值得尊重的，社会学者不主张使用所谓高端职业、低端职业的说法，我们知道打扫卫生、环卫工人的劳动也是任何城市社区都不可或缺的，分工体系上的每一种职业都是重要的，其关系都是相互依存的。当

---

① 李强:《社会分层十讲》(第二版)，北京：社会科学文献出版社，2011年，第58—64页。

然，不同职业群体、不同利益群体之间也可能发生矛盾、冲突，比如，“医患矛盾”就是医疗职业群体与其他群体发生的矛盾，有时候甚至演变为激烈的冲突。再比如，城管与商贩的矛盾，也是我们常常看到的在城市里发生的矛盾或冲突。社会学在研究这类矛盾或冲突的时候，要充分考虑到造成矛盾或冲突的多方面复杂原因，包括体制原因、制度原因、利益驱动原因、多种社会要素影响的原因等，通常要采取缓解矛盾的对策，切忌简单化处理。

第二，关于权力冲突的视角。

任何社区都需要有管理者、组织者，为了实现社区规范，在发生违规行为的时候也会有强力控制的行为发生。这样社区中总会有权力管理或权力控制的事情，社区中总会有行政组织或政治组织、组织体系。我国是行政管理体系十分严密的社会，因此，任何社区都处于行政管理体系之下。行政管理体系包括党和政府，和其他政治组织，比如工会、共青团、妇联等，还有多种其他不同类型的社会组织、市场组织。在社区管理中，管理者与被管理者之间可能发生矛盾，也可能会发生冲突，诸如前面提到的征地拆迁导致的群体事件或社会冲突就是最为典型的管理者与被管理者之间的冲突。

我国是巨型人口社会，目前总人口已超过14亿，所以，行政管理体制必须是多层级的，从中央到各省（自治区、直辖市），再到各地级市、县级市（县、区），再到各街道（乡镇）等，再到最为基层的城市社区居民委员会和农村的行政村、自然村。在这样多层级的管理中，一个十分突出的问题就是上下之间信息如何能够准确传达与沟通，如果信息在传递过程中出现变形、失真，往往会造成层级管理中的很多矛盾、问题甚至冲突。本书第十五章就深入分析了这种现象。在我国政治制度的设计上，我们历来强调基层社区采取居民自治的方式，也就是说，最为基层的城市社区居民委员会和农村村民委员会是采取自治的方式。我国的基层社区自治，依据于两个重要的法律，即《中华人民共和国城市居民委员会组织法》和《中华人民共和国村民委员会组织法》。其实，中国自古以来就有深厚的基层自治的传统，传统中国社会号称“皇权不下乡”，在基层社会是家族、宗族的士绅阶层自治，这样既维护了中央的权威又实现了基层的有效治理。[①]

然而，在我国城镇化、产业化迅速推进，现代化转型加速，社区急剧变迁的今天，社区基层自治遇到很多新的难题。这些难题包括，在农村如何进一步完善村民选举制度，如何在农村基层治理中处理好家庭亲友关系、家族等社会势力的问题，在城市社区如何解决居委会成员大部分都是外聘来的工作人员问题，如何真正实现本社区居民自治问题，如何处理社区居民、居委会、业主委员会、物业公司相互之间的关系，如何处理本地户籍居民与外来常住居民的关系，等等，都是今天社区管理、社区治理中必须予以高度重视的问题。社区是与每一个人的工作和日常生活都密切相关的工作地或生活地。人们遇到的问题、难题、矛盾甚至冲突都会与社区的某方面要素相关联，所以，如果我们的基层组织、基层政府及基层组织者、基层管理者都认真处理好社区的各种关系，都能够致力于构建和谐社区，很多矛盾和问题就可以在基层得到解决，就不至于积蓄成大的社会冲突。所以，中央提出“加强社区治理体系建设，推动社会治理重心向基层下移”[②]是非常重要的。

在关于社区权力视角的研究中，社会学也特别重视社区精英的研究。精英（elite）是社会分层研究的一个基本概念，指社会上最有影响力、最有能力的一些人。所谓“社区精英”就是在社区工作或生活中最有决策权、最有影响力、最有能力的一些人。精英是个很小的群体，有时候就是一个人。社区精英也可以分为不同类型，经济精英是经济方面最有影响力的人，可能是企业家；政治精英是社区管理体系、权力体系中最有影响力的人，比如非常有能力的管理

---

① 费孝通:《中国绅士》，惠海鸣译，北京：中国社会科学出版社，2006年，第48—52页。

② 习近平:《决胜全面建成小康社会　夺取新时代中国特色社会主义伟大胜利——在中国共产党第十九次全国代表大会上的报告》，北京：人民出版社，2017年，第49页。

干部；知识精英是社区中重要的知识分子、技术英才。这种精英分类只是学术上的分类，不同类别也可能相互交织，比如一个人有可能既是政治精英也是知识精英。对于我国农村社区中的精英，也常被称作“能人”“带头人”，我国很多农村社区的发展与这些能人、带头人有着密切的关系。全国一些非常著名的农村社区，比如“华西村”（江苏）、“刘庄”（河南）、“蔡家洼”（北京）的经济社会发展，都与社区精英的带领密不可分。所以，对于农村社区精英的研究是探讨农村经济社会发展的重要内容。

我国城市社区精英的情况在改革开放以后发生了很大变化。我国改革开放以前，城市大体上是一种“单位制”，俗称“单位办社会”，单位社区与职工居住的社区往往是一体化的，单位管理体系与社区管理体系也是一致的，这样，单位精英与社区精英也是一致的。改革开放以后，很多单位制瓦解，原来单位社区的房屋在“房改”后大多卖给了职工，单位不再为社区输送资源，甚至有些单位破产或不复存在了。这样的“后单位制社区”，很多出现了“精英缺失”或一盘散沙的局面。本书第十七章就对于此种现象进行了剖析。近些年，城市里的商品房社区发展迅速，在这类社区的居民中，常常既有经济精英、政治精英，也有知识精英，他们的精英地位主要是显示在他们工作的单位中，往往与他们居住的社区没什么关联，结果也往往出现社区精英缺失的局面。再者，我国城市社区管理的现实状况是，对于社区资源配置真正有决策权的人，并不是社区中的管理人员，而是作为社区上级的街道干部或基层政府管理者，他们有权决定社区的资源配置，但是，他们又往往脱离这些社区的实际生活，结果出现了公共财政推进的社区建设项目脱离社区实际生活的现象，这也是一种社区精英缺失造成的现象。所以，对于城市中不同类型社区的权力结构和社区精英的研究，也是今日中国城市社区治理研究的重要课题。

第三，关于群体冲突的视角。

“群体”是社会学研究使用最频繁的概念之一，群体差异是最常见的社会差异现象。社会学研究的基本方法之一就是做群体的分类。比如，按照收入可以分为不同收入水平的群体，按照教育可以分为不同受教育水平的群体，按照年龄可以分为不同年龄群体，以及性别差异群体，消费差异群体，等等。在社区生活中，人们的生活习惯、生活方式会有差异，也可以区分为不同的群体，比如养宠物的居民与不养宠物的居民，他们的生活方式不同，处理不好也会发生矛盾和冲突。

群体之间的差异可能产生矛盾，有时候矛盾能演变为冲突。对于群体的差异和冲突，社会学研究一直是比较关注的。W. G. 萨姆纳最早使用了内群体与外群体的概念，他发现同一团队的人、关系亲近的人、有同样利益的人容易形成内群体，而将非本团队的人、不熟悉的人、有利益差异的人视为外群体。内群体的人容易团结、亲近、相互忠诚，心理上产生认同，而对于外群体的成员往往采取怀疑、厌恶甚至敌视、仇视的态度。这样，内群体与外群体往往处于对立状态，很容易演变为冲突。[①] 社会学家G.西美尔很早就注意到关于“陌生人”“外来人”“外乡人”的研究，西美尔所谓的外乡人不是指今天来明天就走的流动者，而是指在社区中长期定居的外乡人。在历史上，商人常常是外乡人，西美尔说：“外乡人在某种程度上作为一个多余的人（supernumerarius），挤进到一个原来经济岗位都已经被占据的圈子里。”[②] 从内群体、外群体的角度看，外乡人很容易与本地人处于对立状态，如果外乡人在利益上与本地人发生矛盾，那就很容易演变为社会冲突。

我国长期以来形成的户籍制度，就是将户籍登记在本地的居民与户籍登记不在本地的外来人进行区分。改革开放以前，极为严格的户籍管理制度使得人们只能在户籍所在地居住、就业、学习，几

---

① William G. Sumner, *Folkways: A Study of the Sociological Importance of Usages, Manners, Customs, Mores and Morals,* Boston: Ginn and Co., 1906.

② 盖奥尔格·西美尔：《社会学：关于社会化形式的研究》，林荣远译，北京：华夏出版社，2002年，第512—514页。

乎不能自由流动；改革开放以后，逐渐采取了允许劳动力自由流动的宽松政策，农民可以自由流动到城市里经商、打工，这样在城市、城镇的社区里面，就形成了本地人口与外来人口两个巨大的群体。在不少大城市里，有很多附着在户籍上的社会福利差别，这样本地人口与外来人口在教育、医疗、社会保障等方面就常常存在很多差异，这些都容易引发社会矛盾，需要通过深化改革来解决。改革的总趋势是要逐渐淡化、剥离与户籍绑定的社会福利、社会保障政策，但是，这种改革是一个逐步的过程，处理好本地人与外来人的关系会是一个比较长期的任务。

当前，中国处于现代化快速转型的时期，城市化、产业化发展比较迅速，转型和体制变迁的过程中很容易发生群体矛盾、群体冲突。我们可以看到，一些地方的群体事件频繁发生。导致群体事件的原因异常复杂，在社区生活中，导致群体事件的最为常见的原因有征地拆迁、环境问题、新建社区的房屋质量问题、民间债务问题等。所以，对于群体冲突的研究是社会学社区应用研究中的重大课题。

第四，关于观念冲突、价值冲突的视角。

社区成员意见不一致是常见的，处理不好也会发生冲突。社区成员常常会因为观点不一样发生观念不合、意见不合，这本身很正常。当然，不是说社区中任何两个人的意见不合就会形成观念冲突、价值冲突。社会学家J.科尔曼认为，只有当这种意见不合影响到了多数社区居民的生活，需要社区居民讨论决定举措的时候，才可以称作社区的观念冲突或价值冲突。[①]在新清河实验中，我们常常发现居民意见不同甚至发生冲突的事情，其实意见不一致和冲突是正常的社会现象，不必大惊小怪。

由于人们的观念、价值观都是在长期社会生活中逐渐形成的，生活经历不同的人观念、价值观就可能产生很大差异，同一社区生

---

① James S. Coleman, *Community Conflict*, New York: The Free Press, 1957, p.4.

活的人对社区生活品质的看法会有很大差异。比如，喜欢热闹活动的就会在社区里组织“广场舞”，认为这是社区生活不可缺少的；喜欢安静而不喜欢热闹的就认为这是社区噪音，破坏了社区的安宁。观念和价值观的差异也与上文讲的群体差异密切相关，社区生活中不同的人的生活习惯、生活方式会有很大差异，这样会影响到整个社区的生活秩序。比如，吸烟的人与不吸烟的人，在吸烟问题上对于社区生活秩序的看法就会发生对立。最常见的还有养狗的人与不养狗的人，在社区养狗问题上发生对立。可以说，社区生活中因意见不合而发生的矛盾是无时不在的，矛盾并不可怕，社区生活中需要建立解决矛盾和化解矛盾的机制，这正是社区治理与社区建设讨论的重点。总之，和谐社区的实现需要构建社区生活的基本规则、基本秩序，社区生活的每一个人都要遵守文明社会、文明社区的基本规则。

（四）社会互动的视角

第一，什么是社会互动视角。

所谓社会互动，就是社会上人与人、群体与群体的交往活动，是社会学观察社会的最基本的视角之一。所谓社区生活，就是社区中的人或群体的交往活动，所以社会互动、人们的交往体现了社区生活的本质。一个社区中，家庭生活需要交往，邻里生活需要交往，生活必需品的购销需要交往，如果一个社区交往弱化，社区就会变得死气沉沉。今日城市社区的基本问题就是缺少交往，所谓“鸡犬之声相闻，老死不相往来”。调查发现，不少人多年住在同一栋楼房里，甚至同一个楼门单元，但是互相从不打招呼。城市社区生活出现了严重的“匿名化”现象，这是令人担忧的。所以，从社会互动角度研究社区生活就变得更为重要了。

在社会学研究中，将人们在社区中的交往活动大体分为三大类。第一类是因管理需要而出现的交往，如基层政府或居委会的管理活动，包括人大代表的选举、居委会的选举、业委会的选举，以及户籍登记、人口普查等。第二类是因物质生活、经济生活、居住服务、日常生活的需要而进行的市场交往、商业交往，包括物业公司的服务、社区超市的服务等。第三类是所有其他类型的社会交往，所谓其他类型是指社区居民相互之间的日常交往，主要是礼节性的、互助的、互惠的、非政治的、非营利的。对此，第二章在分析三种类型的社区服务时还会有进一步阐释。

在某种意义上，上文所说的“社会冲突”也是一种互动。冲突是指当互动的双方产生了对立，在对立的状态下双方不顾对方的反对也要实现自己意志的互动。[①]由于上面将冲突单列为一种视角，所以，此处讲的社会互动是指除冲突以外的社会互动，更多强调的是合作、交往、参与等。

第二，社会互动与社区活力。

社区的活力在于社区成员的交往与互动。尽管不同社区之间物质条件各有差异，但是，社区成员之间的交往是否密切都是社区是否具有活力的最重要的标准。在这个方面，美国社区所经历的历史变迁值得深思。我们知道，早年托克维尔研究美国的时候，发现美国基层社区的活力很强大，其社区活力来自社区居民的社会互动，老百姓积极参与社区事务、参与公共事务。[②]然而，著名学者帕特南（Robert D. Putnam）在其著作《独自打保龄：美国社区的衰落与复兴》中说，经研究发现，美国社区自20世纪后期以来发生了很大的变化，社区居民参与公共事务的热情降低、投票率大大下降，社区居民之间的互动明显下降，居民宁愿一个人在家看电视或独自去打保龄球，也不愿与其他社区居民交往。这导致了美国社区生活的衰落。帕特南对于美国社区互动的衰落和弱化表示了深深的忧虑。[③]

---

① 马克斯·韦伯：《经济与社会》（上卷），林荣远译，北京：商务印书馆，2017年，第68页。

② 托克维尔：《论美国的民主》，董果良译，北京：商务印书馆，2017年。

③ 罗伯特·帕特南：《独自打保龄：美国社区的衰落与复兴》，刘波等译，北京：北京大学出版社，2011年。

社区活力固然需要经济的和物质的支撑，但是，考察今日的城市社区就可以看到，社区活力的主要因素不是来自经济方面和物质设施方面。在笔者调研的很多豪华社区、高收入社区中，尽管物质设施齐备、活动空间很大、居民的收入水平很高，社区里面却冷冷清清，居民之间互不交往，甚至都完全不认识。这样的社区只能说是死气沉沉，绝不是有活力的社区。笔者调研时也看到，有一些社区，尽管物质设施没有那样“高大上”，居民收入水平一般，但居民之间交往密切，居民建立了很多自发的活动组织，频繁举办各种活动，这样的社区就是有活力的社区。可见，社区活力与居民的收入水平并不是正相关关系。

社区成员的互动当然是多方面的，上文已述，社区的商业互动、社会管理的互动也都是互动的重要内容，但当前最值得关注的还是社区居民相互之间的日常交往。社区成员之间的密切交往与互助是社区活力的最重要的来源。我国城乡社区近年来都面临着人口老龄化的诸多社会问题，在笔者近来的调研中有些社区居民的老年人已经占到了社区居民的40%以上，有的甚至超过了50%。在这种状况下，社区居民之间的互动、互助、互相交往就显得尤为重要。

第三，我国社区社会互动的历史变迁。

历史上的中国基层社区社会互动与今天有很大区别。传统中国社会是以家族、宗族为基础而形成的社区或社会互动。建立在家庭、家族基础上的，以血缘为基础而形成的社区和社会互动，在历史上当然有其合理性，形成的是很自然的血缘的信任关系。所以，中国历史上中国基层社区有很强的自治传统，所谓“皇权不下乡”也是指当时的家族、宗族自治的社会现象。

新中国成立后，以家族、宗族为基础的基层社区和互动发生了很大变化。在我国的城乡社区，党和政府的基层组织都延伸到了社区，农村村庄和城市居委会都建立了党组织。这样中国的政治管理和政治组织就都连接到了最为基层的社区。这就使得整个中国社会通过此种严密的组织体系联结为一个整体，构建了中国新的政治管理制度。20世纪50年代中期以后，农村建立起了人民公社，城市里建立了“单位制”，但凡有工作单位的人，大体上都依托于单位而工作、居住、生活。这样的基层社区体制对于中国社会的整体管理固然很严格、很严密，但有其不足之处，即忽视了每一个社员和社区居民活力的发挥。农村居民的经济配置采用的是一种“挣工分”的分配制度，城市大体上使用“票证”制度来配置居民生活的日常资源。基本上放弃了用市场来配置资源的方式，其结果是造成了经济发展的萧条和经济社会发展的滞后。

所以，改革开放以后，我国基层社区的组织体系和社会互动都发生了极大的变迁。上文已述，农村社区人民公社体制解体，建立了家庭联产承包责任制，农民可以自由支配自己承包土地的生产经营，这极大地激发了农村的经济和社会活力。在城市里，随着现代企业制度的建立，原来的那种“单位大院”的社区管理体制发生重大变迁，新型的市场化的物业管理体制越来越占据主导地位。城市的资源配置也大踏步地引入了市场机制，原来的用“票证”来配置居民日常生活资源的体制已经废止，代之以更多地采用市场来配置资源。城市化、城镇化快速发展，外来人口大量进入城市。为应对这种新的局面，城市、城镇也都创新了基层社会治理体制和基层社区治理体制。新的社区治理、社区互动体制也极大地激发了我国城市、城镇的经济社会发展活力。对于这样一种全新的社区治理体制，下一章有更详尽的讨论，此处不赘述。

第四，社区社会互动中的社会组织、文化与家庭。

从上述关于我国社区社会互动历史变迁的分析中可以看到，组织在社区互动中具有极其重大的社会功能。改革开放以前，所谓组织，我们更多地强调的是党政管辖的行政组织。行政组织固然很重要，但是，如果完全忽视居民的活力，忽视居民的自组织和自治能力，那样就变成了一种“被动社会”。[①]中央在多个文件中都提出：要激发社会组织活力，要正确处理政府和社会关系，要重点培育城乡社区服务类社会组织[②]。所以，在改革开放四十余年后的今天，我们看到，在城乡基层社区，有活力、良性的社会互动很大程度上来自社区居民自己组织的社会组织。这里所说的组织不仅指社区居委会、业主委员会等正式组织，也指老百姓自己组织的各种活跃的社区社会组织，如社区老年文化活动组织、社区志愿者服务组织、社区健身活动组织、社区老年舞蹈队等，都是特别具有中国特色的社区社会组织。在我国农村社区中，农民自己组织的多种专业合作社等也都蓬勃地发展起来了，极大地激发了中国基层社区的社会活力。

在社区居民的互动中，文化建设具有重大意义。本章在最初定义社区的时候，就特别强调了文化要素在社区中的重大功能。一个良性运行的社区，一定会有鲜明的文化特征和文化符号，比如一个社区的标志（logo）就很重要，好的符号形象会加强社区居民的心理认同、文化认同。一个和谐美好的社区一定是居民友善相待，讲究礼貌礼仪，讲究行为规范的社区。而社区行为规范、社区习俗、社区礼仪都是社区文化建设的重要内容。

家庭是社区生活的基本单元，家庭在社区互动中居于核心位置。我国自古就是非常重视家庭的社会，上文已述，我国历史上的基层社区治理曾经是建立在宗族、家族基础上的社会自治，作为一种文化传承，迄今对中国社会仍有深刻的影响。要建设和谐美好的社区，一方面，家庭内部要和谐，夫妻关系和谐、父母子女关系和谐、孝敬老人等，如果社区中都能够实现家庭和睦，社会和谐就有了重要

---

① 李强、黄旭宏：《“被动社会”如何变为“能动社会”》，《人民论坛》2011年第10期。

② 本书编写组：《中共中央关于全面深化改革若干重大问题的决定》（辅导读本），北京：人民出版社，2013年，第50页；《中共中央关于坚持和完善中国特色社会主义制度推进国家治理体系和治理能力现代化若干重大问题的决定》，北京：人民出版社，2019年，第29—30页。

的基础。家庭是教育子女的重要单元，家庭和谐了孩子们才能够顺利成长。另一方面，社区不同家庭之间的和谐也异常重要，其实，所谓社区社会互动，主要就是指社区中不同家庭之间的交往关系，和谐社区、幸福社区必须具备的条件就是社区不同家庭之间相互尊重、相互理解、相互帮助、密切交往。

以上就是社区研究的四大理论视角。其实，社区研究的理论视角还有很多，比如社区空间结构视角（也有人称之为社区规划、社区营造、社区居住结构理论、社区土地使用理论），研究的是社区空间的合理布局及怎样使得社区居民的生活更为便利，本书第七章对此有详细论证，此处不赘述。此外还有社区文化理论、社区干预理论等，后面各章涉及时再作详述。

第二章
社会学在社区治理研究中的应用

本书阐释的新清河实验，从学术角度看，是社会学在社区治理研究中的应用。我们知道，社会治理与社会学的社区研究关系极其密切，社会治理本身主要是以社区为载体的，同时也运用第一章所提及的多种社会学理论视角来分析和解决社区中存在的社会问题。但与社区研究不同的地方在于，社会治理研究是一个更具实践性和综合性的社会学领域，是理论界在我国基层治理实践基础上提出的，囊括了与保障和改善民生相关的组织体系、法律体系、政策体系和行动体系，这些体系不仅限于社区的内部要素，还往往受到外部制度环境和市场环境的影响，所以社会治理的研究视角和关注的对象更为广泛。

一、社会治理的概念和定义

近年来，社会治理成为中国社会学界乃至社会科学界研究的热门话题，而我们知道传统的社会学理论中并没有社会治理概念，所以，社会治理研究在社会学理论上具有明显的创新意义，本章就从社会治理的定义和特征谈起。

（一）社会治理是具有中国特色的社会学概念

与社会治理相关的“治理”概念是从西方学术界引入的，而“社会治理”是新世纪以来，在结合已有理论认识的基础上，我国理论界在基层治理实践的基础上提出的具有中国特色的社会学乃至社会科学理论概念，这个概念的提出是具有创新意义的。

我们仔细考察以往的文献，治理（governance），有时也被称为善治（good governance），在国际学术界也是一个新的概念，因为文献太多以至于无法给出统一的定义。有学者对谷歌扫描的三千万本英文书进行了检索，发现20世纪70年代后相关文献才开始慢慢增长（在这之前探讨治理的文献很少），到1990年后忽然呈现指数量级的增长，最终累积到万余篇，[①]这种爆炸式增长主要与福利国家的危机有关，另外，公共管理和政治学等领域的学者对福利国家及其后的新自由主义反思也与之有极大的关系，企图“以治理机制对付市场和国家协调的失败”[②]。中国在90年代末引入了治理概念，俞可平教授较早向中国学术界引介此概念，[③]治理的主体可以是公共机构，也可以是私人机构，还可以是公共机构和私人机构的合作。治理是一个上下互动的管理过程，它主要通过合作、协商、伙伴关系、确立认同和共同的目标等方式实施对公共事务的管理。其实质在于建立在市场原则、公共利益和认同之上的合作。其权力向度是多元、相互的，而不是单一的和自上而下的[④]。总的来说，“治理”概念最初凸显了除中央政府外的地方政府企业和社会组织在公共事务中的作用，具体表现有三个特点，一是治理对象的广泛性，包括一些传统行政规则不涉及或不擅长的领域；二是强调多主体参与，包括政府市场社会多主体的共同治理；三是规则的多元性，多主体在同一场域的决策。与统治不同，治理不强调规则的唯一性，甚至可以是市场规则、社会规则和行政规则的混合。

“社会治理”（social governance）在过去的文献中基本见不到，

---

① 参见王绍光：《治理研究：正本清源》，《开放时代》2018年第2期。

② 鲍勃·杰索普，《治理的兴起及其失败的风险：以经济发展为例的论述》，漆蕪译，《国际社会科学杂志（中文版）》1999年第1期。

③ 参见俞可平：《治理和善治引论》，《马克思主义与现实》1999年第5期。

④ 参见俞可平：《治理与善治》，北京：社会科学文献出版社，2000年，第6页。

即使有极个别使用的，其含义与今天我们所说的“社会治理”讲的也完全不是一回事。国外相关文献可以分为两类，第一类虽使用“social governance”，但常与其他概念连用，表达不尽相同或完全不同的意思，比如“global social governance”，指国际组织在国际范围内实施的如扶贫和减少收入差距的社会福利政策，或是“market-based social governance”，指与市场相关的营商环境。第二类概念与中文“社会治理”有一定交叉，如“social-self governance”，指将传统的公共社会事务完全转交非政府部门来处理，强调政府不在场的社会自我管理，①不同于我国党委领导下的社会治理。

社会治理确实是我国思想界、理论界在新世纪以来的理论与实践探索中提出来的。从我国文献的理论溯源看，最初使用的是“社会管理”概念，直到2013年以后才开始用“社会治理”概念取代“社会管理”。具体的理论探索进程是这样的：2004年，党的十六届四中全会首次提出了社会建设与社会管理的概念，强调了在坚持以经济建设为中心的同时要加强社会方面的建设与管理。党的十七大报告和党的十八大报告都延续了“社会管理”的提法，提出了要加强基层社会管理和服务体系建设。2013年11月，党的十八届三中全会审议通过的《中共中央关于全面深化改革若干重大问题的决定》，首次使用“社会治理”概念取代了“社会管理”概念。

为什么要用社会治理取代社会管理呢？这里面有深刻的理论意义与实践意义。自2004年中央首次提出社会建设与社会管理概念以后，我们明显地强化了这一领域的工作，特别突出了对于各类突发事件、群体事件、社会冲突、社会矛盾的处理，更加重视强化政法系统的“综治办”“应急办”“信访办”等众多机构的工作，来处理

---

① 相关的文献请参见：Bob Deacon, *Global Social Policy & Governance*, London: Sage, 2007; Taekyoon Kim, “Contradictions of Global Accountability: The World Bank, Development NGOs, and Global Social Governance”, *Journal of International and Area Studies*, 2011, 18 (2), pp. 23 - 47; V. Bekkers, *Governance and the Democratic Deficit: Assessing the Democratic Legitimacy of Governance Practices*, Burlington,VT:Ashgate, 2016, p.26.

这些矛盾和冲突。在这一阶段，社会上的矛盾和群体事件也确实处于高发期，根据2013年中国社会科学院《社会蓝皮书》的统计，这一阶段每年发生的群体事件从过去的数千起，发展到每年多达数万起甚至十余万起，党政管理部门的“维稳”压力很大。从2004年到2013年，通过九年的实践探索，我们深刻地认识到在处理突发事件、群体事件、社会矛盾、社会冲突过程中，仅仅靠管理部门的严控，无法解决无比复杂的社会问题。由此，党中央提出一个新的思路，即社会治理的思路。“社会治理”与“社会管理”表面看来只是一字之差，但是，治理确实体现理论的创新。管理体现的是管理者与被管理者的对立，体现了管理者用管控的方式处理问题，被管理者完全是被动的；而社会治理，体现了一种全新的多方参与的思路，尽可能动员多方的社会力量，来处理新形势下的新问题。在社会治理中，党与政府当然处于领导和负责位置上，但是，问题的处理和解决却动员了多方社会力量，最大限度地激发了多方面的社会活力，正如党的十九大报告指出的，“实现政府治理和社会调节、居民自治良性互动”[①]。试想，具有14亿多人口的中国，如果广大老百姓、广大居民都能够参与到社会治理中来，那将是一种多么巨大的社会力量！

总之，社会管理和社会治理体现了理念、手段、主体和治理效果的不同，社会治理实际上体现了“民本位”的理念，而社会管理则体现为“官本位”的理念，官本位的维稳思路难以解决复杂的社会矛盾。两者的治理主体也不同，社会治理更加强调多主体的增能赋权，党和政府、社区、居委会、社会组织、企业、居民对加强社会治理体系的建设都至关重要。再者，手段也不同，社会治理的手段具有“多元性”“双向互动”“协商合作”等特点，而在社会管理中，管理方发出“具有行政性的单向指令”，被管理者接受指令并执

---

① 习近平：《决胜全面建成小康社会 夺取新时代中国特色社会主义伟大胜利——在中国共产党第十九次全国代表大会上的报告》，北京：人民出版社，2017年，第49页。

行，强调管理和被管理的关系。最后，两者的治理效果也是不同的，政府对社会事务的大包大揽容易滋生群众的依赖心理，一方面进行基层动员的效率高了，但是另一方面政府也承担了无限的责任。社会治理强调社会责任的“公共性”，从片面强调政府的单方责任向政府、市场、社会共同承担责任转变。因此，党的二十大报告特别强调：“建设人人有责、人人尽责、人人享有的社会治理共同体。”[①]

（二）社会治理概念的定义

在此，我们从社会学的角度对社会治理概念下个定义。社会治理也就是治理社会，在中国的背景下，社会治理就是在党和政府的主导下，多方面的社会力量共同参与，以激发社会活力和法治保障为手段，以保障改善民生和追求社会和谐为目的，以社会共同体（社区）为载体的治理社会的活动。下面我们对这一定义做出进一步解释。

第一，社会治理中的社会，不是无所不包的大社会概念，大社会包含政治、经济、文化和社会生活的方方面面，那么大社会的治理就应该包括国家治理、市场治理、社会治理等。我们这里所讲的社会治理，实际上是中社会的概念，是置于政府、市场与社会框架内的一部分，是政府、市场和社会框架中的社会。社会治理与政府治理和市场治理有两个方面的不同，一是治理规则不同，二是治理主体不同。社会学认为，政府、市场与社会是现代社会运行的三个最重要的力量，形成了三种不同的治理机制。政府治理是运用行政规则在科层体系内部及其相关领域的治理活动。市场治理是运用市场规则在经济领域的治理。而社会治理充分发挥这三大机制和功能，不仅使用行政规则和市场规则，也常运用社会规则、道德逻辑

① 习近平：《高举中国特色社会主义伟大旗帜 为全面建设社会主义现代化国家而团结奋斗——在中国共产党第二十次全国代表大会上的报告》，北京：人民出版社，2022年，第54页。

以及非正式的制度和传统来激发广大群众的参与热情。另外，定义中“治理社会”的主体，不仅仅讲党和政府的主导，而且强调多元社会力量和多元社会主体共同参与的治理场域，这样的社会治理是最大限度激发广大人民群众、多种群体、多种社会组织活力的“能动社会”。[①]

第二，在我国，社会治理是在党政主导下展开的。一方面，党和政府整合资源和动员多方参与的能力极强，可以促使各级政府聚焦于基层社会治理能力的提升，创造激发社会组织和居民活力的制度政策环境，凝聚和整合各种力量合理配置社会治理资源。另一方面，党和政府在社会治理中的角色和任务并不是简单的发号施令，而是从原来的管理者、管控者，过渡到积极的动员者、组织者、参与者。所以，中国特色的社会治理体制，是党领导下，政府治理和社会调节、居民自治的良性互动。

第三，多主体的共同参与并最大限度激发社会活力是社会治理的基本手段。社会学是一门特别注重社会行动者关系的学科，不同于政治学和经济学，社会学对社会治理的把握非常强调各类社会群体、社会组织的行动能力和参与能力，以及他们之间的关系、他们与市场的关系、他们与政府的关系。因此，充分发挥多主体共同参与，为各类主体如行业协会、社区组织、社会组织、普通居民等创造发声渠道，简政放权，做强社会群体、社会组织参与基层社会治理的能力，激发居民参与社区事务共治的积极性，这些都有助于及时发现社会问题，做到防患于未然，具有源头治理和综合治理的效果。社会治理在手段和方法上较原来的社会管理发生了重大革新，因为过去采取的维稳、管控和压制方法并不能真正解决社会矛盾和社会问题。

第四，保障改善民生和追求社会和谐是社会治理的目的。民生和社会和谐是我们进行社会治理的根本目的，民生与社会和谐两者

① 李强、黄旭宏：《“被动社会”如何变为“能动社会”》，《人民论坛》2011年第10期。

有互为因果的关系。生活环境得到改善、基本诉求得到解决，社会矛盾出现的概率必然就变低了。民生作为社会治理的目的，正像市场创造价值一样，将公共服务、社会保障和社会资源公平地提供给老百姓则是社会治理的价值追求。很多社会冲突的爆发，都是因为小的民生需求无法满足，慢慢积累而形成的。社会治理、社会发展就是要更好地满足老百姓日常生活中的民生需求，这样的社会当然就是和谐社会。

第五，社区是社会治理的载体。社会学常通过社区来研究社会，尤其是政府与社会关系的研究。从实际生活的角度看，社区这个场域就是最典型的社会治理的发生空间，人们的日常工作和生活离不开它。社区作为一个完整的生活单元，具有很强的居民自治特征，所以其治理不可能单纯运用行政治理逻辑，而是需要借助人们日常交往中的习俗、道德和公约等社会性规则，还要运用市场性规则。在最基层的社区，政府治理是通过社会治理来与居民互动的，市场也通过它的平台来与社区居民交往。社区的综合性、生活性和基础性决定了它是社会治理得以实施和应用的基础，失去了社区，社会治理就成了空中楼阁。所以社区是社会治理最重要的载体。

二、社会治理的基本特征

（一）社会治理的“共建共治共享”特征

党的二十大报告提出“健全共建共治共享的社会治理制度”[①]，非常经典地表述了社会治理的多主体共同参与的特征。毫无疑问，在我国，党和政府处于领导和主导的位置，但共建共治共享格局的打

① 习近平：《高举中国特色社会主义伟大旗帜 为全面建设社会主义现代化国家而团结奋斗——在中国共产党第二十次全国代表大会上的报告》，北京：人民出版社，2022年，第54页。

造离不开其他社会力量的广泛参与。我们在定义中也阐明“社会治理也就是治理社会”，这就是说实施社会治理的主体是多元的、多样的。所以社会治理的“共建共治共享”特征就是指政府、市场、社区组织、社会组织、社会群体、居民等多元力量都为社区公共事务和公共服务献计献策尽心尽力。共建共治共享的社会治理不仅能激发社会活力，也能高效地利用各方资源。新清河实验创建了居委会“议事委员制度”，有效地扩展了居民的参与渠道，补充了社区居民委员会在民主议事和决策方面的不足，来自普通居民的“不坐班”的议事委员与职业化的居民委员会工作人员共同参与，极大地激发了蕴藏在老百姓之中参与治理的积极性和动力，在公共环境改造的决策和执行中发挥了巨大的力量，提高了老旧社区改造项目的效率，提升了社区的民生水平。

（二）社会治理激发社会活力的特征

与社会管理相比较，社会治理的突出特征是最大限度地激发社会活力。如前文所述，我国从2004年到2013年的九年实践也证明，简单突出维稳和管控的思路，并不能真正解决社会矛盾与问题，政府行政体系对于社会事务的大包大揽，反而导致了社会和市场对政府的过度依赖。按照过去的管理思路，自上而下的管控和维稳，最大的特点是事事都由决策层来管控，结果基层老百姓没有积极性，对于社区的事情、自己身边的事情参与度很低。老百姓遇到大小事情都养成了“等、靠、要”的习惯，认为任何事情都应该由政府来解决，而实际上政府不可能承担无限责任，尤其是社区内的事务，很多是社区自治能够解决的问题，如果都推给政府，只能使得问题越积越多。社会治理则是充分发挥了政府、市场与社会三大机制的功能，三大机制都参与到治理中来。尤其是社会机制，它最大的特点就是人民群众参与的广泛性、积极性和社会活力。一个激发了社会活力的社会是“能动社会”，很多社会冲突、社会矛盾、群体事件都可以让广大老百姓和社会组织自己去解决。因此，考察社会治理是否有效的一个核心指标就看它有没有社会活力，最大限度地激发社会活力是实施社会治理最有效的手段。

（三）社会治理重心在于基层治理的特征

党的十九大报告提出“推动社会治理重心向基层下移”[①]，这句话点明了社会治理的重点和重心。正如上文在定义社会治理时所说的，社会治理必须下沉到基层社区，这样治理才找到了载体，治理才能够有的放矢。从社会学角度看，所有的社会交往、社会关系都离不开基层社区，所有的社会问题也都起源于基层社区，每一个基层社区治理好了，整个社会也就和谐有序了。其实，我们所说的基层社区，也正是我们所说的“社会”，基层社区既是国家体系的一部分，同时也是广大人民群众学习、工作、就业以及日常生活得以进行的场域和基础。社会治理落实到了基层社区的载体上才能够真正发挥作用。在社会治理实践中，我们也可以发现，越是到了基层社区，社会治理的自治和共治特征就越明显。笔者在全国很多基层社区的调研中看到，我国基层社区在社会治理方面有众多的创新，所以，基层社区也是社会治理最有用武之地的场域。

（四）社会治理的民生特征

上文已述，保障和改善民生是社会治理的最终目的。党的十九大、二十大报告都特别强调了“以人民为中心”的思想，这就告诉我们，社会治理自身不是目的，我们所有的治理活动，最终都是为了给广大人民群众提供服务。理解社会治理的民生特征有三点比较重要。第一，要理解社会治理的边界、内容、重点和工作方式都是由民生所决定的。民生需要解决什么问题，社会治理就应该朝向这方面努力。我国经济社会发展最终目标是要提高民生水平，而当前，

① 习近平：《决胜全面建成小康社会 夺取新时代中国特色社会主义伟大胜利——在中国共产党第十九次全国代表大会上的报告》，北京：人民出版社，2017年，第49页。

人民群众在就业、医疗、养老、居住和安全等方面的需求还存在不少短板，民生保障的水平在城乡之间、不同城市之间、城市不同属性的社区之间、群体之间也还存在很大的不平衡。因此，社会治理必须着重从这些短板入手，充分挖掘各种资源，想尽一切办法保障和改善民生。第二，保障和改善民生是评价社会治理水平的根本标准。在社会治理发展过程中增进人民的福祉是社会治理的根本目的。基层的资源和财力毕竟是有限的，更应该在社会治理重心下移的过程中将有限的财力、物力、精力聚焦于保障和改善民生方面的工作，民生实现的好与坏是检验我们社会治理工作成败的根本标准。第三，在社会治理中，保障改善民生与构建和谐社会的目标是一致的。所谓和谐社会，就是人民日益增长的美好生活需要不断得到满足，构建了比较完善的公共服务保障体系，提升了广大人民群众的幸福感和获得感，实现了全社会的公平正义感。这样也从源头上防止、阻止和减少了社会矛盾、社会冲突的发生。所以保障改善民生与追求社会和谐是一致的，都是社会治理的最终目标。

三、我国社会治理模式的历史变迁

上一节已述，我国的社会建设、社会治理和社会体制机制是在我国特殊的历史文化土壤中形成的，所以，要理解今天的社会治理创新，也需要做历史的比较，分析一下中国的社会治理经历过哪些历史变迁。本章从新中国成立前、改革开放前和改革开放后三个时间段入手，分析我国社会治理模式的变迁。

（一）中华人民共和国成立以前的社会治理

自古以来，传统中国基层社会治理的显著特征是，县域以下的地方性社会力量自治特征比较突出，对于这种现象通常的说法是

“皇权不下县”[1]，以家族、宗族为基础构建的绅权是基层自治的重要力量。家族、宗族的血缘关系、血缘组织是实现自治最重要的社会基础，而借助道义性信仰所构建的精神共同体则是自治的深层原因。家族、宗族也在一定程度上起到了社会互助功能，村民也参与到了这种具有道义性质的小农经济中。由家族、宗族支撑的社会团结，实际上就是一种建立在互助道义上的社会信仰体系。[2]当然，这种县域以下的家族、宗族共同体以及士绅阶层的基层自治性社会，并没有形成约束皇权的规范性力量。

那么皇权与绅权是怎样互动的呢？一方面，中央政权主要靠德治来替代政治组织在基层实现社会整合，实际上这是一种以价值治理部分替代组织治理的方式[3]。另一方面，在一些需要和地方直接互动的领域，常常有地方的中间人来协调皇权与绅权的关系。地方首长限于流官制所带来的水土不服，需要与地方精英（乡约、乡保、会首等）协作来处理地方性事务[4]，这种治理结构给基层社会留下了较大的自治空间，例如在税收、赋役和诉讼等领域，常有中间人来负责沟通上下关系，而中间人并不是政府的正式工作人员。

辛亥革命以后的中华民国政府也曾尝试建立新的基层政权体系，曾经重提“保甲制”，试图将政府的权力层级直接渗透到县域以下，但是，地方性权力的存在始终与中央的基层权力相抵触，基层并没有形成系统的管制体系。绅权的自治性力量还是对乡村的公共事务起着主导作用，所以县级以下始终无法摆脱士绅地主阶层的人情治理和关系治理，并没有形成现代民族国家的治理体系。纳入科层体

---

① 费孝通、吴晗等：《皇权与绅权》，北京：生活·读书·新知三联书店，2013年；费孝通：《中国士绅：城乡关系论集》，赵旭东、秦志杰译，北京：外语教学与研究出版社，2011年。

② 关于农民道义的研究参见斯科特：《农民的道义经济学：东南亚的反叛与生存》，程立显、刘建等译，南京：译林出版社，2013年。

③ 李强、胡宝荣：《中国历代社会治理论纲》，昆明：云南教育出版社，2014年。

④ 黄宗智：《国家与村社的二元合一治理：华北与江南地区的百年回顾与展望》，《开放时代》2019年第2期。

系的保甲制是当时政府基层政权建设的主要措施，即以十户为甲，十甲为保，设保长。保长被纳入到政府编制，负责本村的公共事务，主要是征粮、征税和征兵。因士绅不愿受政府的直接管制，所以往往私下指派和推荐普通村民来担任保长，村中的道路、桥梁和赈济等公共事务，还是由以士绅为代表的地方性势力主导，政府并没有过多的投入。保长既要迎合上级的征粮派款任务，又不能损害士绅的利益，很多施政措施往往难以有效开展，上级索取过多都会招致地方拖延或托人情来进行规避，一些劣绅甚至买通保长篡改粮册，抵制一切有违于自身利益的改革。总之，在辛亥革命以后的旧中国始终没有形成有效的现代基层治理体系，也没有形成统一的现代民族国家的治理体系。

（二）新中国成立后的社会治理

新中国成立后，建立了一个与传统社会治理模式完全不同的社会，其突出特征是党政组织深入基层，建立了一系列比较严密的管理体系。上文已述，传统中国的地方社会虽然有一定的自治能力，但是并没有形成现代国家的治理体系，政府的动员能力较弱，老百姓的国家认同和民族认同也偏弱。新中国将国家治理体系成功地延伸到了基层，形成了强大的动员能力、国家认同和民族认同。1950年6月《中华人民共和国土地改革法》正式颁布后，新中国的“土地改革”摧毁了农村原有的土地所有制，以地方家族和宗族势力为代表的地方性势力消失了，传统社会治理的组织基础不复存在，取而代之的是党政组织对基层社会的全面管理。这种新的管理体制，以在全国建立党支部，深入到每个农村、每个居委会为主要特征。党政组织深入基层，形成了极强的动员能力，对新中国成立初期经济社会建设起到了积极的推进作用，但是，也应看到，这种严密的组织管理体系也在一定程度上抑制了经济活力和社会活力。

笔者将新中国成立后至改革开放前的社会治理结构概括为以下两个特点。

一是党政组织深深地扎根基层。在农村实行人民公社制度，农民被编入生产队，国家和行政体系进入个人经济生活领域，并按照国家建设的需求来动员农村基层社会。行政性动员的逻辑替代了原来道义性支配的社会治理规则。城市生活领域也是按照“计划”进行，实行单位制和街居制，改变了传统社会基层动员能力不强的问题，形成了高度整合的社会，几乎所有社会成员都被强有力的行政力量所管辖。当然，这种全方位的“管理”和“控制”必然带来基层经济社会活力不足的问题。

二是由行政组织来配置几乎所有资源，实际上借助一种超强的组织体系和制度体系分配各种资源。所建立的多种制度体系，如农村人民公社、城市票证制度、统购统销、户籍身份制、人事档案身份制度等，形成了一套很严密的城乡管理制度。在这样的背景下，基层社会是比较有秩序的，几乎城市社区的所有事务都由单位、居委会和街道管理。当然，这种全方位的管理体制也造成了居民的被动特征。居民形成了有事情找政府、找组织、找上级的被动思维模式。

（三）改革开放后社会治理体制的变革

改革开放以后，我国经济与社会体制均发生巨大变革。从上文阐释的政府、市场与社会是现代社会运行的三个最重要的力量的原理看，三者之间的关系均有重大变革。改革开放以前，各种社会资源主要是由政府和行政体系来配置的，改革开放以后，市场在资源配置中发挥了越来越大的作用，社会体制也在逐步适应市场机制的此种变化。这种总体机制的变化，也带来了社会治理体制和基层社会治理体制的巨大变革。

笔者试将改革开放以后社会治理的变迁分为三个阶段：第一阶段是改革初期到2003年，此阶段的特征是以经济建设为中心；第二阶段是2004年到2012年，党中央提出了大力推进社会建设，提出了社会管理创新的思路；第三阶段是党的十八大以后，重要标志是2013年党的十八届三中全会文件明确提出以社会治理替代社会管理，以及2019年党的十九届四中全会提出推进国家治理体系和治理能力现代化建设。

第一阶段（1979—2003年），改革开放初期为了改变经济发展滞后的局面，中央明确提出了以经济为中心的发展战略，社会方面改革的目的也是为了配合经济体制改革。经济体制改革的主要特点就是引入市场机制，包括商品市场改革、价格机制改革、劳动力市场改革、房地产市场改革等。在市场的优胜劣汰的机制下，有竞争能力的强势群体自然获利较大，而竞争力不足的弱势群体则出现了利益受损的局面。在这一阶段，社会体制机制、社会保障体制的建设有所不足。例如，在单位制改革中，强调建立现代企业制度，为了凸显企业作为经济主体的职能，很多与企业核心生产功能关系不大的服务部门被关闭、被改制，出现了很多失业、下岗、买断、内退职工，由于社会机制的改革有所滞后，他们的社会保障、社会福利一度出现真空现象。在体制机制巨大变革的局面下，体制转轨曾一度发生了很多“不衔接”现象。在这一时期，单位体制转轨、住房体制改革与居民社区体制变革“不衔接”的现象也比较突出，这样城市里就产生了失去依托的、失去经济支持的“老旧小区”的问题。当然，那些经济实力较为雄厚的企业、单位还继续为职工居民社区提供资源支撑。在这一阶段，基层政府也为老旧小区的治理提供一些资源，但毕竟能力有限。

第二阶段（2004—2012年），经过二十年市场经济体制改革的探索，整体的经济发展水平有很大提升，市场转型极大地推进了物质财富的增长。那么如何一方面坚持将市场作为调节社会资源的主要手段，另一方面又能够让广大老百姓获得更为均等的公共服务呢？如何进一步保障和改善民生呢？在这一阶段，社会体制改革的任务提上了议事议程。2004年党的十六届四中全会的文件中首次提出了“社会建设”和“社会管理创新”两个新概念，明确提出建立“党委领导，政府负责，社会协同，公众参与”的社会管理新格局，并强调主要集中于教育、就业、收入分配、社会保障、医疗卫生等公共服务领域的建设。当然，这一阶段的社会建设的手段是比较强调“社会管理”的方式，比较突出自上而下的方式，比较强调管控的职责，政府在管理中承担了越来越重的功能，政府身上压的担子越来越重。在这一阶段，政府对于基层公共服务的改善、对于基层社区物质环境的改善有重大投入。当然，由于这些投入往往是单方向的政府财政投入，广大老百姓的参与明显不足，很多民生工程对于老百姓真正需求的了解也不够深入，所以巨大的经济投入在改善民生的效益方面有所不足。

第三阶段（2013年至今），这一阶段的突出成果是2013年党的十八届三中全会提出的“社会治理”思想，其特征就是突出多元主体“共建共治共享”的原则，政府、市场、社区组织、社会组织、社会群体、居民等多元力量都为基层社区公共事务和公共服务献计献策尽心尽力。党的十九大报告及十九届五中全会通过的“十四五”规划均特别阐释了“加强社区治理体系建设，推动社会治理重心向基层下移”的要求。可以说，社会治理思路的产生，是党和国家在长时间经验积累下治国理念的创新，这就是说，如果仅仅靠自上而下的管理来建设社会，并不能激发广大老百姓的积极性和活力，也难以解决极其复杂的社会问题。实践证明，社会治理的原则是正确的，近年来，我国城乡基层社区涌现出一大批社会治理的优秀范例。例如城乡基层社区发动城乡居民和其他多种社区组织，提高了居民的民主议事和协商的能力，提升了基层政府公共事务和公共服务的决策及执行能力，大量新生的社会组织承接了社区各种多样化的服务需求，居民多种多样的组织在丰富老百姓业余文化生活、提供社区公共安全方面都发挥了巨大作用。在激发了社会活力的局面下，政府并不需要对基层社区的很多具体事务进行设计，这大大减轻了政府的负担。当然，基层的社会治理离不开党和政府的引导，这主要体现在群众参与社会治理的组织化建设方面，社区公共事务的识别与解决绝不是靠某一个热心居民单打独斗能够完成的，而是需要具有行动能力的组织来完成，当然自组织和社会组织的规范化建设还有待逐步提升。社区公共服务水平的提升，需要政府、市场与社会三大力量共同努力与合作。

四、为什么社会治理必须创新？

自党的十八届三中全会文件开始使用“社会治理”概念以来，“创新”就是社会治理面临的首要任务。在党的十九届五中全会通过的“十四五”规划中再次强调了要“加强和创新社会治理”。当前，我们所面临的新局面、新形势、新时期和新要求，都决定了社会治理体制必须要进行创新。

我们知道，社会领域的建设与经济领域的建设有很大区别，经济领域的建设面对的是经济全球化的压力，我们的经济贸易必须与国际接轨，所以，经济建设可以参考国际上发达经济体的体制机制，企业运营也要参照国际上的先进经验建立现代企业制度。而社会建设、社会治理、社会体制机制则比较特殊，它是在各个国家特定的历史文化土壤中形成的，它更多的是要适应本地文化习俗，适应社区居民的生活方式，很难将其他国家的社区生活模式移植到另一个国家的社区生活之中。所以，社会治理虽然不排斥学习其他国家社区治理的一些成功经验，但是，这种参照系的情况极其复杂，很多基础性要素都不一样，根本不可能简单模仿。

改革开放以来，我国基层社会已经发生了巨大变迁，已有的社会治理体制机制已经不适应新形势、新局面的要求，所以只能结合我国具体国情、结合每个社区的具体情况进行创新。下面，笔者试从应用社会学角度阐释一下体制机制的变迁迫使我们必须进行社会治理创新的原因。

（一）市场转型与基层社会治理创新

改革开放以来，我国社会最大的变化就是市场体制引入到老百姓的日常生活中来，社会学界亦将此种变化称为“市场转型”。改革开放以前，我国粮食等农产品采取统购统销的政策，城市社区用票证配置日常生活资源，居民住房也采用非市场的分配房屋机制。改革开放以后，市场机制逐步建立起来，从最初的商品市场到劳动力市场，后来又扩展到房地产市场、金融信用市场等领域。居民社区公共服务的供给也引入了市场机制，物业公司逐步替代了原来政府、单位背景的治理主体。市场通过价格来调控物品的分配，替代了原来依靠计划和指令配置资源的方式，其正功能是各行各业从业者的竞争积极性被激活了，释放了极强的发展动力，物品和服务的种类和品质大大提升，大大推进了我国经济社会的发展。

当然，市场不是万能的，在社会治理的诸多方面，市场也存在其负功能，特别是在我国市场机制还不完善的情况下，各种各样的发展不平衡、不公平、不公正和贫富差距也在社区生活中显现出来，导致了不满和焦虑情绪在社区的蔓延。例如，当市场机制引入住房领域后，我们也引入了物业公司和“业委会”机制，但是由于物业公司和业主群体都是新事物，常常出现法律意识和规范意识不足的现象，出现了各自片面追求自身利益的情况，引发了业主之间、业主与物业公司之间的社会矛盾，这本质上是市场失灵的问题。面对此类问题，需要找到一种替代性的机制和办法，来解决社区日常生活中发生的极其复杂的纠纷矛盾，如果能够在社区中培育良好的社会力量，达成一致的议事原则，主体之间实施监管和沟通，便可以以最低的成本解决这类问题，而这就是我们说的社会治理创新。

（二）城乡基层社区的巨大变化与社会治理创新

改革开放以来，城乡人口状况和城乡管理的体制机制都发生了巨大变迁。一方面，大量人口从农村涌入城市，给城市社区治理带来巨大压力。另一方面，在高速发展的局面下，经济社会的不平衡也促生了很多新的社会问题。在城市中出现了城中村和城乡接合部管理缺失、老旧小区缺少物业管理、拆迁安置等一系列复杂问题。在农村社区也出现了有经济活动能力的劳动力大量流出、农村老人缺少关照、留守儿童日渐增多、土地撂荒、村庄经济凋敝等问题。面对如此复杂的城乡社区变迁的新局面，如果仅仅用单一的行政组织管理方式，是难以满足居民多方面需求的，如果仅仅用市场竞争的方式，也只会造成“马太效应”，差的更差、好的更好。在城市里，商品房小区居民通常可以缴纳物业费，由物业公司维持小区的正常运行，但是众多老旧小区和不少经济适用房小区，其物业费却难以支撑社区的运行，还有物业公司退出造成的社会风险。

所以，城乡社区治理都只有创新才有出路，所谓社会治理创新就是创造一种多元主体参与的、动员多方社会力量的、比较灵活的治理方式。笔者在基层调查中看到了很多社会治理创新案例，全国各地的社会治理创新比比皆是。例如，北京的“城中村”魏窑村村民委员会，利用租房的市场机制强化了村庄的集体经济，建立了自管自治性质的物业公司来提供本村的公共服务，给街道安装了无死角的监控摄像头并24小时值守。又如，成都市郫都区战旗村委会，利用市场机制经营农村撂荒土地的同时也给本村居民提供了充足的就业岗位，还将整理土地后富余的集体建设用地发展为加工厂和旅游集散地，在社会治理方面做出了一系列的体制机制创新，并得到了中央的认可。

（三）传统治理方式失灵与社会治理创新

改革开放以前，我国城乡有一整套依托党政行政体制和单位体制的传统治理方式，这套体制曾经是非常有效的，但是，改革开放四十余年后的今天，经济、社会、环境都发生了巨大的变化。比如，传统的单位在基层社区曾经具有很强的动员能力和整合能力，对每个人的行动方向、情感、意识形态都能进行有效的动员，将工资、房产、晋升、娱乐、消费等资源几乎全部整合进单位行政体制内，掌控资源并按照行政级别分配到个人和家庭。然而，今天的绝大部分社区，单位制解体了，这使得城市的老旧小区受到重大冲击。单位制解体后，多数老旧小区失去了公共服务的提供者，而新的市场机制又没能建立起来，于是造成社区发生一系列治理的新难题：小区的公共基础设施和公共环境根本没有人来维护，一些房屋变成危房，物业公司也因居民欠账造成运营成本太高不愿进驻此类社区，最终变成所谓“弃管社区”。

怎样解决传统治理方式失灵的问题呢？解决办法只能是社会治理创新！笔者在基层调研时目睹，全国各地的很多基层社区都在社会治理创新方面有发明创造。针对老旧小区失去传统单位依托和支撑的问题，采取的社会治理创新大体上是两种思路，一种是动员和组织居民自治，在基层党支部和居委会领导下重新建立公共服务体系，另一种是创新市场与居民自治相结合的体制，引入物业公司完善基层社区的公共服务。新清河实验也有类似的情况，本书后文会有详述，此处不赘述。再如笔者调研的成都市和美社区，是一个拥有八万多人的超大型新建商品房社区。试想八万多人的社区，这在传统体制下，足够一个街道的规模了，但是该社区却在同一个社区居委会的治理下井然有序，依靠的就是社会治理创新。该社区引入了社会企业，采用多种治理方式提供了专业化的健身、文艺等服务，大大减轻了居委会的负担，提升了社区的活力。可见达成新的治理共识、创新社会治理是应对传统的治理失灵的有效方式。

五、推进社区治理创新的六个方面

改革开放四十余年来，中国城乡社区发生了天翻地覆的变化，也出现了很多基层社区建设中的新问题。也是在新清河实验中，我们更深刻体会到，应从以下六个方面入手，解决社区治理中面临的诸多新的问题，推动社区治理创新。

（一）提供优质的社区服务

社区是广大老百姓，广大居民生活、工作和居住的地方，为广大老百姓提供服务是社区治理最重要的任务。社区服务可以区分为三种不同类型。

第一种是社区的公共服务，公共服务原则上是由公共财政支持的社区服务，在中国是由党和政府直接管理的，由财政拨款提供的服务。这种服务是为每一位社区居民提供的，是每一个居民都应该享受到的，不需要市场交易就可以得到的社区服务。当然，这里说的每一个居民都应该享受到服务是指机会均等的“应得权利”。①比如，“城市居民最低生活保障”是由政府财政承担的每一个居民都有机会享受到的公共服务，当然，只有那些收入水平低于“城市最低社会保障标准”的城市居民才能够真正得到这种服务。同样，提供给老年人的公共服务，也只有达到了一定的年龄标准才能够真正获得。

第二种是市场服务，这是居民在市场交易中得到的服务。人们日常生活都需要与市场打交道，各种市场服务的便利与否是评价社区是否良性运行的重要指标。改革开放以来，我国社区也发生了市场转型，即过去用“票证”“单位分房子”等非市场手段配置资源的方式，迅速转变为用市场机制配置资源。市场给社区生活带来了极大的便利，当然，很多社区的市场机制还在完善过程之中，社区的良好市场环境建设也需要细心的培育。更何况，市场也可能发生失灵，所以，政府和社会对市场的及时监督也是必要的。

第三种是居民之间互助的、互惠的或志愿者的服务，这种服务也异常重要。社区的本意就是居民生活的共同体，既然是共同体，居民之间的交往、帮助、互助是很自然的事情。我们判断一个社区是否有活力，很大程度上就要评价居民之间的交往互助程度如何。如果一个社区虽然物质设施上属于高档，但居民互相不认识、不来往，那也只能被评价为一个“没有活力”的社区。从总体情况看，

① 拉尔夫·达仁道夫:《现代社会冲突》，林荣远译，北京：中国社会科学出版社，2000年，第16—24页。

目前我国多数社区在居民互助、互惠或志愿者服务方面还不够理想。这方面还需要通过改善改进社会治理来推进。

（二）管理社区公共的或共同的财产

社区中的财产有一部分是私人的，比如归业主所有的房产，也有一部分是居民公共的或共同的财产，对于公共的、共同的这部分就要加强管理，避免发生问题。这种共同财产，城市与农村有很大区别。我国农村土地是农民集体所有，村庄的集体企业也是村民的共同财产，所以，农村的党支部、村委会要公正地管理好村庄的共同财产，如果处理不好、不公正，就会造成很多社会矛盾。在城市社区里面，也有共同财产，以往常常被人们忽视。比如，大家购买商品房的时候，有一部分是公摊面积，包括楼房的大堂、公共大厅、走廊、过道等。这部分就是共同财产，也需要妥善管理，否则也会引发问题。

总之，我国社区中的公共的或共同的财产，城市与农村之间有很大的区别，这些都需要分别建立相应的法律法规，公平公正地予以管理。

（三）组织社区集体消费

"集体消费"（collective consumption）原本是社会学家卡斯泰尔（Manuel Castells）提出的概念。[①]这里所说的集体消费，是指社区居民因社区运营关联在一起的消费，即虽然看起来是每一个人的购买和支出，但是这种购买和支出与其他居民关联在一起。当前，在我国的社区，由物业公司对社区或小区进行管理和服务成为普遍现象。有了物业公司就要缴物业费，物业费表面看来是每一个居民家庭户的消费，但是，这种消费需要该社区的居民的共同支出，这种共同

---

① M. Castells, "Theory and Ideology in Urban Sociology", in Pickvance (ed.), *Urban Sociology: Critical Essays*, London: Tavistock, 1976, p.75.

支出需要每一户居民都遵守规则、按时缴纳，这项市场交易才能够最终完成。如果一部分居民交了，而另一部分居民长期不交，这对于交费的居民就是不公正的。所以，社区中凡是涉及集体消费的事情都需要有整体的管理规则、管理规定，也都需要每一个、每一户居民的配合。关于社区集体消费，本书第十三章将会详细阐释。

（四）协商社区公共事务、表达利益诉求

既然社区是全体居民的共同体，很多社区事务影响着每一个人的生活，那么，就要有全体居民表达意愿、诉求，以及讨论公共事务的体制和机制。《中华人民共和国农村村民委员会组织法》和《中华人民共和国城市居民委员会组织法》规定，村民委员会和居民委员会分别是城乡居民的群众性自治组织。

相比较而言，农村村民委员会组织法还比较完善，经过多次修订，村民委员会和党支部目前在我国农村承担着协商公共事务、表达利益诉求的功能。而城市居民委员会组织法，是1989年通过的，其基本内容、条文都长期没有修订过。虽然2018年12月十三届人大第七次会议有过一次修订，但实际上全部修订仅改了一个字，即第八条的居委会每届任期由“三年”改为“五年”，其他内容都完全没有变化。我们知道，从1989年到如今，三十余年以来，城市社区生活发生了巨大变迁，为了应对这些变迁，中共中央、国务院在此领域也发布了很多文件，尤其是党的十九大以来，关于城市社区、小区和城市社区居民委员会的管理、治理细节提出了很多新的思想和非常接地气的建议。[①]这些在目前的《中华人民共和国城市居民委员会组织法》中都完全没有体现。目前亟须加快修订这部法律，使得城市社区居民委员会真正能够成为城市居民的自治组织，协商社区

---

① 《中共中央国务院关于加强和完善城乡社区治理的意见》，北京：人民出版社，2017年，第7—15页；《中共中央关于坚持和完善中国特色社会主义制度推进国家治理体系和治理能力现代化若干重大问题的决定》，北京：人民出版社，2019年，第28—30页。

公共事务、表达居民利益诉求，实现社区的和谐治理。

（五）协调解决社区矛盾纠纷

社区居民日常交往频繁，这样就很容易发生纠纷和矛盾。城市社区人口的居住密度一般都比较大，自然会产生相互干扰的情况。例如在居住密度较高的楼房里，楼上楼下、左邻右舍会因声音过大而干扰他人，小孩子之间很容易因磕磕碰碰而发生矛盾。近来有不少案例，在社区内本来是很小的事情，但因没处理好而激化了矛盾，个别的甚至酿成大祸，演变成危害社会治安的重大事件。

所以，协调解决居民纠纷在社区中异常重要。而矛盾纠纷的解决，需要社区的多种组织，需要基层政府、党支部、居委会、业委会、社会组织、物业管理公司以及社区居民的积极参与。

（六）塑造社区归属感、社区文化与社区文化认同

上文在定义社区的时候，特别强调了社区的文化要素、心理要素，强调了社区居民的归属感是社区不可或缺的要素。社区归属感，理论上讲起来似乎有点儿空洞，但实际上，在居民的日常生活中是发挥着重要作用的。我们在新清河实验社区调查中常常问这样的问题：您对本社区的感情如何？您对本社区有依赖感吗？您会搬离本社区吗？假设如果有一天您真的搬离了本社区，您会有依依不舍的感情吗？

我们在新清河实验中深深感到，凡是居民们都普遍认同的社区，凡是居民们有强烈归属感的社区，凡是社区文化符号在居民心目中都留下了强烈认同感的社区，居民们是不会轻易搬离的。而那些不被居民认同的社区，服务条件和环境条件很差的社区，严重缺乏社区认同建设及社区文化的社区，常常会出现居民频频搬离的现象。社区文化、社区认同、社区归属感是社区的灵魂，在新清河实验中也受到了格外重视。关于社区文化建设问题，本书将在第十九章进一步阐释。

第三章
新清河实验概述

如前言中笔者所述，新清河实验不同于历史上的清河实验，是当今社会学者在北京的清河地区进行的学术研究与社会治理、社会发展研究相结合的社会学的社会参与实验，也称作“社区干预实验”。什么是社会学的社会参与实验呢？社会学诞生于19世纪30年代的欧洲，当时，欧洲正处于社会现代化转型的大变革时期，社会学理论的三大奠基人卡尔·马克思、涂尔干、马克斯·韦伯，都以欧洲的社会转型作为社会学研究的实验场。社会学传到美国以后，具有很强社会实践色彩的罗伯特·帕克所带领的芝加哥学派团队的研究，在某种意义上，也可以视为一种社会参与实验。社会学传入中国，一般认为是在19世纪末、20世纪初叶。中国的现代化进程起步要晚一些，民国初年，可以视为中国现代化转型的起步期，当年，面临内外交困的局面，许多老一代社会学家都积极参与到中国现代化转型的事业中来，包括陶孟和、李景汉、杨开道、许仕廉、晏阳初、梁漱溟等学者的社会调查、乡村建设实验，都可以视为早期中国社会学本土化的社会实验。

在这些社会学的社区实验中，就包括“清河实验”。历史上，最早的清河实验是老一代社会学家杨开道、许仕廉等于1928年开创的，当时，北平西北部的清河地区还是农村地区，所以，当时实验的主要内容是乡村建设，后来由于日军占领北平，历史上的“清河实验”就中断了。笔者所带领的清华大学研究团队，于2014年又重新开启了“新清河实验”。今日之清河已非昨日之清河，今日之清河已经变为城市社区和城乡接合部了。目前，清河由29个社区居委会组成，也还有城中村社区，社区类型极其复杂，可以视为中国城乡社区演变的一个缩影。在政府、市场与社会三个方面，目前突出问题是社会发育不足，社区居民的参与不足，所以，实验的一个重要内容是激发社会活力。自2014年初起，新清河实验团队开展了对清河地区的田野调查、理论构想、样本选择及实验设计，涵盖了社会再组织和社区提升两大主题，具体分为基层组织改革实验、社会组织实验、社区空间规划实验、民生保障实验四方面内容。基层组织改革实验，即通过增设"议事委员"来增强原有社区居委会的社会代表性、社会自治能力、社会活力和服务居民的能力。社会组织实验重在通过运营社会组织"社区提升中心"孵化、培育社区社会组织。社区空间规划实验重点在推进地区公共空间的参与式规划，综合考虑社区特征、居民需求和可利用空间资源等现状条件，设计地区性多功能百姓生活文化活动中心，创新社区生活文化服务中心运营模式。民生保障实验重点在于创新社区互助居家养老模式，对社区老人，尤其是失能、半失能老人及其家庭情况进行摸底调查、需求分析，制定相应支持策略。

一、从"老清河实验"到"新清河实验"

历史上的老清河实验始于1928年。20世纪初叶，由于外敌入侵和内战频繁，中国农村经济萧条、民生凋敝的状况日趋严重。一批有识之士纷纷为解决中国农村经济社会问题出谋划策，老一辈社会学家晏阳初、梁漱溟等人在山东、河北等地开展了轰轰烈烈的"乡村建设运动"。[①]几乎在同一时期，燕京大学社会学系的杨开道、许仕廉教授在当年的北平选取了清河作为实验点，目的在于考察是否能够从农

---

① 祝彦：《三十年代乡村建设运动：梁漱溟与邹平实验》，中国新闻网，https://www.chinanews.com.cn/cul/news/2008/12-12/1486702.shtml。

民和当时的居民组织入手，来推进乡村建设。1928年开始的清河实验的一项重要工作，就是对清河的历史、地理与环境、人口、婚姻家庭、经济组织、政治、教育、宗教等方面做一次普查，并产生了《清河：一个社会学的分析》的调研报告（由杨开道、许仕廉、步济时、张鸿钧、余万等合著）。报告对当时清河的社会、经济、政治等方面的基本状况做了描述和分析，并着重强调了"清河实验区"在农村社会服务方面所体现出的意义和价值[①]。1930年2月，"清河社会实验区"正式成立，在此后的七年里进行了多方面的社会实验。在经济方面，实验改进农业生产技术，提高农业产量，通过资金合作减少了农民经济压力，发展家庭手工业，提高了农民收入；在社会层面，发展教育提高居民文化素养，保护妇女儿童权益；在卫生方面，改善卫生条件，培养基层保健人才，建立预防保健制度，等等。老清河实验区所取得的社会学研究和实践成果，提高了当地人的生活质量，实现了以学术研究和科学精神全面改善农村生活的目标，同时也培养了当时社会学系学生的实践调查与农村工作能力。[②]遗憾的是，1937年日本军队侵入北平，自此，老清河实验就被迫中断了。

2014年初，笔者专门组建了"新清河实验团队"，重新开启了清河实验。在老清河实验中断后的七十多年时间里，清河地区已经发生了天翻地覆的变化。今天的清河已经没有了农田（虽然还有一部分农村户籍人口），已经成为北京市城区的一部分，高楼大厦平地而起，人口十分密集。管理体制上，隶属于海淀区清河街道办事处（当然还有个别农村、村委会建制并存），辖区面积9.37平方公里，从今天的北京地图上看，北到西北旺，南到北五环，西至"京新高速"，东至"京藏高速"。（见图3-1）目前常住总人口约16万人，其中北京户籍约有7.4万人，外来人口约8.4万人。下辖共29个社区居委会（有个别村委会）。

---

① 阎明：《杨开道与清河"实验室"》，《中国社会导刊》2008年第9期。

② 马威：《杨开道学术研究综述》，《华中农业大学学报（社会科学版）》2009年第2期。

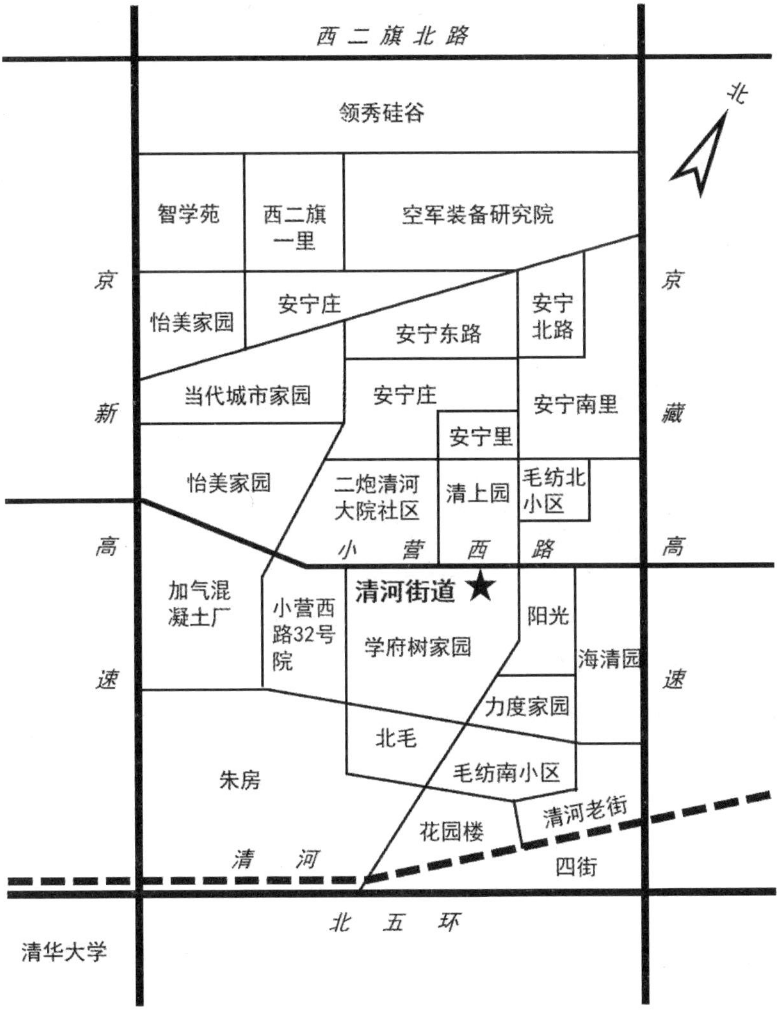

图3-1 清河地区示意图

笔者所带领的团队之所以选择该地区做社会学实验，除了有承继老清河实验的含义外，还有以下三点考虑。一是因为该地区社区类型极其复杂，既有高精尖的科技园区，也有落后的城中村、条件很差的外来人口聚集区，既有高档的、中档的商品房小区，也有传统的、已经衰落的旧“单位社区”；人口构成也极其复杂，既有高收入群体、高科技人才、商人，也有低收入的外来打工者、从老城区迁移来的老居民、传统的“下岗职工”，甚至还有没“转居”的农民。清河作为城乡接合部，目前内部发展十分不均衡，有多种复杂的空间类型，而这恰恰是中国社会剧变的一个缩影，中国改革开放四十多年，全国的社区都发生了极大的变迁，社区类型异常多样化，而这些变迁几乎都可以在清河找到踪影。中国的改革和社会变迁所遇到的问题，在清河都可以找到踪迹。二是清河所处地理位置确实离清华大学比较近，方便师生长期开展频繁的参与型、干预型社区实验，目前以该实验为基础完成的博士、硕士论文已经有不少了。三是当地党和政府对于社会治理、社区治理有强烈的政策需求，实验团队与当地党政以及当地居民建立了密切的合作关系，这样社会治理研究、社区治理研究都比较顺利。

中国14亿多人口正在进行着人类历史上最大规模的城镇化实践，中国的改革开放也是迄今为止全世界最大规模的现代化实践。在此背景下，重新开启的清河实验目的就是：在一定规模的社区里，发现和解决社会问题，探索人口巨型、高密度社会的城镇化、现代化的路径。与当年老清河实验的关注点、注重点“乡村改造”有所不同，新清河实验关注的重点是城市社区（当然也包括城乡接合部和正在城镇化的乡村），探索城市社会治理的路径。新清河实验将秉承社区实证研究方法，深入社区生活实践，在中国特有的社会情境的基础上，探索和解决快速城镇化过程中所产生的社区治理问题。

二、为何要重启清河实验？

重启清河实验既是当前中国社会治理现状及所面临诸多问题的迫切呼唤，也为社会学研究探索中国社会的现代化进程提供了具体的、实证的社区研究场所。

（一）通过新清河实验认识巨变的中国社会

改革开放四十余年来，中国社会、社区发生了巨大变迁，对于这些变化，社会学者只有通过具体的社区研究才能够予以认识。相关数据显示，中国城镇化率从1979年的17.9%上升到2022年的65.22%（按常住人口计算）。随着城市化进程的加快，我国社会结构将实现从农村社会为主到城市社会主导的千年剧变，城市社区在基层治理中的地位和作用日益凸显。

首先，从社区变迁来看，中华人民共和国成立以来七十余年的时间里，社区类型发生了从简单模式向多样化模式的转变。改革开放以前，城乡社区都比较简单，基本上是两类，单位管理的和居委会管理的。改革开放以来，经历了城镇化快速发展和体制变革，城市更新改造导致了空间资源的重新布局，住房的私有化导致了多数单位社区的解体。目前的城市社区呈现出商品房小区、传统单位社区、历史文化保护区、老旧社区、回迁房小区、城中村、城乡接合部社区、纯农村社区等多样化社区并存的局面。社区形态巨变的背后伴随着人员构成的变化。人口的快速流动与社区成员异质性的不断增加，导致社区成员观念与利益诉求的日益多元化。社区成员多样化，造成居民对社区公共服务需求的多样化，增加了社区协调与整合的难度。同时，社区管理体制也经历了从国家和单位“包办”到市场化运行的多样化模式，包括商品房小区物业公司主导模式、业主自我管理模式、社区精英主导模式、社区社会组织参与模式、“单位制”延续模式、政府提供的廉租房模式、社区居委会主导模式、城乡接合部的村委会与居委会双轨并存模式等等。清河复杂的社区模式为社会学了解社会变迁提供了最好的场所。

其次，改革开放四十余年来，基层社区治理体系发生了重大变化。当然，城市和农村历来是两种不同的社区治理体系。随着农村土地制度的变革，人民公社解体。1978年以后，中央政府开始支持农民“包产到户”的要求，逐步实行家庭联产承包责任制。农村经济结构发生重大变化，农村社会结构也发生重大变化，农民进入工业产业，大批农民进入城镇。于是，全国各地大量撤乡并镇，一些地方鼓励农民搬迁到城镇或更大的新村庄。近几年，随着城市化进程的加快，有些地方政府鼓励农民上楼集中居住，体制上农民转为城镇居民，大量“村转居”社区出现。人口集聚居住是总的发展趋势。与此同时，居民的社会流动性显著加强。居民活动半径增加，外出务工的农民参与本村公共事务以及村委会选举比例明显降低。清河恰恰是展示由农村演变为城市的突出案例。

再者，单位制解体与城市住房体制改革使得城市空间和居住生态空前复杂化。单位制是中国社会转型前城市社会管理中的一项重要制度安排[①]。在计划经济体制下，单位制在资源配置、社会动员、满足人们的需求、实现社会的稳定等方面发挥了重要的作用。对于“单位人”来说，单位是他们的衣食父母，是生活福利基本的甚至是唯一的来源。单位向单位成员提供了最基本的生活福利保障，一个人一旦进入单位，单位就代表国家对其生活的各个方面负责，单位成员享有单位体制外成员所不能享有的各项优惠待遇，是实实在在的“单位人”。

改革开放后，中国高度集中的计划经济体制向市场经济体制转变，单位制的功能及地位不断弱化，最终失去了它的全能功能。一方面，人们对单位选择的自主权利加大，个人、单位双向选择，“单位人”不断弱化。另一方面，随着计划经济向市场经济转变，社会公共服务增加，政府必须对社会保障、户籍制度等进行改革。此外，九十年代末期的住房体制改革使得由房地产商开发的商品房成为更主流的社区模式，住房商品化在一定程度上改变了我国城市社区治理模式。“单位人”逐渐转变成了“社会人”。改革前的公共房屋变

---

① 边燕杰主编：《市场转型与社会分层——美国社会学者分析中国》，北京：生活·读书·新知三联书店，2002年，第87—113页。

成了私有房屋，特别是国有体制改革后，原来的单位大院衰落，住房、养老、医疗等都发生了变化，产生了许多新的问题。清河地区的老国有企业经历了上述改革与转型的所有过程。

（二）新清河实验试图应对社区巨变所带来的社会治理难题

改革开放四十多年来，社会和社区发生巨变，这使得城市社区既有的基层组织架构和运行体系面临着诸多治理难题，集中表现在如下几方面。

一是原有的行政体系与老百姓的需求未能很好结合。目前的实际情况是：街道委员会、居委会主要在完成上级政府指派的任务，本来应该是居民自治组织的居委会忙于应付政府的指令，不能够充分实现反映居民意愿、组织居民参与社区自治的职能，街道作为基层政府也将完成上级政府指令作为工作的中心。

二是机制、体制的障碍。原来的部分机制、体制早已不能适应今天社区发展的需要，例如老旧小区的物质空间的布局改善，明明一些小的布局变化就可以满足居民的迫切需求，但是按照极其复杂的审批程序，这些有利于居民环境和生活改善的变化都不可能被批准。

三是居委会行政任务负担过重。尽管在法律规定上，居委会属于群众性自治组织，但现实是居委会仍是基层政府指令的执行者。居委会成员的工资是政府付给的，所以，他们通常都忙于政府指派的各项繁重任务，组织居民自治方面的工作做得不够。

四是市场机制尚不完善。如前所述，商品房小区越来越成为城市社区的主导模式，但是，由于我国房地产市场发育的时间短，体制、机制上的漏洞还很多。不少商品房小区的房屋质量存在问题，一些开发商卖完房子后，后续的房屋质量问题推给物业公司，最后无法解决。开发商多数只参与前期社区房屋的建设，对社区缺乏基本服务、社区文化等方面的更系统的规划建设，所以，后续的社区生活往往会出现问题。开发商将后续问题推给物业公司后，造成物业公司与社区居民之间关系紧张。总之，社区治理主体之间权责不清楚，功能碎片化，自治能力较弱。

五是巨型人口的高度集中带来的隐患。中国有14亿多人口，数量巨大的人口向大城市、超大城市聚集，尤其是京津冀、长三角、珠三角，这些都是人口聚集区，出现了人类历史上从来没有过的如此巨型人口的高密度集聚。2015年发生的天津滨海新区爆炸事故，再次提示我们人口高密度聚集带来的社会风险。根据英国社会学家吉登斯（A.Giddens）的观点，生活在高度现代性的世界里，便是生活在一种机遇与风险并存的世界中。现代社会是具有高风险的社会，由于人口高度密集，在特大城市中某些局部或是突发事件有可能引发巨大的社会灾难。风险社会理论认为，风险是内生的，伴随着人类的决策与行为，是各种社会制度，尤其是工业制度、法律制度、技术和应用科学等正常运行的共同结果。风险的影响和后果是具有延展性的，它往往超越了地理边界和社会文化边界的限制，其时间影响也是持续的。现代风险社会理论认为，今天社会的高风险超过了以往任何一个历史时期。

社会学历来重视研究和解决社会问题。面对中国社区巨变所引发的诸多治理难题，社会学当然应该参与研究并视为己任。

（三）清河实验的重新启动

为了研究中国社会、社区的巨大变化，为了应对社会、社区治理中的众多难题，我们重新开启了清河实验，这一方面体现了社会学学术传承的含义，但更重要的一方面是探索新时期社会学学术研究与转型中国社区建设、社区治理相互接轨的方式。

经历社会变迁和城镇化进程的加速，今日的清河地区，已经从一个传统的农业社区演变为拥有29个不同类型社区的复杂的城乡聚合体。旧时一望无际的农田已经不复存在，1949年后，这里成了著名的大型国企“北京毛纺厂”所在地。改革开放后，由于市场经济的发展，传统国企改制，出售土地，越来越多的开发商、房地产企业进驻清河，一座座高楼拔地而起。因此，在今天的清河，一部分地方已然成了高楼林立的水泥森林。而在另一些角落，部分老企业宿舍大院和拆迁未尽的“城中村”社区依然存在，由此构成了清河地区错综复杂而又丰富多样的社会生态。在现代市场经济的冲击下，清河地区的社会结构发生了翻天覆地的变化，这使得传统社会结构面临着解组和重组。

新清河实验的理论脉络延续着对政府、市场与社会三大主体或三大机制的思考。我们认为，改革开放以前，中国体制机制上的问题是市场严重缺位，所以产生了经济供给严重不足的问题。改革开放以后，市场经济体制逐步建立起来，这在清河地区体现为，土地的市场化、房地产机制的引入确实极大地刺激了房地产经济，极大地增加了经济总量。从清河的实践看，市场体制的建立还只是初步的，还有很多不完善之处。在政府、市场与社会三者的关系上，目前，最为弱小的还是社会。自古以来，中国社会的特征就是政府力量强大，也称作政府主导型社会。政府力量强大当然有优点，有利于总体的调控，有利于整体上调配社会资源。但是，有一利即有一弊，政府力量十分强大，把一切责任都承担在自己身上，会使得社会失去活力。政府承担的责任过多，背的包袱也过重。什么事情都依赖政府解决，使得社会完全依赖于政府。社会成员不作为，什么事情都等待政府去做，结果政府不堪重负，一旦政府达不到期望值，人们反而会责怪政府，甚至不信任政府了。

而实际上，我们在清河所看到的，今天的政府确实与改革开放以前的政府不一样了。过去是一种总体性社会，政府可以解决一切问题。现在随着改革开放以来的重大变迁、社会的高速发展，政府已经没有能力去担负所有的责任，所以应该把能由社会解决的交给社会，这样社会才会更有活力。同政府与市场的关系比较，我们对政府与社会关系的理解还不很清晰。实际上，市场发展和社会发展同样重要，而且如果没有社会的发展，市场也不可能真正发展起来，这也是中国改革发展面临的最重大的问题之一。现在市场已经有很大发展，但社会发展却严重滞后。

我们认为，优秀的社会体制应该给每一个成员提供充分的社会空间，因此我们需要改革原先束缚社会活力、束缚社会发展的体制、机制，在社会治理中，让更多人有机会发挥主动性。具体到社区治理，重要任务是培育以地域为基础的真实的社区生活共同体。这需要以深入基层调查研究为基础，总结现有的众多成功的社区治理模式的经验，在实践中摸索出一套处理基层社区事务的、行之有效的组织运行、资源配置、社会参与的方式，并协调多种社会力量参与社区建设。目前，全国各地基层社区治理已有很多创新，积累了很多经验，当然也需要继续提升，社会学应为理论提升、总结创新模式做出贡献。这就是重启清河实验的基本思路。

正是基于此种思路，笔者带领的社会学团队，于2014年初成立了新清河实验团队，与北京市基层政府合作开始了“新清河实验”，实验以搭建参与平台、重塑政社关系、激发社会活力、优化社会秩序为核心，通过充分发挥清华大学的智库作用，探索党政学社联动的基层社会治理创新机制。实验以清河地区为重点，以推动社会再组织与社区提升为目标，开展了基层组织改革、社区空间改造、社会组织培育、物业管理提升、老旧小区改造、社区民生保障等多方面工作，努力打造街区综合提升的基层社会治理创新模式。

三、新清河实验的内容

重新开启的清河实验有两个核心目标：社会再组织与社区提升。那什么是社会再组织呢？社会再组织的背景，正如上文所述，是社区急剧变迁的结果造成了“社会解组”（social disorgnization）。社会解组这个概念，早年的芝加哥学派在研究芝加哥社区的时候就使用过。新清河实验之所以使用这个概念，目的是增加社会活力，希望广大老百姓来参与，而要实现这一目的，就必须从改变组织入手。社会再组织实验从对基层政权组织进行改革开始，改造现有的居委会委员，增加选举议事委员以扩大社区居委会的代表性，议事委员更多的是发挥反映居民意愿、参与社区决策的功能。什么又是社区提升呢？新清河实验所做的所有具体工作都致力于社区提升这个大目标。就操作层面而言，围绕培育社会组织、改善基础民生保障、重新规划社区公共空间等众多社区公共事务，通过议事委员会带领居民进行民主议事和决策，产生以居民需求为导向的社区提升议案，由新清河实验团队进行相关专业的专家、设计师等技术资源的整合，居民参与和过程监督，由此实现社区改造和提升。

围绕“社会再组织”与“社区提升”这两大主题，笔者带领的实验团队从基层组织改革实验、社会组织实验、物业管理实验、空间规划改造实验和民生实验五个方面做了基层社会治理创新的一些尝试。社会学强调一种综合性的视角，在党委领导、政府负责、民主协商、社会协同、公众参与、法治保障、科技支撑等各个方面构成的社会治理场域中，寻找解决治理问题的突破口，而不仅限于某一个行为主体。新清河实验的五个部分体现了这种综合性的逻辑体系，前三个实验分别从政府、市场和社会的角度来思考社会治理的创新，都是通过组织体系的建设来推进的。增选议事委员是偏重基层政权一方的创新，通过增选居民委员会议事委员来强化和完善基层政权建设。物业实验是偏重市场一方的实验，通过成立物业指导中心等组织来规范物业市场行为和市场主体。社会组织实验是偏重社会角度的实验，通过设立专门性的枢纽型社会组织来培育和赋能基层社会组织。空间规划改造实验提供新的社区资源来为其他实验提供物质保障，民生实验以保障和改善老百姓切实生活需求为目的，将老百姓视作社区的主人，体现了社会治理的目的。

时至今日，无论是在提升地区居民社区生活、改善民生方面，还是在推进基层社会治理改革创新方面，又或是在社会学及社区学术研究等方面，实验都取得了一定的成效和成果，至今仍在继续丰富及探索之中。

（一）新清河实验的重要目标：社会再组织与社区提升

1. 社会再组织

所谓“社会再组织”，是在新清河实验中，实验团队对于实验的目标内容多次讨论以后提出的观点。在传统的社会学中，确实有“reorganization”的说法，但新清河实验提出的社会再组织，还是有特殊含义的。它是针对我国改革开放以前的社会状况而言的。改革开放以前，建立在计划经济、票证供应、房屋公共分配、特殊的户籍制度基础上，形成了城市社区特有的一种基层治理结构和基层社会关系。改革开放以后，上面提到的这些经济基础要素、制度因素发生了重大变迁，这样，居民的社区生活、社区社会关系、社会结构都要相应地重新组织。传统的治理方式已经在很大程度上不能适应今天的社会生活了。

解决传统治理方式失灵的问题需要创新社会治理模式，需要对社会进行再组织。新清河实验从总体而言，全部的目标都是在进行社会再组织和社区提升，通过有效的动员和组织居民自治，在基层党支部和居委会领导下重新建立服务体系，创新居民自治的体制、机制，完善基层社区的公共服务，以此应对传统的治理失灵。

2. 社区提升

“社区提升”是新清河实验在实践中创造的一个概念，其含义是说，任何社区都可以在原有的水平上从多方面加以提升。社区是地域型社会生活共同体，是若干社会群体或社会组织聚集在某一个地域里形成的一个生活上相互关联的大集体，是社会有机体的基础，也是宏观社会的缩影。由于长久以来，我国基层社区组织结构中行政干预力量较强，社区多元力量尚未得到充分发育，在物质空间和环境等社区硬件方面落后，在公共空间和文化环境方面更是欠缺，因此，要形塑出一个社会学家费孝通先生所说的“守望相助，邻里与共”的现代社区体制，需要从前述五个方面进行改造和提升。因此，也恰如费老所说的，社区服务的实现是一个过程。“首先要培养和提高社区居民既服务于自己，又服务于社区的意识和能力。它的完善过程将是社区居民一起建设一个守望相助、尊老护幼、知礼立德的高尚精神文明的过程，也是共同营造一个和睦成风、安居乐业、其乐融融的美好生活环境的过程。”①

新清河实验中的社区提升，主要目标就是要在实验团队的专业指导和理论指导帮助下，提升清河地区居民们自我服务和参与社区治理的水平和能力，从而不断改善社区的人居环境和公共空间，提升社区公共服务，增进社区整体福祉。我们认为，任何一个社区都有需要改造和提升的地方，都有不断完善的空间。以清河地区为例，老旧小区卫生环境、公共设施等亟须改善的工作很多，即便在高档的商品房小区，也有需要提升的地方。高档社区尽管在公共设施和活动空间上非常宽裕，但是邻里社区交往互动贫乏，居民社区参与度不高，社区集体活动缺乏活力，邻里之间形同陌路。因此，针对不同小区的特点，实验团队设置了不同的社区提升方案，并依托社区议事委员和居委会，发动居民参与到社区提升的公共活动中来。在此过程中，以居民、议事委员、居委会为代表的社区组织协商互动，既增进了社区居民与社区组织之间的相互理解和尊重，又充分调动了居民参与社区公共生活的积极性。

（二）新清河实验开展的具体工作

1. 基层组织改革实验

我们作为外来学者，本来与社区居民都不认识，那么怎样才能真正让社区居民愿意参与到社区治理的实践中来呢？这就必须创建一种新的机制，笔者称之为“基层组织改革实验”。通过对清河街道前期的实证调研发现，目前的基层居委会组织存在的问题是：居委会工作人员行政化趋向明显；大多不是本社区的居民，难以代表

---

① 参见张民巍、秦艳：《守望相助 知礼立德——著名社会学家费孝通接受本刊专访》，《社区》2001年第11期。

居民实现自治；基层自治能力严重不足、民主议事能力弱；居委会成员的大部分时间是在忙于完成上级街道指派的诸多行政事务，没有时间和精力组织居民议事和协商，并且往往与居民比较疏远，很多居民甚至都不知道居委会在哪里。在基层的组织机制中“政社不分”“议行不分”问题突出，一方面居委会由于严重的行政化而背离其群众性自治组织的法律定位，另一方面居委会疲于应付各项具体事务而无法有效承担代表居民行使决策和议事的功能。

要想有效解决以上目前社区中存在的问题，让社区回归自治，需要推动社区参与式协商及人的再组织，新清河实验第一步从在体制内寻求改变开始，这更为现实，侧重于激发既有制度的活力和有效性。实验将重点聚焦于社区居委会的组织格局创新，目标是创建以利益共同体为基础，以功能调整为改革方向的新型社区居委会。新清河实验创建了居委会议事委员制度，从居民中选举出议事委员作为居民代表的一部分，他们不用坐班，不拿工资，参加会议时有会议补贴。不是任何人都能够做好议事委员工作的，调研中发现，优秀的议事委员往往是那些有公益心、热心公共事务、有文化、退休了但是身体还很好、有充分时间的居民。为选举出优秀的议事委员，实验团队做了充分的调研和介绍工作。

在整体了解清河地区社会治理存在的问题状况之后，新清河实验团队第一批试点选择了三种不同类型的社区，即老旧小区、商品房小区、混合型小区。对这三种社区都通过选举议事委员的方式提高居民的社区参与程度。2015年初，居民代表大会暨议事委员选举大会在三个试点社区先后召开，按照居民代表投票选举的方式产生了34名议事委员。按照实验的基本思路，改组后的社区居委会既是“议”的机构，同时也是“行”的机构，新增的议事委员，定期开会对社区公共事务进行讨论。议事委员在调查摸底基础上提出方案和意见，由社区党组织书记主持召开议事会，邀请物业公司、驻区单位代表等多方群体共同参与集体决策。在反复几轮的议事协商讨论会后，产生了众多社区公共议题。在议事委员的带领下，居民共同参与完成了社区绿化环境改造及自行车棚修建方案的设计和施工过程。社区居民深度参与社区改造前后的全过程，并在议事委员的带领下组织制定了相应的后续维护监督管理制度，产生了很好的示范效应。

后续街道又复制此做法，在第二批六个社区建立了居委会议事委员制度，清河街道党政组织也专门为此发了文件，实验团队也完成了议事委员培训的一系列教材、文件。该机制建立以后，真正实现了法律规定的居民自治。仅以A小区为例，议事委员积极收集广大居民对于社区公共服务方面的意见，居民参与的热情之高也非常令我们感动，A小区从居民中收集到了74条建议，然后议事委员讨论哪些是社区老百姓最为集中关切的问题，最后确定了五条建议，并报给社区居委会、党支部以及上级街道审核。清河街道经审核批准使用北京市政府每年都给基层社区拨款的“社区公益金”实施这些社区公共服务项目。目前五个项目都完成了，极大地改善了A社区居民的公共服务，得到了居民的广泛赞扬，有的老百姓还写了很长的诗歌来表扬这项基层社区治理创新。本书将在第五章详细展现基层组织改革实验的内容。

2. 社会组织培育实验

新清河实验所培育的“社会组织”是指民间的、非官方的组织，党的十八届三中全会决议强调要“激发社会组织活力”，还特别强调要重点培育“城乡社区服务类社会组织”。在当地党政的支持下，笔者所带领的实验团队成立了“社区提升与社会工作发展中心”，这是一家在当地民政局注册的无业务主管单位的社会组织。社区提升中心的理事会由实验团队专家7人构成，机构现有5名社会工作专业研究生毕业的社工，在实验团队的指导下，负责承担具体推进工作。该组织成立后，在推进新清河实验方面发挥重要功能，该组织录用专业社会工作者，发挥专业知识优势，动员多种社会资源提高清河地区社区的社会治理水平。该组织主要是依靠政府购买服务的方式，推进提升社区治理工作。

在新清河实验中，该组织的功能是不可或缺的，因为笔者带领的实验团队成员基本上都是在兼职做新清河实验的工作，而繁杂的基层社区治理工作仅仅靠兼职是不行的，所以，该社会组织就成为专职推动新清河实验不可或缺的社会力量。新清河实验虽然是专家参与和干预式实验，但是烦琐的日常工作是由专业的社会组织承担的。实验团队在前期调研中，深刻地体会到社会组织对社区治理的重要性。社会组织能补充市场与政府的不足，提供社会服务，满足社会需求，促进居民自治，而对于专家参与型的社区模式而言，更是需要将理论落地为实践的专业性组织来协力合作。区别于社区营造等其他社区建设发展，社区提升中心旨在结合中国本土特色及社会现实，基于现有城乡社区发展的基本情况，进行社区环境、服务、保障等各方面的提升工作。这个初具规模的社会组织，在一步步的成长过程中，凝聚了全体实验团队的心血与期望。实践证明，很好地运营一家社会组织并不是一件易事，需要团队的大量投入，这也是新清河实验重要的实验内容。这部分内容将在本书第六章详细展开。

3. 社区空间规划实验

任何社区都可以通过专业的空间规划、空间改造而极大提高社区居民的生活便利度、生活水平，提高社区居民共同体的整合水平。笔者带领实验团队参与社区空间改造，特别体现出了城市规划专业与社会学专业的学术结合。社区空间改造是非常专业的、需要经过一系列行政审批的事情，实验通过引入社区规划师制度，将专业性和社会性有效结合起来。特别是团队中清华大学建筑学院的师生向居民普及规划知识，提升居民参与规划的能力，将规划决策的重心下沉到社区。将规划师的部分职能赋予居民，充分发挥居民作为空间管理者和维护者的作用，从而保障空间规划成果发挥更长远的社会效益。目前，新清河实验已经完成的空间改造项目包括：A社区三角地改造、清河街道生活馆建设、B社区中心广场改造以及社区花园和社区地下空间改造等项目。比较典型的案例如A小区空间改造，改造前的A小区的严峻问题是没有任何公共空间。实验团队在A小区内发现一块废弃的脏乱差的三角地，经过各级审批后，用了近一年的时间终于将其改造为小区公共活动空间。目前依托这个空间，在激活了众多居民兴趣群体的同时，也带动和培育了更多的居民参与到社区公共活动之中，沉闷的社区一下子就有了活力。本书将在第七章详细展开社区空间改造的过程。

4. 社区民生保障实验

社区民生保障实验是聚焦于社区弱势群体，尤其是以社区老人为主的调查与帮扶。实验团队认为，需要在推进社区治理工作的同时推进养老工作的开展，同时积极地研究当前的居家和社区养老案例，基于街道和社区的实现状况，为街道养老规划工作提供支持策略。就目前的实验工作来说，主要有四个方面工作内容：一是了解社区老年人的基本情况，并建立老年人基本数据和档案；二是梳理评估本地养老服务资源；三是针对实验社区的失能、半失能老人开展全样本的入户访谈，全面精准识别弱势老人的养老服务需求，帮助街道规划设计合理布局嵌入型多功能养老服务中心和驿站；四是整理国内外养老服务案例，引入“文化养老”模式，鼓励老人多方面社区参与，促进社区的文化养老工作的开展。具体工作的介绍会在本书第八章展开。

社区民生实验另一方面的主要工作，是推进社区提高民生服务水平的项目。这方面内容很多，目前主要工作是推进老旧小区的“适老化”改造，为社区居民中比例很高的老年人口、老年弱势群体提供更多的服务。目前正在推进的如F社区老旧楼房加装电梯、增设机械立体停车设施、增加老年服务驿站等项目，这些项目也都是当地党政审批和实施的重点项目。以加装电梯为例，在推进过程中实验团队动员积极居民参与决策，针对社区老年人、一层业主、其他各楼层业主、年轻人、老职工、各种老年群体、失能老人等需求不同的群体的不同情况，全面入户进行详细的需求调研，入户发放862份问卷，根据需求反馈选择F社区四号楼为加装电梯试点。社区议事委员和议事委员会监督委员发动居民建立民主协商平台，与居民沟通费用及设施的具体情况，并及时调整设计方案，在全部业主签订同意加装电梯协议书后才开始实施改造。所有改造项目的实施，也都离不开业主和普通居民借助议事平台所进行的意愿表达、诉求表达，本书第九章将对老旧小区改造，尤其是加装电梯的过程及经验做法进行详细分析。

5. 物业管理提升实验

新清河实验在街道层面成立了“社区治理指导中心”来指导、协调、完善物业公司的公共服务职能。调研发现目前在城市绝大部分社区中，物业公司承担和实现着社区多种服务的核心功能，所以，如果能够真正牵住物业公司这个龙头，社区居民的绝大部分服务需求就可以满足了。从表面上看，物业公司只是商业市场机构，但调研发现物业公司实际上承担了社区的很多公共职能（比如社区安全），提供的一部分服务具有公共物品的性质，因此不能完全视之为商业机构，纯市场化运营无法满足居民公共服务需求，导致了很多物业乱象。由于物业公司所提供的服务具有商品及公共物品两重属性，所以必须思考创建一种新的机制来补充或监督物业公司履行公共职责。

在研究中我们发现了四类可能导致物业失灵的原因：其一物业公司自身存在严重问题，社区服务水平低下；其二业委会失职、渎职导致物业服务无法正常开展；其三因没有业委会或相应的对接机构，无法开展硬件维护及改造的物业服务；其四因物业费收入严重不足而无法开展物业服务或有的物业公司直接退出了，以及有的形同虚设。目前清河街道已经通过党政发文件，在街道层面建立了“社区治理指导中心+物业服务企业圆桌会+业主委员会联席会”的制度，由街道房屋管理、物业管理与社区治理相关职能科室人员组成，负责对辖区内物业管理工作的统筹协调，指导业主大会、业委会成立和换届，规范业委会运作；参与辖区内物业服务企业的日常考核，对当前服务质量与服务标准进行规范管理，完善物业服务的星级评估与奖励制度，督促有关物业问题的整改，为物业服务企业提供咨询、培训和指导工作。在社区层面建立“社区议事委员会议+业主委员会+环境和物业管理委员会”制度，协调物业公司与业委会之间的沟通。本书将在第十章对物业管理提升实验进行详细阐释。

四、总结与反思

中国改革开放四十多年来，社会结构、社区结构、居民构成、基层社区、基层组织都发生了翻天覆地的变化，原来基层社会治理的既有组织架构已经在各方面与社会的实际需求严重脱节。因此，通过组织变革实现基层社会再组织，成为新时期基层治理创新的重要路径和基本内容。在新清河实验过程中，我们深切地感到，当前中国基层社会正处于一个巨大的变化过程中，需要做的改革实验的内容很多，社区中需要解决的问题比比皆是。可以发现社区生活中两个方面同时并存：一方面，老百姓还沿着传统的路径思考问题，认为社区中的事务都是政府的责任，与自己无关，所以，依赖性、被动性比较突出，社区参与的积极性比较弱；另一方面，在社区居民中确实又可以发现很多积极主动的社会因素、社会力量、社会动力，这是一种潜在的势能，一旦激发出来，将会有巨大的能量。所以，新清河实验就是要发现和培育这些积极的社会因素，使得社会从“被动社会”转变成“能动社会”。[①]

新清河实验在学理上秉承20世纪30年代老清河实验的为民谋福祉的学术关怀和追求，并在中国改革开放新时期，针对变化了的情况做出新的设计，做出社会治理创新，是一个综合性的社会治理实验，也是一种社会科学的社会干预和社会科学的社区组织管理实验。新清河实验也特别体现了本书第二章定义社会治理时就强调的思想：

---

① 李强、黄旭宏：《“被动社会”如何变为“能动社会”》，《人民论坛》2011年第10期。

社区是社会治理的最重要载体，社会治理创新是否成功必须在一线的社区治理的实践中得到检验。新清河实验也体现了社会学学术研究与社会治理、社会建设实践相结合的原则。在新清河实验中，笔者带领的团队对清河进行了广泛深入的调研，发现了基层社区治理中的诸多问题，在此基础上与当地政府一起研究社区实验和社区干预计划，然后与当地政府、组织、居民一起实施计划。

新清河实验也体现了两个方面的密切结合：一个方面是社会学者长期的社区研究的学术传统，著名社会学家费孝通先生曾经用“社区研究历程”来概括自己一生的“农村、小城镇、区域发展”研究，[①]社会学者与社区研究有着最为密切的关系；另一个方面，我国当前基层社会治理，特别需要社会学家、社会学者参与一线的调研和决策，将具有强烈实证色彩的社会学知识应用到经济社会发展和社会治理的实践中来，将社会学学术研究与社会治理、社会建设实践结合起来。所以，新清河实验既体现了中国特色社会学的学术创新，也体现了基层社会治理实践的创新。

新清河实验是一种专家参与、专家干预型的基层社区治理实验，[②]最大的特点并不在于专家的独特地位，也不同于政府和市场直接的资源注入，而是通过恰当的方式调动居民参与的活力，进而协调政府、市场和社会等多方资源的介入。这一社会治理模式完成了治理方面的一些创新，不仅解决了居委会自治能力不足的问题，还保证了小区居民的议事权利，也与居民参与公共服务形成良性互动。当然，所有这些实验都离不开当地党委和政府的领导和主导作用，特别体现了十九大报告所说的——实现政府治理和社会调节、居民自治良性互动。新清河实验也为社会学和多学科的学生们学习社会科学理论知识，进而认识社会的实际运作机制和规律提供了理想的

---

① 费孝通：《农村、小城镇、区域发展——我的社区研究历程的再回顾》，《北京大学学报（哲学社会科学版）》1995年第2期。

② 葛天任、李强：《我国城市社区治理创新的四种模式》，《西北师大学报（社会科学版）》2016年第6期。

实验场地。实验在关于社会调查的问卷法、访谈法、参与观察法的使用方面，在关于诸多社会学理论与方法的应用方面，在社区提升中调动社区社会资本、激发社会活力、社区自治的探索方面，都包含了很多社会学专业知识的指导。新清河实验过程中，在研究和实验的设计上，针对不同类型的社区设计了不同的动员方式，在不同阶段的不同时点收集社会资料，以及随着实验的推进发现社区发生的变化，从学理上进行因素分析、因果分析等，都体现了社会学学术与社会实践的结合。从学术理念到社会实践，再从社会实践回归学术理念，这体现了新清河实验的学科和学术意义，进一步促进了我们对于社会学“本土化”的思考。实际上，当前中国社会面临着人类有史以来最大规模人口聚合体的现代化转型，虽然新清河实验只是一个很小的实验点，但是，通过这个基层社会治理实验，我们可以思考的是如何探索本土化的中国社会学理论，在实践和实验中发现中国本土化的社会学理论与方法，进而为一般的社会学理论与方法做出贡献。

第四章 新清河实验与社区社会力量

本章试图阐释新清河实验的基本理论框架。社会学学科自1830年代创建以来，一直以其庞大的理论流派、理论体系而著称。社会学研究历来重视理论研究，新清河实验也不例外，理论基础越扎实，实践运作就会越顺利。

在新清河实验的过程中，笔者多次组织团队成员就实验的基础理论进行探讨，从理论溯源的角度看，该基础理论虽然也与国际上的社会学理论有联系，但是，更大程度上是对于新中国成立七十余年、改革开放四十余年基层社会治理的理论思考。这就是政府、市场与社会的相互关系的基本理论。

仅从三者的关系来看，在我国，政府（指党和政府，下同）的力量历来十分强大，有非常强的领导、指挥、运作、资源配置能力。改革开放四十多年来，我国市场体制、机制[①]逐步建立和完善，市场配置资源的能力也在逐步加强，我国的经济建设取得了举世瞩目的成就。与政府和市场相比，我国的社会建设则相对滞后。新清河实验很大程度上是对社会的体制、机制进行研究，特别是在基层的、社区的层面上探索社会的建设。探索社会力量、激发社会活力、研究基层社会的体制、机制，就成为新清河实验的核心内容。

---

① 体制是指比较大的、总体的工作系统或组织联系，机制是指在体制下的比较具体的工作系统或组织联系，本书凡将两个概念连用时，是指既包括总体也包括具体的工作系统。

让我们先从政府、市场与社会的基本理论框架谈起。

一、关于政府、市场与社会的基本理论框架

从理论溯源的角度看，在社会学理论历史上，早期的一些思想家如洛克、孟德斯鸠、亚当·斯密、托克维尔、黑格尔、马克思，以及后来的葛兰西、哈贝马斯、吉登斯、普特南、奥斯特罗姆等很多人，对于政府、市场与社会的关系都有深刻的论述。但是，我们也必须看到，东西方社会有巨大的差异，马克思在其重要著作《〈政治经济学批判〉序言》中总结生产方式的类型时，指出："大体说来，亚细亚的、古希腊罗马的、封建的和现代资产阶级的生产方式可以看作是经济的社会形态演进的几个时代"[①]，也就是说将东方文明归类为"亚细亚生产方式"。马克思还特别强调，这是一种建立在家庭和扩大的家庭基础上的共同体。"家庭和扩大为部落的家庭，或通过家庭之间互相通婚而组成的部落，或部落的联合。"[②]这与我们常说到中国自古是一个建立在家族、宗族血缘基础上的基层共同体的看法是一致的。社会学的重要奠基人之一，马克斯·韦伯也曾提出："中国的城市居民，从法律上而言，只是其氏族（因此也就是其原籍村落）的成员，那儿有他崇拜祖先的祠堂，透过祠堂，他得尽心维护己身所属的团体"[③]，认为中国与西方的市民社会完全不同。

所以，新清河实验的理论框架，虽然不排斥从一些国际社会学理论中汲取营养，但是，确实不是西方社会学理论的拷贝，而是建立在中国基层社会实践基础上的，由中国理论界逐步探索、完善的具有中国特色的社会学理论。那么，我们是怎样来理解政府、市场

① 《马克思恩格斯选集》，第2卷，北京：人民出版社，2012年，第3页。

② 《马克思恩格斯选集》，第2卷，北京：人民出版社，2012年，第725页。

③ 韦伯：《非正当性的支配——城市的类型学》，康乐、简惠美译，桂林：广西师范大学出版社，2005年，第24页。

与社会的关系的呢？在中国社会的实践中我们看到，政府、市场与社会三者之间的协调与平衡是社会和谐的必要条件。[①]

（一）关于政府的理论

必须强调，这里所说的“政府”是指党和政府，因为我国的政治特征是共产党长期执政，所以，党和政府的方针政策从来都是一致的。新中国成立以来，我国创立了一种全新的体制，党和政府在基层建立了牢固的组织体系，并有《中华人民共和国居民委员会组织法》和《中华人民共和国村民委员会组织法》作为法律依据。这种新的体制，早在党领导的解放区就有实践，研究大陆体制的学者也很早就有述及（杜赞奇，1994；黄仁宇，2007）。新中国成立以前，正如笔者前文所述，基层社会、基层社区的治理是由“绅权”治理实现的，或称作家族、宗族自治（费孝通，2006），传统中国社会历来有“皇权不下乡”之说。乡绅、绅权对于基层社会的治理，是颇具特色的传统中国社会的“自治方式”，治理是建立在家族、宗族的血缘信任、血缘认同的基础之上的，在当时的情况下这是有效的治理方式。那时候，没有从中央政权到基层社会的迅速的信息传递手段，所以，只要不直接与皇权冲突、不直接违反皇权利益，皇权并不随意干预“绅权自治”。（费孝通、吴晗等，2013）当然，这也就造成了传统中国社会高层权力与基层社会始终是比较隔绝的。推翻帝制，实施共和制以后，国民党政府也曾试图推进“保甲制度”，构建国家与基层治理连通的体制，但是由于诸多原因没有完成。所以，正如前述的著名学者杜赞奇、黄仁宇等所言，只有到了新中国，才真正建立了与最高政权相联结的基层各级组织，实现了“国家政权建设”任务。

邓小平同志在总结我们的制度特征时曾经说，“集中力量办大

① 李强：《创新社会治理需要激发社会活力》，《人民日报》2016年2月2日第7版。

事”是我国的制度优势[①]。新清河实验特别注重充分发挥我国党政组织动员能力强大这一突出优势。实验从一开始，就与当地的党政密切合作，实验的举措都经过了地方党政的批准，与当地党政组织协同工作，并多次召开研究会议。新清河实验的很多政策实践，也都形成了文件，通过当地党政组织发放给基层，新清河实验的各项活动也都是在当地党政的领导和指导下完成的。

事物是有两面性的，党和政府能力强大当然是好事，但是如果片面看待问题，如果将此特征推向极端，即，所有的事情都无一例外地仅仅靠党政组织运作，缺乏人民群众的参与，也肯定会造成社会力量、社会功能的某种弱化。而且长此以往，群众会以为一切都是党和政府的责任，自己不承担任何责任、自己不用做任何事情，只需“等、靠、要”就行。如果政府大包大揽过多，社会总是处于附属、被动的位置，群众遇到事情大多会推到政府一方，社会就会失去活力。

从清河的基层治理实践看，清河街道办事处就是处在一线的、基层的党和政府的管理机构，党中央的、国务院的大政方针，都要通过这样的基层组织，传达给基层社区组织和广大居民。

居民委员会按照制度安排，不是政府组织而是群众性自治组织。改革开放以前大多数基层社区是单位制的家委会和居委会以及村委会的体制，到新世纪以后，北京市根据国家民政部的要求，合并了很多家委会、居委会，改称为“社区居委会”，一个社区居委会往往管辖好几个居民小区。此后，居委会成员不是本社区、本小区居民的现象极为普遍，改变了改革开放以前的那种居委会成员必须是本社区居民的“居民自治”的局面。

目前，《中华人民共和国城市居民委员会组织法》的修订就出现一个难题，如果简单定义“城市居民委员会”是城市基层群众的自治组织，那么，肯定不符合事实，因为大部分居委会的成员都是外

① 《邓小平文选》第三卷，北京：人民出版社，1993年，第377页。

聘来的、拿工资的办事人员，不是本社区、本小区居民。而如果否认该组织的“群众自治”性质，那也不行，那就否定了中华人民共和国的重要法律条文。从实践上看，目前的“社区居委会”忙于上级政府交给的繁重任务，很难实现法律赋予的“居民自治”功能。确实，也有文件提出给居委会减负的观点[①]，但在具体实施中遇到了难题：基层政府（街道办事处）必须要完成市委市政府、区委区政府交给的繁重的各项任务，这些事情不交给居委会去办就不可能完成，而社区居委会（党支部、服务站）[②]成员都是街道发工资的工作人员，当然也应该完成上级交给的重大任务。

新清河实验就是试图在处理基层政府与社区居委会关系上做出探索，这里也涉及我国基层党政功能的基本理论问题。按照目前新清河实验探索的构想，社区居委会和党支部不是仅仅具有一重属性，而是同时具有两重属性，它们是党和政府与广大居民联系的一个枢纽组织，是桥梁。这样，社区居委会和党支部既具有基层自治性质，也具有中国特色基层党政组织的属性。当然，这只是本实验团队的一孔之见，这也正体现了我们推进改革的实验性质。这些能否确立，还要等待正在讨论中的、新的《中华人民共和国城市居民委员会组织法》的修订。这也从侧面证明，这部法律的修改难度是非常大的。但这也恰恰是我们推进新清河实验的意义之所在。

（二）关于市场的理论

改革开放以来，我国最主要的体制变迁，就是改革以前那种政府主导经济的计划体制，将之改变为主要由市场配置多种要素的体

① 《中共中央 国务院关于加强和完善城乡社区治理的意见》，北京：人民出版社，2017年，第13—14页。

② 居委会、党支部、服务站是城市基层社区三位一体的机构。居委会是法律规定的群众性自治组织，党支部是社区党员的组织，由上级党组织领导，服务站是居委会服务社区居民的窗口，三个方面有分工，但大体都是一支队伍，负责人一般与居委会主任是合一的。下文凡简称“居委会”时，均是指这个三位一体的机构。

制。新的市场体制，带来了中国经济局面和广大中国人民日常经济生活的巨大变化。

商品市场的改革，带来了商品的极大丰富，票证供应的物资短缺时代结束了。劳动力市场的改革，使得劳动力可以自由流动，农民工进城是合法的，劳动者在全国各地的劳动、打工也都是合法的。金融资本市场的改革，拓宽了居民收入的来源，党的十九大报告也强调了要“拓宽居民劳动收入和财产性收入渠道”[①]。

在社区调研中发现，多数居民们最为关心的就是房地产市场上房屋产权的变化。过去那种基本依靠政府或单位分房的情况已发生很大改变。原来属于单位的职工住房大多在房改中变成了产权属于居民自己的住房，可以进入市场。更多的则是商品化小区住房，居民可以自由地买卖房屋。当然，也必须看到，在房地产市场化、房屋体制改革过程中，社会不同阶层、社会各个群体的获利程度是不一样的，这里面也常常会产生矛盾。

在北京这样的特大城市、一线城市，房地产市场价格暴涨，那些得到了“房改房”或较早就购买了商品房的居民固然是利益的极大获得者。比如，当初单位房改的时候，交了几万元钱的一套面积不很大的住房，今天价格已经暴涨到几百万了。但是，调查也发现，其实多数居民或职工只有这一套房屋，没有其他可选择的住处，价格暴涨也只是个货币符号的变化，他们的真实住房条件并没有太大改变。更何况，当初房改的时候，有些职工拿不出几万块钱，没有购买自住房屋，结果，今天反而产生了极大的心理不平衡。所以，无论哪一种市场，有积极的一面，也有消极的一面，积极的一面是在市场竞争的原则下提升了效益，消极的一面是市场也引发了很多发展不平衡的现象。

从改革开放四十余年总体的局势看，新的市场体制机制的确立，

---

① 习近平:《决胜全面建成小康社会　夺取新时代中国特色社会主义伟大胜利——在中国共产党第十九次全国代表大会上的报告》，北京：人民出版社，2017年，第47页。

带来了我国社会经济的巨大进步，带来了绝大多数人的生活水平的上升，带来了新的有效配置资源的机制。在新清河实验中，我们也注重发挥市场体制机制的优势。比如，在绝大多数新型商品房小区，特别是“中产小区”（房价较高、物业费较高、多为白领阶层居住的小区），基本上不需要行政参与，声望和服务较好的物业公司就可以将小区管理得井井有条、和谐宜居。通过多年社区调研，笔者有一个经验，只要问一下社区、小区的物业费的水平，就可以判断该社区、小区的实际管理状况了。

新清河实验历来重视发挥市场机制的功能，社区治理中的很多事情，凡是能够通过市场机制有效运作、有效配置资源的，新清河实验都主张交由市场去运作。市场机制与政府机制也常常交织在一起。比如，新清河实验中的老旧小区改造，政府购买服务，具体小区改造交由企业去运作。一些社区老龄问题的解决，也常常采用公助民办的方式，即政府提供一些公共支持，由民办机构采用市场机制去运作。

当然，市场不是万能的，上文已述，市场化也会带来一些负面结果，更何况，市场也可能“失灵”。所以，市场体制也必须受到政府系统和社会系统的约束。如果政府、市场与社会三者之间发生严重的不平衡，那一定会引发重大的社会问题。所以，新清河实验也特别重视在社区生活中，对于市场体制、机制的探索和对于市场体制、机制的约束。

（三）关于社会的理论

在政府、市场与社会的三大体系或三大体制、机制中，我们可以清楚地看到，目前社会的力量比较弱小。我国城市与农村的管理体制差异极大，这里主要分析的是城市的基层社会。

什么是基层社会呢？社会学认为，基层社会是指，在社区的或小区的层面，由全体居民、全体人员组成的社区共同体，也就是说包括了社区、小区中的每一个人。比如并不是本社区居民的小商店、小超市工作人员，临时来到这个社区服务的人员，他们也都构成了这里的基层社会。当然，基层社会的主体还是长久居住在这里的居民。在调研中我们看到，清河这样的地区和基层社会有近二十万人，这里有很多非常能干的精英。他们通常是单位的能人，大多并没有在本社区、在居住的基层社会发挥什么作用。新清河实验的社会理论认为，我国基层社会的社会力量，其蕴含的潜力是极为巨大的，目前表现的社会力量比较弱小，是因为其活力处于潜在状态，没有能够充分发挥出来，如果激发了社会活力，将会有巨大的发展空间。这也符合马克思主义关于人民群众是历史创造者的基本原理。

社会活力之所以没有或难以激发出来，很大程度上与组织体制或组织形式有关。基层社会的人数虽然极大，但社会成员常常处于散落的、孤立的、游离的状态，各自独立活动，很容易形成一盘散沙的局面。为了理解今天的基层社会状态，我们可以对比一下改革开放以前的城市基层社会。其实，改革开放以前，中国基层社会的自治还是有一些特色的。我们仅以当时的城市基层社会自治为例。改革开放以前的城市居民委员会一般规模都比较小（分为居委会和家委会两种），其成员都是本社区居民，居委会、家委会成员与小区、社区居民都是朝夕相处在一起的，相互的情况都非常熟悉，有任何问题都可以及时反映。比如，“文革”期间的城市知识青年“上山下乡”，有些家庭确有困难，比如独生子女、父母又得有重病，当年，只要居委会盖章，这样的青年就可以不离开城市，留在家里照顾父母，后来的所谓“困退”（指已经上山下乡的年轻人因家庭困难返回城市），也是居委会盖章证明就可以返城。当年，由于市场经济薄弱，居委会在社区、小区里办的小卖部、小商店为居民提供了很多便民服务，以及为解决城市就业问题，居委会、家委会办的小工厂、小企业等在城市里也非常普遍。当年的居委会、家委会不仅密切联系社区群众，而且还是具有重要经济功能的居民自治组织。

上世纪后期和本世纪初期进行的城市社区居委会改革，一个重要举措就是合并居委会、家委会，原因是上级提出了社区居委会必须具备很多硬件条件，这样就将居委会、家委会大大合并，以满足这些指标要求。合并的结果是社区居委会所辖居民户数明显增多，一个社区居委会往往要管辖好几个居民“小区”，而小区才是居民实际生活的共同体，其结果是居委会成员与众多小区居民的联系变得很薄弱了。笔者在全国各地的调研也发现，改革后，大部分社区居委会慢慢失去了自治的特征。大部分居委会的成员不是本社区或本小区居民，相当部分的社区居委会一个本社区的居民也没有，绝大多数是受聘的外来工作者。正如上文指出的，绝大多数的社区居委会失去了法律规定的居民自治功能，成为积极完成上级交付任务的一个基层组织。

由此，我们发现目前城市基层社会体制、机制的最大问题，是社区居委会只是名义上的居民自治组织。笔者在城市基层做调研，随机询问社区的居民，绝大部分人都不认识居委会成员；询问他们投票选过居委会吗，绝大多数人表示没有投票选过自己社区居委会的成员。这种现象与我国农村村民选举形成了强烈反差，我国农村49.0万个行政村的村委会，都是在我国民政部管理基层政权的各级管理部门的严格监督下，由村民投票选举出来的。

总之，政府、市场与社会的理论，是我们开展新清河实验的基本理论框架，三者的良性运行以及三者之间的和谐关系，是构建和谐社会、和谐社区的必要条件。下面笔者再试图阐释一下三者之间的相互关系。

改革开放以来，在处理政府与市场关系上，我们的“参照系”是基本清晰的，我们是按照国际的一般规律来发展市场经济。邓小平大胆提出社会主义也可以搞市场经济，我们将股市、股指、期货等也大胆引入了，我们是按照国际经验引入市场的。仅从这一点来看，市场改革的思路是清晰的，市场的规范也是很清楚的。与政府和市场的关系相比较，我们对政府同社会关系的理解还不十分清晰。这很大程度上是因为社会体制改革难以找到参照系，难以找到像市场经济那样的国际一般经验和通用的规则。人们的社会生活千差万别，不存在一个固定的模式。但是，我们必须认识到，社会发展和市场发展同样重要，如果没有社会的发展，市场也不可能真正发展起来，这也是我们下一步发展面临的最重大问题之一。现在市场已经是有很大发展了，但社会发展、社会力量严重滞后，这就要求我们在社会治理领域根据中国的国情有所创造、有所创新。

还需要认识的一点是，市场与社会的统一性。市场和社会有一个共同的特点，就是老百姓具有最广泛的参与性。市场的突出优点其实就是给每一个居民提供充分发展的空间。笔者曾经做了一个数据统计，分析一个人怎么实现地位上升。数据表明，在全国有经济活动能力的人口中，实现地位上升比例最高的方式是通过市场经营、市场营销。更大地发挥市场经济作用，是体现广大人民群众根本利益的。与此同时，我们也必须建立与一个市场机制相匹配的社会机制，否则市场的发育也会遇到瓶颈。完善的社会机制是完善的市场机制存在的基础。市场的存在的基础是什么呢？是市场信誉、市场信任、社会信任，社会信任也是社会机制的核心。没有社会信任就没有真正的市场。现在社会发育严重欠缺，市场也就难以完善，目前的严峻问题是：市场的发育受到社会的拖累。

此外，我们还要认识到：社会是有自我调节能力的，社会有机体与人的有机体有相似之处。人得了感冒，不是一定要吃抗生素，不是一定要打针吃药，感冒是可以自愈的，过度使用抗生素反而是损害人体机能的。社会也一样，社会和市场一样有很强的自我循环能力，社会甚至还有很强的“自愈能力”。因此，我们的政府也要转变以前的单一管控思路，也要调整自己的心态，厘清自己工作的思路，明白政府应该干什么，不应该干什么。政府不是无限责任的政府，政府不可能包办一切，一些不该政府管的，政府就不要来管。要相信广大人民群众的能力和创造力，也要培育社会的自治能力。

笔者过去在文章中提到了“能动社会”和“被动社会”[①]的概念。新清河实验的任务之一就是希望通过发现和培育积极的社会力量，让广大人民群众都参与进来，发挥出他们的积极性，从而由被动社会转变为能动社会。[②]

二、通过社区实验组织社会力量、激发社会活力

在新清河实验中，我们接触最多的就是社区居民，那么，居民有没有参与社区改善、建设宜居社区的动力呢？可以肯定地回答是有的。居民有动力是很好理解的，因为，居住在小区的居民，当然希望社区更和谐、生活更便利。目前，我国城市社区居民拥有自己住房的比例是很高的，所谓“有恒产者有恒心”。北京大学中国社会科学调查中心的数据证明，中国城镇居民家庭财产的79.8%是家庭拥有的房产[③]，居民关心自己的房产和房屋所在小区的治理水平是最自然不过的事情。即使是在小区租住住房的居民，也希望小区的生活越来越好。构建宜居和谐社区的社会力量和动力是新清河实验的重要基础。

如果没有社会的干预，这些社会力量和动力往往是以潜在的形式存在的，居民更关心的是自己的家庭、工作和日常生活，一般都想不到参与社区的事情。社会力量的发挥、社会活力的激发，需要社会干预。在新清河实验中，我们体会到最主要的社会干预就是组织干预，即创新社区的组织结构，用新的组织结构去动员社会力量、激发社会活力。组织干预也可以称为社会再组织，即通过重组社会要素激发社会活力。社区中可以创新组织结构的方式很多，下面仅从三个方面做出阐释。

---

① 李强、黄旭宏：《“被动社会”如何变为“能动社会”》，《人民论坛》2011年第10期。

② 孙立平：《以社会重建推动和谐社会的构建》，《社会学研究》2007年第2期。

③ 谢宇等：《中国民生发展报告2014》，北京：北京大学出版社，2014年，第33页。

（一）社区居委会议事委员的实验与社区参与

新清河实验在组织结构方面的一个很重要的举措是创新了“社区居委会议事委员”的机制。从法理上看，议事委员也属于居委会的机制，是将居委会的代表性扩大了，议事委员的功能是议事咨询建议，他们是社区居民选举出来的。他们与居委会委员不一样，即不用坐班、不拿工资，只是在必要时、在有关社区的重要事情代表居民意愿诉求表达的时候，开会讨论，有一些会议补贴。

“社区居委会议事委员”的做法不是新清河实验团队凭空想出来的，而是源于清河一个社区居民自发的实践。该社区是一个传统的单位制老旧小区，居民众多，有三十多栋老楼房，上万人口，社区人口老龄化较为严重。社区中退休、下岗职工比较多，历史上曾经辉煌的该企业早已衰落，历史上企业能够在经济上支持单位制社区的局面已不复存在，多数居民是中低收入群体，该社区属于比较典型的衰落的“后单位”社区。

该社区由于老职工比较多，从2000年开始由社区老职工居民发起，自发组织成立了“社区议事协商委员会”，有11名议事协商委员，大部分人是当年该企业的老干部、退休的老领导。他们在社区中有一定的影响力、号召力，他们眼见社区衰落都很着急，于是就与居委会沟通，成立了该组织。该议事协商委员会跟社区居委会同步改选，具有合法性基础，每月定期召开例会，协商提出解决社区公共事务的方案，然后由居委会主任具体落实和布置工作，如老旧小区改造、社区发展规划、社区重大活动等，对现行的过度行政化的社区居委会起到了民意表达功能。

该事例，给实验团队很大的启发，于是实验团队与街道的负责人一起探讨该机制，并决定在其他社区试行这样一种新的组织机制。最开始是在三个社区实行，分别是一个老旧社区（后单位制社区）、一个新的商品房社区、一个拆迁居民为主的混合型社区。其实，社会再组织最核心的还是人选，真正负责任的委员会将事务处理得很好，反之如果人选不对事务也可能被搞砸。为了熟知候选人的情况，实验团队的同学们一家一户地走访居民了解情况，选择合适的候选人，逐渐摸索出了能够代表居民意愿的候选人的基本条件：热心社区工作、有公益心（办事能出以公心）、有活力有动力、有时间参与（一般是退休人员）、与本社区居民交往多大家都熟悉等。在充分准备的基础上，选择休息日，实验团队组织了“社区居委会议事委员”居民的投票选举活动。

“社区居委会议事委员”选举以后，实验团队还对他们进行了培训。议事委员常常讨论社区建设，对于居委会的咨询给予建议。一些社区由此完成了很多真正的利民工程，得到了居民的赞许。实验团队还将议事委员形成的整个过程、操作细节都写成了文件，并由街道办事处通过，供其他社区学习。实践证明，“社区居委会议事委员”的机制，在很大程度上实现了居委会的群众自治组织功能，本书将在下一章进行详细阐释。

（二）基层社区治理中的体制、机制创新

在社区实验中通过体制、机制的创新，可以挖掘出更多的社会力量、社会资源、社会参与。在这方面，实验团队通过在全国的调研，发现了很多的体制、机制创新，比如，我们在四川成都市郫都区的调研中看到，那里新建的居民小区，不再延续传统的体制思路。一个社区居委会管理了新建商品房小区的六万人，而且管理得井然有序，居民通过专门设计的手机App软件与居委会保持密切联系，大大减少了管理人员降低了管理成本。在其他很多城市也看到类似的创新。总的来说，我国南方基层社区体制、机制创新水平明显高于北方，这些创新更接地气，更体现了基层治理重心的下移，更体现了人民群众的主体地位。

这些对实验团队的触动很大，我们在新清河实验中也学习借鉴了南方基层社区治理的一些成功经验。北京市党和政府非常重视基层社区治理的体制、机制创新，2020年3月27日北京市第十五届

人民代表大会常务委员会第二十次会议通过了《北京市物业管理条例》。这个条例对于北京市的基层社区治理非常重要，不仅提出了要大力推进北京市各个社区、小区业主委员会的建立，对建立的细则有十分详尽的说明，而且提出了一种全新的组织机制“物业管理委员会”。《条例》提出，没有建立业委会的小区可以先成立“物业管理委员会”（简称“物委会”），物委会以居民代表为主，也有居委会成员参加，代表居民利益、表达居民诉求。新清河实验正是与党政组织和居民群众一起，进行体制、机制的创新。

（三）基层社区精英参与的多种组织实验

在新清河实验中我们发现，基层社区活力能否发挥的关键还是在于社区“能人”，用社会学的术语说就是“社区精英”。社区精英的来源很广泛，可以是居民中的退休的或在职的职工、工人、干部、知识分子，也可以是物业公司中的能人等。城市社区中也是藏龙卧虎，能人很多，但是精英要想在社区生活中发挥作用还必须具备积极的参与动力以及公益心等条件。

实验团队在调研中，发现了一些房地产公司老总参与基层社区组织建设的成功案例。房地产公司本身就是商品房小区的开发和建设者，如果在住房建设完成以后，还积极参与入住以后和谐社区的建设，那当然是极其有利于社区发展的。在下面案例的陈述中，出于学术保密原则，我们隐去了房地产商的真实姓名。

案例一，某房地产商捐资一亿元创立了国内首家社区层面的公益发展基金会，旨在发展社区民间组织，完善社区服务，培育社区福利，积累社区资本，创建社区自救自助、民主自治的公共服务体系。社区公益基金是为培育社区公共服务组织而设立的，使用领域包括社区居家养老、社区文化、社区教育、社区志愿者组织、社区环保等。该资金在使用过程中，培育了很多社区公益事业的发展，包含社区餐厅、体育会所、志愿者中心、邻里中心、老年协会、社康中心、社区图书馆等，该社区确实建成了受到居民欢迎的宜居社区。

案例二，该社区是巨型社区，占地50万平方米，建筑面积110万平方米，目前居民约3万人。该房地产开发商的总裁，自己就居住在这个社区，与社区居民都很熟悉，成为社区居民都很尊重的人物。该总裁有强大的公益心，认为房地产运作赚来的钱应该回馈给社区建设，对于该社区的建设服务前后投入近百亿元。在居民入住以后，该开发商投入大笔资金完善社区的公共服务与福利体系，而且特别强调社区的教育，社区内幼儿园、小学、中学、老年大学、医院以及各种商业服务业都很健全。该社区物业费不高，很多服务都是该房地产开发商给予资金支持。目前，该社区确实是一个高水平的宜居社区。

这两个案例的共同特点是，作为社会精英的房地产开发商，有很强的社会公益心，都将房地产的部分获益以捐助的形式返还给社区建设，并且运作得非常成功。

当然，社区精英组织社区建设的形式是多种多样的，只要由真正有公益心的精英出面组织社区建设，就很容易得到社区居民的认同，也就很容易激发社区活力，可能也会由此触发无限的生机。

三、新清河实验中，怎样更好地发挥七种社会力量的作用？

一方面，由于社会结构出现了巨大变化，构成社会的群体有了重大变迁，今天的社会结构中出现了很多新的社会群体。另一方面，由于住房体制改革，人们生活的社区变了，传统的城市社区基本上是单位大院和街道居委会两种类型，但今天的城乡社区均有重大变化，比如出现新生的商品房小区、物业管理型小区、各种开发区、各类科技园区、城乡接合部、“城中村”成为主体的农村社区、“新农村”等，都是过去难以想象的。通过实证研究，笔者归纳出七种真实发挥作用的社会力量。

（一）社区居委会

在社区生活中，居委会的地位非常重要，然而该地位在很多情况下被忽视了。居委会是中华人民共和国城市基层社会治理的最为基本的制度安排，是我国基层社会治理合法性的来源。

前文提出，社区居委会（社区党支部）是党和政府与广大居民联系的纽带和桥梁。这个观点是我们在新清河实验以及在全国很多地方一线调研中体验到的。居委会的居民自治属性毋庸置疑，这是法律规定的。但在实际调研中，我们确实发现，社区居委会必须完成上级街道办事处党政交付的各项任务。从北京市的情况看，北京市的党政也为基层社区居委会提供了充足的资源支持，根据目前的规定，北京市每年为每一个社区提供15万元公益金和大约40万元党建费。这样的支持力度确实不小，如果这些经费真正能够为社区居民的民生服务，社区的宜居和民生都会有很大改善。

在经费的实际使用中，大多是听从于上级街道党政安排，虽然做了很多事情但社区居民并不知道。在很多社区、小区，包括老旧小区，居民们的很多实际需求又没有人调研，反映不到上级去。我们认为，在完成上级交付的任务方面，居委会一般做得都是比较好的，而在体现居民自治属性方面，就显得偏弱。正因为如此，新清河实验在居委会的居民自治功能方面，做了更多的培育。实验证明，只要居委会真正下功夫动员居民，居民的社会力量是完全可以培育起来的。

（二）工会、共青团、妇联等群团组织

工会、共青团、妇联等是我国十分重要和具有中国特色的社会团体，在中国革命和新中国建设的过程中都发挥了极其重要的作用。2015年2月，中共中央印发了《中共中央关于加强和改进党的群团工作的意见》，7月召开了党的群团工作会议。习近平总书记在党的群团工作会议讲话中，肯定群团工作取得显著成绩的同时，也提出必须注重解决存在的问题，特别是要重点解决脱离群众的问题。当前，广大干部群众反映比较突出的问题，主要是一些群团组

织不同程度存在“机关化、行政化、贵族化、娱乐化”的现象。党中央强调，群团组织要有改革创新的精神，下大气力解决突出问题。在新时代，群团工作应敢于自我革新，向群众靠近，更好地担负起应尽的职责和使命。

在清河调研中，我们也深深感到，目前的群团组织在基层社区建设中还是有很大的创新发展空间的。例如，北京团市委就在基层社区中推进社区“青年汇”的工作，在全市建立了500家青年汇，鼓励青年人参与社区建设，为社区居民提供志愿服务。群团组织是覆盖全国的组织体系，如果真正能够改革创新，在基层社区发挥作用，那将是基层社区中非常重要的社会力量。

（三）社区社会组织

在此要再次明确社会组织的概念，这里所说的社会组织是狭义上的社会组织，即由非官方的、民间的、居民群众自己组织的群体。在我国根据规定，这些组织通常也需要在有关的部门登记注册。社会学的研究证明，对于一个社会的良性运行而言，有组织比没组织好。社会学家达伦多夫在研究社会冲突时便提出，“组织”可以避免出现很多暴力行为和降低冲突的强度，因为组织有一定的管理规范。新时代以来，党中央的很多文件都强调要“激发社会组织活力”。

这是我国思想界、理论界的重大进步。过去，有一段时间，曾经担心这种民间的组织会出现“不听话、不健康、没秩序”的问题，甚至将社会组织看作是一种异己的力量。而新时代以来，我国理论界提出，在基层社会的建设方面，要让它们发挥更大的活力、更大的作用。新观点的提出是因为我们对政府、市场与社会的关系有了更深刻的认识。我们应该承认，在我们社会主义国家里，广大人民群众所参加和组织的社会组织，其基本动机和目标是善意的。[①]近年来，我国的社会组织如雨后春笋般发展。这些组织对我们处理和

---

① 李强：《社会治理的最终原则究竟是什么》，《北京日报》2015年9月28日。

解决基层社会问题有极大的帮助。党和政府的责任不可能是无限的、无边界的，社区中发生的很多事情不可能都由政府出面去解决，社会组织的参与是必不可少的。党中央在十九届四中全会的决定中，特别提出了“社会治理共同体”[①]的概念，在历次文件中，党中央还强调要重点培育和优先发展行业协会商会类、科技类、公益慈善类、城乡社区服务类社会组织。社会组织作为群众共建、公民共享的重要平台、载体和共同体，在活跃经济和推进社会建设中发挥了重要作用。

目前，全国的和地区的社团、专业组织、学术组织、行业协会、民办非企业组织、志愿者组织、基金会等多达数十万个，其成员数以千万计。但社会组织的发展地域差异性较大，南方专业社工机构等社会组织发育很好，北方社会组织发育较弱。例如近年来频繁出现的食品安全问题、商品假冒伪劣问题，其实就应靠行业协会、商会等社会组织来解决。但传统上这些社会组织都具有官方背景，绝大部分是依托政府生存，中央的改革现在明确提出限期行业协会商会与政府脱钩，就是希望这些本来应该是代表社会的因素，可以更多地发挥作用。

在新清河实验中，实验团队也积极推进社会组织的建立，在地区民政部门正式建立了“社区提升中心”，专门在清河地区推进新清河实验，这样新清河实验也有了专职的工作人员。除了这种专业的社会组织外，我们在清河调研中还发现了大量的居民自发形成的组织，本书在第六章会进一步阐释。

（四）小区业主大会和业主委员会

自国务院修订颁布物业管理条例以后，小区业主大会和业主委员会就得到了法律法规的保障，成为我国城市社区治理中非常重要

---

① 《中共中央关于坚持和完善中国特色社会主义制度推进国家治理体系和治理能力现代化若干重大问题的决定》，北京：人民出版社，2019年，第28页。

的社会力量。

我们在清河以及其他很多社区的调研中看到，目前业主委员会（业委会）的建设还很薄弱。很多基层政府此前对成立业委会是有顾虑的，再加上业委会成立的程序和审批都比较复杂，绝大多数小区都还没有成立业委会。清河地区也是如此，成立业委会的小区是极少数。我们调研发现，即使成立了业委会，能够积极工作服务于社区建设的也比较少见，多数业委会成立后处于松散状态，没有做什么工作，不少到届了也不换届，业主与业委会也较少交往。

这种情况近来在北京市有了很大变化。2020年3月北京市人大通过了《北京市物业管理条例》，并于2020年5月1日开始实施。北京市委和市政府要求基层党政在全市范围内大力推进业委会和物委会的建设，并提出了在一定时期内要广覆盖的要求。可以预期，北京市未来几年会有很大改观，业主参与小区建设的活动会有较大发展。

从全国来看，业委会在我国南方的发育比在我国北方的发育要好一些，有比较成功的案例。比如，实验团队调研的南方某特大城市的一个社区，就充分发挥了业委会的功能，推进了和谐宜居社区的建设。该社区由两个高档住宅小区组成，社区居民来自全球24个国家，社区居民的受教育程度都很高。该社区由一批具备公益心的热心业主代表组成了业委会。该业委会与居委会（党支部）、物业公司，共同组建了“社区互助会”，下辖50个社区俱乐部，前前后后举办了各类公益活动120余次，累计参加22500人次。该业委会与社区居委会、社区互助会、物业公司四方联动，形成“四方圆桌会议”，每季度召集一次，针对社区的建设和发展开会讨论，形成了良好的社区自治机制。通过对于社区居民以兴趣为动力的再组织化过程，创造了一种自下而上发起的社区治理创新模式。

小区业主大会和业委会是一种很好的居民自治机制，这种机制能否充分发挥作用，取决于能否真正选举出那些具有公益心的热心业主代表，以及业委会能否与社区中的其他多种社会力量联合在一起共同工作。

（五）社区生活中的多种自治活动与自治力量

上述业委会是一种由法律法规规定和认可的居民业主自治力量，其实在社区的日常生活中，也还有多种多样的居民自治活动与自治的动力。

社区中的居民年龄、兴趣各异，这样就有不同年龄段的兴趣群体，其中的积极分子常常会组织各种活动。最常见的就是大妈舞蹈组织，聚在社区的广场上跳集体舞锻炼身体。在这类活动中，社区的退休人员是最为积极的参加者。人口多的社区条件不一定好，但参与社区公共活动的积极分子却常常有很多。如果社区居委会稍加引导，就会形成很多兴趣小组，通过活动形成密切的邻里关系，也常常能够在生活的各个方面互相帮助。在笔者调研的社区中，就看到过积极锻炼的老年群体逐渐形成了密切交往的关系，五六十岁的老年人自发地帮助七八十岁甚至年龄更大的孤寡老人，十分感人。

新清河实验证明，最容易激发社区活力，最容易组织多种社区社会力量共同参与的活动，就是社区“儿童成长”活动。有小孩子的家庭，孩子往往是全家关注的中心。如果组织适合小孩子交往娱乐的社区活动，不仅能促进孩子们的相互认识交往，也会带动父母甚至全家几代人共同参与。这样的活动，对孩子们的身心健康成长，对形成和睦的邻里关系，对社区文明共同体的建设都十分重要。

不同类型的社区，发挥社会活力的人群也有区别。老旧小区，由于熟人关系多，居民自发组织的适合中老年人的健身活动会比较多。新型商品房社区、中产社区，年轻人多一些，本来以为年轻人不愿意参加社区活动，后来在实践中逐步发现年轻人是有动力的。年轻中产阶层的文化水平高、社会公益心很强，他们知识广，本领很大，也很愿意为建设更为宜居的社区做贡献。而且，年轻人中能人也多，社区公共设施中的很多技术难题都能由年轻人轻松解决。

社区中有多种多样的自下而上的治理动力，只要有了正确引导，他们都能发挥积极作用。

（六）市场中的社会力量

在社区生活中到处都充斥着市场的力量，老百姓的社区生活一刻都离不开市场的体制机制。和谐宜居的社区通常能够实现“15分钟生活圈”，即日常的生活、食品、用品以及公共交通等，居民步行15分钟就可以享受。市场的逻辑与政府的逻辑不一样，政府比较重视直接的管理、控制，而市场是用看不见的手在配置资源。

市场的力量与社会的力量常常是交织在一起的，两者甚至是你中有我、我中有你。比如，小区中的居民发现小区中缺少幼儿教育，于是有居民以自己的多余住房为空间，申请成立了幼儿培训，采用市场的方式招生，为小区居民服务。目前，关于社区养老，比较常见的方式也是民办公助，即由政府或小区免费提供公共空间或给予一定的资金支持，由社会机构自负盈亏运营，设定不高的价格为小区、社区提供多种养老服务。

目前，我国城市多数社区都是采取了“物业管理”的治理方式。物业管理本身是具有多重要素和功能的。比如，小区的公共安全、保安的维持，这本来应该是政府的责任，但目前保安工作大多都交给物业公司去运作。这样，就不能说物业公司纯粹是市场机构，因为它也承担了公共服务职能，具有了一些公共物品属性。可见市场与政府也是密不可分的。再比如，居民交物业费，表面看来这是个市场行为，实际上需要小区的全体居民都交费来配合，才能完成这种市场交易。如果小区居民一半人交费，另一半人不交费，这个市场交易就会发生严重问题，小区物业就难以运营，小区治理也会矛盾重重。小区中的物业市场交易与小区中的每一个居民家庭的社会行为都密不可分。

和谐宜居的社区、小区，一定是需要全方位的市场力量来配合的。在社区治理、新清河实验中，我们非常重视充分调动市场中的社会力量。

（七）社区中的网络空间群体

以上讲的主要是社区中人与人之间有面对面互动的实体的社会群体。自从网络社会形成以后，虚拟社区也迅速发展起来。到2020年12月，我国的网民已达9.89亿人，是全世界一国之内最大的网民共同体。社区中的网络社会群体、跨空间的社会群体，通过现代科技手段，不用面对面交往就实现了频繁的社会互动。很多社区、小区，甚至很多楼栋都建立了网络微信群，这些微信群成为社区中最为活跃的交往平台，尤其在新冠疫情防控期间，既避免了人们的直接接触、避免了瘟疫的人对人传播，又保持了活跃的社区社会生活、社区交往。

在发挥社区网络社会活力方面，有很多非常成功的案例。例如，北京市丰台区方庄街道在下辖楼群中，建立了223个楼门微信群，收集居民诉求，及时解决居民生活中的各种问题。该案例实现了对居民的诉求“一键响应、点对点反馈”。居民生活中点点滴滴的事情都有人关心、有人帮助，通过网络极大地焕发了社区的活力。社区网络群体也是社区建设的重要社会力量。

以上对于我国城市基层社区、小区七种社会力量的讨论，只是从社会学的角度分析社区活力的来源。社区生活中的多种社会力量，社会治理机制，各种体制、机制其实也都是交织在一起的，它们通过相互联系、相互交织、相互合作发挥着积极作用。

正如本章一开始在阐释新清河实验的基本理论框架时所述，政府、市场与社会三大体制之间的平衡与协调是和谐社会、和谐社区的必要条件。通过对三大体制的分析，可以发现目前我国的三大体制中，社会建设、社会治理的体制偏弱。所以，本章较多地分析了怎样通过社区实验加强基层社会方面的体制、机制建设，怎样发现更多的社会力量、激发社会活力，这也正是新清河实验的工作重点。在后面的章节还会详细介绍实验的具体做法和内容。

第五章
基层组织改革实验

本章围绕新清河实验具体运作的第一步"基层组织改革实验"展开，属于社区再组织的实验内容。2014年6月，经过半年的社区调查，实验团队发现了基层治理的创新实践中蕴含的强大的治理智慧，这些创新经验需要总结、提升、复制、推广，社区居委会议事委员制度就是其中之一。新清河实验一直以来所推行的议事委员制度，其真正的灵感正是基于和源自对B社区十几年的探索实践。实验团队认为，议事委员的机制建设需要提升，议事规则和程序需要完善，进而对议事委员候选人的甄别与动员，委员选举的程序及议事规则、议事流程以及后续的社区公共事务管理，从决策、方案制定到实现、监督、评估，都做了新的更精细的制度设计，其核心及理念旨在扩大基层群众性自治组织社区居委会的自治属性功能，提高社区协商与自治能力。

一、基层组织改革实验的背景和意义

通过对清河街道前期实证调研发现，在基层组织机制运行过程中普遍存在以下突出问题：第一，社区居民代表大会形同虚设，居民代表大会半年召开一次，居民听汇报多、议事少，且普遍反映无事可议，因此原来是法律规定的群众性自治组织的社区决策机构被悬置而无法落实；第二，社区居委会和社区服务站功能重合，彼此职责不清，社区居委会、社区服务站组成人员高度重合，"议行不分”问题突出；第三，社区居委会承担的行政工作过于繁重，无暇组织和开展居民自治，社区工作人员不足，身兼数职情况严重，“政社不分”问题突出；第四，在社区经费的使用中，社区的自主性很低，存在社区经费申请和审批周期长、申请难、经费使用程序烦琐并缺乏有效的公众监督机制等问题。

上述问题集中到社区居委会层面，可以概括为“政社不分”和“议行不分”两大症结。前者是居委会由于严重的行政化而背离其自治组织的法律定位，后者是居委会疲于应付各项具体事务而无法有效承担代表居民行使决策和议事的功能。也正因为如此，实验团队认为，要想有效解决以上社区中存在的问题，推动社区居委会回归自治功能，进行“参与式协商”及“人的再组织”非常重要，新清河实验寄希望于从体制内寻求改变的路径，侧重于激发既有制度的活力和有效性。结合以上调研发现的问题，实验团队将实验第一步的重点进一步聚焦于社区居委会的组织格局创新，目标是创建以利益共同体为基础，以功能调整为改革方向的新型社区居委会组织架构，旨在创造一种新的基层社区组织形式。今天的居委会已经出现了职业化发展的趋势，自治性缺失，并且存在法定身份及法律地位的连续性问题，很难真正实现社区自治功能。我们期望启用一种社会干预和改良的方式，在不改变目前基层社会组织结构和治理组织体系的基础上，在社区中选举社区居委会议事委员。选举社区居委会的议事委员，其实是在承认原有的基层自治组织的基础上扩大其成员，增加其作为法定自治组织的代表性。实验的过程证明，议事委员在选举和后期参与社区提升的过程中确实有很强的积极性、参与性和代表性。

二、基层组织改革实验的内容

（一）实验社区的选择

基于前期调研，在整体了解清河地区社区存在的问题状况之后，新清河实验团队在第一阶段首批选举工作中，分别选择了三种不同类型的社区开展基层组织改革实验工作，即在混合型小区、商品房小区、老旧小区三种不同类型的社区通过选举社区居委会议事委员的方式提升社区居委会的自治功能，进而提高居民的社区参与程度。

第一，混合型社区A社区。A社区属于典型的多种社区类型的混合体，该社区下有六个居住生活小区，共有居民约2000户，其中本地居民约1700户，流动人口约300户。所谓多种社区混合体，是指该社区下有不同类型的管理机制和不同类型的居住群体，房子有的属于商品房，有的属于单位房，有平房也有楼房，还有等待拆迁改造的棚户区，居民有市民也有农民，还有拆迁户和回迁户。由于六个生活小区情况各不相同，差异很大，所以，整合各个小区之间的利益还是有难度的。有的生活小区内部居民交往频繁，社区参与十分活跃。A社区居委会主任责任心强，到任后的十年中为居民做了很多实事，思想上愿意积极创新，一直强调"只要为居民好为社区好，都愿意尝试"。社区主任还有一个区别于其他社区的最大特点，就是愿意倾听并接纳居民的意见，个性并不强势，多年来与社区许多老居民建立了很强的信任关系。社区里组织起十几支文体队伍，这些文体队伍的负责人长期热心参与社区事务，基本都是楼门长和社区居民代表，非常支持居委会的工作，他们的群众基础很好，在访谈中都表示愿意参与选举，成为议事委员，被实验团队认为是适合的议事委员候选人。

第二，老旧小区B社区。B社区是原来国营毛纺厂的单位职工大院，有34栋居民楼，3275户居民。由于过去是同一单位职工，居民互相熟悉，交往多，但由于原毛纺厂已经衰落，不能为社区提供支持，所以，社区也表现出衰落的特征。社区居民生活条件比较差，房屋老旧，环境、垃圾问题等各种矛盾聚积，社区老龄化问题严重，80岁以上的老人有560位，60岁以上的老人占一半，社区严重缺少经济支撑。虽然有物业公司，但是由于物业费收缴率不高，社区运转维持十分艰难。

但作为一个典型的熟人社区，B社区居民归属感与认同感强烈。社区居委会本土化程度高。社区居委会干部几乎都居住在本社区，社区居委会主任更是土生土长的本地人，到社区之前曾是原来单位的工会主席，祖辈就在老企业工作，有着极强的责任心，长年以居委会为家，对居民尤其是社区老人的家庭情况非常了解。很多孤寡、空巢、失独老人都会把家里的钥匙备份存在主任这里，可见其深得老居民信任。据老居民回忆，B社区早在社区居委会成立初期，就探索出了一套议事委员制度，议事委员由原三厂的退休干部组成，由居民代表选举产生，在社区早期发挥了重要的协商议事和联系居民的作用，可惜后来因为多种原因没有坚持下来。实验团队认为，议事委员制度是很好的经验，应恢复起来，但制度建设需要提升，议事规则和程序需要完善，随着社区居民构成的不断变化，尤其需要加入年轻的新居民代表及商户代表，以扩大代表性。因此，实验团队在B社区原有经验的基础上，对议事委员候选人的甄别，委员选举的程序及议事规则、议事流程以及后续的社区公共事务管理，从决策、方案制定到实现、监督、评估，都做了新的更精细的制度设计。

第三，商品房小区C社区。C社区是清河地区的高档商品房小区。居民构成为大学教授、IT行业公司管理层等中产阶层，文化素质较高。但是，由于都是新搬入的居民，居民彼此互相不熟悉，社区参与明显不足。C社区的优势是有一支优秀的社区干部队伍。居委会主任责任心强、学习能力强，作为区级人大代表，一直热心于探索各种社区创新模式，积极配合物业公司培育成立了社区业主委员会，社区能人治理的色彩强烈。实验认为，只靠能干的社区主任是不够的。应该在体制、机制方面做出探索，保障社区居委会和业主委员会的协调与合作的制度性，推动居民自治和业主自治的深入融合。新清河实验第一批试点社区特别选取了C社区，也是因为社区主任创新意识强、积极配合，并主动要求参与实验，有良好的群众基础，并且社区组织形态丰富，成立了业主委员会，实验尝试通过组织架构的重塑来厘清业委会和居委会的关系。一方面旨在扩大业委会成员的议事范围，不限于物业管理，还扩展到社区文化、社区服务等多方面内容；另一方面完善参与合作的机制，提高社区居委会的自治性，为两个组织争取更多居民业主的认同和支持。

（二）议事委员选举及论题、规则设置

新清河实验启动以来，实验团队就实验的设想和实施方案计划与北京市海淀区社工委、清河街道、社区居委会、居民代表等多方进行了反复沟通与交流，定期发布清河实验工作简报，宣传、记录工作进展及成果。实验团队通过居民代表座谈、入户调研、组织社区活动、张贴横幅海报、制作视频宣传片等多种形式，积极向居民广泛宣传议事委员选举的重要意义。

2014年12月，议事委员的选举工作正式启动，先后制定和发布了《选举公告》《选举办法》等相关文件，在第一批的三个试点社区共动员了55名社区积极分子、居民代表报名成为议事委员候选人，并对每名候选人进行了入户调查，制作选举展板和宣传片。2015年1月，居民代表大会暨议事委员选举大会在三个试点社区先后召开，按照居民代表投票选举的方式产生了34名议事委员，差额比例为38%。社区居委会成员、居民代表、政府代表共200余人参加了选举大会，积极关注新清河实验的30余名热心居民自发列席会议。

第一批的试点社区议事委员选举由当时在街道挂职的实验团队骨干王拓涵博士后主持，先播放了竞选宣传片，候选人逐一现场发言进行拉票演讲，李强教授向广大居民代表强调了支持居民参与、

推动居民自治的重要意义，街道领导为竞选成功的议事委员颁发了工作证及荣誉证书。议事委员选举产生后，社区书记还就社区环境卫生、治安管理、老幼服务、志愿文体活动组织等各方面工作的进一步开展事宜征集了议事委员的意见，并组织了相关讨论。

按照实验的基本思路，改组后的社区居委会应既是“议”的机构，同时也是“行”的机构，新增的议事委员定期开会，对社区公共事务进行讨论。讨论的议事议题范围是事前经过居民需求调查确定好的。设立了议事机制，每次讨论并非漫无目的、毫无依据地展开，而是事先对所选出的议事委员进行能力建设培训，学会运用一些社会学调查方法及专业技术，包括问卷调查、访谈、焦点小组、组织居民召开参与式的讨论会等。开展居民意愿和需求调查，了解居民反映出来的社区问题。此外，还进一步明确了决策机制，并由大家集体监督落实的过程。

关于议事程序和规则还有以下内容：议事委员在调查摸底基础上提出方案和意见；议事会由社区居委会主任主持召开；议事委员要主动参与集体决策；做决定时，由于意见不统一，分歧较大，未能做出决定的，会后要进一步调查、分析，再次复议；有决策权的成员包括议事委员以及原有的社区居委会委员，不同事项采取不同的表决通过票数门槛（过半或过2/3）；议事会每半月召开一次，根据需要也可临时召开；根据会议内容需要列席会议的其他成员由社区居委会主任决定；会议要做好记录。

新组成的居委会组织格局构建完成以后，核心的工作内容在于共同讨论社区公共事务，探索社区公共事务的参与式协商机制，吸引更多的社区利益的相关群体共同参与社区建设。在整个议事过程中，议题设置是很重要的内容。前期对于清河街道所有社区的实证调研发现，社区对公益金的使用有很大的动力和需求。在实验初期，新社区居委会讨论的核心议题确定为“社区公益金如何使用”；实验后期，议题逐渐丰富扩展为空间改造、老旧小区加装电梯、物业管理等各方面。

所谓“公益金”，是北京市政府每年为每个社区居委会提供的改善社区品质的政府财政经费。以往，这笔经费常常积压在政府财政的账里没有使用，有些地方政府的这笔经费已经积压多年了。没有使用的原因是基层政府不知道社区需要改善什么，而社区居民往往不知道有这样一笔经费。所以，新清河实验的第一批试点社区就以讨论公益金如何使用作为议事委员的核心议题。通过对公益金使用的讨论，大家逐渐培养起议事的意识和能力。议事委员先开展了居民需求调查，对如何科学、民主地使用社区公益金进行充分讨论。当然，这些过程全部在街道职能科室指导下完成，只有讨论和实施的过程有效，居民认可度高，街道才会给予更大力度的资金支持。实验中发现，通过议事委员对公益金使用的讨论，大大提高了社区决策参与度，社区居民通过议事过程和决策过程，参与到社区事务中来。居民的参与意识、协商意识得到了培育，参与热情与活力得到了激发。

（三）议事委员培训

新清河实验团队首先在A社区开展了议事委员选举之后的工作。实验团队创办了社区简报，通过简报广泛地向居民宣传议事委员信息。让居民认识到，议事委员是社区居委会新的组成部分，理解在居委会中增加议事委员的目的是增加居民的代表性，恢复社区居委会的居民自治组织的基本功能。

2015年3月，新清河实验团队对议事委员和部分居民代表进行了以居民意见建议征集方法、居民动员与信任构建、议事流程及规则、工作推进和监督方法等为主要内容的培训，组织议事委员和居委会召开了议事讨论会，还建立了相应的例会制度，讨论会每半月召开一次，根据需要可临时召开，会议都做了相应的记录。

培训工作完成后，实验团队组织了两期的“社区服务民主协商讨论会”，共召集到70名热心居民参与，这在该社区是史无前例的大型参与式居民讨论会。两期民主协商讨论会引入了社会学的“开放空间”（open space）技术，共征集到74个议题，在议事委员的组织带领下经过参会居民的民主投票，从中选出5件居民最迫切想解决的共性问题，分别是：活动室建造，自行车棚建造，垃圾楼改造，社区绿化环境改善，文明养犬。然后经过小组协商得出五组解决方案。实验团队还组织居民开展了有趣的分糖游戏，使居民能够在游戏过程中理解“治理”中公开、透明、合作、参与、关注弱势群体、将资源利用最大化等的意义。

经过民主讨论，社区的绿化环境问题凸显，成为社区居民最为关心和迫切需要解决的首要问题。进而，实验团队召开了社区议事委员、清华同衡景观园林所的三名规划设计师共同参加的“社区绿化环境议事会”，由设计人员为社区议事委员和居民进行专业绿化环境规划设计知识的讲解。会后，大家对小区进行了实地考察，社区居委会、议事委员与实验团队、规划设计师及物业经理再次召集居民代表等共同商议绿化改造问题。这期间议事委员反映自行车在楼门前乱停乱放，影响了居民的出行和休闲。规划设计师针对此状况，提出在楼前空地上建造自行车棚、在绿化地补种树木及花草的设想。经过与物业经理和议事委员们的共同讨论、沟通、合作，绿化改造项目顺利启动。这期间，议事委员为社区每户家庭发放社区简报、居民联系卡以及清河街道社区调查问卷，完成了1400户居民的需求调查。

接下来在物业公司的协助下，设计师找出了小区当年建设时候的图纸，开始测量绿地，再次和议事委员们讨论和修改方案，并在小区内对绿化图纸和自行车棚方案进行公示。利用植树节的时机，实验团队和居委会共同组织居民志愿者开展义务植树活动。参与活动的居民们积极认领保护树木，在树木上标出认领家庭的名牌，认领者将承担浇水维护的责任。此后，笔者经常看到议事委员J奶奶带着外孙女，提着水桶给她们家认领的小树浇水。

三、基层组织改革实验的成效分析

正如本书第一章所述，相较于社会管理，社会治理具有强调双向互动、多元参与、合作协商、法治精神、公开透明、机制创新等特征。推动基层社会治理的全面深化改革和创新意义重大。实验选择高端商品房社区、混合型社区和单一型老旧社区作为试点，针对当前社区治理工作中存在的诸多问题，将改变居委会组织结构作为切入点，通过增选本社区居民成为居委会议事委员，激励居民参与，构建能够代表居民、让居民信任的居委会；整合居民力量，提升居委会的工作能力，使之更好地实现“自上而下”和“自下而上”的“双重职能”；培育社会资本，促进社区网络、规范和信任的形成；最终“以点带面”地实现政府治理和社会自我调节、居民自治良性互动。

（一）恢复自治属性：构建能够代表居民、让居民信任的居委会

近年来，针对居委会难以发挥自治作用的实际情况，“社区自治，议行分设”制度得到了广泛的关注和推行，意图将目前居委会承担的行政职能交给社区服务站完成，从而恢复居委会的自治属性。但在实际中，服务站完全被街道办事处雇用和领导，成为了行政权力向社区的延伸，而非制度设计中的社区事务的“执行层”。居委会也并没有朝向承担社区自治的功能发展，由于“议而不能行”，个别被选举进入居委会的本社区居民积极性越来越弱。

一位清河街道办事处领导说：

> 区里曾经考虑实行“居站分离”制度，但最终没有执行，保持了目前设立居委会和服务站，二者“分工不分家”的工作模式。这有场地和办公条件受限的考虑，如果实现“居站分离”，基本需要原来两倍的工作环境，带来了巨大的成本。更重要的是，我个人认为，如果真的分离，居委会失去先前承担的诸多工作，在一定程度上也就失去了凝聚的载体，难以保

持工作的主动性，自然而然地就会和街道失去联系，存在很大争议。

与此同时，有部分城市和地区采取了建立社区议事会、居民社团协会等社区内社会组织的方式推动居民参与社区自治，但不免有叠床架屋之嫌，各个组织之间的关系难以协调，甚至使社区最终变成了“角力场”。事实上，当前社区治理中基于物权逻辑由业主发起、成立和选举的业委会，作为同一个社区中居委会之外的另一个社区自治组织，与居委会同处于“尴尬”地位，二者“分庭抗礼”的现象多有发生。

实验团队认为，“社区自治，议行分设”、建立社区内社会组织的制度创新，虽然也和新清河实验一样，采取了“增量改革”的方式，并意图纳入居民代表参与社区治理，但新清河实验一方面没有切断“议事层”与“执行层”的密切联系，从而更好地使新加入的议事委员和原有的居委会成员通过共同的工作相互融合、相互监督、相互促进，最终使居委会能够真正代表居民利益，将工作面向居民需求，从而重新获得居民的信任；另一方面，实验并没有将议事委员设置成为一个新的组织，议事委员属于居委会的一部分，这就没有将社区治理结构复杂化，有助于工作的统筹协调与团结合作。

社区居委会议事委员 Z 阿姨说：

前几天我们成功完成了小区绿化改造的工作，居委会成员、议事委员和部分热心居民从讨论到执行忙碌了半个多月，虽然很累，但是特别有成就感，居民的反馈也特别好，解决了大家关心已久的问题。我觉得这个议事委员制是个好事，主要是加强了居民与居委会的配合，居委会更能为民办事了，也更知道居民真正关心什么、需要什么。这样下去，居民有事也更愿意找居委会、配合居委会，社区何愁不好呢？

在社区动员和社区参与中，人情、面子等本土文化资源以及小团体之间的信任和互惠机制发挥了重要作用，形成了“居委会—积极分子—普通居民”的动员路径。笔者认为，如果居委会不能代表居民利益而仅仅是应付上级工作的话，这样的动员路径就会陷入“动员—居民碍于情面参与—参与后评价较低—动员难度增加”的“恶性循环”。而在新清河实验中，一方面，议事委员可以发挥自身的资源优势更主动地动员其他居民参与；另一方面，居民在发现和感受到居委会切实代表居民利益、努力满足居民需求的新状态后，社区参与意愿和积极性将大幅提高。

社区居民Y大爷说：

> 我家邻居是个特别热心的人，我原来被她拉着参加过几次上面领导下来组织的社区意见征集会，每次大家都热烈讨论，提出一些很好的意见、建议，领导、居委会也都积极表态，但之后根本没有人落实。后来，我就不愿意，也没心思再参加类似的事了。前一阵小区轰轰烈烈地组织议事委员选举，我也觉得没啥，认为这不过是形式主义罢了。后来，我注意看他们贴的公示，介绍要如何给小区做绿化，结果还真干起来了。邻居又找到我，说我原来干过物业，懂一点绿化的事，让我去帮忙。一切都准备好了，就差我出面了，我就和他们忙活了一周多。其实我还真不是不愿意参加社区的事，如果未来的事都像这次社区绿化一样有意义、有效果，我能发挥点余热，挺好！

综上所述，居民身份的居委会议事委员的加入，一方面能够解决居委会居民利益代表性缺失的问题，使居委会更好地面向和服务居民需求，真正代表居民利益，并获得居民的信任；另一方面，能够促进解决居民参与缺失的问题，为居民参与社区治理奠定了组织基础，畅通了自治渠道。

（二）整合居民力量：现有工作与社区自治“双肩挑”

近年来，伴随着国家的政治和管理体制的改革，政府逐渐向社区让权、还权、授权，成为了社区自治的重要推动力。但也有部分学者对此持反对意见，认为当前的社区治理是为解决社会控制问题自上而下建构国家治理单元，社区并不是能促进社会发育的共同体，基层社会治理由国家高度主导，不能避免权威体制转型。

理想中的社区自治的实现必然是一个漫长的过程，虽然居委会是法定的基层群众性自治组织，但根据国家社会治理体制和社区治理工作的需要，至少在一段时间内，居委会在开展自治工作的同时，继续发挥好“自上而下”的行政体系作用，对保障社会平稳有序发展和落实国家对社区的“顶层设计”是十分必要的。此外须考虑到，社区自治对居委会提出了更高的能力要求，而我国当前的经济社会发展和就业形势也决定了居委会人力资源水平的提升需要时间积累，成员职业化、专业化不能一蹴而就。

在实验初期的三个社区选举产生的居委会议事委员也各具特色：其中高端商品房社区的议事委员多为现任或已退休的公务员、警察、工程技术人员、企事业单位管理人员和私营企业主；混合型社区的议事委员在商品房社区的基础上，增加了村委会委员、军人、教师、回迁居民等；单位型老旧社区的议事委员则多为原单位领导、工会工作人员和商户代表。议事委员们之所以能被居民普遍认可，不仅因为他们热心社区事务、具有奉献精神，更是由于其具有一定的能力和特长，例如能够完成与社区治理相关的专业性事务、在居民中具有较高的威望、善于协调人际关系等。

一位社区居委会主任说：

> 选举出议事委员后，我觉得工作变化非常明显。一是居民更主动了，特别是议事委员们经常没事就到居委会来坐坐，看看有什么需要帮忙的。二是工作压力变小了，质量也提上去了。

我举个例子，我们小区居民活动室在一楼，二楼的几户居民联名反映活动室太吵，影响了他们的生活。这次有两位曾经担任过单位领导、善于处理矛盾关系的议事委员出面，以邻居的身份做通了二楼居民的工作，同时也和经常在活动室活动的舞蹈队、合唱队队员们达成了一致，主要活动时间避开中午和晚上的休息时间。还有一位学工程的议事委员指导我们按照最节约的办法对活动室进行了隔音处理，效果非常明显。如果放在原来，我们协调这样的事特别困难，必须投入非常大的精力，而且各方面都会有意见，甚至会发生冲突。可以说，议事委员大大加强了居委会的工作能力，也因此，我们原来的这些居委会的同事们可以腾出手来更好地落实街道办事处的理念和要求，按照上面的规划把社区建好、管好。

可见，一方面，议事委员的加入可以提升居委会的人力资源水平，增强整体的工作能力；另一方面，议事委员因为与居民具有相同的业主身份，更容易获得信任，也间接地增强了居民对居委会的信任程度。

从考察政府和街道办事处参与社区治理的角度来看，政府给居委会布置工作内容和工作量，在一定程度上形成二者“双向影响”的关系。新清河实验也将推动政府和街道办事处工作的转变。

一位清河街道办事处领导说：

新清河实验开展以来，在居民的参与下，我们充分感受到了居委会工作态度发生的巨大转变，工作积极性显著提高，并且做出了一些成绩。街道已经开始进一步放权，对三个试点社区减少了强制性要求，例如要在每个月组织几次活动等，让社区工作更有自主性，更有针对性，也更符合居民需求。同时也可以说，居民参与的改善和居委会的转变也进一步促进了街道对社区的关注和投入，增强了治理好社区的信心。我们愿意也能够更放心地相信居委会的想法，大胆地提供全方位的支持和帮助。

对居民力量的凝聚，一方面能够解决居委会工作能力有限的问题，切实提高居委会的工作水平，使之与同时开展“自上而下”和“自下而上”社区治理工作的现实需要相符合、相适应；另一方面，能够使居民对居委会更加信任和支持。与此同时，这也将推动政府和街道办事处的工作方式转变，为社区自治的发展提供更好的环境。

新清河实验改变了以往居民动员和参与的“恶性循环”，增强了居民的参与意愿。居民的参与加强了居民之间、居民与居委会之间的互动和认同感，逐渐形成了愈发紧密的社会关系网络，弥补了当前“社区的碎片化”对居民参与的消极影响。

针对当前缺失的社区规范（既包括街道办事处、居委会的工作规范，也包括居民的行为规范），新清河实验较好地继承了街道办事处、居委会现行的工作体制和模式，创新了“需求征集—议题调研—议题初审—会议召集—方案研讨—预表决—公示草案—街道报批—形成决议并执行—表决公示”的议事程序规则（如图5–1），为居民积极建言献策与合理表达需求，以及政府依法行政与进一步提升治理能力提供了方法依据，并据此对议事委员进行了以居民意见建议征集、居民动员与信任构建、议事流程及规则、工作推进和监督方法为主要内容的系统性培训。

新当选社区居委会议事委员的L女士说：

当选议事委员后，清华大学实验团队和街道办事处、居委会对我们进行了为期一个月的培训，手把手教我们如何征求大家的意见，如何更有效地讨论和决定事情，如何协调各方关系。现在想想，原来我们参加社区事务，虽然积极但也太冲动了，总是想着要不就是往上找，靠领导施压，要不就是用行动抵抗不合理的事情，和政府对着干，这肯定不是长久之计，而且破坏了和谐不是？

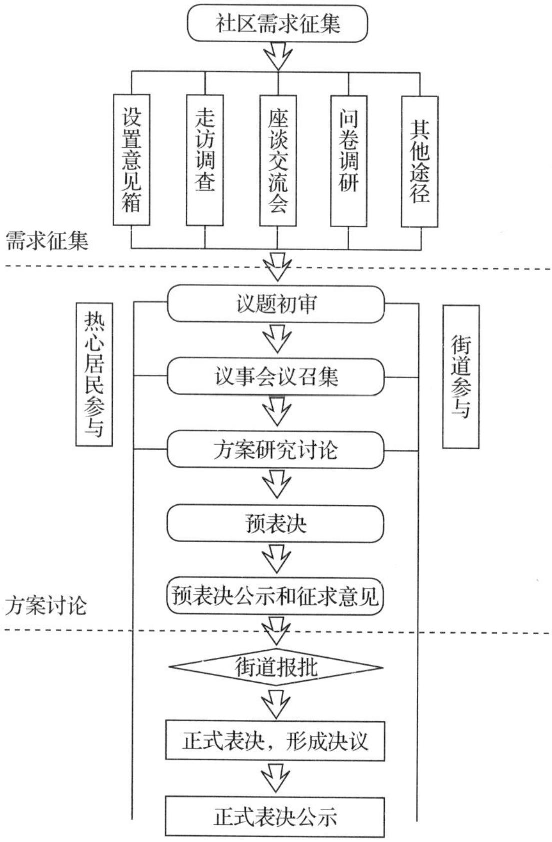

图5-1　议事和工作流程图

一位清河街道办事处领导说：

新清河实验不仅是对居委会工作的改革，对居民自治和社区参与的促进，也是对街道依法行政的推动。有的时候，因为和居民难以沟通，迫于上级的考核压力，街道的工作方式难免会简单粗暴，这种现象不多但客观存在。现在明确了街道、居委会、居民三者之间的沟通方式，大家按照规则办事，出于一颗想让社区更好的心，问题矛盾就会少很多，执行起来也更容易了。

新清河实验提出的议事程序规则虽然是一种正式规范，但是在居民的参与和多方互动中，也将促进非正式规范的形成，居民之间达成的一致就是非正式规范的体现。更进一步，逐渐建立和完善的社区网络、规范也将促进社区信任的培育。

（三）继承式创新：最小成本的最大提升

近年来，治理理论对我国的社区治理实践产生了巨大影响。虽然我国的社区治理情况不断向好发展，但依旧存在治理主体相对单一、“强政府，弱社会”的情况，各主体间权责混杂、相互推诿，居民自治渠道缺失、难以行使自治权力和政府过度干预等客观问题仍需解决。对此，部分研究者和实践者从完善法律法规、政府职能转变、培育社会资本、推动居委会的相关改革等方面提出了多种对策建议。但当前的研究和实践往往有着共同的逻辑，即居委会是被动的接受者，被赋予了基层群众性自治组织的身份，被布置了诸多行政事务而无法开展自治，等等，应该通过外界力量的干预来实现变革。但这一逻辑恰恰忽略了居委会的自主性。

与此同时，实践发现，这些规模大、影响大且效果看似“显著直接”的改革，很容易受到抵触和“反抗”。实现更温和、柔性的社区治理创新更符合当前社区发展的实际需要。笔者认为，新清河实验是一种“继承式创新”的模式，是对当前社区治理体制和工作模式的最大继承和有效创新，它在没有直接影响或破坏现有社区治理工作和利益格局的情况下，将居民真正地纳入治理体系，以期发挥其社区治理主体的作用。对于街道办事处和居委会来说，议事委员的加入不仅是对当前治理力量的补充，而且可行、可控，执行成本较低。

四、总结与反思

新清河实验最重要的任务是激发社会活力，目标是“实现政府治理和社会自我调节、居民自治良性互动”。基层组织改革的要义在于，使居委会完成两重任务：一个是从上到下的政府治理的任务，这个任务是目前居委会的核心工作；另一个是从下到上反映居民意愿，实现居民自我管理、自我教育、自我服务的自治。

那么，怎样能够让社区居委会更好地发挥社区自治功能？笔者认为应从以下几个方面着手。

第一是清晰界定社区的职能边界，推进去行政化改革。近年来，社区的行政工作越来越繁重，几乎都是由基层政府直接下派的工作任务，社区工作越来越“行政化”。厘清基层政府和社区居委会的权责边界是首要任务，作为基层群众性自治组织的社区居委会，其主要职责应是落实社区自治，提高社区自我管理、自我服务、自我教育、自我监督的能力和水平。其与基层政府之间应该是被指导与指导的关系，而不应该是目前的被领导与领导的上下级关系。

第二是增加居委会成员的本土化比例。加大力度改变居委会现有的人员构成，通过选举的方式吸收更多实际居住在本社区的居民到社区居委会工作，以此不断强化社区工作人员的主人翁意识，使社区居委会的工作更贴近居民利益。

第三是加强制度建设和制度创新，培育社区自治的观念和能力。社区自治功能的强化过程需要基层政府、社区居民以及社区自治组织通力合作。在各种社区自治力量的整合中通过制定政策法规，规范社区的自治行为，制度化保障居民的参与途径。通过如社区重大事务的决策制度、社务公开制度、对关系到居民切身利益的大事的听证制度、民主评议社区居委会工作制度、民主协商制度及考核奖惩制度等的制定，依法规范自治组织和居民群众的自治行为。

第四是加强社区能力建设。社区居委会应从依赖行政管理转向自主决策社区事务，提升能力；政府应向社区赋权，使其能够从居民实际需求入手，解决社区生活中的诸多不便，不断满足居民的切实需求，以凝聚人心，提高居民的信任和认可。

可以说，基层组织改革实验是一种小成本的创新，但其直指问题核心和居委会结构核心，产生的积极影响是“以点带面”的。居委会作为社区治理的重要主体和联系国家与社会的桥梁和纽带，有条件和机会在一定程度上将碰撞和张力转化为相互理解、相互支持、相互配合的共赢局面。这种增量改革的尝试不仅丰富了社区治理的主体，直接构建和畅通了自治渠道，也间接地推动了政府和街道办事处工作和居民参与的转变，是一种激发社会活力培育居民参与，实现居民监督、居民自治的实验，使社区的自治水平在可控的前提下得到了有益提升。

第六章
社会组织培育实验

为了深化实践工作，新清河实验团队在当地政府的支持下，于2016年推动成立“社区提升与社会工作发展中心”（以下简称“社区提升中心”）。这是一家在海淀区民政局正式注册的非官方背景的民办非企业单位。该组织成立后，在推进新清河实验方面发挥了重要功能，一方面作为孵化社区社会力量的枢纽型平台，弥补当地社会组织的不足；另一方面也结合基层政府的社区治理需求，开办各项社区服务活动。社区提升中心是新清河实验“社区提升”与“社会再组织”的重要探索，组织自成立以来，结合社会学、建筑学等学科知识，由专业社会工作者发挥专业优势，在区、街道两级政府的支持下，分别在组织动员、能力培育与社区服务等方面开展精细化、个性化的社区治理项目，为培育社区社会组织与完善基层社会治理创新提供了许多有价值的启示。

一、社会组织实验开展的背景和意义

基层社会治理是一项系统工程，需要政府、市场与社会各方力量的广泛参与，社会组织是“社会”参与的平台，在三者之间能有效发挥平台效益。另外，随着社会治理越来越精细化，社区成为政府与居民沟通、开展公共服务的载体，治理单元的调整造成对社会参与的需求大增，社会组织在基层社会治理的重要主体作用已经不言而喻。

新清河实验的社会组织培育实验突出了社会学的实证研究传统。首先，在社区治理领域中，理论与实践密不可分，实践是理论的延展，协助人们更加真实、客观地观察社会，确保理论与实践的高度一致性。其次，随着政社关系的转变，社会组织不断成长，逐渐成为社会治理中不可缺少的重要力量，也为传统社会管理方式带来挑战，基于社会组织参与的社会学干预方法能为社区治理创新提供更有意义的尝试。

在我国，狭义的社会组织是一种受到法人资格保障的民间组织，不以营利为目的，且具有公益性、民间性等特征，例如社会团体（如学会、行业协会）、民办非企业单位或基金会等，都是属于社会组织的范畴。本章所要探讨的社会组织，主要是指服务于社区建设、社区治理的专业性社会组织，以及在社区层面设立的社区社会组织。

社区社会组织是社会组织“社区化”的结果。夏建中等认为，社区社会组织是以社区为主要范围，以社区居民为成员或服务对象，为满足社区居民的不同需求为目的而成立的社团类组织和民办非企业。陈洪涛、王名认为，社区社会组织是由社会组织或个人在社区范围内单独或联合举办，在社区范围内开展活动，满足社区居民不同需求的民间自发组织。民政部发布的《关于大力培育发展社区社会组织的意见》（民发〔2017〕191号）中，将社区社会组织定义为：由社区居民发起成立，在城乡社区开展为民服务、公益慈善、邻里互助、文体娱乐和农村生产技术服务等活动的社会组织。概括而言，学界与政府对社区社会组织的定义已经较为明确，具有地域性的明显特征，包括其组织成员、活动范围、服务对象、服务内容以及影响范围都以社区为主，甚者再辐射到社区的外部；目的性很强，通常是为了服务社区内的某项公共议题或公共需求而存在，依据是否正式登记备案来划分。

社区社会组织参与社区治理的核心价值，其实就是形成其与政府的合力，弥补政府或市场功能的不足，让社会发展更加健全。基层社会尤为需要社会组织的精细化治理。现代社区是一个异质性强、以个人利益为纽带的集合体，居民能够通过参与社会组织来增加对社区公共事务的参与与理解，培育社区社会资本。对于当前社区治理过度行政化的情况，社区社会组织能更好地补充社区的自治功能，让居民得以自我管理与自我服务。政府能通过社会组织来完成社区公共服务，减少政府压力。社区社会组织因其特性，已经逐渐成为社区居民与政府沟通、协商的非正式渠道。

2016年，中共中央办公厅、国务院办公厅发布《关于改革社会组织管理制度促进社会组织健康有序发展的意见》（中办发〔2016〕46号），其中提到要“大力培育发展社区社会组织”，降低准入门槛，简化正式登记或街镇备案程序；鼓励成立社区社会组织联合会，发挥街镇协调作用；加大对社区社会组织的扶植力度与资金支持，以及发挥社区社会组织在社区治理中的积极作用等。2017年，中共中央、国务院颁布《关于加强和完善城乡社区治理的意见》（中发〔2017〕13号），指出要“统筹发挥社会力量协同作用”，完善社区组织发现居民需求、统筹设计服务项目、支持社会组织承接的社区治理工作体系。同年，民政部出台《关于大力培育发展社区社会组织的意见》（民发〔2017〕191号），提出了培育与发展社区社会组织的扶植措施与规定。社区社会组织成为社区治理与社会公共服务的重要主体，相关政策的出台明确了其在社会治理中的核心作用，特别是在“人、财、事”方面，都发挥了政策引导的社会组织发展特色。

二、社会组织培育实验的具体内容及取得成效

自十九大报告提出“打造共建共治共享的社会治理格局”目标后，社会组织在治理格局中的主体作用更加显著。新清河实验正式启动后，以“社会再组织”的视角深入剖析基层社会的治理结构，将培育社会组织作为社区实验的重要内容，社区提升中心作为清河街道的枢纽型社会组织，结合清华大学实验团队的理论优势、清河

街道的行政资源优势，以及社区的社会资本优势，协力社区治理，探索出一条社会组织参与社区治理的实践路径。

（一）成立枢纽型社会组织“社区提升中心”

1. 组织成立的背景

新清河实验团队在前期调研中，深刻体会到社会组织对社区治理的重要性。社会组织能补充市场与政府的不足，提供社会服务，满足社会需求，促进居民自治，而对于专家参与型的社区模式而言，更是需要将理论转化为实践的专业性组织来协力合作。为了更有效推动社区治理，新清河实验成立了第一个枢纽型社会组织——“社区提升中心”，是由李强教授命名的。正如前文理论部分所述，“社区提升”是新清河实验创新提出的，也是重要的理论创新。该组织成立后，在推进新清河实验方面发挥了重要功能。该组织聘用专业社会工作者，发挥专业知识优势，动员多种社会资源提高清河地区社区的社会治理水平。该组织主要是依靠政府购买服务的方式，推进提升社区治理工作。新清河实验团队成员基本上都是在兼职做新清河实验的工作，而繁杂的基层社区治理工作仅仅靠兼职是不行的，所以，该社会组织就成为专职的推动新清河实验的不可或缺的社会力量。新清河实验虽然是专家参与和干预式实验，但是烦琐的日常工作是由专业的社会组织承担的。它区别于社区营造等其他社区建设发展的概念，旨在结合中国本土特色及社会现实，基于现有城乡社区发展的基本情况，进行社区环境、服务、保障等各方面的提升工作。这个初具规模的社会组织，在一步步的成长过程中，凝聚了全体新清河实验团队的心血与期望，实践证明，很好地运营一家社会组织并不是一件易事，需要团队的大量投入，尤其是李强老师的指导和带队，这也是新清河实验重要的实验内容。

2. 组织的宗旨和组织架构

社区提升中心组织宗旨有二。一是学理意义。社区提升中心以结合社会学、建筑学与民生保障等学科背景的新清河实验专家组为核心，基于理论高度与各地治理经验，提出社区治理的创新思路，指导社区提升中心开展各项具体工作，并在实践过程中检验理论与发展理论，探索适合中国社会的社区治理创新模式。二是社会意义。社区提升中心是该地区第一家枢纽型社会组织，秉持“人人参与，人人享有”的价值观，承担培育社区社会组织、社区资本与社会参与意识的重要作用，从社区、社会、生活的三大方面切入——社区协商、社区空间规划与民生保障等，努力实现“社区提升”的理念。

社区提升中心服务于新清河实验，中心理事会、管理团队与顾问群均来自实验团队骨干成员，分为三组，社区治理组、社区规划组与民生保障组，共有约12名核心成员，除了定期开展社区调研外，也与街道办事处建立联系机制，梳理社区治理现状与有关政策方针。在实践方面，中心现有社会工作相关专业的专职社工2名与兼职社工3—5名，负责落实实验团队的具体推进工作。

3. 服务范围

社区提升中心专职服务于新清河实验，经费来源是区级政府的社会治理专项资金，依年度办理。服务范围分为两个层级。一是街道层级，定期面向辖区社区工作者、物业开展培训，协助街道办事处推动社区建设相关工作。2019年，街道响应党建物业相关政策，在街道层面建立以职能部门、物业公司与业主委员会为主的社区治理指导中心，社区提升中心承担物业服务需求调查、基本情况调查与相关政策梳理服务。二是社区层级，新清河实验自启动以来，前后共在六个社区内开展过服务项目，项目内容主要是新清河实验的三个方面，社区协商平台、社区空间规划与社区养老工作，社区提升中心专职社工结合新清河实验制定的工作机制与社区实际需求，在社区内开展各项公益活动与公益项目。

仅以2019年为例，社区提升中心承接区政府专项工作后，在街道办事处指导与支持下，项目开展情况如下：办理社区工作者培训5场，约350人次参与；结合新清河实验社区规划师计划，办理公共空间意见征集活动4场，约1500人次参与，并协助完成小区中心广场规划实施工程；办理社区花园工作坊9场，约400人次参与，完成两个社区花园实施建设工作，培育社区居民成立花园维护小组等自治组织；协助清河街道社区治理综合指导中心成立，办理物业圆桌会、联席会2场，约120人次参与；协助五个试点社区搭建社区议事协商平台，办理社区协商会议17场，约400人次参与；完成社区养老问卷调查工作，共回收问卷264份，持续推进文化养老、社区互助养老项目。

（二）社区提升中心的主要工作

在社区层面，社区提升中心目前在五个试点社区开展落地项目，皆以新清河实验的两个制度创新为原则。

一是社区协商制度。搭建社区协商议事平台是社区治理的基础，每个社区在实施项目前，社工协同社区居委会在试点社区内推动社区议事委员选举工作，社区议事委员是以居民为主要参与主体的会议制度，社工需要在社区内动员、挖掘社区具有声望、公益心与参与热情的社区人才，经过居民大会投票与授权后，正式组建社区议事委员会，并落实社区协商议事制度。在参与社区公共事务的广度与深度上需要有制度化的保障：在广度方面，破除过去以社区内群体参与为主的情况，在社区层面广泛征求居民参与社区议事委员选举，包括年轻业主、在职党员等；在深度方面，专家团队归纳征集来的居民需求与社区治理需求，在社区议事会议上给予专业意见与引导，协助社区议事委员开展深入的议题讨论，社区提升中心在社区内开展的各项服务工作与社区活动，必须在社区议事委员的基础上完成。

二是社区规划师制度。新清河实验在前期调研阶段，对于社区活动的公共空间普遍缺乏的现象以及其对社区居民参与、互动的关系进行探讨时发现，社区公共空间不足、不完善会影响到居民参与社区公共事务的意愿。因此，社区空间规划成为新清河实验的重点方向。2018年，为了深化空间提升的有效性，新清河实验提出“社区规划师制度”。社区规划师制度的工作重点有二，一是社区空间活化，二是社区动员，推出社区规划的“1+1+N”模式，由1名专业规划师、1位专业社工与N位社区居民规划员组成“社区规划师团队”，在专业力量的支持下，培育社区居民自下而上地参与社区公共空间的提升工作。

社区提升中心在新清河实验的两个制度创新基础上，在各社区内开展精细化、个性化的服务项目。

以下以社区提升中心的一个项目为例说明。2018年，新清河实验选定H社区作为试点社区之一，新清河实验团队协同社区提升中心社工，在社区内开展社区治理现状调查，并于同年年底正式启动社区议事委员的选举工作。动员期间社工的角色十分重要，举例来说，除了在社区内张贴宣传海报外，社工还在社区居委会的协助下对社区居民骨干、社区领袖等人物进行访谈，充分挖掘社区人才。经过近三个月的筹备，由社区党委召开居民代表会议，选举社区议事委员。社区协商议事平台正式搭建完成后，社工就社区协商的内容与机制对社区议事委员进行培训，并召集社区议事会议，会议采取开放空间形式，社区议事委员就社区需求展开讨论，形成议题。社区提升中心除了全程参与社区协商会议外，还将社区议题的内容转化成可实施的项目。以H社区为例，社区议事会议上，委员们提出的议题分别为老年餐桌、停车管理、电动车充电桩与环境提升等。其中，在环境提升方面，H社区因为建设较早，社区内不仅公共空间缺乏，现有公共空间的质量也较差。结合社区议事委员共识与社区实际需求，新清河实验正式启动社区规划师机制，以社区提升中心的社工为主，在辖区规划院的支持下，招募专业规划师一名，结合议事委员制度形成“1+1+N”的社区规划师团队。形成团队后，经过多次讨论，最终选定对H社区中老国企7号楼前的花园进行空间改造。根据居民访谈，单位时期的楼前花园管理较好，老职工们经常坐在花园凉亭下纳凉，这里曾是居民交流的重要场所。然而，单位解体后，楼前花园因为缺乏管理，原有的凉亭被拆除后遗留下一片荒地，只有少许居民在其上种植了稀疏的花木。之所以选定这块楼前花园，原因有二：一是社区内公共空间稀缺，花园位于中心位置；二是花园对老职工的意义非常重要，重建社区花园将有助于恢复居民对社区的认同。

经过社区议事委员会的多次讨论，社区提升中心最终提出H社区的花园改造项目，项目资金来源为区政府的社会治理专项资金。与其他空间改造项目不同，H社区的楼前花园改造项目采用参与式规划方式，即由社区居民全程参与花园的设计、实施与后续管理维护的各项工作。2019年5月，在社区提升中心的组织下，专业规划师团队、社工与社区居民等举办第一场社区花园实作工作坊，专业规划师带领社区居民与志愿者采集花园周边的现场情况，挖掘、分析花园中可以利用的资源，例如小区中剪枝剩下的树枝、被随意丢弃在社区的可回收垃圾等，将社区居民、志愿者分为若干小组，针对居民活动需求等情况制订花园方案。第一场工作坊结束后，社工与社区居委会召开社区议事会议，讨论并修正社区花园的实施方案。

2019年6月初，H社区召开第二次社区花园实作工作坊，分为两天，主要目的是将制订的社区花园方案落实，共有40余人参加。他们将花园的雏形与边界用木头钉好后，请专业规划师团队讲解厚土栽培的步骤，随后将居民与志愿者分为四组，首先将场地里的废弃物和其他不相干的物件进行清理，再把杉木杆搭建为种植池的围边，然后用厚土栽培的方式将不同的有机材料和土壤一层层地进行堆叠和种植苗木。

参与式规划的主要目的是让社区居民在参与过程中建立认同感与归属感，并且打破传统规划方式的框架，让社区居民成为空间规划的主体。H社区的花园营造完成后，社区提升中心于花园内召开社区花园茶话会，邀请更多小区居民共享社区花园成果，另外也通过分组讨论、征集意见等形式，让社区居民共同为花园命名、制定社区花园公约。

从社区花园完成至今，社区居民组成约15人的社区花园维护小组，定期开会，并共同维护社区花园的营造成果，受到社区居民的普遍认同。

随着社会发展，社区需求日益多元化，如何在满足需求的同时又能推动社区治理与公共服务，成为社会组织需要思考的重要问题。从H社区的花园项目来看，可以大致归纳出社会组织在其中的重要作用。首先，社区提升中心有效整合辖区资源，招募专业规划师参与，这提升了社会组织的专业性，以应对多元化的社区治理要求。其次，社区提升中心以第三方力量的方式介入社区治理，成为居民参与社区公共事务的催化剂。H社区的组成背景复杂，围绕社区花园的居民楼过去属于国企单位，单位解体后，物业管理严重缺位，居民对社区的不满情绪较高，花园项目实施过程中也受到不少居民的质疑，但是通过社工对谈、社区议事会议的协商沟通后，更多居民参与到第二次工作坊与花园维护小组中，逐渐重建对社区的信任与认同。最后，借由该项目的成功实施，社区提升中心已经逐步成为基层政府、社区居委会与社区居民间互动与有效衔接的平台，为居民参与社区自治创造了更好的条件。

（三）取得的工作成效和发挥的作用

除了上述案例外，社区提升中心经过多年的实践，现已在试点社区组建社区议事协商平台，开展多样化的社区项目，也积累了丰富的社区工作经验。

首先，社区提升中心是街道辖区内唯一的枢纽型社会组织。在新清河实验介入之前，街道不仅没有大型的驻地社会组织，连较规范的社区社会组织也稀缺，根据过去的资料显示，街道内的社区社会组织基本上以文娱团体居多。枢纽型社会组织的支持是建构社区社会组织与社区自治的基础。在工作中，社区提升中心除了提供社区服务项目外，也重视社区的自我运行能力，社区协商议事平台与社区议事委员制度可以确保合理地将第三方力量转化为内生力量，促进社区治理的可持续发展。

其次，社区提升中心依托于新清河实验，并得到了辖区单位、居民的认可与协助。社区提升中心是正式注册、备案的合法组织，并且在当地驻点。社工与社区精准对接，实行一对一的专属服务。社区提升中心与社区居民委员会建立了良好的伙伴关系，社区居委会的支持对提升居民对社会组织的信任是不可或缺的。

再次，社区提升中心具备专业性、平台性与资源整合等功能，中心社工接受专业社工教育，具备良好的知识基础，能很好地发挥社会组织的优势。对于多样化的社区需求，社区提升中心联结多方资源，与提供专业服务的相关组织建立良好的合作关系，例如社区规划师制度，就是借由辖区产业资源获得的专业性支持。

最后，对于社区居民而言，社区提升中心是居民与基层政府、辖区单位的沟通渠道，对于政府各项政策落地、社区建设有重要意义。举例来说，传统的社区管理中，行政需求与社区需求很难达成一致，基层政府常有“政府出力，居民不买单”“好心办坏事”的感受。第三方组织如社区提升中心，能专注于社区实际需求的挖掘，而政府则是以项目支持等方式服务于社区需求，能充分利用行政与社会资源，也能促进社会组织社区治理参与的有效性。

综上，社区提升中心的发展与作用并非偶然，而是在外部环境与内部组织创新的双重作用下，逐渐形成较为合适的运行机制的。

三、社会组织参与社区治理的理论分析

目前国家已经从法治层面对社会组织、社区社会组织的发展提出许多举措。社会治理重心下移、减少政府过度干预等理念的提出，为社会组织释放出较多的发展机会，其目标是通过居民参与以完善社区公共服务体系，并逐步实现社区自治。社会组织的使命就在于在社会转型与市场经济的背景下，激发居民参与的能动性，培育社区社会资本，并且最大限度地增加社会自我运行能力。

社会组织成为基层社会治理的重要细胞，在社区的社会支持与社会生活中起到正向积极的作用。在政府相关办法的扶植下，许多地方相继推出社会组织的培育制度。例如成都的郫都区，通过社区公共服务资金改革，加大购买服务力度，提供社会组织参与社会治理的准入条件；上海嘉定区的社区自治项目，发挥社会组织在社区治理中的主体作用，推动自治工作，提升社会组织参与社区服务的能力。

从政策支持和各地实践经验来看，近年来社会组织在社会治理中的作用愈加突出，整体发展趋势较好，然而从制度保障、社会分工与能力建设等方面来看，社区社会组织的发展存在以下问题，并亟须解决。

当前的外部环境与内在特性在很大程度上制约了社会组织的发展空间。首先，社会组织在社区提供的公共服务或活动往往都是公益性质，原则上很难实现市场化，大多数的社会组织只能仰赖政府单向的资金支持，较少有其他社会资金的投入，因此能开展的治理工作受到资金的局限性较大。尽管目前政府对购买社会组织的资金支持力度不断加大，但是随着需求的上涨，社会组织运作的资金问题也会越加显著。其次，社会组织在社区治理中的重要性不断被强调，但是从许多实践案例来看，大多数的社会组织作为社区治理主体的能力稍显不足。目前社区社会组织以文娱团体、志愿服务类为主，当然，不否认这类社区社会组织对整体社区生活品质的提升有正向意义，特别是在社区凝聚力、社区认同感方面，但是对于社区治理来说，大多数的社区社会组织很难满足社区公共服务的需求，形成社区社会组织的社会价值与实际价值不对等的现实情况。最后，社区社会组织过多仰赖政府资金与支持的结果，就是导致社区内外群体的区隔现象，也就是一个社区的多数社会组织，基本上都是少数人参与，缺乏多数居民的共同参与。

概括而言，在社区治理体系中，社会组织应该明确政府—社会关系。自主性的缺乏，往往导致社会组织缺乏自我管理、自我服务与自我维护的能力，因此很难真正达到社区自治的最终目标。

四、总结与反思

社会组织参与社区治理已经成为当前基层社会建设的重要组成部分，然而，社会组织参与中遇到的诸多问题尚未得到全面解决，极大影响社区治理工作的推进。从新清河实验的经验来看，社会组织参与社区治理的有效路径在于：

第一，优化政社关系。政府需要发挥主导作用，厘清自身在基层社会治理方面的权责，特别是社区公共服务的框架，减少过多干预社区内的公共事务，而转向为社区居民参与公共事务提供良好政策环境与引导，更多地将提供社会功能的作用赋权给社会组织。

第二，政府、市场与社会需要对社会组织参与社区治理提供准入条件。社会组织的公益性特质，与其他市场化组织有极大的差异，在多数情况下，需要仰赖政府政策与资金支持，社会组织缺乏自主性，很难脱离行政化治理的趋向。因此，政府除了加大政策支持力度外，也应该寻求市场与社会对社会组织的认同与投入，市场通过社会组织开展社区服务，社会增加对社会组织的信任与理解。

第三，积极孵化社区社会组织。社区社会组织作为一种社区性的社会组织，是居民参与社区公共事务的重要载体。一方面，社区社会组织应该重新界定在社区多元治理中的重要角色；另一方面，基层政府与居委会应该引导社区社会组织参与社区治理工作，从自我服务转向为公众服务，为社区社会组织的服务提供更多政策或资金支持。

第七章
社区空间规划实验

新清河实验在社区空间规划改造方面特别体现了城市规划专业与社会学专业的学术结合。社区空间规划、改造提升是非常专业的、需要经过一系列行政审批的工作，新清河实验通过引入社区规划师制度，将专业性和社会性有效结合起来。社区规划师负责向居民普及规划知识，提升居民参与规划的能力，将规划决策的重心下沉到社区，将规划的部分职能赋予居民，充分发挥居民作为空间管理者和维护者的作用，从而保障空间规划成果发挥更长远的社会效益。通过专业的空间规划、空间改造极大提高了社区居民的生活便利度、生活水平，提高了社区居民共同体的整合水平。

一、社区空间规划实验的背景和意义

随着中央提出加快构建共建共治共享的社会治理格局，城市社区逐渐成为加强社会建设的核心阵地。相比于近年来迅速发展的社区建设和管理领域，传统的住区规划及建设模式已暴露出种种不适应的问题，而城市更新中的社区规划在理论与实践层面都处于起步阶段。面对当前推进社区发展和提升生活品质的广泛社会需求，大力推进基于我国特殊国情的社区规划发展成为一项迫切任务。就城市发展而言，近年来以北京、上海为代表的特大城市逐步进入存量更新发展阶段，其他大中城市老旧小区改造、社区微更新等议题日益凸显，如何实现社区软件与硬件的全面升级成为社区提升的重要内容。

当代复合型城市发展的趋势和多元现实问题的挑战，都迫切要求学科交叉与融合。然而当前的社区实践中，大部分情况是社会学研究与空间干预各自为营，即使有多学科团队合作，也多体现为“社会研究”简单叠加“空间规划”的产出手段，难以很好地应对和解决如今复杂的城市和社区发展问题。

新清河实验正是在这样的背景下，致力于回归社区作为社会—空间统一体的认识论，重新思考社会与空间的相互生产关系，从跨学科的理论整合到行动整合，以此探索适宜而有效的实践模式。

二、社区空间规划实验的内容和成效

（一）挖掘核心问题

清河辖区经历近年来大规模、快速的房地产开发和城镇化建设，从空间规划视角看，已几乎无空白可开发用地，面对大量亟须功能升级或品质提升的存量空间，地区环境的改造更新必须充分考虑和尊重现有工作和居住人群的需求和意愿。清河辖区涉及单位大院、商品房小区、城中村、混合住区等多种类型的居住空间，这里高度浓缩了我国快速城镇化进程中的各类典型问题，如城乡二元分化、社会贫富分异与隔离、人口倒挂带来的城市管理和社会融合问题、社区公共空间和公共服务设施供给不足、老龄化带来的社区养老和适老化环境发展滞后、停车空间严重短缺、邻里关系淡漠、公共环境脏乱差等。这些问题大部分来自社会—空间的发展不平衡，亟须探索社会与空间全面整合的应对策略。

以A社区作为典型代表，清河街道拥有大量的混合型老旧社区，其复杂的现状和高度集中的各类突出问题，使得传统的城市管理手段和蓝图新建式的开发模式在此难有作为，亟须探索新的社区发展路径。

面对纷繁复杂的诸多问题，需要抽丝剥茧地找到核心制约，作为社区空间提升的“破局点”。基于大量调研工作，我们从城市发展的角度总结出清河目前最核心的问题在于“半城镇化”，即空间城镇化与人口城镇化的高度不均衡。20世纪末期以来，在中关村、上地两大高科技产业园区迅猛发展的带动下，地处中间的清河街道迎来“基础设施拉动—房地产开发—产业升级”的大规模城市改造浪潮，一夜之间传统乡镇风貌被现代化的高层办公楼和商品房小区所取代。但与之形成鲜明对比的是人口城镇化的严重滞后，体现在城市面貌和人文环境上：一是社会认同和归属感不足，在当地居民调查中，清河“没文化”和“脏乱差”成为常见的自我评价，不少老旧小区和城中村业主甚至直言“早点拆，有了钱去别处买房”；二是社会融合程度较低，社会群体贫富分化和隔离严重，部分居民邻里之间甚至小区内部也少有交往互动；三是缺乏公共意识，不缴物业费、随处停车、乱扔垃圾、动物粪便四处可见的现象比比皆是……

针对上述问题，新清河实验开展了以“参与”为核心的社区空间规划改造工作，坚持以社区作为主体，以人的提升为核心目标，以物质性公共空间的改造提升为抓手，关注规划设计和实施过程中社会与空间的相互生产，实现社会性公共领域的培育和社区共同体的建设，切实推进以人为核心的城镇化进程。

（二）社区概况和主要挑战

本章选取一个典型的混合型老旧社区A社区为例，其中暴露的很多问题普遍存在于城市老旧社区中，而这类社区占到我国城市既有社区总量的近一半，可以说是社区提升面对的最大攻坚区。

A社区下面共有6个居住小区，主要建成于1996年，位于清河街道东南部，包括居民小区、中学、市政设施等用地，占地0.25平方公里，常住人口和户籍人口分别约5110人和2550人。

1. 社区问题和矛盾冲突并存

（1）居民构成复杂，社区邻里关系淡漠，社区归属感差。以其中的某个老旧居民小区为例，现有6层居民楼11栋，居民571户，约

1600人，包括回迁户、拆迁异地安置户、商品房住户、单位集体住户和租房户等，涉及产权单位30多家。居民之间少有互动往来，有受访居民表示，“搬到这里十几年，除了上下班，基本没有下过楼”，也有居民从圆明园搬迁过来，“到现在每天还回去，因为那里有熟悉的街坊邻居”。居民对社区普遍缺乏认同感和归属感，关注和参与社区事务的热情和积极性不高。面对一路之隔的高档商品房小区，有居民感叹：“我们这里什么时候拆迁就好了，拆了就可以拿钱到郊区买大别墅了！”

（2）居民老龄化程度严重，整体素质偏低。不少居民还保留着传统的“自给自足”的生活习惯，小区物业费缴纳率不足50%。

（3）基础设施老化，年久失修。建筑本体和基础设施出现不同程度的老化和破损现象，如市政设施管网老化，建筑外墙饰面剥落、破损，公共楼道墙面涂料破损，楼梯扶手残缺、掉漆，单元门缺失等，严重影响居住舒适度。

（4）公共活动空间极度短缺，停车空间严重不足。小区绿地率高达40%，但多为防护和景观绿地，可供居民活动和休憩的室内外公共活动空间基本没有。小区内道路被无序停车所挤占，还有大量来自附近城中村的小轿车和运输车辆，也在这里争夺已严重匮乏的道路和楼前空间。

（5）公共空间品质低下。高度流动性和复杂的人口构成、不同群体之间差异化生活方式的冲突、不文明养犬等不良生活习惯，以及物业管理混乱等一系列问题带来社区公共环境的品质低下，长期缺乏维护和改善。

2. 社区的复杂现状带来的诸多挑战

（1）沟通渠道不畅。居委会行政化，本应作为居民自治组织的居委会长期疲于应对上级的行政任务，没有精力和动力来真正完成居民自治工作。绝大部分居委会成员也并非来自本社区。居民的需求缺乏正式、畅通的渠道去传递诉求，居民、居委会与物业管理公司之间缺乏有效的协商沟通机制，而常常诱发矛盾。政府花费了大量公共财政和人力投入的民生工程和社区服务，很多时候难以得到社区的认同，所谓“费力不讨好”；而社区真实的需求又难以得到有效的表达和满足。

（2）制度障碍。原有的一些城市管理体制已经难以应对日新月异的社会发展和更新需求。例如老旧小区中如要新增居民活动的公共空间，难免涉及规划调整及其背后一系列复杂、困难的行政审批手续，导致提案往往“无疾而终”。

（3）工作模式滞后。从规划的角度来讲，长期以来，以新建为主导的白地起楼的设计手法，追求形态美学和功能合理，主要逻辑是以空间增量以及功能和人群的全盘置换来解决问题。但在存量更新阶段，任何空间调整都涉及既有群体的协商和认同，面对利益诉求多元化、主体意识日益强烈的大众以及几乎已无拓展余地的有限空间资源，以往“闭门造车”的规划模式已暴露出诸多局限而举步维艰。在此背景下，亟须探索一条多元主体参与的社区空间更新路径。

（三）参与式社区规划实践

1. 以优化社区治理结构为前提

要实现社区规划和空间改造以社区为主体，以社区需求和意愿为真实出发点的目的，一个重要前提是优化社区治理结构，探索和构建以利益共同体为基础、以功能调整为改革方向的新型社区治理结构。实验团队在清河的调研发现，超过70%的居民表达“很愿意”和“较愿意”参与社区议事协商，还有超过15%的是“一般愿意”。然而受制于当前高度欠缺的沟通平台和协商渠道，基层社会风险不断累积并进一步扩大，居民、物业管理公司、开发商、居委会之间关系紧张，甚至在一些地方出现对立冲突事件。

正如本书第五章所述，在新清河实验中，社区工作的基础就是搭建基层治理平台。通过选举居委会议事委员，作为居委会的有益补充，并建设议事委员制度体系，围绕会议规则、议事公约等方面开展议事委员培训，明确相关责权利。通过建立多方参与的协商议事流程制度，形成了定期以社区党组织、居委会（含议事委员）和物业三方为主体的联席会议，并根据每次的具体议题邀请相关组织和个人参加。由此，打通社区规划从议题的提出、商议、决策到实施的全过程协商渠道，形成多方协商沟通的平台。

物业管理负责人感叹："以前做了一些事，居民不买账。我们也不知道居民们怎么想的。"议事委员代表说："原来物业管理公司要管这么多事……"社区居委会主任说："以前居委会想为居民办些好事、实事，总是从政府的角度去考虑居民的需求，没有征求居民的意见，干了很多出力不讨好的事情。自从社区有了议事委员之后，居民的事情居民议，居民的需求更直观地传达到居委会，居民的参与度也提高了。"

2. 议事协商形成社区提升议题，聚焦公共空间

伴随着居民议事协商活动的不断深化，居民权利意识逐步觉醒，人们开始关注社区，思考发展事项和权利诉求。前文所述，通过开放空间会议技术，社区居委会民主投票选出目前最迫切想要解决的五个议题，包括小区内活动空间的建设、自行车棚的改造、社区绿化环境的改善、垃圾楼的改造和文明养犬观念的普及。值得关注的是，上述议题中除了最后一项，居民的诉求都集中在社区公共空间方面。而其中最为迫切的就是小区内急需居民活动空间。

实验团队在小区进行的居民调查显示，关于"您最常去的公共空间"一题，上百位受访者中仅有6位居民做了填答，如果除去因为办理社区事务而选择"居委会"的2票，只有4票投给了楼间的小型绿地。回答人数比例如此之低，并非是填答意愿的问题，而是反映出了老旧小区中公共活动空间匮乏的真实困窘，小区虽然有大量绿地却主要用于景观和隔离，而且由于长期疏于维护导致杂草丛生或是黄土朝天，无法供人停留休憩。

3. 存量资源再利用，从议到行的突破

面对上述议题，居委会、物业联合行动，发动居民自己动手，

实施了自行车棚改造和绿化种植。这小小的第一步，突破了居委会长期以来有“议”无“行”的局限，并让居民们欣喜地看到了自主改造环境的力量。

最大的难题聚焦于如何在小区内增设活动空间。原来的设想是增加室内活动空间，但小区内已无可腾挪的存量空间资源，新建设施也面临规划调整的制度门槛，无从推进。与此同时，一个楼栋的居民自发行动，利用家中的闲置家具和材料，短短数天时间就在楼下的小空地自行组建起一组休憩桌椅，虽简陋却成为居民闲暇交往的重要场所。究其缘由，这栋楼的居民大部分是来自同一片地区的拆迁安置住户，继承了原来紧密的社会网络，基于对公共空间的强烈诉求，展现出自主动员、自主建设的巨大力量。

至此也显示出社会治理与空间提升整合推进的迫切性。一方面，议事委员的选举激发了人们对社区的关注，社会组织和社会资本的力量日益壮大，启动了依靠自己力量动手改造社区的第一步，但无论在组织形式、规模还是技术支撑上都只处于初级阶段；另一方面，传统依靠项目制下空间增量的规划设计路径受到现行规划制度门槛的限制，几乎寸步难行。探索存量空间改造与多方协商治理的整合，成为实验团队开展社区规划的着力点。

实验团队联合街道办事处、社区居委会、物业管理公司共同挖掘社区存量资源，充分扩展室内外活动空间。例如通过对居委会办公场所的调整，腾挪空间改造成社区议事厅，成为兼容社区议事、开会以及举办各项文体活动的多功能场所。此外，对室外空间低效利用的边角空间进行改造提升，拓展社区休闲活动场地。

4. 基于公共空间改造，培育社区关注和在地认同

以A社区的三角地活动广场改造为例，由于种种原因，改造前后历时一年多，仅方案设计就经历了“社区调研—居民访谈—多稿设计—居民参与设计—方案调整—联席会讨论—方案优化—公众咨询—方案修改—联席会讨论—方案公示”等诸多环节。实验团队巧妙地化问题为契机，充分把握这个“过程机会”，发动大家对公共空

间展开关注、思考和期许，借助物质性公共空间的改造推进社会性公共空间的发展。

那么三角地活动广场要改成什么样？居民想要什么样的室外活动空间？如何让更多居民表达他们的诉求？实验团队从一开始就明确了参与式规划的思路，不再由规划师自上而下闭门造车。最具挑战性的是如何迈出第一步：通过举办复合主题的社区节活动聚集人气，吸引广大居民共同关注和思考。

社区节活动包括三大主题：一是设计社区logo，培育居民的社区认同感；二是调研公共空间使用情况和改造方案，以每位居民的日常生活和切身利益为出发点；三是举办亲子市集，吸引更多家庭特别是有孩子的家庭参与，他们是社区规划的中坚力量，但在长期的社区自组织活动中难见身影。三项活动整合举办，吸引了大量居民，呈现出“前所未有”的盛况。更重要的是，越来越多的人开始讨论“我们的社区”，三角地、社区logo成为重要的公共符号，深深植入人们日常的话题中。

参与式规划不仅仅强调多方参与，对于规划设计人员而言，也是和居民对话、向社会学习的重要过程。例如通过对公共空间的使用调研，发现居民最希望开展的活动是“晒太阳”和“聊天”，反映出社区内以老年人为主的休闲型生活方式，于是设计人员放弃了原来设想的丘地、沙坑等装置，转而明确了以开放、交往和阳光为要旨的设计思路，在此基础上形成的方案也受到广大居民的认可和欢迎。

通过有效纳入社区参与和挖掘现有要素，空间改造的过程还有助于推进社区文化的认同和传承。我们结合室外活动广场的改造，利用其一侧楼栋墙面，开展了参与式的墙绘美化工作。墙绘设计方案主要由清华大学“粉刷匠”协会的同学们提供技术支持，社区两委、物业和居民代表全程多次参与方案稿讨论。方案数易其稿，最终定稿的墙绘内容全部来自社区的真实场景。墙绘的上墙绘制工作也是在清华大学师生的指导下，由社区老少居民和志愿者们共同完成。曾经杂草掩映的楼立面整洁一新，并留下了居民们亲手描绘的美好社区愿景和记忆手印。以前在此匆匆穿行的人们，现今也不时驻留楼前，欣赏和回味这片社区独有的风景。

5. 推进居民赋能，建立人才库

社区公共议题有了，谁来落实？作为社区治理最重要的主体居民如何真正参与其中？

（1）挖掘社区“能人”。通过兴趣爱好的方式，对社区居民进行再组织和再培训。为应对议事委员多次提出提高社区居民素质的需求，实验团队通过组建社区学堂，提倡人人为师。学堂教师全部来自社区居民，以兴趣爱好的方式自由组成班级，自定班规。通过两年多时间的培育，社区自发形成20多个社会组织，不但提高了居民素质，促进了居民交往，也挖掘出众多社区人才。居民自主创作的社区之歌、社区报，以及融入社区logo的特色工艺品等作品也相继涌现。

（2）为社区居民赋能。要想真正让居民参与，除了关注居民参与意愿，最重要的还是要培养居民的参与能力和参与习惯。例如，在设计社区三角地活动广场时，通过“小小建筑师”体验工作坊，向居民讲解基础的空间知识、尺度概念以及公共空间的意义，并带领他们亲手设计和搭建公共空间模型。通过打破家庭界限、跨越性别和年龄的团队合作，居民面对具有独特唯一性的公共空间，不同的需求和价值取向在空间设计的碰撞中，逐步学会了换位思考，以及面对分歧时如何通过协商达成共识，由此提升了参与的能力，也逐渐唤醒了对邻里和社区的关注和再认识。

6. 依托楼栋单元构建生活共同体，重塑社区关系

经过前期的动员、再组织和赋能，社区居民的参与意识、参与能力都大幅提升，对于改善社区环境，特别是老旧小区楼栋门前屋后的公共环境的呼声也日益强烈。实验团队进而反思，现今大量老旧小区亟待更新改造的一个根本原因，就是责权利边界的不清晰所导致的长期失管失修。而人们维权意识的日益提高与社会责任的相对滞后之间形成了鲜明反差。例如，有居民对社区公共空间改造未

征得自己同意而提出质疑，同时却长期拒缴物业费；一面投诉公共环境脏乱差，一面肆意堆放自家杂物侵占楼道等公共空间。随着社区空间改造工作的不断推进，我们看到，参与的背后不仅仅有参与意愿和能力的局限，更重要的是社区中各方对于责权利关系的认知。在社区的发展中，居民、居委会、物业管理公司、街道以及相关组织机构分别应扮演什么样的角色？这背后其实是社区关系的重构。由此，实验团队的关注重心逐步从如何动员更多居民参与，转向如何在社区责权利关系的重构中重塑生活共同体。

面对当前社区人口众多、构成复杂、高流动性和原子化的现状，试图在动辄数千甚至近万的人群中推进参与、建构共同体，想要一蹴而就几乎是不可能的，需要从更小的生活单元入手，逐步推进。结合清河地区的居住特点，实验团队认识到楼栋、楼门的楼道和门厅等公共和半公共空间，是联结居民关系的重要生活空间单元，并将其确立为进一步深化参与式社区规划，推进社区可持续更新的重要载体。

其中一个重要活动就是举办“微公益创投”之楼栋美化活动。总结起来有如下三方面特点：（1）以本社区居民为参与对象。一开始就明确了以社区居民为主体的原则，坚持培育社区内生力量，这是社区可持续更新的根本动力源泉。（2）强调对楼门生活共同体的培育。美化活动以楼栋或楼门为单位，所有提案需要经过本楼栋或楼门的所有住户签名同意才可获得参与资格，实施过程也以本楼居民为主体。（3）鼓励多方协力，发挥公共资源的杠杆作用。动员街道、社区、辖区机构、物业公司多方参与，提供资金和资源支持，实验团队提供技术支持。改造方案的提出、设计到实施全部由居民自主完成。

居民，无论业主还是租户，从老到幼全龄参与，原来的破旧楼道焕然一新，并展现出各具特色的创意和楼门风貌：有的楼门前挂上了老人亲手缝制的缴费单收纳袋；还有创意改造废旧鞋架用于放置层出不穷的小广告，改“堵”为“疏”；有小朋友自豪地将亲手绘制的图画挂在自家门口，可爱的动画人物和猜谜游戏为单调而辛苦的爬楼增添情趣；还有年轻的楼门长带领大家将楼梯间的污渍印记改造成独具一格的手印树，留下每个家庭在社区的成长记忆……

更重要的是，活动推进了楼栋共同体的形成，也改善了社区内各方主体之间曾经的紧张关系。多年互不相识的上下楼住户成为了朋友，基于楼门和楼栋的线下社群和线上微信群自此“热火朝天”；居民们积极制定并张贴楼门公约，自发监督和保持楼栋的公共卫生；还有居民主动出钱出力继续完善，从原来“让我们干”变成“我们要干”；一度争执无解的该由街道还是物业出钱更换防盗楼门的问题，通过协商，采取由楼门住户筹资、街道按比例补贴的方式顺利解决。

7. 建立社区规划师制度，深化制度创新和团队培育

随着实验的推进，我们日益感受到社区空间改造是一项持续性工作，因为其核心是对人的改变，需要时间的发酵，需要能长期扎根社区、陪伴其成长的团队力量。对于当前还普遍处于发展初期阶段的社区而言，可持续的人才队伍支持远胜于若干次碎片化的“社区活动”。面对属地职能日趋强化的发展趋势和日益庞大的更新任务，当前社区规划领域面临专业队伍力量薄弱、重工程轻设计等诸多局限，导致大量社区层面空间设计和建设水平低下。由此，亟须探索制度创新，实现跨学科社区规划团队长期扎根社区，陪伴成长。

2017年，新清河实验团队在清河街道试点启动社区规划师制度设计。2018年，正式协助清河街道颁布社区规划师制度文件，启动社区规划师团队建设，并选取五个社区开展社区规划师试点工作。社区规划师团队由“1+1+N”构成，也就是说，在每个试点社区配备1名规划设计师、1名社会工作者和N名社区规划员。前面两部分专业人员主要从北京清华同衡规划设计研究院（也是清河辖区内企业）和北京市社区提升与社会工作发展中心招募而来；社区规划员则由有能力、有意愿的社区居民通过培训和选拔培育而成，他们是社区

规划师未来的最核心成员。我们后来发现，社区规划员还有一个很重要的来源，就是志愿者，可以来自社区外部，特别是在社区建设早期，自身资源和能力还不足的阶段，外部志愿者也是社区规划的重要推动者。

社区规划师团队有效地实现了跨学科、跨领域合作。规划设计师更多地发挥空间评估、专业设计和提升改造的作用，能有效发挥通过空间更新吸引社区关注、培育社区纽带的作用；社会工作者主要发挥黏合剂的作用，成为外部团队与社区、社区内部主体之间沟通协调的重要桥梁；社区规划员成为需求表达、利益协商、行动参与的重要中间力量；实验团队则主要开展行动设计、整体指导和资源引入的工作。

要实现社区规划师团队工作的有效性和可持续性，离不开一系列制度文件的保障。实验团队推动清河街道办事处与北京清华同衡规划设计研究院签署战略合作协议，双方达成长期战略合作意向和主要合作领域共识。通过制定《清河街道社区规划师制度试行办法》《2018年度清河街道社区规划师工作计划》等文件，规范人员选拔、考核和工作机制，很重要的一点是通过设立街道专项资金保障社区规划师的人员劳务经费，实现了从以往的“为项目买单”转向“为智力买单”。社区规划师团队通过在社区的系统调查和规划研究，开展社区资产评估、社区需求评估，并在此基础上协助社区共同制定社区发展规划和近期行动计划，进而通过参与式社区规划工作，推进特色项目在五个试点社区相继落地实施，包括参与式社区花园设计和营造、既有公建改造成社区综合体、社区中心广场的提升改造、地下空间改造为社区服务场所、社区公共环境美化、社区老年餐桌等。

（四）社区空间改造实验取得的成效

总结这几年社区空间改造实验的实践成果，主要体现在以下几个方面。

1. 社区公共环境的改善

改造的对象、内容和方案都是基于社区多方主体协商议事形成的共识。主要的工作对象集中在社区公共空间，包括公共绿地、花园、休闲广场、楼栋墙面、楼道和门厅空间、自行车和机动车停放场所，以及室内的社区活动用房等。改造内容既包括功能的提升，比如闲置空间的再利用，废弃绿地改成休闲活动广场和社区花园，也包括环境品质的提升，比如墙面、楼道空间的美化，在社区中增添了一批更高品质的生活服务和休闲交往场所。改造方案的形成来自社区共识，也更容易得到各方的认可以及后续实施环节的积极参与。

2. 社区可持续更新机制的形成

一次性的空间改造相对容易，但空间衰败的原因很大程度上来自相关主体责权关系的不清晰以及由此带来的“公地的悲剧”。因此，参与式社区规划的作用不仅在于对空间环境的改变，更在于通过多方参与、共谋共建的过程，带来社区居民公共意识的增强，推进市民化的进程。例如，A社区的三角地活动广场改造完成后，居民们自发组织起来，拟定了“三角地文明公约”，并组建三角地志愿者队伍，公约第一条就提出“爱护三角地就像爱护自己的家一样”。楼门美化完工后，住户共同制定“楼门公约”，全体签名并张贴在楼门口。越来越多的居民开始主动缴纳物业费。上述这些从“共谋”到“共识”，再到“共同行动”的过程，是奠定社区可持续发展的重要内生基础。

3. 社区生活共同体的建构

在快速城镇化进程的影响下，社区中人与人之间、人与生活空间之间曾经紧密的联系日渐疏远，甚至被割裂。通过多方参与的社区规划过程，在各方利益主体的互动协作中，居委会、物业、政府机构、社区居民之间的理解和信任不断加深，邻里之间的交往更加紧密，在实验团队规划干预后的社区中，物业费缴纳率、邻里间熟悉和友好程度、各种微信群和社区社会组织的数量等都有了不同程度的提升。同时，在人们思考社区问题、发掘存量资源、优化空间环境的过程中，人与生活空间之间的情感纽带也不断加强，从不关心、不在意到开始关注、展望，进而愿意投入时间、物资和力量参与共建，“共同家园”的认同感和归属感逐步形成。最后，通过提供参与渠道，完善参与平台，提升社区参与、组织和学习的能力，推进社区主体性的建设。也就是说，培育社区成为未来社区规划的核心行动者，不但要有意愿，还要有能力、有资源、有平台、有方法。

三、社区空间规划实验的思考与建议

（一）对于社区空间规划如何“回归人本”的反思

我国现代城市居住空间规划的主要模式，经历了从单位制住区规划到商品房小区规划，再到当前社区规划的演变历程。直观来看，这是社会经济体制转型的产物，但这种过于简单的因果解释忽略了规划的核心概念——生产，及其与特定的社会、空间之间的相互关系。探究邻里社区的本质，其中三大核心要素地域（空间）、人口（社会）、文化和地缘感（关系）[①]相互交织。社区作为社会—空间统一体，将规划视为社会—空间的生产过程，上述历程呈现出生产目标到生产机制的根本转变。

1. 传统住区：“生产空间”

新中国成立后，在计划经济体制和单位制为主体的社会经济管理制度下，社会成员的生产、生活及其空间需求被统一安排，呈现出高度同质化的特征，加上平均主义导向下的社会供给模式，住户规模基本决定了单位制住区规划中的住宅规模、户型结构和服务设施配置。

20世纪80年代房地产市场开始蓬勃发展，商品房小区规划逐步

---

① 顾朝林、刘佳燕等编著：《城市社会学（第2版）》，北京：清华大学出版社，2013年，第62—63页。

成为塑造城市居住空间的主要模式。面对日益分化的购房主体，对多维度社会经济要素的关注成为规划的前置条件，包括市场调查、客户需求和支付力评估、生活方式研究等，由此带来小区规划中空间和景观形态的多样化和精细化。

上述住区规划和小区规划中，规划从设计到实施的生产过程中，目的和产出都集中指向同一个目标：空间。通过“生产空间”，产出舒适的住宅、优美的景观环境和适宜的配套设施。但在此过程中，空间的设计主体（规划/设计师）、生产主体（政府机构、开发商或建造商）、运营主体（物业或相关管理组织）、行政主体（基层管理部门）和居住主体（居民）往往是相互分离的（分属于不同群体），他们在场的时间也是分离的。由此呈现出空间设计与真实需求的脱节，引发一系列社会与空间不适应的问题，诸如环境设计缺乏对居民实际生活方式的考虑，居民反映住区问题却遭遇开发商、物业或管理部门的相互推诿等。

2. 社区“空间的生产”

进入新世纪以来，社区规划在各地逐步兴起，核心是弥补长期以来社会发展和居住环境建设相对滞后的“欠账”。主要途径体现为政府相关机构或组织通过征集民意，了解社区问题和居民需求，形成需求优先权排序，从而指导公共资源投放，改善公共环境和设施建设，例如社区空间环境的整治，绿化景观的美化，步行和停车空间的优化，以及增设图书室、老年活动中心等社区公共服务设施。[①]与之前的两类规划相比，社区规划的关注核心开始转向社会，通过“空间的生产”，实现公正、健康和减少贫困等社会性目标。其中，空间既非单一的，也不是最终的规划目标，空间规划和生产实践最终指向对社会的再造。

---

① 孙施文、邓永成：《开展具有中国特色的社区规划——以上海市为例》，《城市规划汇刊》2001年第6期；赵蔚、赵民：《从居住区规划到社区规划》，《城市规划汇刊》2002年第6期；徐一大、吴明伟：《从住区规划到社区规划》，《城市规划汇刊》2002年第4期。

从“生产空间”到“空间的生产”，这一转型很大程度上应对了我国当前城市建设重心从增量向存量的转型趋势，更重要的是反映了城市发展主旨思想的转变：从聚焦经济和增量导向，转向如今更为强调以社会建设为核心的生活质量的提升。体现在社区规划中，“社会”逐步取代“空间”，重新回归生产的目标核心：构建多元主体共建、共治、共享的行动模式，以空间为主要生产手段，营造有主体意识和发展能力的社区共同体。正如全球治理委员会所言，“治理不是一套规则，也不是一种活动，而是一个过程”，是持续的互动。[①]结果导向的空间生产，不可避免地崇尚效率至上，导致参与过程、决策机制都被高度压缩和简化；相对而言，过程导向的空间生产将关注的核心点从生产什么转向如何生产，有助于形成关于社会生产机制的深刻思考。

（二）社区空间规划实验的启示及建议

1. 从需求导向到资本导向：培育社区主体性

基于以上反思，需要转向以资本为导向的视角，将挖掘、培育和发展地方社会资本作为规划的核心目标。首要工作是资源梳理。通过对地区的历史人文、城市建设以及社会经济情况进行详尽普查和价值挖掘，形成未来清河发展可利用的资源详单，作为社区生活品质改善的内生之源。通过深入调研，我们发现清河并非地处边缘的“文化荒地”，而是拥有着西汉古城遗址、孙中山讲堂、清河陆军预备学校、清河毛纺厂等丰富遗产，这些都是展示清河历史人文特质的重要载体（关于清河的历史文化资源梳理，将在本书第十九章中详细介绍）。加上街道内汽配城、医院、学校等众多企业和机构星罗棋布，地区产业升级又带来小米公司、规划设计院等科技创意类企业入驻，这些机构和单位已经展示出强大的支持能力和积极的参

---

① 俞可平：《全球治理引论》，《马克思主义与现实》2002年第1期；周晓丽、党秀云：《西方国家的社会治理：机制、理念及其启示》，《南京社会科学》2013年第10期。

与意愿，通过有效动员和资源整合，能够成为推动社区发展的重要地方性集体力量。

在诸多资本中，社会资本对于社区的可持续发展至关重要。面对个体社会网络日益跨越邻里边界向外拓展的现状[①]，重新挖掘和培育地方性的社会资本，构建紧密联结的邻里社会网络意义重大。在一个被居民自诩为“低层次人群聚集，没有人才”的老旧小区，实验团队并未急于着手空间方案的设计，而是基于授权与赋能的理念，通过征集社区logo、楼立面美化、“建筑师体验坊”、“少儿艺术周”等系列活动，将社区人才的发掘和培育工作置于首位。短短几个月时间，发掘了多位美术、摄影、编织和演艺能手，培育了二十多支汇集老中青居民的兴趣团队，以及“建筑师家庭”“小小粉刷匠”等以青少年为核心的公益性团体，形成作为推动社区自主更新和发展核心动力的当地人才库。

进一步而言，这一系列工作的核心在于对社区主体性的培育，转变长期以来“等、靠、要”，服务和资源自上而下投放的被动状态。其背后有三层含义。第一，对社区既有资源的尊重。发掘场地内既有社会、经济、人文、生态等资源，通过修复、优化和联结实现价值提升。第二，对社区发展意愿的尊重。在社区里生活工作的群体才真正了解这片土地，也是未来可能扎根于此、珍惜此地的主人翁，应充分听取他们的诉求和对社区未来发展的设想，只有回应真实的需求，居民才会真正认同社区并且愿意为之投入。第三，对社区发展权利的尊重。第三次联合国住房和城市可持续发展大会上提出了“城市权”（right to the city）的概念，不仅意味着每个人都有公平享受城市公共资源和服务的权利，还蕴含着每个人都有建设城市和改造世界的权利这一更深远的意义，这不仅是权利更是责任，

---

① 刘佳燕：《关系·网络·邻里——城市社区社会网络研究评述与展望》，《城市规划》2014年第2期；Wellman M., Berkowitz S. D., *Social Structure: A Network Approach*, Cambridge: Cambridge University Press, 1988。

其前提就是对各方主体责权利的明晰。在社区层面，现状产权关系复杂，更有大量公共、半公共空间权属混乱，仅基于住宅产权的权利界定无法覆盖也难以应对当前的各类问题，而需要扩展到以社区公共生活为纽带的居住权，以其为基础界定社区各方主体的发展权利。

2. 从利益干预到关系干预：重塑社区关系网

社区空间改造作为一种干预手段，其干预对象从“利益格局”转向“社会关系”，意味着核心价值观从“权力”向“权利”转变。前者依托于以权力为中心的星状结构，而后者则根植于以公民权利为结点的网状结构[①]；前者因权力的稀缺性而必然带来竞争和不平等，而在后者中，权利可以扩大、共享，并通过协作网络而流动，能吸纳更多的行为主体对决策过程发挥影响。社区空间改造需要发掘和重构以公民权利为基础、公民意识为联系的社会纽带，促进社区关系网络的重塑与优化。由此推动政府部门的角色逐步从大包大揽的执行者转为授权者和支持者，规划师和专业社会组织从推动者转变为协力者和培力者，社区居民和地方组织则成为真正的行动主体。

例如，针对老旧小区内长期缺乏公共活动空间的问题，基于大多数居民的强烈呼吁和议事投票，居委会形成对小区内一块闲置用地的改造计划，却有少数居民因担心可能带来活动噪音而强烈反对。实验团队和居委会并没有采取“高高在上”或“少数服从多数”的精英式决断，而是通过组织各类公共空间相关活动，如公众咨询、体验设计坊、参与式墙绘等，吸引居民关注社区公共空间的使用和设计议题，并在活动中推进邻里关系网络的建设；另外，通过组织多次设计方案的参与式规划和开放式讨论，让居民在共同讨论和平等对话中学会倾听、理解和协商，最终化解矛盾，达成改造共识。

---

① 熊培云：《重新发现社会》，北京：新星出版社，2010年，第96—105页。

3. 从社区建设到社区营造：依托公共领域培育人的公共性

社区空间规划实验强调两大聚焦。一方面是对人的聚焦。空间生产的终极价值是社会性而非空间性，需要重新认识并实践规划过程作为调整和再生产社会关系的重要手段；另一方面是对公共性的聚焦。社区是联结个人、家庭与城市社会的重要平台。依托社区的公共领域建设，推进“城市人”的“公共性”培育至关重要。这里的“公共领域”包括物质性公共空间和社会性公共领域的双重含义，两者相互作用，相辅相成。一方面，广场、公园等物质性公共空间是促进社会交往和社区归属感形成的重要媒介；另一方面，通过参与式规划过程，创造不同利益从相互碰撞、冲突到理解、协商，最终达成共识和共赢的体验，培育公民意识和公共领域的形成。

实验开展的路径，一方面是围绕公共事务，推进社区议事制度建设。结合基层社会治理创新，推行议事委员制度，建立议事规则和民主协商制度。实践显示，议事委员已成为社区议事和行动的重要社会力量，议事委员成为与居委会、物业及相关组织开展联席会议、共议社区事务不可或缺的核心组成。另一方面是依托公共空间的生产过程，重塑邻里关系和公共性。

值得一提的是，基于议事制度形成的各社区发展提案，大多都以公共空间改善为核心内容。围绕楼立面美化、健身广场、停车空间、养老服务站等公共空间改造议题，从议题提出、程序拟定、人才培训、方案设计、讨论交流到参与实施行动，既是公共事务从议题到现实的过程，也是社会关系再生产的过程。这个过程可能是漫长的，但意义也正在于此。反复的利益碰撞和思想交流，经过时间的发酵，促成原本来自外部的“营造行动”逐步转变为社区的“自我酿造”。居民的关注点从“自我”放大到“他者”和“我们”，从“我想如何”转变为“我们能如何”，由此促进了公共性的形成。

第八章
社区民生保障实验

多年来，新清河实验一直致力于改善和提升社区民生保障水平，这与老龄化日趋严重的大背景下的社区养老服务需求不谋而合。新清河实验民生保障组开展的工作主要集中在两个方面，一方面是本章记述的聚焦建设互助式的文化养老的社区居家养老模式探索工作，另一方面是本书第九章所展现的老旧小区加装电梯改造工作。

民生保障实验的第一方面内容，是选取G社区“解剖麻雀”，结合清河街道多种社区类型并存、发展水平差异较大的现状，坚持引导老年人自立，对承担失能、半失能老年人照护的家庭进行支持，“政府、企业、社会机构、社区、家庭和个人共同参与”，“注重预防与康复”等原则，开展社区和家庭适老化状况调查评估，对生活不能完全自理的老人及其家庭情况进行摸排和需求分析，探讨并制定相应支持策略，引进专业机构提供专业养老服务，发掘社区自身养老资源，为社区互助养老提供制度支持，整合政府、市场、社会、家庭和个人等多方力量，探索社区互助式文化养老模式。

一、社区民生保障实验的背景和意义

根据国家统计局《第七次全国人口普查公报解读》，从人口结构看，2020年我国（不含港、澳、台地区）60岁及以上的老年人口总量为2.64亿，占总人口数的18.7%。而“十四五”时期，20世纪60年代第二次出生高峰所形成的更大规模人口队列也会相继进入老年期，使得中国人口老龄化水平从最近几年短暂的相对缓慢的演进状态转换至增长的“快车道”，老年人口净增量几乎由21世纪的最低值（2021年出现）直接冲上最高值（预计2023年出现）。人口老龄化的现实空前严峻，党的十九届五中全会已将应对老龄化上升至国家战略的高度。[①]这意味着国家在老年人社会保障方面的支出和资源分配比重将进一步大幅增长，政府相关部门压力增大。目前我国养老主要依靠家庭养老和机构养老。随着经济社会的发展，传统的家庭观念和居住习惯受到了极大的冲击。计划生育的推进使得家庭子女数骤减，传统的多子女供养一对老人，变成如今一对夫妻照顾四位老人，加上老人的社会养老保险水平较低，养老上的经济保障不足，现在的养老对年轻子女来说负担很重，子女一代难以平衡工作与照顾老人、孩子。在没有时间和人力照料老人的情况下，机构养老是许多家庭会选择的方式，但是存在诸多弊端：机构数量少，服务质量有待提高，收费标准不统一且价格较高等。传统观念也排斥机构养老，对于老年人来说，离开家人会更加孤独无助，精神上的空虚难以填补。养老已经不再是一个家庭问题，这份责任需要整个社会一起承担。

以北京为例，政府提倡的养老服务目标是让“居家为基础、社区为依托、机构为补充、医养相结合的养老服务体系更加健全”，不仅要建设好社会保障体系、发展好社区居家养老，更要尊重老年人，给老年人空间，为老年人参与社会发展、社会力量参与老龄事业发展和养老体系建设提供更多、更好的支持，实现不分年龄、人人共建共享的社会环境。

在这样的政策背景下，新清河实验社区民生保障实验主要以推进养老服务为主，首先转变民众的养老观念，树立老年人以自立为荣，以助人为乐的意识。实验团队积极地研究当前的居家和社区养老案例，对辖区养老资源进行全面摸底调研，借鉴成熟的居家养老

① 国家统计局官网：《第七次全国人口普查公报解读》（2021年5月12日）。

经验，实现社区互助式的文化养老。

基于清河街道的现实状况，实验团队主要做了以下四个方面的工作：一是了解社区老年人的基本情况，并建立老年人基本数据和档案；二是梳理评估本地养老服务资源；三是针对实验社区的失能、半失能老人开展全样本的入户访谈，全面精准识别弱势老人的养老服务需求，帮助街道规划设计合理布局嵌入型多功能养老服务中心和驿站；四是整理国内外养老服务案例，引入“文化养老”模式，鼓励老人进行多方面社区参与，促进社区的文化养老工作的开展。

二、社区民生保障实验的主要思路

在新清河实验计划中，养老是重要的内容，推进养老服务工作，一些基本的观念和认识需要明确。随着老年人生活质量的提高、生活丰富性和多样性的发展，社会服务需求的类型和数量会不断增加。如何养老？如何提供养老服务？实验团队开展实验的主要思路包括以下几个方面。

（一）培育自立和自理的养老服务理念

第一，鼓励积极的养老。积极养老强调老年人的自立精神和自理能力的保持，也鼓励老年人积极地参与社会。积极养老的实现对老年人个体和社会来说是共赢的局面。积极的养老使得老年人健康寿命延长，需要照料的时间相对缩短，最终可以降低养老的社会投入。老年人身体健康，可以更多地承担代际照料等多种家庭责任，可重新就业或者积极开展和参与各种社会活动。在社区治理中，老年人是积极的参与者，服务于自身、家庭和社会。就个体的生活能力和品质而言，自立和自理可以很好地保持个体的大脑和肢体能力，从而获得更高的生活品质。

第二，继续发挥家庭的养老责任。中国家庭的代际合作和支持得到了很好的延续，代际之间依据彼此的实际需要实现着家庭结构的分合。家庭也是多样化的存在，代际的共同居住和就近居住使得家庭代际照料或者支持可以很好地实现；独居老人家庭或者空巢家庭，特别是可以预期的父母年老之后的独生子女家庭，随着老年人身体状况的变化对养老服务提出刚性需求。家庭养老责任的实现需要给予家庭积极的支持，让居家养老责任的承担者能够得到喘息。

（二）建立多层次的养老照护体系

家庭养老责任可在多层次的养老照护体系中实现。养老服务实现方式可以按照自立自理、互助、共助和公助（北京民政的政策表述是家庭自理、邻里互助、社会共助和政府公助）进行划分，也明确了个体、家庭、社会和政府在养老方面的责任划分。首先是鼓励和支持个体在有自理能力的条件下实现自理；其次，面对自理能力衰退或者因高龄需要社会支持时，邻里和社区的互助可以支持家庭，为家庭提供必要的可实现的社会服务，如问候、购物、代缴费等简单的社会服务（例如北京西城区推动的社区义工进行的常规的老龄家庭拜访，清河社区的党员、邻里结对子的老龄家庭拜访、送菜上楼等），或者实现抱团养老，多个家庭或者老人组合实现互助式的共同养老（这样的案例很多，例如瀚丰养老机构在社区推动的家庭互助养老方式——家庭合作实现的互助养老在不同社区可实施的社会文化空间不同，是在养老服务不可及或者养老资金不足的情况下，为了继续实现居家养老而可以选择的方式之一，是自发自愿地实现共同养老，在一定的社会条件下也可以促进互助养老），也就是通过个人或者家庭组合实现生活照料、心理慰藉等。

不论是实现家庭自立还是互助养老，个体和家庭都可以通过市场获得家政、送餐等各种社会化的生活服务，更重要的是在需要时可以获得专业化的养老服务。社会共助是政府、市场和社会通过多种方式的合作提供健康管理、康复和日常护理等专业化养老服务，当然也包括扩展的社会服务等。政府一般采用购买社会服务、提供场地给社会机构营运或者补贴企业营运等方式在社区提供养老服务。

社会共助为社区居家养老的实现提供了必要的专业化养老服务的支持，用于满足刚性养老服务需求。政府公助是政府投入的、具有社会福利性质的老年人基本生活的服务和保障，实际上社会公益和慈善也会有部分投入。

养老服务层次的划分，明确了个体、家庭、社会机构、企业和政府在养老服务提供过程中各自应承担的责任。在养老资源有限甚至不足的情况下，一方面是更好地鼓励家庭自理和社会互助养老的实现，另一方面是促进不同力量投入建立专业化的养老服务，为居家和社区养老的实现提供必要的支持。专业化的养老服务是包含了健康、营养、照护、医疗、康复、心理、社会工作等多项内容的服务体系，养老服务工作的重点会伴随老年人的身体状况和养老服务事业的不断发展而进行系统的调整，目前养老工作的重点之一是为失能、失智、半失能、半失智的老人提供刚性的专业化照护、康复等养老服务，而随着养老服务体系的建立，工作重点会转向前端的失能、失智预防和保健，营养和健康就会占据更重要的位置。

养老服务体系需要得到环境和社会服务体系的支持。首先是空间和环境体系，需要进行适老化改造，需要物业和社区组织共同维护；其次是需要商业和服务业系统提供便利优质的生活服务和支持服务等；再次是交通等公共服务系统的支持，为老年人的出行、休息等提供更好的条件和设施。养老服务体系是在一般社会服务系统的合力中运行的。

（三）发展嵌入型多功能养老机构

为了更好地支持家庭养老，满足社区的专业化养老服务的需求，新清河实验团队建议探索建立小规模嵌入型多功能养老服务机构。在一个街道的辖区范围内布局小型养老服务机构，来满足不同社区和家庭的需要，依据现实的机构配套服务和老年人的需求来合理配置，进行养老服务功能的整合，最大化实现养老服务效益，同时降低资源的不必要浪费。通过国内经验的总结和多国经验的比较，目前讨论比较多的是如何实现社区嵌入型的小规模多功能养老服务机构。嵌入型多功能养老服务机构一般是面向个体和家庭的刚性需求，为失能、失智或者术后恢复的老人提供长短期入住服务，同时提供多种上门的专业化服务。

（四）引入社区文化养老模式

实验团队通过在北京市西城区某家文化养老服务机构的深入调研，发现了一套能够扎根社区服务老人，并且能够帮助老人建立互助意识的文化养老模式。这种模式以“自助互助”为核心理念，服务者和受益者是老年人群体自身，能够实现可持续性的群体内部自我供血，以满足老年人精神需求为基础，以交流思想、沟通情感、拥有健康心态为基本内容，以享受快乐、崇尚独立、张扬个性、愉悦精神为特征，即“老有所学、老有所乐、老有所为”。该模式满足老年人基本生活之外的更高级需求，实现老年人个人需求与社会满足、社会福利之间的平衡。与传统的被赡养不同，文化养老是一种主动的养老，老年人在获得基本物质保障的前提下追求更高层次的精神需求，通过文化活动提高生活质量，树立积极的生活态度，是现代社会发展与传统文化关怀相结合的养老理念。若社区文化养老模式可以快速地发展，预期可以延缓老年人的身体功能衰退，最终减少对照护和康复等专业化服务的需求。

（五）失能老人的家庭适老化改造

随着身体的老化，家庭环境需要通过评估进行适老化的改造。家庭环境的适老化改造对提升老年人自我管理的水平、实现居家养老服务资源的整合与成本控制都有影响。家庭环境适老化改造不仅是硬件改造，还需要适应老年人的身体能力和养老服务需求，最终提升老年人的生活品质。老年人的肢体活动能力、感官能力和日常生活能力（ADLs）的衰退对适老化改造提出了需求，如使用轮椅、拐杖、助行器等，需要相应的家庭和公共环境配合改造。如何进行适老化改造评估，如何建立养老服务需求和改造技术之间的关系，还需要更多的研究。

三、社区民生保障实验的内容和成效

（一）基本情况

1. 人口老龄化水平

清河辖区60岁以上的老年人口是2.68万人，65岁以上1.7万人，80岁以上0.4万人。65周岁以上人口占比是11.8%，60岁以上人口占比是18.6%。老年人口在各个社区的分布密度不同，老旧社区人口老化严重，老化最严重的社区65岁以上人口占到26.8%，9个社区老龄化水平超过15%，低于7%的社区是4个。29个社区的住房情况、环境条件、居住人口的社会特征差异性比较大，有原来的单位大院发展而来的老旧小区，高档的商品房小区，经济适用房、两限房和廉租房构成的政策性住房小区，不同类型住房混合的小区，也有流动人口比较集中的平房区。不同类型的社区的人口构成不同，养老服务需求不同，满足养老服务的方式也不同。

2. 医疗和养老服务资源

调研发现，清河辖区的主要医疗资源是一个卫生服务中心和三个卫生服务站，辖区外地理位置上临近清河医院。清河医院曾经和一个实验社区签约建立家庭病床，短暂运行后因种种原因终止了合作。清河卫生服务中心按照基本医疗卫生服务相关政策建立家庭医生制度，实际的执行方式是医生划片负责，按照一定周期进行社区健康卫生宣传。

街道范围内的养老资源有：一个可容纳60多张床位的养老照料中心；一个可容纳6人入住的小型社区养老驿站；已建成的街道的睦邻中心三层为一个养老驿站，可容纳约50张床位。养老照料中心是公办民营机构，2017年停业进行了内部装修，2018年重新开放，目前入住的失能、半失能老人约30人，最低费用是每月5700元，同时提供短期“喘息服务”、上门护理服务。小型社区养老驿站位于街道的高档商品房小区内，由一家养老服务企业运营。最初该社区物业提供空间，后由于空间位置不理想，这家养老服务企业就采用他们标准化的作业模式，在小区内租赁居民房屋，然后进行标准化改造和配备，主要为失能和半失能老人提供照护服务，最多可以同时入住6人，每月的费用依据护理水平确定，约为7000元至10000元，也提供上门照护服务。

清河街道多个老旧社区的居民是企业和工厂的退休员工，他们的退休工资在2017年之前不到4000元，调整后工资水平约为5000元，个人的收入不足以覆盖在养老照料中心或者驿站的费用。2017年对一个实验社区的失能、半失能家庭调查也表明，老年人生活主要依赖子女的照料，少数多子女家庭也会选择通过聘请保姆来照顾老人。清河地区住家保姆的费用是在4000元左右，而保姆在照料卧床或者行动不便的老人时缺乏专业的护理知识和技能，存在着照护风险，而且照顾的水平和质量也不好评价。

清河街道还有一定数量的廉租房，入住的老年人基本上依赖最低生活保障和各种补贴生活，居家养老已经有了困难。调查发现，这类家庭日常生活中的清洁卫生状况不佳，从提高家庭生活质量和幸福感的角度而言，上门的清洁服务、基本照护服务对于入住廉租房的老人，特别是很多伴有不同程度残疾的老年人家庭来说，都是急需提供的基本生活服务。目前街道和社区专业化养老服务发展不足，部分家庭雇用保姆实现的只是生活照料以及一定的护理服务。在家庭不能有效获得护理服务的情况下，只能选择在机构养老，这意味着老年人需要离开家庭和社区，适应新的生活方式。而护理和康复等专业化养老服务的发展需要人才和设施的储备。

（二）评估社区养老现状

实验团队通过两个阶段的调查具体了解社区的养老服务现状。

第一个阶段主要是通过对失能、半失能家庭的入户调查，了解家庭主要通过什么方式实现养老，以及面临的主要问题；第二个阶段的调查是针对65岁以上老年人进行的入户问卷调查，可以更全面地了解一个社区整体的养老服务实现状况。

1. 家庭养老服务现状

2016年3月，实验团队对清河街道低收入G社区的失能、半失能家庭做了调查，通过调查，对现代家庭结构的变化及其如何适应养老的刚性需求，有了进一步的认识。

所谓失能、半失能老人，是根据老人穿衣、吃饭、洗澡、做饭和行走五个基本生活能力的强弱来判断的。在实验团队所调查的社区，按照这五个基本能力测查，共查出失能、半失能老人29人，年龄在67岁到103岁之间。调查方式是，根据老人的身体状况，直接访问老人本人，或者其子女，或者照料老人的保姆。在调查期间，有7位老人完全处于失能状况，其中有2位老人属于自然老化失能，有2位属于刚出院恢复阶段，有3位是疾病导致的失能。29位调查对象的生育年龄大多是在计划生育政策实施之前，老人几乎都有2个或2个以上的子女，只有1个是例外。29位老人中有16位丧偶，其中2位再组织了新的家庭。在29位老人中，有15位与子女共同居住，形成主干家庭；有7位是由夫妻构成的空巢家庭；有7位单独居住。29位老人对养老都有刚性需求。不同家庭需要通过不同的安排，来满足各自不同的需求。不论调查对象是否与儿女共同居住，调查对象都能够从子女一代中获得支持，其中有的是经济支持，有的是生活照料，老人们也都认为子女很孝顺。

从家庭结构看，G社区被调查的29位失能、半失能老人，可大体分为三类：一是以直系主干家庭为主的，有15位，占一半以上；二是夫妇空巢家庭；三是单身家庭。后两种数量相当。从表面看，家庭结构分类很简单，但如果考虑到养老安排，在实施方式上就有较大的弹性空间。正是家庭结构具有弹性，才使得养老安排可以适应不同的现状而持续实现。

调研发现，大部分老人的日常生活照料由家人、亲友提供或者通过市场服务来获得，也有的老人可以通过邻里的相互帮助、社会组织的支持来部分地实现。在一定条件下，多子女家庭通过家庭结构的弹性空间实现持续养老，并补充以必要的市场服务。随着独生子女家庭比重的上升，家庭结构弹性调整的空间降低，他们可以实现夫妇家庭和主干家庭之间的转换，但是很难提供直接的身体照料支持。他们需要在经济支持和身体照料之间进行选择与转换，需要依赖市场或者公共机构提供专业化服务，而这种服务以什么样的形式提供，家庭如何获得，这是建立以“社区为依托，居家养老为主，机构养老为辅”的养老服务体系应该重点考虑的问题。

（1）不同家庭结构形态的养老需求

在对养老需求的适应程度上，家庭结构的弹性空间需要具备一些基本条件：第一，是否有多子女；第二，多子女居住地的远近；第三，家庭经济条件。具备这三个条件中的一个或多个，就可以在养老方面实现灵活安排，可选择的方式也比较多。反之则进行弹性调整的空间比较小。

从家庭结构的分类看，同样是老人和子女共同居住的主干家庭，养老方式也有多种。

第一种是由多子女轮养。轮养的方式大多是老年夫妇轮流到子女家吃饭或居住，由子女轮流照料，轮换养老。实验团队在调查中发现，轮养方式变成了几种：① 子女轮流到父母家来照料老人；② 父母不固定地与某个子女住在一起，由子女轮流来照料；③ 父母固定地与某个子女长期住在一起，其他子女轮流到家照料。如调查对象张女士和老伴儿的年龄都在80岁以上，身体都不好。张女士腿部摔伤，手术后行走不便；丈夫有肺病，长期卧床。夫妇俩都是退休工人，退休金不高，家里没有请保姆，日常生活由子女轮流请假来照料。调查期间刚好轮到小儿子，小儿子说也想请保姆，但请不起；就算请得起，也没有哪个保姆愿意独自照顾两个老人，结果就只能由子女来照料。张女士说，是他们老两口儿拖累了子女，好在子女都很孝顺。调查对象刘女士，87岁，丈夫已去世，与儿子一家住在一起，已卧床多年。刘女士的四个孩子都退休了，轮流照顾起来比较方便。访谈时，刚好女儿和外孙女在身边照料。女儿说，老人自卧床以来就是几个子女轮流照料。前几年她没退休，轮到她时，她忙不过来，就由她的女儿过来帮忙；现在她退休了，她就自己过来照顾老人。在周末和放假时，她和孩子一起过来照顾老人。她还说，现在自己年龄也大了，照料老人有些力不从心，给老人翻身、洗澡等，一个人干不动，没办法，只能硬撑着。多子女轮流照料可以分担照顾老人的压力，子女本身的生活也得以减压。

第二种是由多子女组合照料。组合的方式有多种。安先生85岁，与儿子一家共同居住。他腿脚不便，不能下楼，也不能外出活动，白天由在附近工作的女儿女婿来照料，晚上就由儿子照料。李女士与女儿共同居住，女儿照料日常生活，儿子提供经济支持。不同子女的经济能力、居住远近不同，能够为父母提供的经济支持和照料也不同，这是一个弹性的空间，可以协商出彼此认为最合适的照料方式。组合照料是主干家庭中比较常见的方式，上面说的李女士的儿女在代际支持方面有明确的经济支持和身体照料方面的分工，其他家庭子女照料责任的分工不是很明显，但大多都是男性直系共同居住的主干家庭。

第三种是由单个子女照料。老人只有一个子女，或者只有一个子女在身边，就只能依赖这个子女来照料。李女士71岁，与儿子一家居住在一起，女儿在外地。李女士腿脚不灵便，访谈时因为在家摔了一跤，只能卧床。李女士的儿子说他现在上有老下有小，生活压力很大。他和爱人的工资、老人的退休金负担不了保姆的费用，只能自己照料老人。他每天早上得安排好老人一天的生活，上班期间也会担心老人是否会不小心再摔倒。他特别希望社区能够建立养老驿站或者机构，他可以在白天将老人送到驿站照料，晚上再接回家。独生子女家庭将会面临这样的状况，在缺乏经济能力的条件下，家庭养老安排缺乏弹性，家庭需要获得社会支持或者通过养老功能外移来实现养老。

第四种是由保姆照料。经济条件相对比较好的家庭，老人即使与子女共同居住，也会聘请保姆来照料日常生活。在调查中，有3个主干家庭的养老生活就有这样的安排。家庭通过购买市场服务，执行养老功能，保证养老功能可以继续在家庭内部实现。

调查发现，同样是直系共同居住构成的主干家庭，在养老功能的实现方式上，存在着较大的差异。老人如果有多个子女，就可以通过轮养、组合照料，或者购买市场服务等方式来实现养老，在这方面，主干家庭结构具有适应养老功能的弹性。只有一个子女在身边或独生子女家庭的老人，在经济能力不足以支持购买市场服务时，这种主干家庭就缺乏弹性，就急需社区或社会提供支持。

社区如何为家庭提供养老支持？这是一个值得深入探讨的话题。在访谈中，G社区大多数老人都表示，自己身体能力下降，几乎不再参加社区活动，邻里之间相互帮助的可能性不大。大多数邻居都是同步变老，互相帮助有心无力。在这样的状况下，G社区如何为有刚性需求的家庭提供支持，或者提供替代的养老服务，就需要考虑家庭和邻里的结构状况。

夫妇家庭在一定的条件下，也具有实现多种养老方式的弹性空间。调查发现，夫妇家庭一般年龄相对较小，在65—75岁之间。失能老人的生活照料主要依赖配偶，子女会在周末或者必要时提供照料。子女的支持既包括经济上的支持，也有生活的照料和情感的慰藉。夫妇家庭主要是由配偶照料还是由子女照料，要看具体的情况。这次调查的夫妇家庭中，有两对夫妇是丧偶后重组的家庭，夫妻之间年龄差距较大，比较有利于实现配偶照料。另外的夫妇家庭都是由一方照顾另一方，子女提供必要的照料。有些子女居住距离比较近，他们会每天都来看望父母，并提供照料服务。必要时夫妇家庭可以转换为主干家庭或者其他扩展家庭来获得照料。我们调查时，一些访谈对象也表示，实在无法相互照料时，还需要与子女共同居住，依赖子女的照料。

实际上，并不是所有的夫妇家庭都可以转换为主干家庭或其他扩展家庭，有的也可能成为单身家庭。在访谈对象中，G社区有7人在配偶去世后没有和子女共同居住，而是单独居住，或者聘请住家保姆照料生活。陈女士84岁，单独居住，访谈时，她由于不小心摔倒，卧床不起，她的女儿在照顾她。陈女士说，她的身体原来也不好，这次摔倒了，即使做了正骨手术，估计也没办法自己一个人生活，最后只能选择和子女共同居住。在独居的老人中，还有3位是长期卧床的老人，平时是由居家保姆照料，子女隔几天过来看望一下。这三位老人都在85岁以上，听力和视力不好，一般已没有亲友了。有的即使有，也很难上门来探望。其他3位独居的老人身体状况还好，可以坐轮椅，或者在子女的帮助下，走出家门，与街坊邻居聊天。即使是独居老人，也大都表示自己的子女很孝顺，负担了他们的保姆费用，并经常来看望。其中一位老人的儿子是社区物业工作人员，他白天可以借工作的便利看望老人。

（2）家庭养老的实现情况

这次调查的G社区是中低收入家庭居住的社区，社区人口由原工厂退休人员和保障房住户构成，普遍收入不高。选择这样的社区调查，可以更好地说明在家庭缺乏经济能力的情况下如何安排养老，也可以更好地明确养老功能应该如何在家庭、政府、市场之间进行分配。

从以上不同家庭结构类型可选择的养老方式的分类描述中，可以了解到，目前中低收入的多子女家庭，依赖家庭结构的弹性空间，能够实现基本的老年人赡养功能。在家庭提供养老照料服务不足的情况下，可以通过购买市场服务，补充家庭的养老功能。但保姆主要是提供生活照料、做饭、打扫卫生等家务劳动，没有经过基本护理照料的技能培训，缺乏相应的技能，在照料中就容易出事故，如发生老人摔倒的现象等。失能、半失能的老年人在生活照料方面需要比较专业化的服务，这也是家庭照料普遍缺乏的内容。调查中也发现了一些主干家庭和夫妇家庭没有适应养老的弹性空间，多子女但是子女在外地的家庭、独生子女家庭、代际经济支持能力小的家庭已对养老服务提出刚性需求。这些家庭结构脆弱，就需要在家庭外实现持续的家庭养老功能。

就现在调查的家庭而言，他们大都是属于计划生育政策执行之前的家庭，以多子女家庭为主。他们可以依据老年人的身体状况，在多种家庭结构之间进行适应性转换，例如，从夫妇家庭到主干家庭或从单身家庭到主干家庭，能够依据家庭结构的弹性空间，选择合适的养老方式，实现持续的家庭养老功能。

家庭结构类型之间可以比较容易地转换，一个重要的原因是代际之间没有明确的利益核算关系。在调查中，几乎所有的老人或其子女都说不清楚代际经济支持的数额是多少，也没有明确的账目。当然如果涉及住房与将来的房产继承权，则一般有明确的约定。总体上说是通过家庭内部的支持来实现养老功能，部分是通过外部转移来实现补充，也就是购买专业化的生活照料服务。

购买市场服务，不是这种低收入社区可以选择的常规方案。国有企业退休员工退休金比较少，在2018年调查时，他们的退休金在5000元左右。大家还都表示，这是2018年上调之后的退休金，原来只有3000元左右。G社区还有许多低保家庭，依赖每人每月800元或更低的低保收入和其他补助生活。这样的收入水平，在满足日常生活开销之外，还需要承担医疗支出。医疗支出一般都需要子女的经济支持。这样的中低收入社区很难通过购买专业化的市场服务来实现居家养老，在这方面需要公共机构和社会给予支持，否则只能维持这样低水平的养老服务状况。

2. 社区养老服务现状

2018年11月，实验团队对G社区65岁以上的老年人进行问卷调查，了解以中低收入家庭为主的社区中居家和社区养老的实际状况，了解实际的养老服务需求体现在哪些方面。2018年这个社区常住人口约5800人，2099户，65岁以上老年人口占15.3%。社区登记的老年人口数和实际调查时的老年人口数有比较大的出入，主要原因是老年人口，特别是健康的老年人流动性很高，一是许多老人会依据季节选择在老家还是北京居住，二是北京多子女的老年人会轮换在子女家居住，老年人在该小区居住超过3个月就会在居委会登记，但登记之后往往不及时更新信息。这种情况使得调查时需要不断地更换样本，不断地补充样本。

G社区附近设有社区卫生服务站，许多有慢性病的老人用药基本通过社区卫生服务站实现，这为社区老人带来很大的便利。如果不需要就诊，老人自己就可以按时取药，不需要子女帮助。

（1）调查对象的基本情况

实验团队从G社区65岁以上人口总体（登记人数为887人）中随机抽取样本进行问卷调查，获得有效样本264份。样本性别分布是男性94人，女性170人。就老年人家庭来说，单独居住家庭6户，代际共同居住家庭217户（82.2%），其中完整夫妇家庭是172户（65.2%）。50%的老年人月收入为3000—5000元，33%的老年人月收入不足3000元，也就是80%的老年人个人月收入在5000元以下。储蓄是中国家庭为养老进行的基本储备，调查中44.9%的家庭为养老进行了储蓄，在有养老储蓄金的家庭中，储蓄金在10万以下的约36.9%，10—20万的约占34%，20—30万的约占15.5%。个人为养老进行储蓄的水平还得考虑到实际的月收入状况，个人月收入越高，越有可能为养老进行储备，储备的金额就越多。G社区有很多廉租房家庭和其他政策房家庭，收入水平比较低，收入在1000元以下、主要依靠社会保障的老年人就占到17.5%，基本上不可能为养老进行储蓄；而不在保障范围内但是收入不高的家庭，进行养老储蓄的概率更高，如样本中收入在1000—3000元的家庭都进行了养老储蓄。

（2）老年人的生活能力和养老服务需求

通过使用老年人生活自理能力管理评估表测试，从总的评分来看，56.2%的老年人表示日常生活没有困难，38.6%的老年人表示虽然有困难但是仍然可以完成，也就是说94.8%的老人具备自理能力，对他人照料只有轻度依赖。从具体的能力测评项来看，主要是在外出购买日常用品、管钱、做饭、做家务、去医院看病、拨打电话和洗澡这几个方面遇到困难。5.2%（13人）的老人日常生活依赖配偶、子女和保姆提供帮助，其中4人完全丧失自理能力，由保姆照料。

对于未来的养老安排，78.1%的老人表示希望在家由家人提供养老服务，或者通过上门服务来获得，也有11%的老年人表示希望到机构养老，选择日托服务的只有3人。通过交互数据的分布来看，选择机构养老和婚姻状况、教育水平、收入、代际共同居住都没有明显的关系，由于样本量比较小，没有进一步进行统计验证。

老年人希望在家实现养老，在自理能力不足时也需要获得一定的社区服务。就这次的调查来看，老年人需求方面，排在第一位的是老年餐桌，其次是上门看病和打针输液，第三位是日间照料、康复服务、辅助工具租赁服务，第四位是健康、护理知识指导，第五位是家政服务，排在最后的是助浴服务。大多数老年人不了解所在社区或者街道是否有这样的服务，或者大多数人认为没有这样的服务，社区中上述服务实际使用频次很低。老年人只对健康、护理知识指导比较熟悉，因为社区有讲座和相关活动，而他们需求高也愿意获得这样的知识。在养老服务需求和需求获得之间，只有进行充分的信息上的沟通，才能够使老年人了解服务和服务的获得方式。当然，是否选择获得服务还受到资金等因素的影响。因此，在目前的居家和社区养老方面，老年人基本上是依赖家庭获得必要的社会生活支持，市场的力量没有很好地进入社区，社区也没有为老年人对接很好的养老服务。

（3）老年人的社区空间和物质环境支持

老年人的活动空间选择因个体身体状况、兴趣爱好等有很大差异。总体上，老年人首选的活动空间是社区附近的街道和公园，这与实验社区本身的环境特点有关，社区的两个片区都有邻近的街心公园，方便老年人活动；其次是楼前楼后的空间，许多老年人在调查时强调需要管理小区内车辆的停放和行驶路线，为他们争取楼前楼后安全的活动空间；第三是社区的广场，社区中有一个活动广场，也是老年人散步聊天带孩子的重要场所；第四是社区附近的商场超市；第五是社区活动室，但由于社区内老年人可以使用的公共活动室很有限，因此选择频次不高；距离社区比较远的公园和活动场所选择频次最低。而在公共空间中主要从事的活动是买菜、锻炼、照看孙子女和聊天，主要满足家庭生活需要和健康需要。

从老年人的活动空间选择来看，总体上都是在社区内部或社区附近活动，因此社区需要在空间环境方面进行更好的治理，维护空间的卫生、安全，为老年人的各种活动提供支持。目前对空间和环境状况维护工作的评价，半数以上的老年人认为环境整体状况一般、不太好，具体到卫生、绿化、停车管理和安全等方面，均有半数以上认为一般、不太好。这样的环境基础就要求社区和物业对于空间和环境进行更好的治理。

从老年人的居住环境来看，实验团队主要了解了老年人居住楼门栋和居室适老化实施的需求和配备情况。老年人对单元和楼门栋、居室内现有状况大多表示满意，改善的需求不高。也就是说，目前的楼宇环境状况和居室内的环境基本满足老年人的需求。当然也要看具体的养老化设施或者项目选择。老年人对于楼宇卫生、安全比较关注，室内则更关注支持身体能力的设施如洗浴凳、防滑垫、安全扶手等。

随着老年人身体能力的下降，家庭和社区需要在内外环境方面进行相应的调整，以适应老年人的身体和生活状况。

（4）老年人的社会关系支持

在代际经济社会关系方面，26.5%的老人表示需要给子女和孙子女经济支持，因为没有具体调查经济支持的实际金额，只能说代际之间存在经济流动。在社区支持方面，代际共同居住比例高达82.2%，在日常生活方面他们能够得到彼此较多的照料，老年人甚至要承担更多的家务劳动。在社区社会关系方面，实验社区分为三个普通片区，不同片区之间居民来源不同，一个片区是原来的单位宿舍区，彼此熟悉，另外两个片区是政策房，居民由来自不同地方的人构成，但其中也有小圈子内的熟人关系，也有随子女居住的外地来京的老年人，整体社会关系状况比较复杂。从调查结果来看，半数以上的人在社区有超过10个见面打招呼的人。

在G社区已有社会活动组织的基础上，自组织和他组织两种力量在同时发挥作用。一方面，在街道或者更大的空间范围内，老年人通过自筹资金等方式组织歌唱、跳舞、健身等活动，文化生活丰富多彩；另一方面，G社区居民在社会服务组织的支持下，使用社区公益金开展丰富的文化娱乐活动。在丰富的文体和社会活动的基础上，社区社会组织力量得以发展。社区组织若得到发展，可以更好地参与社区社会治理，监督社区的环境卫生，维持社区的安全和秩序，实现和物业、居委会的协商，共同解决问题，创造和保持更好的社区环境状况。在此基础上，可以进一步开展老年人的各种社会活动。

G社区社会关系比较复杂，熟悉的邻里同步变老，新的邻居并不熟悉。邻里能够实现的相互帮助比较少，如陪同看病、到家探望、电话问候、代买物品等，但在一起聊天的比例相对较高，这可以成为实现邻里社会支持的基础。

相互认识会成为共同参与活动的基础，半数以上的老年人愿意参加社区组织的各种活动。但是在活动类型的选择方面比较分散，社区讲座、健康和娱乐类的活动比较受欢迎，技能培训和公益类活动不太受关注。老年文化活动的安排需要明确什么样的活动适合老年人。

（三）在街道和社区两个层级规划专业化养老服务

护理和康复服务是专业化的养老服务，从业人员需要养老专业背景或者需要专门的培训。从国内的情况看，养老护理专业人员不足，机构的护理服务人员专业化程度不足，这使得不同机构的护理服务能力和标准有很大的差异。2015年，实验团队针对养老服务的刚需，广泛调研了各地小型社区嵌入型或者融合型的养老服务机构。调研发现，嵌入型养老服务机构可以提供长短期入住养老服务和上门护理服务，可以为机构一定半径范围内的老年人家庭提供护理服务支持。

目前的嵌入型养老机构的经营模式，一般是政府提供地点、空间和部分设施，机构配置标准化的养老服务设施和专业化的护理服务人员，政府进行床位补贴、营运补贴，也通过社会获得广泛的支持。支持方式有多种，或者是资金支持，或者是提供非专业的卫生、清洁、看望、聊天服务等，或者是提供一定的生活必需品等。就清河街道和G社区来说，现有的护理和保健服务资源和将要建立的养老服务资源之间如何更好地整合，以及如何布局来适应不同类型的养老服务的需求，都是放在面前的工作。

四、关于不同养老服务实现方式的比较分析

养老服务如何在一个具体的空间和地点实现？如何进行实验？社区居家养老服务本身是一个系统，需要家庭、社区和机构之间实现有效的协调和配合，使得不同类型的家庭可以在多种养老服务模式之间依据个体的需要进行有效的选择和转换。同时需要将养老服务作为一个存在于社会支持系统中的服务体系来进行分析，应看到养老服务体系所具有的结构性特征，以及不同主体建设社会养老服务体系的责任。

（一）个体养老实现方式

老年人的身体和精神条件的变化影响到对服务的需求和需求的实现方式。养老服务的提供主要从两个方面入手，一方面是如何延长老年人的健康寿命，可通过健康和慢性病管理以及病后恢复管理等来实现，也可通过创造条件让老年人积极参与社会生活，延长老年人管理自我身体的能力，提高其生活品质，并从总体上减少政府在养老方面的支出；一方面是面对失能、半失能老人的养老刚性需

求，为其家庭提供支持，提供机构养老服务，实现其家庭养老或社区养老。养老工作的这两个方面都很重要，但是争论很多，关键的问题涉及养老服务的责任划分和实现，涉及现有的政府养老方面的政策和相应的经费如何有效使用。责任划分方面要注意医和养的关系。当前提出了医养结合实验，也进行了地方化的实验和探索。在责任划分方面还有一个问题是政府养老如何实现以及如何界定责任边界。政府在进行养老服务规划和建设方面制定了基本的政策，在养老服务设施方面也进行了大量的投入，但是如何有效地提供和实现，如何进行效率和效果的评价，以及社区和家庭如何更积极地应对，还有待继续讨论。

个体的养老实现方式受制于个人和家庭的收入状况。低收入水平的个体和家庭在获得什么样的服务以及如何获得等方面有很大的局限。如何面对低收入个体和家庭的养老需求，这是分析责任主体特别是政府责任的重要问题。

（二）家庭养老实现方式

随着家庭结构核心化，许多家庭功能减少或外移。缩小或外移的家庭功能由谁来承担？谁来承担责任？一种观点认为，伴随家庭核心化和家庭功能单一化，原来由家庭承担的责任，要交由政府与社会来承担。换句话说，要推进家庭功能的社会化，就需要发展社会保障和社会服务，以补偿家庭功能的外移。但这样一来，又可能会给政府带来财政负担。所以另一种观点认为保持家庭承担功能不变，但是需要发展家庭的支持和社会的互助来替代执行，减少家庭对社会保障的依赖。以上两种观点的争论，都会给公共部门和市场部门的投入与家庭政策的制定带来影响。

家庭养老是最有可能替代执行的家庭功能。究其原因，一方面是随着生活水平和医疗水平的提高，人们的寿命延长了；另一方面，各种慢性病影响人们的生活，家庭很难提供先进的设施和设备来对病人实行照料和护理，因此家庭需要将养老功能外移或者替代执行。

家庭养老功能的替代执行，需要发达的公共机构和市场来提供相应的服务；同时需要思考的是，公共部门和市场的服务是否能够替代家庭的养老功能。

养老服务所包括的内容很丰富，既有生活照料、经济支持，也有感情慰藉和心理关怀。养老服务体系不仅是建立养老服务关系，还需要丰富的家庭情感关系，因此家庭的养老功能又具有不可替代性。

家庭作为基本的社会组织单位，在现代社会的发展中需要不断适应社会的需求，发展自己的功能。家庭在不同阶段也呈现出结构上的弹性，比如，为适应现代社会年轻一代的需求，由老一代帮助年轻夫妇照料小孩，为子女提供经济支持，甚至生活照料。[①]有些研究也发现，老一代通过为子女提供经济支持，获得参与子女生活的权利。[②]随着年老一代出现被照顾的需求，特别是在老一代身体衰老后，原有家庭如何满足供养老人的需求，家庭如何进行养老安排，具体的方式是什么，也会成为迫切需要探讨的问题。

（三）社区养老服务实现方式

个人和家庭的养老服务需求基本上要在社区层面实现。社区在这个过程中能够发挥怎样的作用，如何发挥作用，以及是否能够成为家庭和社会之间的中介，需要从社区本身的特征及其组织和治理方式进行分析。首先是社区类型。居民收入状况不同，购买社会服务的能力和实现的途径就不同；社区的组织架构也影响到社区的服务能力和水平，商品房小区物业服务相对完善，能够为家庭和社区提供比较好的服务；社区所处的周边环境状况具体影响到社会服务所获得的种类和水平。其次，社区的社会组织发展状况也影响到社区自我服务和管理的水平，最终都会影响到社区能够实现的服务类

---

① 杨善华、贺常梅:《责任伦理与城市居民的家庭养老——以“北京市老年人需求调查”为例》,《北京大学学报》2004年第1期。

② 钟晓惠、何式凝:《协商式亲密关系：独生子女父母对家庭关系和孝道的期待》,《开放时代》2014年第1期。

型和水平。社区的社会组织可以发挥多种作用，一方面为老年人提供参与社区社会生活的方式，一方面为家庭提供一定的社会支持服务。社区社会组织的发展能够为家庭提供怎样的支持服务，是否可以实现组织化和常规化，这是在家庭和社区之间实现养老社会支持的重要的链接方式。再次，家庭和社区之间可以建立不同的链接方式。每个家庭可以与社区建立单独的社会关系，也可以同时通过各种社会组织与社区建立、发展各种关系。原来的熟人社会使得家庭存在于多重的社会关系网络中，形成不同的链接类型。现代社区需要在邻里关系的基础上，通过老年人的兴趣和爱好，建立广泛的社会关系网络，老年人可以通过这些关系网络延伸自己，也可以通过网络获得各种社会支持。

社区社会关系网络的发展可以提供社会支持和服务，但是不能满足专业化养老服务的需求。目前探讨的重要的养老服务模式就是建立社区嵌入式的小型养老服务机构，老年人可以不离开家庭和社区，在社区层面获得养老服务。

在社区层面存在两种类型的养老服务，一方面是在社区各类社会组织提供基本服务的同时，为老年人提供社会支持和服务，实现老年人的社会参与，保持老年人身心健康，并使之获得相应的情感方面、社会方面的服务和支持；另一方面是依赖专业的养老机构来提供养老服务，为老年人和家庭提供支持，使得居家和社区养老能够实现。

（四）机构养老服务实现方式

机构养老空间布局方面的问题已经引发争论。养老机构要么远离城市中心，要么位于中心区域但床位不足，养老机构存在空间结构性错位。养老机构的布局不仅仅是政策问题，随着养老地产和养老金融产品的发展，这也是关系到家庭和老年人对于养老进行具体决策的重要问题。就养老政策目标而言，机构是养老必要的补充，需要从空间布局和服务提供两个方面进行思考。

社区嵌入式小型养老服务机构因为其规模小，可以灵活地适应各种空间条件，或者是提供不足十人的养老服务，或者提供近百人的养老服务，社区和家庭既可以在机构获得服务，机构也可以提供上门服务。社区嵌入式小型养老服务机构一般都有养老企业经营经验。这些机构如何在现有政策下获得盈利，以及什么样的社区和家庭可以采用这样的模式，需要结合社区类型和家庭特点进行讨论。除了公立养老服务机构之外，也有大型的养老公寓实现了盈利。燕达养老将养老地产、养老服务和医疗进行了空间上的有效组织，建立了不同类型的老年公寓，满足身体条件不同的老年人的养老需求，并且发展了比较丰富的老年人生活，在住宿、饮食、娱乐、保健等方面，都有配套的服务。多种类型的机构的发展，让老年人和家庭在机构养老服务方面拥有了更多的选择，不同的家庭可以依据自己的需求和实际的支持能力等进行多样化的选择。

第九章
老旧小区改造实验

新清河实验社区民生保障实验的另一方面重要工作，是老旧小区改造。老旧小区一般是指2000年以前建设的公共设施比较落后的小区，其中一个重要标志就是五、六层楼房没有电梯。老旧小区改造的内容很多，增设电梯是关键。清河的F社区作为典型的老旧小区，增设电梯成为该老旧小区改造的重要实验。

一、老旧小区加装电梯实验的背景

据北京市住建委统计数据显示，北京存在8万栋老旧楼房，涉及25万个楼门，约400万户家庭。从空间环境来看，因老旧小区建设年代都很久远，面临着基础设施落后、管线老化、配套设施欠缺、物业管理服务缺乏、社区秩序混乱等诸多难题。回顾北京老旧小区的综合整治历程，可以发现，其大体经历了抗震节能和综合整治提升两个阶段。第一阶段以抗震节能为主。2012年，北京市出台《北京市老旧小区综合整治工作实施意见》，对1990年之前建设且建设标准、设施设备、功能配套明显低于现行标准的老旧小区，实施了以抗震节能为主、环境治理为辅的综合整治。第二阶段是整治提升。2016年底，北京市开展新一轮老旧小区综合整治行动，相继出台《北京市人民政府关于组织开展“疏解整治促提升”专项行动（2017—2020年）的实施意见》《老旧小区综合整治工作方案（2018—2020年）》，提出新一轮老旧小区综合整治实行“菜单式服务”，具体是指老旧小区在楼体节能、室内给排水、小区环境综合整治等基础类改造项目之外，政府以财政补贴的形式鼓励老旧小区的居民自选加装电梯、建设立体停车设施、建设养老照料的老年服务驿站等改造项目，自选类项目资金采取政府支持、企业投资、业主付费模式。

再看海淀区的实际情况，海淀区共有350个老旧小区。按照北京市关于在全市开展既有多层住宅增设（适老化）电梯试点工作部署，海淀区制定了《关于本区2017年既有多层住宅增设（适老化）电梯试点工作实施意见》，并在区级层面成立老旧小区加装电梯领导小组，办公室设在区委社会工委。街道则成立新阶段老旧小区综合整治分指挥部，全面负责老旧小区的综合整治工作，通过完善体制机制进一步明确工作职责和任务分工。区级层面建立联席会议制度，定期协调召开区住建委、区属投资集团、产权单位、物业公司等单位参加的联席会，研究推进综合整治工作。2016年底，根据北京市住建委《新阶段老旧小区综合整治工作方案》的要求，海淀区选定了清河F小区作为新阶段老旧小区综合整治试点项目，项目由区住建委（区老旧小区综合整治指挥部办公室）总牵头，以市、区两级资金为投融资平台，引入社会资本参与改造，推动试点小区改造任务的全面展开。

老百姓有需求，政府有惠民政策，但涉及的利益主体众多，纠纷矛盾重重，老旧小区增设电梯何以可能？本章记录了新清河实验团队介入老旧社区增设电梯的全过程。新清河实验也想通过参与改造项目，探索如何在老旧小区综合整治工作中实现多元共治的社区治理模式。F社区的实践表明，要顺利推进老旧小区加装电梯，需要改变传统的自上而下的管理习惯，创新基层社区治理的体制、机制和方式方法，推动自下而上的社区共识的达成，必要条件是要在老旧小区改造中激发、培育出多元参与和协商民主的意识和能力。这不仅是推动从社会管理向社会治理深刻转变、加强基层协商民主、坚持和完善党的群众路线等重大战略部署的具体落实，也是为推动重点民生工程与基层社会治理的有机结合、自上而下政府主导与自下而上居民参与的有机结合等若干关键问题积累宝贵经验。

二、老旧小区加装电梯实验的过程和成效

一直以来，街道作为属地单位，工作压力大，做老百姓思想工作的任务尤其艰巨。新清河实验团队在街道已经扎根了多年，由于前期在动员居民参与、选举居委会议事委员、搭建民主协商平台方面做了大量有益尝试，得到了政府和居民的普遍认可，街道领导急切地希望新清河实验团队能够参与到此次综合整治工作中。2016年12月，新清河实验团队正式参与街道的老旧综合治理工作。为支持政府顺利完成老旧小区改造的群众动员和社会协调工作，实验团队对近年来全国各地老旧社区电梯化改造的基本模式进行了整理，形成了三份报告，分别为《北京老旧小区改造所涉及的法律问题》《清河老旧小区综合整治试点前期调研分析》《加装电梯的全国案例、主要技术方案优缺点分析》，对涉及的相关法律法规政策、各地已有的经验做法、各种形式加装电梯的技术方案进行了比较分析，并对试点社区进行了全样本入户调研，全面了解了居民的家庭状况和改造意愿，帮助社区选举产生议事委员及社区监委会，深度参与改造过程的每个环节，全力帮助社区推进居民动员工作。

（一）社区的基本情况及改造内容

1. F社区的基本情况

F社区始建于20世纪90年代初期，开发主体为北京清河三羊毛纺织集团有限公司，占地面积5.6万平方米，总建筑面积6.4万平方米，共有楼房9栋，其中8栋共54个单元没有电梯。社区户数共902户，常住人口2478人，社区居民构成主要以原老毛纺厂退休职工为主，约占居民总数的70%，60岁以上的老年人500余人，约占居民总数的20.18%。社区产权单位主要以北京清河三羊毛纺织集团有限

公司为主。小区基础设施老化，住宅楼未达到节能保温标准，楼内上下水管线老化，屋面防水性能差，照明线路破损，绿化标准不高。配套设施不足，小区内现有车位133个，停车资源严重不足，安防系统不全，缺少养老服务和社区综合服务中心等便民设施，除一栋高层外，其余8栋楼房均无电梯，居民上下楼出行不方便。

2. 改造内容及标准

（1）基础类改造项目

主要包括楼体节能改造、管网改造和小区环境综合整治。其中，楼体节能改造主要包括热计量改造、外保温改造、门窗改造、防盗护栏等；管网改造包括室外给排水、热力、雨水、弱电管线改造改移，电力增容，电力管线和室内给排水改造，公共区域电气改造，厨房卫生间恢复等；环境综合整治主要包括楼内公共区域改造、增加车位、环境绿化、路面硬化、建立雨洪收集系统和围墙工程、车棚修缮、路灯修复更新、环境优化、拆除及树木伐移等。

（2）自选类改造项目

主要包括加装外挂电梯、增设立体停车设施、增加养老服务驿站，提升社区配套服务水平，进一步改善老旧小区的居住环境和居住质量。

（二）调研准备、方案制订

1. 多方参与的合作机制

作为政府派出机构和属地管理的责任方，街道办事处起到上下沟通、左右协调的“桥梁”和“纽带”作用。要更好地发挥街道办事处在落实上级政府要求、反映居民合理诉求以及协调各方利益等方面的重要作用，需要基于责权统一的原则合理设计和安排街道办事处在综合整治工程中的角色定位和功能发挥。

（1）健全组织机构

一是成立清河街道老旧小区综合整治项目联合党支部，充分发挥基层党组织和党员在综合整治实施中的模范作用，并制订联合党支部工作实施方案。二是成立清河街道新阶段老旧小区综合整治分指挥部，下设党建宣传动员及民意调查组、拆改及技术支持组、综治维稳及信访接待组、法务保障组、后勤保障组五个小组，并成立指挥部办公室，设在街道办事处的社区建设科。同时，制订《清河街道新阶段老旧小区综合整治试点工作实施方案》，明确工作职责和任务分工，建立社区业主、违章建筑、停车需求等台账档案。

（2）建立联席会议制度

参与联席会议的多元主体包括区级相关职能部门、实施单位、街道办事处、新清河实验专家团队、产权单位、设计方、施工方、社区居委会、物业公司以及业主和居民代表等，充分发挥此平台在信息交流、建议监督、民主协商、科学决策等多方面的作用，定期召开多方参与的联席会议，研究推进综合整治工作。清河F社区在安装电梯的整个过程中召开了110次协调会，与施工单位、区住建、街道一起答疑30多次，街道居民共有1430人次参与。老旧小区整体提升在缓慢推进。各方治理主体都遇到了挑战与难题，街道领导多次说："我们尽力将惠民工程做好，但能看到难度很大，尤其是各方协调很难。"

（3）深化新清河实验社会治理创新成果

借助新清河实验专家团队在社会治理、社区营造等方面的专业优势，在F社区从社区建设、公共空间规划、民生保障三个方面入手，采取"自下而上"的社区居民参与模式，了解居民实际需求。同时，充分结合新清河实验多年来在社区居委会议事委员产生和运作、动员居民参与公共事务等方面的有益经验，引导居民制度化地参与综合整治试点工程。

（4）学习借鉴本地经验

街道组织相关科室、社区居委会、居民代表到八里庄街道八宝庄社区学习老旧小区改造经验，到北下关街道大柳树北社区参观北京首部"租赁式"电梯，就电梯运营模式、费用、技术可行性、安全性、后期维护、协调业主工作等问题做了详细咨询，为小区加装电梯积累经验。

2. 实验团队的作用

为支持基层政府顺利完成老旧小区改造的群众动员和社会协调工作，实验团队作为干预主体介入老旧小区综合改造项目，为小区改造工作提供坚实的理论技术保障和智力支撑。

（1）收集基础数据及各地改造模式、案例

老楼加装电梯项目启动前，实验团队形成了《关于全国各地老旧小区加装电梯的经验和模式梳理》等报告，分析比较了不同的技术方案、居民参与模式的特点以及相关的法律问题和政策依据等。有了这份报告，各地的经验都可以参考借鉴。街道领导表示，真正做到“专业的事要交给专业的人做，效果最好”。

（2）深入社区细致摸底，精准识别居民诉求

实验团队针对F小区的空间现状进行分析，对基础数据进行收集与核实，通过入户访谈、问卷调查、召开座谈会、参与观察等方式深入了解并精准识别居民需求诉求和代表性意见，制订居民全程参与小区整治过程的基本方案。针对社区老年人、年轻人、一层业主、顶层业主、老干部、老业主和新业主，实验团队入户进行详细的需求调研，做到“一户一策”，并将分析成果及时向街道、社区进行反馈，以便于有针对性地开展群众工作。

（3）搭建议事平台，创新动员机制

为扩大代表性和参与性，实验团队协助社区选举产生社区议事委员和监督委员，制订议事委员会的职责、权利、义务，确定社区议事委员会及监督委员会例会制度，搭建民主协商平台，并对议事委员和监督委员进行培训，以期在老旧小区综合整治过程中更好地发挥上下沟通、宣传动员和自我协商的积极作用，使他们真正成为政府与居民之间沟通的桥梁。

（4）探索业主和居民有序参与的载体、途径和方式

依据相关法律法规和规章的具体规定，设计并探索在不同层面（小区、楼栋、单元）和不同事务（参与规划、设计方案、筹资方案、

后期维护管理方案）的参与主体、参与形式和参与程序，引导业主和居民有序规范地参与综合整治试点工程，使不同的合理诉求得以充分表达，合理建议得以有效采纳，合法决策得以充分尊重。充分发挥老党员、老干部、楼门长、积极分子、专业人士等的重要作用，制定业主在不同层次、不同环节和不同事务上的参与形式、途径和程序。

（5）实验团队与社区的磨合过程

合作初期刚开始接触，F社区居委会对于实验团队并不了解，还怀有一定的抵触和排斥心态，不认为只懂理论的"专家"能帮上什么忙，反而强调居委会本身有充足的实际工作经验。然而慢慢地，F社区居委会开始看到实验团队拿出的成果，并且也感到团队和居委会是站在一个角度、一条心，才逐步产生了信任，愿意合作，并且在过程中产生了更深入的思想碰撞，在改造养老驿站功能、完善社区议事规则、提升居民参与能力等事务中，已经奠定了很好的信任基础。新清河实验团队与F社区居委会之间达成了深层次的认同感、信任感和默契度，不仅对于改造本身是一种促进，而且非常有利于后续的社区治理实验。

3. 社区党组织、居委会的作用

社区党组织发挥领导核心作用，党员发挥模范带头作用，居委会带领居民开展自治，全体居干齐心协力，做好居民的思想工作，从情、理、法三个维度，教育群众、动员群众，前期准备工作扎实细致，将综合整治工作入户入心。

（1）开展居民摸底工作

建立整治试点工作台账，对小区每家每户的居民信息、小区违建情况、停车情况等进行摸底排查，由于本小区出租户较多，通过中介、入户走访等多种形式准确掌握居民的联系方式，为日后工作打好基础。

（2）召开各层面动员会

召开社区两委班子会，全体居干统一思想，统一认识，正确处理日常工作与综合改造重点工作的关系。召开各层面动员会，提出了宣传动员中的“五个强调”：强调惠民政策是政府为百姓干的好事、实事；强调居民要珍惜机会；强调邻里情、同志情，远亲不如近邻；强调正确处理集体利益与个人利益、长远利益与眼前利益之间的关系；强调人人都要做社区建设的参与者。

（3）组织议事委员、监督委员的选举工作

通过公开招募、业主自愿报名和社区党组织推荐等方式，由社区居民代表通过无记名投票的方式，选举出15名议事委员、10名监督委员，覆盖小区全部9栋楼。为进一步完善议事委员与监督委员年龄组成结构，增补2名年轻业主成为议事委员，让议事委员在小区各项公共事务中更好地发挥作用。同时，建立了年轻业主、党员代表、志愿者等的微信群，推送小区改造信息。

4. 其他多元主体的作用

实施主体在街道的指导下负责项目摸底调查、资金筹集、实施方案编制、前期手续办理、工程质量安全监督、施工进度管理、项目移交、自选类项目建设及后续运营管理等相关工作。

（1）专家论证

组织项目实施方案编制单位、初步方案设计单位等对项目实施方案进行讨论修改，并由评审公司专家对项目的可行性及实施方案、投标方案进行研究论证。针对自选类项目，多次征求区住建委、清河街道办事处、社区居委会、物业公司等相关单位的意见，并结合居民意愿共同研究社会投资方案。

（2）风险评估

组织燃气公司相关负责人深入现场，对燃气管线改移施工进行风险评估；组织项目施工单位、监理单位、勘察设计单位等相关单位对项目施工风险评估及解决方案进行讨论；针对项目投资情况进行自选类项目投资风险评估。

（3）合法性审查

该项目为新阶段老旧小区改造试点项目，涉及户数众多、社会影响大，项目实施是一个全面公开的过程，主要程序包括居民改造意愿征询、改造项目确认、各参建单位选择及合同审核、入户调查登记、各类风险评估、施工图纸审核、施工组织设计及专项方案制订和审批、项目施工管理等，区住建委老旧办全程参与，在每个重要环节实施前均提出相应的建议及要求。区住建委、发改委、清河街道等相关部门紧密配合实施既定的法律程序，确保改造项目的公开、公正、透明及合法性。

（三）组织动员、实施改造

1. 以信息公开带动居民支持理解，营造整治氛围

社区居委会将《致F小区全体业主的一封信》发送到每位业主手中，向广大居民宣传相关法律法规和政府的整治政策，并在社区宣传橱窗、楼道门口、电梯口（10号楼有电梯）进行张贴，让每位业主知晓这项市、区级的惠民工程，参与监督。多渠道全方位宣传动员，街道召开领导班子会统一思想，社区召开党员大会、议事委员会议、楼门组长会、社区代表会、志愿者动员会，大力宣传改造信息，确保让业主知情、了解、参与，并通过小区业主微信群，激发业主主动参与改造的热情，最大范围地得到广大业主的支持和理解。

2. 以问卷调查获悉业主实际需求，统筹整治规划

实验团队综合全市改造经验，制作较为详细全面的调查问卷，开展入户调查工作，共发出问卷862份（小区应有902户，其中没有产权的有35户，居委会占用1户，合并户为4户，实有862户），回收有效问卷800份，回收率为93%。问卷调查结果分析显示，对改造工作的整体态度，有75.7%的业主表示期待，13.5%的业主态度是无所谓，以上两类业主占比89.2%。仅有5.1%的业主表达对改造的担心，担心改造质量、业主能否参与、改造对生活的影响等。在基础类改造方面，同意外窗更换的有74.5%，同意增设热计量的有68.8%，同意进行上下水改造的有68.3%，以上三项同意率均超过了三分之二，不同意的居民主要是担心原有室内装潢会有所损失。在

自选类项目方面，认为增加立体停车设施有必要的为77%，认为增加老年服务驿站有必要的为84.9%，同意加装电梯的有66.8%（10号楼无须安装，样本数为604份）。根据问卷调查结果，召开多次联席会议专题商讨，基于4号楼大多数居民需求和楼前空地大便于施工的优势，最终选择4号楼为加装电梯试点，同时进行4号楼的电梯签订协议工作，根据协议签订情况，先行加装完成两部电梯。随后，其他楼栋签订电梯协议工作也全面展开。

3. 选举议事委员，扩大居民代表性和参与性

组织社区居民代表选举产生社区居委会议事委员和监督委员，并吸纳年轻业主，自下而上收集反映问题和集思广益，并对议事委员和监督委员进行培训，以期在老小区综合整治的全过程之中更好地发挥上下沟通、宣传动员和自我协商的积极作用。利用在社区内公开招募、业主自愿报名和社区党组织推荐等方式，由社区居民代表无记名投票选举出议事委员、监督委员。同时制定议事委员会职责、权利、义务，确定议事委员会及监督委员会例会制度，搭建民主协商平台，自下而上反映居民诉求，真正起到作为政府与居民之间沟通桥梁、纽带的作用。在社区内针对各类人群和各年龄层需求的不同，建立了年轻业主、党员代表、优秀志愿者等不同的微信群，发挥新媒体的优势，每天把有关小区改造的各种信息推送到群里，让居民充分发表意见，遇到困难和问题时，也在群里发布“求助信息”，问策问技于民。议事会上，议事委员纷纷表示，听到小区基础改造和提升项目非常振奋，感觉政府为惠民工程确实做了大量工作，并且越来越务实，作为议事委员坚决支持且一定发挥好应有的作用。

4. 以民主协商探讨项目设计方案，突显整治特色

街道多次组织动员业主对于涉及其切身利益的整治项目和设计方案进行充分讨论和平等协商，多次组织区属投资集团、电梯公司、设计单位、社区居委会、实验团队等相关负责人以及全体议事委员、监督委员和4号楼楼门长、楼门代表召开综合改造议事委员会暨4号

楼试点说明会、安装电梯居民见面会；多次组织各相关方负责人及除4号楼以外的楼门长，召开加装电梯工作议事委员讨论会、加装电梯全面推进会。几次会议，介绍改造试点项目加装电梯的实施方案，包括电梯型号、厂家、相关技术标准、电梯设计平面图，还有加装电梯工程造价、运营模式、收费标准等，并讲解F小区同意加装电梯协议书，让居民全面了解改造事宜。居民提出了一系列问题并进行了讨论，主要集中在价格、噪音、遮光、隐私、占用公共空间、后期维护管理等方面，各相关方负责人从政策法律角度、专业技术角度对居民关心的问题做出解释和说明，同时也积极采纳居民提出的合理化建议，及时调整项目设计方案，比如在价格方面，采取了议事委员提出的价格调整建议。

5. 以有序参与促进多方达成共识，规范整治秩序

依照物权法等法律法规的规定，严格履行小区业主对于加建电梯、立体停车设施及养老服务设施的表决程序。在整个施工期间，引导业主代表和普通居民合理表达诉求，向实施主体和施工单位提出意见建议，进行公众监督。针对综合整治自选项目必然产生居民利益分化和观点分歧的客观现象，积极引导居民通过平等理性协商，缩小分歧，促进共识。区住建委、清河街道、社区居委会等，联合开展群众工作，坚持逐门入户听取意见、宣传政策。针对居民在加装电梯中存在的困难和顾虑，反复进行入户走访，逐一攻克难点问题，在引导居民群众积极支持、配合和参与综合整治试点工作中发挥了重要作用。

（四）总结经验、巩固成果

1. 改造取得阶段性成果

F小区作为2017年新阶段老旧小区综合整治试点小区之一，成为海淀区当时唯一一个老楼加装外挂电梯、增设立体停车设施、增加养老驿站三个自选类改造项目全部落地的小区。

（1）加装电梯工作

在没有电梯的54个单元中，已经有34个单元全部签订了协议，现已完成15部电梯的安装工作，其中14部电梯已通过验收，投入使用，另外还有12部电梯正在安装过程中。电梯使用费的收费方式是：以户为最小使用单位，以月为最小收费时间单位，采用电梯智能IC卡管理系统进行管理，不限人、不限次数、不限楼层有偿使用电梯。（见表9-1）加装电梯有偿使用收费期限为20年，有偿收费范围还包括电梯年度的保养费用、更换零部件费用、年度检验费用、定期大中修理费、电费等全部使用费用。

表9-1　加装电梯使用费标准

模式	运维周期（20年）		
楼房情况	楼房层数	六层	六层
	每层户数	2户	3户
	缴费户数	12户	18户
使用费	业主楼层	月/户（两户一梯）	月/户（三户一梯）
	二层	60元	40元
	三层	135元	90元
	四层	190元	120元
	五层	240元	160元
	六层	275元	190元

（2）养老驿站工作

根据实验团队的问卷调查结果显示，85.9%的业主认为应该利用原有场地改造增设养老驿站。在充分尊重民意、紧密结合“疏解整治促提升”大局工作的基础上，街道主动联系协调产权方，在区相关部门的大力支持下，将小区内原来用于旅馆经营的某公寓（地上、地下面积共4300平方米）收回，用于公益用途。在增加养老驿站以满足老年人群体迫切需求的基础上，还为社区居委会、社区党员群众、不同年龄段的居民以及社会组织等提供多样化的综合服务，实事求是、因地制宜地调整、完善整治方案。街道与实施主体、规划设计方、实验团队、社区居委会、社区议事委员、业主和居民等多次召开养老驿站座谈会、某公寓征集意见交流会、项目设计沟通会，并结合线上问卷调查等方式共同探讨改造方案，将其打造成集养老等社区服务、邻里交往互动、社会组织发展和社会治理创新于一体，辐射带动清河地区的综合社区服务平台。

（3）立体停车设施工作

在增设立体停车设施选址方面，有78.8%的业主认为拆除物业原有违章建筑后新建最为合适，经过协调，多次召开由设计单位、物业公司、街道、社区居委会和改造所涉及的相关单位和居民代表共同参加的联席会议专题商讨，并由相关方对幼儿园和总装的影响以及居民担心的噪音、尾气等问题进行技术说明，又分别召开了几次立体停车设施项目推进会和专题会，多方主体参与共同讨论立体停车设施的项目实施工作。2018年11月建设成四层立体停车设施，试运行两个月后，于2019年1月1日正式投入使用，为小区增加车位140个，旁边还配建了10个带充电桩的平面车位，业主停车需求基本得到满足。立体停车设施由北京燕海物业管理公司投资、运营和管理。

（4）基础类项目

2017年9月，北京建工集团开始施工，9栋楼外墙节能保温施工脚手架开始搭建，在三个月内，楼本体施工——包括外墙保温、屋面保温、塑钢窗更换、屋面防水等均已完成，上下水改造根据整个单元的同意情况已经完成。包括楼本体节能改造、室外管线综合改造、室内热力管线改造、小区环境综合整治等在内的基础类改造项目已全部完成。

三、老旧小区增设电梯的经验总结

（一）推动“三结合”

1.“自上而下政府主导”与“自下而上居民参与”的结合

老旧小区综合整治工程是北京市的重要民生工作，受到各级政府和领导的高度重视。作为市级试点工程，F小区备受关注。综合整治工程既是对上级党和政府政策的贯彻落实，同时也是一项涉及广大居民群众切身利益的事情，特别是其中的自选项目要以“业主自愿”为前提，获得社区广大居民业主的理解、配合和支持是开展好这项工作的根本前提和重要保障。街道党工委和办事处正是自上而下和自下而上的结合点和上下沟通的桥梁，只有切实贯彻和践行党的群众路线，充分尊重群众、相信群众、动员群众和依靠群众，才能把“好事”做好、做实，让民生工程真正得民心。

2.空间整治提升和社区治理创新的结合

在新的经济社会发展阶段，老旧小区综合整治既是对物质空间环境的改造提升，更是对基层社会治理创新的挑战，其中涉及不同群体和住户的利益分化、多数人利益与少数人利益、长期利益与短期利益、整体利益与局部利益等复杂的利益关系。根据中央关于加强社区治理创新和发展基层协商民主的要求，在搭建社区协商议事平台、制定议事规则、动员居民有序参与等方面进行了积极探索。一方面，以综合整治试点工作为契机来带动和促进社区治理创新；另一方面，也通过社区治理创新服务空间综合整治，力图促进两者的有机结合。

3. 行政力量推动与社会力量参与的结合

街道在这次改造中尤其注重借力外脑，发挥智库作用，依托实验团队深入开展专业的调查研究和组织动员。实验团队已经在清河街道开展社区治理创新探索多年，在小区规范停车、内部公共空间改造、社区服务和文化活动开展、社区协商议事等方面与街道和社区合作进行实践探索。试点工作开展以来，实验团队收集整理各地经验、设计调查问卷、组织议事委员培训和补选、组织实施主体与居民代表沟通见面会议等，在各个阶段发挥咨询建议、组织宣传等不同方面的作用和专业优势。根据摸底调研的结果，开展试点工作的重要方向为加强政策宣传和说明，依托社区居委会议事委员的居民协商基础，达到小区居民充分沟通、理性协商、建立一致共识的目标。

（二）始终贯彻和践行“新时代群众路线”

1. 高度重视发挥党组织的作用

社区党组织牵头成立了由街道干部党员、实施主体项目部党员、社区党委成员等多方组成的推进试点工作联合党支部，不定期开会，分析问题、解决难题。社区党委也重视和发挥社区老党员在综合整治工程中的先锋模范作用，引导党员干部牢固树立责任意识和大局意识，尊重群众所需，坚持群众自治，突出群众主体，动员党员配合做好宣传工作，带动群众共同参与。在议事委员和监督委员中的党员也积极发挥作用，及时反映居民问题，促进居民对社区公共事务的民主协商。

2. 始终遵循“从群众中来，到群众中去”

充分尊重居民的知情权、表达权和参与权。街道和社区采取了多种手段和渠道了解民需、引导民意，包括展开全面细致的问卷调查，针对不同类型群体（楼层、年龄等）重点入户访谈，召开议事委员、监督委员和楼门长代表会议，社区工作者主动走访，微信群互动，给小区全体业主写信，制作综合整治情况介绍展板等。一方面收集、汇总居民的各种问题、需求、意见和建议，并及时传递、反馈给相关部门和实施主体；另一方面，就整治的相关政策和具体方案对居民业主进行宣传解释和答疑解惑，以获得居民对相关工作的理解、配合与支持。

3. 宣传动员如何有效？经验方法来应考

如何宣传动员，如何做群众工作，如何达到好的宣传效果，是对社区实际工作能力和方法技巧的大考验，“老旧社区改造钱不是问题，政策不是问题，最难的是居民工作”。社区干部本土化比例高，以其丰富的工作经验让笔者看到了他们是如何做居民工作的。比如，在实验团队调查问卷定稿后的第一时间，积极策划，分批、分层次开会传达学习；考虑周到，虽然是安排楼门长发放问卷，但是要先召开议事委员会，先让议事委员知情，体现他们的重要性，在填答问卷过程中也能够发挥议事委员的积极动员作用；传达到位，召开楼门长会议，先讲明改造背景及缘由，调动大家的积极性，再以问卷切入，安排收发任务；全面宣传，在社区党员大会上，70多名党员集聚，再做宣传，发挥党员风格和骨干力量，并且在日常为居民办事时也不忘随口说说改造事宜，时刻争取居民支持。

4. 注重动员和依靠群众本身开展群众工作

深入细致摸底保证意愿统一，这其中的重点、难点是居民动员协商问题，协调不同利益，不同的楼层、年龄、需求、费用是关键，底层业主协调难度大。秉承“以民生带民主，以民主促民生”的理念，依“法”、循“理”、动“情”。这是对基层协商共治模式进行积极探索的机会。充分落实中央发展协商民主战略和加强城乡社区协商的政策精神，贵在充分沟通、换位思考、理解包容、理性妥协、争取共识、争取最大公约数。应将“协商共治”的理念贯穿整个过程：宣传普及、动员组织、集思广益、协商方案、达成共识、工程监督、管理维护等。为掌握小区改造过程中居民的真实意愿，确保他们的知情权和参与权得到体现，最大范围地获得居民理解和支持，根据居民日常询问、议事会讨论、调查问卷填写等内容，将居民们提出的具体问题发送给各职能部门一一作答。综合整治试点工作关乎小区居民全体利益和每家每户的切身利益，特别是加建电梯对不同业主有不同程度的影响，部分业主对于电梯运行可能带来的噪音、采光、隐私等问题比较关心，对电梯收费方法也有所顾虑。除了必要的宣传解释工作之外，街道和社区也非常注重动员和依靠群众自身做群众工作，注重发挥居民之间老同事、老邻居友情的润滑剂作用，增进彼此的相互谅解和妥协，努力达成共识。

（三）搭建沟通协商平台，保障信息畅通，促进群策群力

1. 在街道层面搭建多方信息沟通平台

根据工程进展需要，多次召开由牵头单位（区住建委）、实施主体（区属投资集团）、街道办事处、社区居委会和新清河实验团队共同参与的协商议事会，分别涉及政策解释、方案介绍、入户调查、宣传引导、组织动员等方面的议题，从而将各种渠道的信息及时汇聚并商讨解决相应的问题，推动综合整治工作形成合力。

2. 在社区层面搭建了居民协商议事平台

基于新清河实验团队的前期经验，在F小区按照严格规范的程序从居民代表中选出具有一定公信力、公益心和参与能力的议事委员和监督委员，明确了相应的权利与责任，并对其进行议事规则等培训，使之在社区公共事务中发挥重要的沟通、协商和动员的作用。在综合整治工作的推动过程中，F小区召开了多次街道主管领导、科室负责人、社区党委书记、居委会主任、议事委员和监督委员以及新清河实验团队成员共同参加的联席会议。同时，由于加建电梯问题事关每家每户的利益，一方面将与会人员扩大到试点楼的楼门长和业主代表，另一方面也邀请实施主体、电梯设计单位的相关负责人员与会，对居民普遍关注和有代表性的问题做当场解答，并将居民的合理意见、建议吸纳到方案设计和修改之中。由此初步形成了以“社区党委+议事委员／监督委员+利益相关方”为主体的社区协商议事平台。

3. 以线上线下多种渠道畅通信息的上下传递，克服信息不对称

信息不对称是综合整治工作中必须高度重视的根本问题，关系到广大居民业主能否对此项工作充分知情和理解、积极配合与支持。为此，建立了多个工作微信群，相关职能部门、街道相关部门和科室、实施主体、社区党委和居委会、实验团队均参与其中。同时在社区层面，也建立有议事委员、楼门长、青年业主等不同的微信群，

在召开议事会议之前，年轻业主们自发在群里采用“接龙”方式汇总意见、建议30余条，并委托议事委员带到会上讨论，将线上互动与线下推进密切结合起来。

四、老旧小区加装电梯的思考和建议

多元共治下的老旧小区综合整治试点工作将自上而下的工作部署与自下而上的群众动员有机结合起来，基层社会治理创新在老旧小区综合整治中的作用已初显成效，但仍存在问题和不足：实施主体与居民之间的沟通渠道还不够畅通，议事委员和监督委员发挥的作用还不够充分，改造项目的后期运营管理还存在风险，市场主体的工作惯性与社区居民工作还不相适应，老旧社区利益存在一定分化，居民的不同诉求还有待进一步整合，居民的内在动力和责任感需要有效激发，自下而上的实践还需进一步加强等。新清河实验团队深入总结整治工程实施过程中的经验教训，以期能为今后类似项目的实施提出有益借鉴。

加装电梯是本轮老旧小区改造的必选动作。尽管理论上讲这是一件政府施惠于民的好事，但是，即便政府买单，也会因为利益纠纷和共识的缺乏而使得项目落地举步维艰。观察和研究下来，老旧小区加装电梯主要解决如下两方面的问题。

（一）注重政策落实和遵守法律规范

为了加快推进老旧小区改造进程，北京市相关文件要求“权宜处理，各有关部门提供便利”，但这并不意味着工程在实践操作过程中能规避法律风险。从法治角度讲，老旧小区加装电梯需要满足两个法律要件。

1. 增设电梯的前置法律条件

总的来说，社区建筑物的所有权分为专有部分和共有部分。2009年《最高人民法院关于审理建筑物区分所有权纠纷案件具体应用法律若干问题的解释》，2010年（《物权法》司法解释）《关于北京市既有多层住宅增设电梯的若干指导意见》，2007年《物权法》（第六、七章）及相关司法解释规定：业主对其建筑物专有部分享有占有、使用、收益和处分的权利。业主行使权利不得危及建筑物的安全，不得损害其他业主的合法权益。建筑物的共有部分包括建筑物的基础、承重结构、外墙、屋顶等基本结构部分，通道、楼梯、大堂等公共通行部分，消防、公共照明等附属设施、设备，避难层、设备层或者设备间等结构部分。因此，增设电梯必然会涉及对建筑物的“共有部分”的改造，某些增设电梯方案还有可能会涉及部分业主的“专有部分”。

增设电梯有六个前置条件：增设电梯属于物权法规定的“改建、重建建筑物及其附属设施”，属于重大事项，应当经本楼专有部分占建筑物总面积三分之二以上的业主且占总人数三分之二以上的业主同意，经用地权属单位的同意；征得因增设电梯后受到采光、通风和噪声直接影响的本单元业主的同意；主要涉及低层业主；如果增设电梯的方案涉及某些业主的所有权的“专有部分”，须征得这些业主的同意；同意增设电梯的业主应当达成以下方案——增设电梯工程费用筹集方案、电梯运行维修费用（电费、维修保养费、更新费、管理费）分担方案、电梯运行维护保养委托方案，且以上方案需要形成书面协议；住宅增设电梯后的建筑间距、建筑日照、消防安全、建筑平面设计、结构安全等应当满足相关规范标准要求。

2. 增设电梯的法定申请程序

增设电梯需要符合法定的申请程序，增设电梯的申请主体可以有三种，即同意增设电梯的业主、业主书面委托的物业服务企业、业主书面委托的其他单位。无论是以哪个主体身份申请，根据《关于北京市既有多层住宅增设电梯的若干指导意见》的规定，增设电梯都需要进行规划审批、施工许可、消防审批、质量技术监督、竣工验收、安全防护等各项审批检验工作。如原报建时已预留了电梯井的，不需要办理规划审批；增设电梯的规划施工图纸应征求业主意见。因此，简单说来，老旧小区增设电梯需要满足的法律要件是利益相关者（主要是本楼业主）参与方案设计，达到两个“三分之二”的同意率，以及征得受增设电梯直接影响的本单元业主的同意。住建委等部门关于老旧小区改造的文件尽管授予了各部门“简化程序”的自由裁量空间，但是在工作实践中是无法绕开上述法律要求的，尤其是基层街道在做群众动员工作时必须重视和遵守这些法律要件，想方设法引导居民参与、进行民主协商，以达到加装电梯的法定标准，否则将面临因合法性问题而滋生的各种风险。

（二）加强居民内部协商以达成共识

加装电梯的关键因素在于不同楼层和不同住户的利益损益问题。从利益损益上看，加装电梯的受益方主要包括中高层住户、残疾人、孕妇、有幼儿的年轻家庭。而从使用价值与交换价值方面来讲，居住生活和市场交易都带来了改变。例如，高层会从难卖到抢手，房产升值。而低楼层则会从优势变成劣势，房屋价格相对贬值。加装电梯并不是居民普遍的、首要的需求。实验团队的调研表明：即便对于老龄居民群体，有约三分之一的居民通过市场交换或与子女换房居住等方式解决了上下楼不便的难题。加上不同楼门的新老住户比例差别比较大，老年人分布不均匀，因此意见不容易统一。倒是对增加停车位的需求、改善物业服务水平的意见较为一致，特别是对社区养老服务和公共活动空间的需求非常强烈，并提出了各自的主张。加装电梯的共识还会遇到各种意见的挑战。例如一些住户会担心加装电梯后房子采光变差、噪声干扰，还会担心日后物业费上涨。不同年龄的人需求不同，年轻人不需要加装电梯，计划在别的地方买房的人不愿意出钱。老旧小区业主流动频繁，或者实际居住的多是租户，业主不愿意安装电梯。小区没有物业，住户担心加装电梯之后物业费和管理的问题……因此，现实的复杂情况使得加装电梯的共识难以达成，也很难满足上述法定要件和法定要求。

（三）探索建立长效管理机制，加强统筹能力

以加建电梯为例，目前的签约率主要反映的是业主同意本单元加建的比例，而后期能否按约缴纳使用费，目前还存在着比较大的不确定性。如果未来缴费率较低，势必会产生较大的运营风险，相关成本最终可能还是会转嫁到政府身上。因此，建议实施主体能提供多样化的电梯使用方案以供选择，比如不仅可以按月固定缴费，也可以刷卡按次计费，从而赢得更多业主居民的支持，降低、化解后期运营风险。此外，也可以尝试探索单元内业主自我协商和内部补偿的方案，例如由赞成和迫切需要电梯的业主对反对或不迫切需要电梯的业主进行适当补偿。综合改造涉及项目种类多且烦琐，存在技术施工和群众工作的交叉，作为实施主体的国企单位工作效率相对滞后，缺乏统筹规划和部署，在宣传动员阶段没有成熟的整体实施方案，导致大家对改造的进度和安排不够清楚，不能有效地帮助居民分析和权衡相关利益，比如有些居民很愿意进行上下水改造，如果捆绑做工作，说服他们同意安装电梯就相对容易。所以建议提升实施主体的资金筹措、组织管理和后期运维服务的能力，以便于项目统筹，提高资金使用效率，实现与社区居民工作的总体平衡。

（四）以自治激发社区活力，注重提升居民的主体责任意识

在小区综合改造触及每家每户切身利益的特殊阶段，业主们的声音能够充分体现其参与社区事务的公共意识，基于F小区年轻业主群交流内容的分析和思考，居民能够利用自己的空余时间参与到改造事务中，客观理性地表达和分享，起到信息互通、“稳定民心”的作用。对于改造不同阶段所关注的重点问题，大家会有不同的视角和处理方法，此平台可以发掘既支持配合改造，又理性表达诉求的“社区能人”，协调化解居民矛盾，通过“能人效应”引领带动，激发社区共治活力。同时，也应该进一步强化居民的内在动力和主

体责任意识。常有居民因为不了解、不关注社区宣传公告而主观臆断，导致信息理解不准确。当居民存在疑虑或不满时，应该积极主动与相关主体单位沟通，多渠道表达诉求，以理性化的民意表达形成合理的社会利益关系。

综观全国老旧小区加装电梯的成功案例，不难发现其主导模式可以分为政府主导、企业主导和业主自治多种类型，每一个类型都可以取得成功。但无论哪种模式，其重点、难点问题都是居民动员和协商问题，协调不同利益、不同的楼层、年龄、需求、费用是关键，低楼层业主协调难度大。因此，应秉承“以民生带民主，以民主促民生”的理念，依“法”、循“理”、动“情”。老旧小区加装电梯，这是对基层协商共治模式进行积极探索的机会，也是充分落实中央发展协商民主战略和加强城乡社区协商的政策精神，贵在充分沟通、换位思考、理解包容、理性妥协、争取共识、争取最大公约数。

通过试点工作的推进过程可以看到，在老旧小区增加电梯试点的过程中，多元主体需要同步探索老旧小区的长效管理机制，从政策、资金、技术、人员等方面入手，引导老旧小区采取灵活多样的管理模式，促进管理的良性循环。要充分听取群众意见，大力营造整治方案群众支持、整治过程群众参与、整治成果共同维护的良好局面。进一步思考老旧小区综合改造这一民生工程如何实现自上而下与自下而上的统一，最关键的环节是实现动员社区居民参与，有参与才有支持、认可和满意。

总之，多元共治推动了老旧小区综合整治工作，在实验团队强有力的支持配合下，清河地区在老旧小区改造模式创新、技术创新等方面做了大量卓有成效的工作，积累了一定的经验。要做好这一民生工程，解决老旧小区建设、维护运营一揽子问题，深度参与小区治理，应将“协商共治”的理念贯穿老旧小区改造的整个过程：宣传普及、动员组织、集思广益、协商方案、达成共识、工程监督、管理维护等，要充分调查和搜集居民的意见和智慧，充分发扬基层民主协商的精神，让基础设施改造后的老旧小区在社区治理上焕然一新。

第十章
“改变市场失灵”与物业管理提升实验

如前文所述，清河地区社区类型复杂，拥有高科技产业园区，亦有未高度开发的城中村与外来人口所聚集的社区，房产类型更是多种多样，除高档、中档的商品房小区外，还保有新中国成立后计划经济时代的“单位社区”，故物业管理问题极其复杂。本章将阐释新清河实验在物业管理提升方面所做的探索，通过分析物业管理纠纷频发的原因、影响及治理困境等，提出一些具有建设性意义的对策，提升国内住宅小区物业管理纠纷问题的基层治理水平，增强人民幸福感和满足感。

一、物业管理提升实验的背景和意义

（一）物业管理行业的产生与缘起

物业管理（porperty management）始于19 世纪60 年代的英国，当时正值英国工业化大发展，大量农民进入城市，出现了房屋出租，为维护租用者的权利，需要一套行之有效的管理方法，于是出现了专业的物业管理。物业管理在19 世纪末的美国得到快速的发展并传遍世界各地，受到各国的普遍重视，开始出现专业的物业管理机构，并形成成熟的现代物业管理模式。（王荷，2006）20世纪后，美国芝加哥大楼的所有者和管理者乔治·A.霍尔特牵头成立了芝加哥建筑物管理人员组织（CBMO-Chicago Building Managers Organization），并于1908年召开了第一次全国性会议，这标志着真正意义上的现代物业管理的正式诞生，芝加哥建筑物管理人员组织成为全球首个专业物业管理行业组织。

我国物业发展已三十几年了，是伴随着国家住房制度改革而逐渐兴起的行业，缘起于住房市场化变革。在这个变化过程中，人们逐渐知道了物业管理服务的基本内容，初步具有了民众的服务消费意识。但我国物业管理仍处于不成熟期。我国《物业管理条例》自2007年10月1日起执行，其中对物业管理的定义是指业主通过选聘物业管理企业，由业主和物业管理企业按照物业服务合同约定，对房屋及配套设施设备和相关场地进行维护、养护、管理，维护相关区域内的环境卫生和秩序的活动。同时“物权法”规定，业主有进行管理业务的权利，也有权委托物业服务企业或其他管理者对物业事项进行管理。

（二）“市场失灵”物业管理纠纷不断

随着经济社会的发展，我国城镇化步伐不断加快，房地产开发产业的队伍也越来越壮大，各种不同类型和不同档次的住宅小区拔地而起，与此同时，不同的住宅小区聘请的物业服务企业也不尽相同。由于我国物业管理行业是“舶来品”，且目前发展不充分，关于规范物业管理方面的法律法规也并不健全，这便导致了住宅小区物业纠纷频发，且愈演愈烈。住宅小区物业纠纷往往具有涉众程度明显、纠纷焦点众多以及纠纷解决困难等特点，并且这些纠纷往往关系到业主的切身利益，如果处理不当，便会造成严重的群体性事件。住宅小区的物业纠纷频发会给社会稳定带来很大的难题，产生极其消极的影响，轻则影响小区的和谐与安全、业主的居住体验，重则影响物业管理行业发展，甚至严重威胁社会的安定和谐。

住宅小区物业服务、物业管理是随着住宅不断商品化以及社会不断发展、城镇化日趋完善而产生的，它与人们的工作生活息息相关，是现代化城市管理体系中不可缺乏的重要一环。住宅小区物业管理纠纷也是随着社会不断发展而产生的一个重大民生问题，能否有效解决这一重大民生问题，直接影响着人们的获得感和幸福感。相较于国外，我国物业服务、物业管理起步晚，同时缺乏在全国范围内通用的管理规范。在国家层面，一直到2003年，国务院颁布了《物业管理条例》方才填补了全国无通用物业管理规范的空白，将我国物业服务、物业管理工作引入了法治轨道，但法律法规和政策制度还不够完善，在行业的发展中仍存在着许多矛盾和问题。直至2007年，《中华人民共和国物权法》的通过使物业服务、物业管理工作有了法律依据。我国物业管理自诞生起，就是从大包大揽的“政府化”运作模式演变而来的，物业管理涉及治安、绿化、清洁、家政、房屋及机电维修保养等，但这些项目实属科技含量高、专业性强的独立行业。而中国物业管理行业的现状是，绝大多数物业管理企业规模偏小，高级专业人才严重缺乏，这就出现了尴尬的局面，物业服务管理其实不够专业。

改进和提升物业服务管理，探索建立物业管理长效机制，对于有效解决群众身边的问题意义重大，有助于增强群众获得感、幸福感和安全感。在研究中，我们发现了四类可能导致物业失灵的原因：其一，物业公司自身存在严重问题，社区服务水平低下；其二，业委会失职、渎职，导致物业服务无法正常开展；其三，因未成立业委会或相应对接机构，无法开展硬件维护及改造的物业服务；其四，因收缴物业费不足而无法开展物业服务，或有的物业公司直接退出社区，以及有的物业公司形同虚设。

二、物业管理实验的内容及成效

（一）清河社区物业服务管理存在的问题

调研发现，清河街道下辖79个社区，共有60个居民生活居住小区，27家物业公司，其中有9个社区建立了业主委员会。每个小区的物业管理情况各异且复杂，物业问题的投诉这几年来急剧增多，通过拨打市民服务热线12345投诉物业服务中产生的矛盾也呈现跳跃式快速增长的状况。通过调查，笔者提出，清河地区存在的主要问题有以下几个方面。

1. 物业管理的主客体错位

物业管理本质上是业主行使共同管理权利的体现，业主作为物业的所有人，是物业管理的主导者和物业服务的消费者，并通过业主大会行使物业管理的权利。但在实际物业管理中，业主的主体地位和权利长期被漠视，物业服务企业越俎代庖，成为物业管理活动的主导者。《物业管理条例》更是直接确认了业主委托物业服务企业管理的单一物业管理方式，通过国家行政法规的形式维护了物业管理中企业的主导地位。物业服务企业与业主在物业管理中角色的错位，客观上导致社会对物业管理产生了错误的认识，限制了业主对物业管理方式的自由决策权和选择权的行使，也为业主怠于行使共同管理权利、不履行义务留下了制度上的误会。

2. 硬件先天不足，后天缺乏养护

清河老旧小区居多，有些住宅小区开发建设之初规划简单，配套设施不齐全，基础设施比较薄弱。比如，房屋质量参差不齐，绿化面积少，停车位不足；房屋本体和基础设施陈旧；老楼道内墙面、楼梯扶手脱落锈蚀，没有公共照明；多层楼房顶层防渗漏功能退化，房屋前后下水管道破损、堵塞，雨水、污水混流；小区道路老化，路面破损，甚至没有路灯；消防设施设计标准低，高层楼房没有专用消防泵和消防控制柜，消防设施自然损坏、人为破坏和被盗现象严重；部分管道、安保、监控等公共设施设备因为物业公司疏于管理等造成快速老旧损坏，直至无法正常使用和废弃。

3. 老居民缺乏购买物业服务的认知意愿

有些社区的居民以老年人、低收入家庭居多。这决定了小区居民的消费能力较低，消费观念亦较为陈旧。《物业管理条例》规定，是否聘请物业服务企业应由全体业主或业主大会共同决定，但清河地区大多数住宅小区并没有成立业主委员会，甚至基层政府也不鼓励业委会的成立。居住在此的老居民多，多数老人缺乏有偿购买物业服务的意识，其思维仍然停留在计划经济时期“国家管修房，自己管住房”的福利住房阶段。例如本书提及的老旧小区B社区，1997年原单位改制以后，原本属于厂子的物业公司脱离企业独立。物业公司只收取居民每月六块的卫生费都困难重重。居民对物业公司普遍不满，认为物业管理非常不到位。居民反复通过12345市民热线反映问题，结果却造成与物业公司矛盾激化，使得物业公司客观上不能、主观上不愿改善服务，即使已经进驻的企业，由于低廉的收费标准以及较为严重的收费难等问题，亦有退出此小区的打算。

4. 物业管理企业服务不到位，经费使用不透明

住宅小区物业收费难问题相对较突出，物业费是业主个人所缴纳的费用，从经济学的角度出发，大多数人都想要以最少的支出费用得到最多的服务，若物业公司服务不能满足业主的合理需求，并且对经费的使用不公开、不透明，自然会加深业主对缴纳物业费一事所产生的抵触情绪，不愿缴纳物业费。长期下来，业主和物业企业之间产生隔阂，矛盾逐渐加深。

（二）物业管理提升实验的主要思路

改进和提升物业服务管理，探索建立物业管理的长效机制，对于有效解决群众身边的问题意义重大，有助于增强群众获得感、幸福感、安全感。2017年4月，《中共中央　国务院关于加强和完善城乡社区治理的意见》出台，这是新中国历史上第一个以党中央、国务院名义出台的关于城乡社区治理的纲领性文件，为如何提升物业服务管理指明了方向。实验团队以此文件为指导，提出以下提升物业服务管理的思路：通过成立街道地区级“物业服务管理中心”，强化街道对物业服务管理工作的全面领导，理顺社区居委会及业委会这两个自治组织的关系，增强社区统筹协调物业管理的能力，将改善社区物业管理作为完善基层社区治理体系和提升社区服务水平的

重要内容。

1. 创新机制，加强组织建设

一是成立街道地区级“物业管理中心”。强化街道对物业服务企业的监督管理，建立物业服务企业履约考评及约谈机制，定期组织对物业服务企业进行监督评价，把居民、业主满意度作为重要评价内容，督促提升物业管理水平。定期会同消防、城管、环保、安监、公安、工商及各镇街执法力量进行综合检查，将物业检查及评价结果上报区房管局，作为企业信用评价的重要依据。二是扩大业主委员会、物业服务企业中党的组织覆盖，加大在物业服务企业、业主委员会中组建党组织的力度，将物业服务企业和业主委员会纳入街道、社区党组织的有效管理。三是以社区党建工作协调委员会为平台，建立健全议事协调机制，完善联席共商工作机制，共同提升物业管理服务水平。社区党组织要充分发挥党建引领作用，监督指导居委会、业委会、物业服务企业认真履行各自职责。

2. 理顺各方职责和关系

一是将业主委员会纳入社区管理，逐步促进社区居委会和业委会的融合。在符合条件的社区有序推进由社区居委会主任或副主任通过合法程序兼任业委会成员，引导规范业委会依法有序运行，将两个自治组织合二为一。二是在社区居民委员会下设环境和物业管理委员会，加强社区居民委员会对业主委员会和物业服务企业的监督，督促业主委员会和物业服务企业履行职责。对物业服务项目进行日常监管，协调处理纠纷，指导协助业主共同决定物业服务的有关事项。

3. 深入调查摸底，科学分类治理

一是对物业服务管理现状进行摸底调查，引入第三方组织，对物业服务进行调查并提出提升建议，针对不同产权类型的物业管理问题采取不同的治理模式。二是规范不同类型社区的物业服务标准，根据小区类型和居民需求等一般情况，提供基本服务、一般服务和优质服务等服务清单和服务标准。三是公布物业费参考价格，提供更加透明、公开的相关信息，供业主们根据自身需求选择质价相符的服务，减少争议，也便于对物业公司服务实行监督。

4. 规范业委会运行

一是严格业委会委员的候选条件和规则，提高业委会的综合素质和工作韧性。二是加强对业委会的监督，对业委会不按规章制度或业主大会决定履行职责的，探索由业主大会依照规章制度形成决议，授权居委会代为履行相关职责。三是培育第三方专业物业指导组织，协助理顺街道、居委会和物业公司之间的关系，提供小区有关物业服务方面的综合资讯、指导和协调工作，提升物业管理水平。

（三）实验具体开展的工作

1. 成立社区治理指导中心

实验团队提出成立街道地区级“物业管理中心”，经与街道协商成立“社区治理指导中心”，负责统筹协调辖区物业管理工作。“社区治理指导中心”在街道党工委领导下，由党群工作办公室、社区建设办公室、房管所相关工作人员以及新清河实验专家团队、街道法律顾问组成。中心主任由街道分管社区的副主任兼任，副主任由社区科科长兼任，中心具体工作人员由街道房屋管理、物业管理与社区治理相关职能科室人员组成。社区治理指导中心负责组织召开物业服务圆桌会及业主委员会联席会，指导业主大会的召开及业委会的成立，规范业主委员会履职；组织地区物业服务企业的日常考评工作，对服务质量与服务标准进行规范管理，督促物业服务有关问题的整改；为物业服务企业提供咨询工作；指导完善社区议事委员制度，全面推行社区议事机制，营造社区民主协商氛围，提升社区治理水平。

2. 创新物业管理制度机制

实验在街道层面，创建了“社区治理指导中心+物业服务企业圆桌会+业主委员会联席会”制度，组织召开物业服务圆桌会及业主委员会联席会；在社区层面，建立“社区议事委员会议+业主委员会+环境和物业管理委员会”制度，协调物业公司与业委会之间的关系，指导完善社区议事委员制度，全面推行社区议事机制，营造社区民主协商氛围。

社区治理指导中心成立之后，清河街道第一届物业服务圆桌会在街道办事处召开。街道办事处副主任、社区治理指导中心主任、社区治理指导中心副主任、街道各职能科室的代表、房管所代表、社区两委代表、业委会代表、物业服务公司代表、新清河实验团队代表等共同参加。圆桌会议是一种以平等对话为原则的协商会议形式。所有与会者在身份平等的前提下，围绕共同议题进行协商讨论。街道物业服务圆桌会致力于研究制定符合地区实际情况的行规、行约与服务标准，规范物业服务企业的经营行为，搭建地区物业服务企业与行业主管部门之间的工作交流平台，为物业服务企业之间提供互学互促的机会，协调和处理物业服务过程中出现的问题。圆桌会通过了《清河街道物业服务圆桌会会议章程》，推选产生第一届物业服务圆桌会主席、理事，并为当选的主席、理事们颁发聘书。物业服务企业圆桌会主席宣读倡议书并组织列席委员们签署倡议书，与会的物业公司代表们就日常工作中遇到的难点、热点问题进行了讨论，例如对接诉即办案件的处理回复、对高空坠物的应对措施、对文明养狗行为的规范宣传、对物业服务费用的调整、对垃圾清运的方式方法等，大家群策群力，共同寻求解决问题的办法。

3. 协调12345投诉物业矛盾的案例

针对部分小区物业更换问题，社区治理指导中心连续组织召开了多次协调会。社区治理指导中心主任、副主任、律师、房管所代表、社区居委会主任、业主委员会、物业公司代表参加协调会。业主委员会向代表说明了物业的具体情况以及小区业主的基本诉求。社区治理指导中心律师向业主委员会阐明物业更换中对小区居民的影响、房管所代表则为业主委员会解答了疑惑，律师建议业主委员会搁置争议、积极推动物业更换。

物业公司向社区治理指导中心、房管所说明相关情况以及诉求。

物业公司从企业自身、社会责任等角度考虑，表示将尽快进行物业交接，及时止损。通过协调以后，业主委员会和物业公司均认可各方提出的建议，表示将积极推动物业更换、保障业主权益。

在清河街道、房管所、居委会和居民代表等的共同努力下，物业管理顺利交接，历时数月的物业更换工作正式完成。

三、改善物业服务管理的政策建议

新清河实验团队通过对地区物业管理现状的分析，从科学分类指导、加强统筹协调、探索合作治理、解决公维资金重点问题、培育物业市场、鼓励行业协会六大方面入手，提出了18条改善物业服务的政策建议。

（一）坚持科学分类指导，逐渐形成物业精细化治理体系

1. 进行全面摸底调查

只有明晰小区的各类结构和关系，才有利于落实管理责任，合理分工，进行有效的指导。建议结合小区产权结构复杂、物业管理主体多样等历史成因和管理现状，对居住小区的建成年代、产权形式、居住人群、管理水平等进行全面摸底调查，为精细化分类治理做好基础分析和准备工作。

2. 厘清多种类型社区房屋产权现状及管理政策

目前不同类型的小区面临的情况各异，需要理顺在不同类型小区居委会、业委会、物业公司、产权单位、建设单位、政府部门的权责利关系和互动方式。梳理不同时期针对不同产权形式的房屋的各类政策，明晰政策之间的缝隙和反复之处，有针对性地提出预案或过渡办法等，促进问题的解决。

3. 构建分类治理的模式和体系

从政策、资金、技术、人员等方面入手，逐渐形成针对新建商品房、房改房、失管老旧小区的分类治理模式和体系。提高物业管

理的市场化、规范化水平，确立形成居民委员会协助指导、业主委员会规范运行，物业企业全面服务、市场调节定价、政府监督管理的"物业服务合同型"小区治理模式。

4. 针对房改房及失管老旧小区的单独治理

完善和扩大房改房小区物业管理的市场化和规范化，形成居民委员会组织引导、业主共同参与、产权单位履责联动、物业企业积极服务、政府协调扶持的"多方联动共治型"小区治理模式。针对失管或半失管的老旧小区，形成居民委员会动员主导、居民自我管理和服务、物业企业成本价服务、政府应急保障的"政府托底居民自治型"小区治理模式。

（二）加强统筹协调，强化街道物业管理力量

5. 下沉物业管理权至街镇级

现有的物业管理仅依靠区级房管部门的行业管理远远不够，应切实加强街镇对物业管理的监督、指导和协助职能。把物业管理的职权下沉到街镇，赋予相应的权责利，实现事权和财权对等。在街镇层面统一加强对物业公司服务的监督、物业纠纷的化解和业委会的指导监督。

6. 对物业公司的服务进行履约考评

围绕物业服务质量、居民满意度以及政府工作配合程度等指标制定科学合理的考核办法和标准，定期对物业公司服务进行考核和评价。根据考评结果，对服务良好的物业企业进行表扬和奖励；对服务不理想的物业企业做出相应惩罚，严重的启动退出机制，而对出现严重安全事故或群体事件的物业企业，将限制其接管新项目。

7. 化解物业管理的纠纷

一方面搭建物业纠纷协商平台，将辖区内物业管理有关责任单位和主体聚集在一起，对辖区内物业管理的共性问题和重大问题进行商议，探索有效办法和试点经验；另一方面搭建"社区层面党组织+居委会+业委会+业主+物业公司"的五方协商平台或者社区物业管理

专委会等形式，加强各主体之间的议事协商，促进具体纠纷的解决。

8. 指导监督业委会工作

物业服务管理中心针对业委会的成立、运行和维系等进行全方位的指导、监督和协助。定期进行业委会法律法规和政策知识的学习培训和宣传教育，组织业委会沙龙等活动，全面提高业主对业委会的认识和自身专业水平。随时针对存在问题的业委会进行纠偏和指导，提供专业咨询。

（三）探索党组织领导下的合作治理模式

9. 在业主委员会和物业服务企业中建立党组织

社区党组织要把物业服务企业和业主委员会纳入社区治理体系，推动各方形成社区治理合力。按照应建尽建的要求，条件成熟时要尽快组建党组织。暂不具备组建条件的，要通过选派党建指导员、发展新党员等方式组建党组织。

10. 规范业委会的运作

严把业委会人选关，支持和鼓励符合法定条件的社区“两委”班子成员、回社区报到的在职党员业主，通过法定程序加入业委会。推荐优秀的业委会成员和物业公司负责人中的党员担任社区党组织的兼职委员。

11. 健全党组织领导下的多方联动机制

社区党组织要调动多方资源，组织协商共治，凝聚小区多元利益相关方。同时在社区成立环境和物业管理委员会，引入区域资源、社会资源共商涉及小区公共利益等方面的重大事项，组织居民有序参与物业服务管理相关问题的议事协商和全过程监督。

（四）促进部门协作，共同解决公维资金等重难点问题

12. 整合区级各方力量共同破解重难点问题

由于小区的管理难题和顽疾往往涉及多个职能部门，需推进多部门协作，联合治理。如对于小区乱停车、私加地锁和侵占绿地等

日常难点问题，应协调多个职能部门，联合执法，重点整治，再完善日常监管，才能巩固治理成果。

13. 公维资金的统一管理

目前公维资金使用困难多源于归集环节，政策不同、房屋产权差异、交易频繁等，一方面造成公维资金的欠缴、丢失，另一方面形成了公维资金分部门管理的格局，商品房由住房资金管理中心统一管理，房改房由房改部门或上级单位管理，而央产房则由中央国家机关住房资金管理中心单独管理。所以当申请使用公维资金时，需要花费大量的精力确定每户的具体公维资金情况，然后再进行整体归集，若遇产权复杂的小区，则耗时更长。各部门可以日常加强合作，统一对各小区公维资金进行查找，明确其归集情况，便于以后需要申请使用时缩短耗时，提前应对公维资金大量集中使用局面的到来。

（五）培育物业市场，提升物业管理行业的整体水平

14. 建立物业服务价格动态调整机制

由于劳动力成本大幅上涨，但物业服务收费价格随成本上涨的调节机制缺失，政府指导价定价普遍较低且长期不变，很多居住小区物业费较低，仍维持在20年前的水平，与经济社会发展水平脱节。这给物业企业带来较大的压力，不得不压缩成本，造成服务水平下降和乱收费等情况。目前物业管理服务标准和规范模糊、缺乏优胜劣汰机制和市场调价机制，制约物业服务水平的提高。提升物业管理和服务也应该发挥市场机制的优势，建立物业服务价格动态调整机制，督促物业公司提供质价相符的服务。

15. 完善业主民主协商机制

街道与居委会逐步启动对问题集中小区服务现状和管理成本进行全面科学的评估，然后指导和组织业主与物业服务企业对物业服务标准和费用进行民主协商，协调物业企业与业主、业主与业主之间的诉求差异，在充分尊重业主的意愿和实际消费水平的基础上，

根据具体情况启动调价程序。

16. 培养业主购买服务的付费意识

引导业主树立质价相符的物业服务付费理念，明确付费意识，逐渐杜绝无故不缴纳物业费的行为，改变不缴纳物业费造成服务质量下降而使整体物业缴费率降低的恶性循环的现状。探索无故不缴纳物业费的惩罚措施，可与个人诚信信用体系等相结合。

（六）鼓励行业协会，积极发挥第三方组织的优势

17. 成立物业服务企业的行业协会

该协会不同于已经成立的物业管理协会、北京律协物业管理法律专业委员会等只包括单一主体的组织（全部都是物业企业或者律师），而是包括专业律师，物业企业，物业评估公司，消防、电梯、供水、热能等与物业管理有密切关系的所有行业代表。致力于整个物业管理行业的长期发展和进步，关注行业共性问题，定期进行专题研究，完善行业标准，为整个行业发声。

18. 培育物业管理第三方评估机构组织

物业管理第三方评估机构组织不同于社会上的部分第三方组织，而是政府鼓励和培育下有专业、有公心的第三方组织，可以对业委会成立、物业公司选聘、工程建设、日常监管等方面提供专业咨询和帮助。

第十一章
“科技支撑”与大数据社会治理实验

当前中国社会治理面临新挑战和新机遇，基层社会治理模式亟待创新以适应快速变化的社会经济环境。互联网、物联网、信息通信技术、传感器和App等新技术手段的出现，为基层大数据社会治理模式创新提供了可能。本章所讨论的科技支撑社区治理指的是利用现代科技手段提高行政效率，满足人民群众多层次需求，提高人民群众生活满意度的过程，重点关注以大数据为主的新兴技术手段，讨论和分析将大数据技术应用于基层社区治理的可行途径及实施效果。本章基于新清河实验利用在线地图互动平台“路见清河”的探索，展现了一种基于大数据手段的技术社会治理模式。在合适的治理模式整合下，大数据技术的应用，能有效提升多元社区治理主体的效能，在社区治理中更容易形成满足各方利益相关者诉求的决策。

一、实验的背景和意义

党的十九届四中全会提出，坚持和完善共建共治共享的社会治理制度，强调完善党委领导、政府负责、民主协商、社会协同、公众参与、法治保障、科技支撑的社会治理体系，建设人人有责、人人尽责、人人享有的社会治理共同体。全会中关于社会治理体系相应部分的内容，较十九大报告又有了创新性提法，增加了“民主协商”与“科技支撑”两项内容。随着信息技术的发展，在社会治理中，现代科技，尤其是信息技术的支撑作用越来越重要，2021年出台的《中共中央　国务院关于加强基层治理体系和治理能力现代化建设的意见》（中发〔2021〕16号）强调要加强基层智慧治理能力建设，更加明确和凸显了新时代社会治理智能化的重要性。

随着物质生活条件的逐步改善，特别是互联网、大数据的广泛运用，人民群众对政务服务、民生保障的需求呈现出个性化、多样化的新特点，对服务的体验感、参与感、精准化提出了更高的要求。以大数据为主的新兴技术手段使得信息收集整合、分析处理、沟通交互的效率大为提高，为政府改进回应性、提高公共服务的效率和质量提供了有效的治理工具，政府在治理过程中不仅可以依赖传统权威，还能够依靠不断改进的程序和技术对社区进行微观治理。可以说，以大数据为主的新兴技术为创新社会治理模式、应对社会转型、协调利益关系提供了重要的机遇性工具。有学者指出，治理手段与治理需求不匹配是导致目前中国社会治理低效的主要原因。[①]技术被广泛应用于社会治理并不是什么新鲜事物，自启蒙运动以来，技术和基于技术的治理被广泛应用到政府管理中，公共治理的技术化已成为现代国家治理的重要趋势之一。[②]

随着城市科技化和信息化水平的提升，我国城市治理一直在探索技术社会治理的创新方式。社区生活中的科技支撑很多，本章仅以互联网、大数据的实验为案例。近年来，互联网、物联网技术的飞速发展为大数据技术社会治理的兴起提供了坚实的科学技术基础，使得新时期的技术治理侧重于采取互联网、物联网、信息通信技术、传感器和App等手段，建立起由参数、编码、脚本等构成的技术标准体系来协调和重组多元治理主体间的资源、功能与责任。[③]对大城市而言，大数据将空间属性注入日常生活数据之中，为我们更好地理解城市生活和制定城市政策提供了更为广阔的视角和更多的可能

---

① 张凤荣：《大数据社会治理研究的理论进展与政策堕距分析》，《学海》2018年第2期。

② 张丙宣：《技术治理的两幅面孔》，《自然辩证法研究》2017年第9期。

③ 张丙宣：《技术治理的两幅面孔》，《自然辩证法研究》2017年第9期。

性；同时，大数据也将帮助研究者把公共服务设施与社会群体之间的动态关系更好地联结起来并改进大城市管理。

目前，大数据方法已经在交通出行、公共安全管理、房屋价格、城市公共设施利用、公共参与等方面得到一定程度的应用。[①]针对目前社会治理领域普遍存在的一些问题，大数据技术通过对海量数据的快速收集与挖掘、及时研判与共享，成为支持社会治理科学决策和准确预判的有力手段，为转型期的社会治理带来了新机遇。

二、实验内容与成效[②]

2018年，清河启动背街小巷整治行动，计划改善共享单车随意停放的环境问题，将被浪费的小空间打造为街头“微公园”。新清河实验团队向清河居民征集关于公共空间治理的意见和建议。公共空间治理与社区规划相比，涉及的空间范围更广，使用者的流动性更大，诉求也更为多元，并且由于空间涉及的产权边界复杂，往往需要多部门协作，沟通协调的成本也更高。为此，新清河实验的公共空间治理实践探索了基于新媒体技术的在线地图互动平台，以期广泛征集民意，促进多方平等对话，进而推动共识达成并实施落地。

（一）实验设计

第一，结合居民关心的议题，运用新媒体技术，激发居民参与的主动性。在参与议题上，为了激发居民参与的主动性和积极性，实验团队经与清河街道商议，结合当时清河地区比较突出的共享单车无序停放、占道停车等居民关心的公共空间治理问题开展居民参

---

① Zheng Su, Tianguang Meng, “Selective Responsiveness: Online Public Demands and Government Responsiveness in Authoritarian China”, *Social Science Research*, 2016, 59 (9).

② 部分内容已发表在《城市规划学刊》2020年第1期。详见陈宇琳、肖林、陈孟萍、姜洋：《社区参与式规划的实现途径初探——以北京“新清河实验”为例》,《城市规划学刊》2020年第1期。

与活动，并预留了“自定义”选项，给居民充分表达意见的空间。在参与渠道上，为了方便居民提出提案，实验团队运用新媒体技术，利用微信公众号“路见PinStreet”定制开发了在线地图数据平台，居民可以随时随地通过手机标注问题位置、选定问题类型、添加照片文字，从而便捷而又充分地表达自己的想法。此外，为了鼓励居民的参与热情、培育居民的参与习惯，实验团队还设置了多种奖项，吸引更多的居民参与到活动中来。

第二，利用在线地图互动平台，实时动态分享意见，促进参与过程的民主性。为了促进居民与政府和规划师以及居民之间的交流互动，实验团队在“路见”数据平台上加载了在线地图和开放社区论坛两种功能。首先，将互联网与地理信息系统（GIS）结合，搭建可视化的在线地图数据平台，有助于民意的实时共享，居民、政府和规划师可以随时了解呼声最高的公共空间问题及其分布情况，同时为精准治理提供支撑。其次，为了促进居民之间的分享和讨论，实验团队还借鉴网络论坛形式，在提案界面上设计了点赞和评论功能，并将点赞数和评论数作为评选最佳提案的重要依据。

第三，全程与政府充分沟通，设置有限选项引导，保障居民意见的落地实施。项目全过程都由实验团队与清河街道办事处充分沟通、共同推进。在议题的选择上，在实地调查和文献研究的基础上，尽可能与清河街道近期工作重点相结合。在议题的设置上，为了避免民意过于发散难以达成共识，进而难以付诸实施，实验团队进行了有限选项引导，设置了12类公共空间问题选项，引导民意适度聚焦。在最佳提案的评选过程中，则由清河街道办事处从政府角度重点考察了提案的可操作性，从而保障下一步立项实施的可能性。

（二）实验实施

从2017年起，新清河实验开展“路见清河：共享单车停放与公共空间改善有奖征集”活动，引导居民通过在线地图上传提案。在宣传过程中，特别注意覆盖互联网使用率较低的老年人群体，以及社区居民之外的企业员工。首先，通过社区居委会向各个社区的居民进行宣传。其次，于周末在位于清河街道核心区的商业综合体入口进行宣传，并在以老年人为主的大型老旧居住小区进行了同步宣传。不仅如此，还在工作日去清河街道最大的企业小米公司进行了宣传活动。

活动共收到来自1430位居民的1650份有效提案。提案居民88%为清河居民，18岁以下、18—30岁、30—55岁、55岁以上人群比例分别为5%、40%、50%和5%。在提案内容上，947条关于共享单车停放，703条聚焦公共空间改善。根据语义分析，在共享单车停放位置上，核心商业综合体东西入口空间充足、需求量大，许多市民建议设置共享单车停放区，规范停放，改变现在禁止停放共享单车的处理方式。在共享单车管理方式上，居民建议政府可以通过划定共享单车停放区与控制总量等方式加强管理，企业则可以通过增加奖励机制、保证运营人力投入、建立用户信用体系、设置智慧停放设施等手段进行积极的引导，此外，还指出应提升居民素质，推进居民自治自管。在公共空间方面，占道停车和自行车道的问题最为突出，其中朱房路、清河中街、毛纺路占道停车严重。此外，还有居民提出在学校附近增加过街天桥、在清河滨河空间中增加座椅等建议。

根据专家评审和后台自动筛选，活动共遴选出30名最佳提案奖。清河街道和实验团队通过微信平台联合公布了最佳提案获奖名单，并发布《清河街道公共空间改善民意报告》。为了更好地推进项目实施落地，清河街道联合实验团队开展了“路见清河：共享单车停放与公共空间改善”沙龙，邀请获奖市民、海淀区交通委、清河街道办事处、摩拜和ofo单车的企业总监，以及城市规划业界的专家学者等30多人参加研讨，就推动共享单车停放立项达成了广泛共识。2018年，清河街道就共享单车停车规划立项，规划编制单位根据居民相关提案，并利用共享单车企业提供的数据，完成了初步的规划设计方案。之后又通过线上、线下渠道，与热心居民和政府相关部门沟通讨论，确定了最终方案。

在第一轮公共空间意见征集的基础上，清河街道选择街头空间治理作为下一步工作的重点，并开展了第二轮意见征集活动——“路见清河：街头微公园怎么做，听你的！”，继续利用在线地图数据平台收集居民对微公园选址和功能设置的建议。公众参与已逐步纳入清河街道的日常工作，形成长效机制，并初见成效。（见表11–1，图11–1）

表11–1　新清河实验公共空间治理公众参与实践流程

	步骤	内容
1	确定主题	结合民生需求，确定以公共空间治理为主题
2	征集意见	通过线上、线下渠道宣传，利用“路见”在线地图数据平台，广泛征集民众意见
3	公布结果	通过线上平台发布意见征集数据报告，并公布最佳提案获奖名单
4	线下协商	邀请获奖民众、政府部门、规划专家、相关企业代表共商治理重点
5	编制方案	规划编制单位根据居民提案，与相关企业合作完成初步方案
6	沟通方案	通过线上、线下渠道与民众和相关部门沟通讨论，确定最终方案
7	实施项目	街道、规划编制单位和相关企业共同实施规划方案

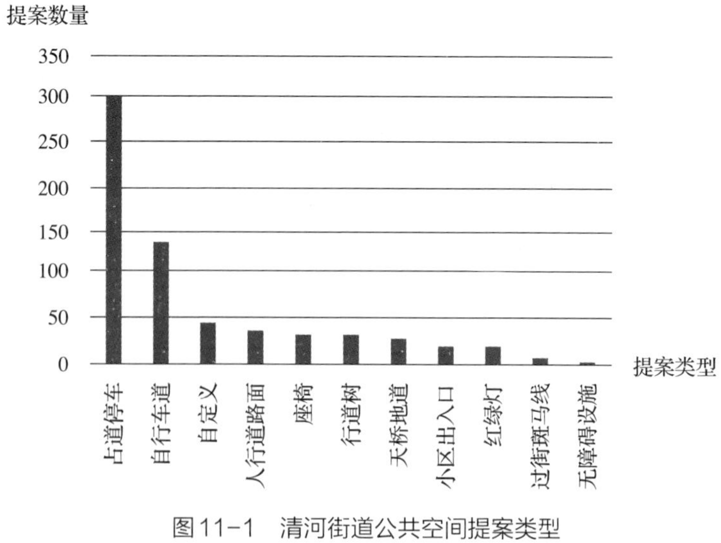

图11–1　清河街道公共空间提案类型

（三）实验取得的成效

通过实践发现，科技能够发挥作用的关键在于要在自上而下和自下而上的公众参与方式之间找到结合点，充分展现网络与线上平台自由、开放、共享的优势。具体可以从“规划程序”“参与平台”和“实施单元”三方面进行分析。

1. 通过完善规划程序实现居民诉求的精准识别

在程序上，为了找到百姓需求与政府工作的契合点，应将以往由政府立项、规划师执行、民众参与的规划程序，与由民众提案、规划师论证、政府实施的程序结合起来，以百姓意见作为规划工作的切入点，按需立项，精准治理。（见图11–2）一方面，根据民众意见立项能够很好地激发民众的主人翁意识，从而有助于民众更为自觉主动地参与到规划编制、实施、管理的全过程中来；另一方面，政府推动民意落实是公众可持续参与的关键，只有民意诉求与政府响应良性互动，才能更好地提升民众参与决策的热情。

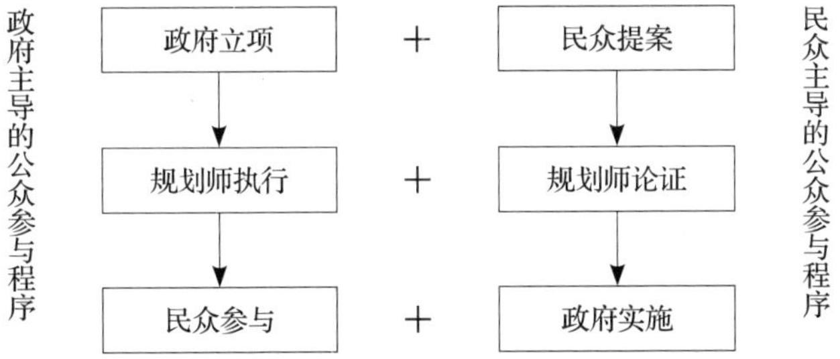

图11–2 政府主导与民众主导相结合的公众参与程序

2. 网络参与平台优化了社区治理的多元互动

在参与过程中，可以充分发挥互联网便捷、共享、互动的优势，构建开放的网络平台。（见表11–2）首先，互联网为民众提供了一个便捷的民意表达平台，相较于传统的问卷调查，网络意见征集的成本更低、范围更广，而且在匿名的网络平台上，民众更愿意表达真实的想法。其次，网络论坛具有互动、激发、涌现的功能，在多角色立体监督的平台上，民众、政府和规划师之间的关系更为平等，只要民众的提案言之有理、持之有据，一般都会得到他人的支持而涌现出来，而政府和规划师更多的是作为民意的倾听者、信息的传达者，以及提案可行性的论证者。再次，更为重要的是，这种公开的集体决策过程有助于多方达成共识，进而为推进项目实施提供支撑。当然，公众参与仅依靠网络论坛是不够的，在立项、编制、实施的全过程中，应根据需要随时从线上走向线下，并联合其他信息发布平台，及时更新项目进展、反馈意见落实情况，在方案比选等关键环节还可以邀请民众进行现场讨论。

表 11–2　网络平台与传统公众参与方式的比较

	网络平台	传统方式
时间	实时共享	很难共享
成本	成本低、拓展快	成本高、拓展慢
过程	互动、激发、涌现	缺乏互动、意见难聚焦
反馈	快速回应、及时反馈	反馈慢或无反馈
实施	方便引入多方参与、达成共识	需要逐个部门沟通、推进缓慢

3. 以街道辖区为单元增强了社区治理的执行力和治理效能

在城市规划和社会治理重心向社区下移的过程中，建议以街道作为广泛开展公众参与的实施单元。在空间范围上，街道不仅包括多个社区，还包括广阔的公共空间，覆盖了居民日常生活圈的主要范围，是讨论决策公共服务设施规划、提升居民日常生活环境的关键层次。在实施可行性方面，街道办事处作为属地管理单位，既充分了解上级政府的各种信息资源，又熟悉本地情况，在公众参与过程中承担着重要的组织协调功能，一旦有问题可以快速处理，便于纳入常态化管理，从而保障提案从提出、立项到解决的无缝衔接。

2020年北京市颁布实施的《北京市街道办事处条例》[①]赋予了街道“参与辖区有关设施的规划编制、建设和验收”的权利，为街道在参与式规划过程中更好地发挥统筹协调作用提供了法律保障。

三、总结与思考[②]

作为创新社会治理的一种技术手段，基层技术社会治理的成功要依赖于基层社会的运作逻辑，如果政策制定者不了解真正的社会基层运作逻辑，就无法真正制定适用于基层实践的技术应用流程，增加基层数据生产或者收集的成本，使得技术脱离治理结构和居民的真正生活。[③]基层社会治理的重点在于如何重新调整治理单元，整合组织资源，促进多元复合主体在社区情境中的互动以及参与社区公共事务，以使其能够回应社区需求、协调不同主体利益。但由于历史和现实的原因，我国的社区类型复杂多样，不同类型的社区之间在人口结构、人际关系、资源结构、文化积淀等方面的差异很大，[④]这决定了大数据应用于我国社区治理的过程中，需要针对不同的社区类型探索因地制宜的技术治理模式。传统的社区治理过程涉及政府和居民两大行为主体。政府在社区治理过程中发挥作用的主要途径是对行政资源、组织资源的调用，运用行政化手段对社会资源进行配置。居民在社区治理过程中发挥作用则主要依靠居民主体性的社区参与。大数据等新兴技术在社会治理领域的兴起和应用，

---

① 《北京市街道办事处条例》由北京市第十五届人民代表大会常务委员会第十六次会议于2019年11月27日通过，2020年1月1日起施行。

② 部分内容已发表在《西安交通大学学报》，详见何晓斌、李政毅、卢春天：《大数据技术下的基层社会治理：路径、问题和思考》，《西安交通大学学报（社会科学版）》2020年第1期。

③ 王雨磊：《数字下乡：农村精准扶贫中的技术治理》，《社会学研究》2016年第6期。

④ 郑杭生、黄家亮：《当前我国社会管理和社区治理的新趋势》，《甘肃社会科学》2012年第6期。

其实是对居民这一社区参与的主体进行“赋能”的过程，在赋能过程中，技术与社区各传统组成要素相结合，展现出了科技助力社区治理的崭新面貌。

基层社会治理存在自下而上的诉求反映和自上而下的治理整合两种作用机制，而基于大数据手段的技术社会治理使得社区数据有了汇聚、分析和处理的统一“出口”，其本质是技术手段对基层社会治理主体的赋能。通过技术手段的应用，基层社会治理的作用机制更为活跃、高效，过去许多碎片化、边缘化的社区事务有了整合的平台，强化了条块部门间的协同关系，基层政府对于社区的情况掌握得更为清楚、细致，对治理要求有了更具体的落实手段；而社区居民的诉求有了向上反映的新渠道，提高了基层政府的治理和回应效率。总的来说，未来最优的技术治理机制是打造共建共治共享的基层大数据社会治理格局，实现大数据技术对政府和居民的双向赋权。就居民而言，增加了表达合理治理诉求的渠道和方式，增进了政府工作的透明度和反馈效率；就政府而言，提升了社区事务的行政效率，营造更宜居的社区环境，使政府深入挖掘社区居民的日常需求，提供精细化、智慧化的大数据社会治理服务，让全民共享大数据技术进步所带来的成果。技术社会治理的具体模式则需要依据各地不同的经济、社会、文化等地域要素特征，因地制宜地进行探索，依据其社区社会资本和行政资源配置力度等地域要素的不同，采取适宜的大数据技术社会治理模式。

新清河实验团队认为，基于大数据手段的技术社会治理方式的改进提升需要关注以下几点：

第一，有效的技术治理应该是在现有社区社会资本基础上的以人为本的治理方式。所谓“以人为本”，指的是技术治理应该是能够满足居民的多元化需求的，而这里的需求既包括基本的社区居民的生活服务需求，也包括更高层次的安全、尊重和人际关系的需求。如果技术治理脱离了这些，最终会因为无法实现人们对于基层社区的核心需求而终止。在技术治理过程中，社区社会资本会因地域、人口等客观情况构成而有所差异，以人为本意味着社会资本难以调动时对居民诉求的尊重，社会资本易于调动时对居民参与的鼓励，最终目的都是为了提升社区社会资本。

第二，技术治理的开发成本需要控制在合适的范围之内。技术治理手段和模式的选择是在现有社区社会资本、行政资源配置力度等地域要素条件下寻求满意解的过程。过高的建设成本势必超出基层政府和居民的承载能力，而超出承载能力的技术手段本身也是不可持续的，将给治理过程带来不适应性，容易导致技术治理模式最终无法落地。

第三，技术治理推广需要考虑社区居民和行政人员的教育程度和学习能力。如果一种技术推广和使用的学习成本都很高，那么也会影响这种技术的推广和使用。教育程度较高的社区居民往往能够较快地接受和积极使用新的技术治理手段，从而有利于社区互动的形成和社区社会资本的塑造。行政人员教育水平的提高也有利于技术手段在基层社会治理的应用、创新和推广，从而可能减少政府在基层社会治理过程中行政资源的配置力度。因此，技术治理需要跟教育培训结合在一起才能更好地实施。

第四，技术治理的全面实现需要解决部门分割所形成的“信息孤岛”问题，理顺基层行政链条。对于大数据的采集使用、权属划分、数据交易以及隐私保护等，至今仍没有比较明确的法律法规和政策文件，缺少明确的操作化规范和流程，未能全面发挥数据指导决策和有效治理的作用。这些顶层设计的改变和基于大数据手段的技术治理的创新也最终将会与社区行政和财政资源的配置以及社区社会资本相互联系，相互影响。

第十二章
社区碎片化困境及其对策

自本章起，研究与分析的重点从总体描述、理论建构、实验内容转向社区治理问题分析。在新清河实验中，发现问题并探索问题的成因与对策是一项十分重要的工作。新清河实验的一个非常重要的目的，也是探索、认识和解决当下的“问题”。

摆在人们面前的重要问题，即是清河地区中，其组织和运作的基层单元——社区，出现了碎片化特征。笔者将其概括为“社区碎片化”困境，无论是在利益、空间，还是秩序层面，这种多重碎片导致基层社区运行“不畅”，社区动员和自治出现“梗阻”。这是中国社会宏观大转型的微观“投射”。出路则在于如何探索社区的再整合机制，包括外力干预或介入的机制。

在城市转型过程中，基层社区出现了重大分化，多种不同类型的社区普遍存在，即社区碎片化，这也是新清河实验深入研究的重点。在新清河实验前期调研阶段，实验团队选取了街道的B厂和D村这两个极具代表性的社区作为调查点，主要是由于B厂和D村的百年变迁折射了中国基层社会组织模式的变迁历程。自2002年起，政府在D村大规模推行“农转居”政策，D村改制成为D社区，总体上完成了从乡村到城市体制的转变。到2013年，由于大量外来人口的涌入，D社区的人口结构发生了极大的改变。B厂从清朝末年的“官督商办”企业，再到民国时期由军政部控制的军事生产企业，最后经过社会主义改造而成为国营企业。在经历了百年的沧桑变迁后，在2005年，B厂改制成为国有控股集团公司，并搬迁到新建的远郊工业园区。原有的厂房区域被开发成高档住宅以及城市综合商业区。可以说，B厂和D村的转型和变迁典型地反映了中国基层社会组织模式的变化。本章通过研究勾勒出了B厂和D村作为一种具有总体性特征的单位制社区（城市单位组织和农村生产大队组织），在经历了市场化改革和城市化进程后发生的剧烈变化。

一、改制前的单位社区：B厂与D村

国企改革和新城建设运动改变了B厂和D村的命运。北京市西北部D村里的村民们，见证了他们周遭的剧烈变迁。在D村附近，具有百年历史的国营工厂——B厂同样见证了他们生活空间的巨变。在2005年，B厂“改制搬迁”，大量职工“下岗分流”，厂房被夷平，拔地而起的是具有现代主义空间形式的高档商品房社区——C社区。就在D村不远处，几个相邻的村子因为城市快速扩张而相继消失。从2002年到2013年，D村完成了“农转居”[①]，但村里还有283人仍保留了农村户籍。除了土地仍然属于村集体之外，D村已经面目全非。由于这里生活成本相对较低，大量的外来人口涌入了D村。迄今为止，据保守估计，外来人口约为本地人口的10倍。像D村这样的村子被人们称为人口“倒挂村”。从D村到B厂，除了地名还保留着往昔的记忆，这里已经看不出有任何工厂和乡村的痕迹了。

1966年后，单位办社会的现象开始普及，B厂逐渐兴办了食堂、幼儿园、托儿所、中小学校、医院、体育场馆等。从1958年开始到1998年的40年间，B厂逐渐兴建了不同建筑标准的职工住宅，并向职工提供不同等级标准的出租住房。由于这样一种比较特殊的“单位体制”，B厂的职工只要进入了工厂，成为正式员工[②]，就算是端上

① 北京市于1992年开始逐渐推行“农转居”政策，即市政府为推进城镇化发展，将村民的农村户籍转成城市户籍，相应的身份也变成市民身份。

② 1950年代中期，为了解决城市招工短缺和城市失业问题，国家开始陆续建立临时工制度。

了“铁饭碗”，具有国家体制认可的正式的“工人身份”。

“农转居”前的D村是典型的城郊农村。农民们被整合进农村生产大队，隶属于北京市某乡级人民公社。农村生产队是一种“集权式的乡村动员体制”，这种新的政治社会组织替代了传统的乡村社会秩序。1955年6月，政府在全国范围内建立了户籍登记制度。严格的城乡户籍制度限制了D村村民进入邻近工厂和城镇生活的机会。D村村民们除了拥有自己的宅基地外，其他的生产性土地归村集体所有。他们不像B厂的职工那样拥有国家配给的各种食品补贴、住房补贴、医疗保险、子女教育机会等福利。可以说，户籍制度造成了城乡之间的巨大差别，城乡二元体制是最基本的社会分层。20世纪50年代末，B厂招工，很多D村村民进入工厂工作，改变了自己的农民身份，至今D村保留着城镇工人身份拥有城镇户籍的仍然有大约300人。党的十一届三中全会后，D村开始推行“家庭联产承包责任制”，建立了村民委员会，举行了村民选举，村民自治制度逐渐成形。B厂和D村的情况，很快由于市场改革和城镇化的发展而开始发生变化。

二、单位社区的改制过程

2003年后，由于城市化进程的加快推进，D村发生了天翻地覆的变化。2002年前后开始推行大规模的“农转居”政策，大量村民成为了市民，相继建立了D村党支部、D村经济合作社、D村农工商总公司。随着城市的扩展以及土地增值，D村周围相继开发。但由于被作为T大学发展预留用地，因而用地性质没有得到调整，逐渐成为了典型的城乡接合部，人口的“倒挂现象”变得更加突出。

B厂在三年之中快速改制，并转变为城市社区，这一地区的城市景观已经沧海桑田。B厂是三家国营工厂的统称。2007年12月25日，在这三家工厂的基础上，市政府成立了B股份有限集团。在“B集团”改制过程中，B厂这一地区空间转变成若干独立的城市社区。2005年，B厂区土地以约24亿人民币的成交价拍卖给了H房地产股份有限公司，创当年土地交易额的最高纪录，这一价格成为该市当年土地拍卖交易的“地王”。2006年，B集团公司投资3.5亿元，在北京市某区建立新的厂房，兴建了占地23万平方米的生产园区，实现了B厂的区位转移。与此同时，H房地产公司在原厂区的基础上，投资开发建设了著名的高档住宅区。截至2014年，已经建成四期，并经街道办事处批准成立了C社区及社区居委会、业主委员会等基层社区组织。该房地产开发公司还相继配套建设了综合商业开发项目，以及学校共建项目“希望实验小学”（化名），这也在很大程度上促进了C社区的商品房销售。一些大型的跨国商业品牌也逐渐进入这一城市社区，城市景观随之发生了巨大的变化。

B厂的土地拍卖所得，其中有约50%上缴市财政，其余部分，笔者并没有获得详细的分配方案或财务支出材料。根据访谈内容，笔者估计大部分资金主要是用作厂区搬迁、下岗工人安置和投资再生产等。原厂宿舍、职工住宅等，B厂以较低价格将产权转让给了大部分原厂的企业职工。其中，仍然有很多职工因无力购买住房而租住在部分宿舍中，为此，B厂仍然在老厂区保留了办事机构，以方便企业职工办理各种相关手续，并继续负责老厂职工住房的管理和维修。

街道办事处在B厂职工宿舍、住宅区的基础上新成立了B社区等三个社区。2002年，另一家房地产开发公司开发建设B厂的原体育场及其周围空地，并经街道批准，把周围的平房片区整合进来，成立了I社区。这一社区的居民中既有清河街道部分居民、新建的商品房小区居民，也包括其他驻区单位的宿舍区居民等。2006年，政府和厂方曾经试图改造开发B社区的老旧住宅，但是由于多种原因一直未能实现，只拆迁了部分老厂住宅，新建了两栋高层商品房。后来，这两栋高层住宅区在具体管理上归属到了B社区居委会，因此导致B社区民众的社会经济特征更趋复杂。总体上看，B厂和D村的改制解组催生了诸多新社区的建立，随着社会分化和空间重构，以社区居委会为核心的社区“场域”逐渐分化成众多片区、小区，单位社区逐渐分化成为了碎片化社区。

三、单位社区的碎片化：从4个社区到17个片区

在短短几年间，笔者所调查的街区社区组织结构发生了激烈变化，从原来的单位社区快速转变为了碎片化的居住社区。改制前的B厂和D村，在改制后碎片化为：D社区——城中村社区、B社区——后单位制的老旧社区、I社区——商品房和城中村混居社区，以及C社区——高档商品房社区。这些社区在地理位置上相邻，共有9006户，约27000名户籍人口，估计有4万到5万外来人口，共计约7万人。总而言之，在这一区域中，有商品房小区、传统城镇居住区、单位制小区、后单位制城市小区、“农转居”后的城市社区以及城中村等不同类型的城乡社区、片区。改制前的总体性社区已经不复存在，而且高度分化成为众多在景观特征、住房特征、经济社会特征以及人口构成等方面差异巨大的社区、片区或隔离小区。短短几年里，这一区域从国营工厂和农村生产队分化成为17个片区，而且这些片区内部不再是共同体意义上的“社区”，差别非常之大。

（一）B社区：后单位制老旧社区

在新开发的高档商品房小区的西、北、南方向，有B厂职工居住的三个老旧社区，其中，B社区是情况最为复杂、老职工最为集中的居住社区。B社区拥有居民3275户，约1万人，其中有9600多人是人户一致的。这里承接了B厂的下岗职工约4000人，社区的失业人口最高峰时有6000余人。在B社区的正式居民里，有40%是拿退休金的老人。有将近4000人的流动人口在这里租房居住，这些所谓的流动人口多为在附近高科技园区生活、工作的年轻“白领”居民。

改制前，从20世纪50年代开始，到1998年前后，在长达半个世纪的岁月里，企业先后建设了若干片区的职工住宅。改制后，B社区的大多数楼房及住宅被卖给职工居住，由于职工的资格、身份和财产条件不同，B社区在改制中也就逐渐形成了不同的住房地位群体，乃至形成了碎片化的社会空间结构。

从空间上看，B社区由这些原有片区以及新划拨的片区构成。B社区被一条东西向的街道分成南北两部分。在北部，由简易楼四栋及其住户形成了一个片区。在南部，老厂大多职工住在高六层、红色、带有浓厚80年代风格的34栋楼房里。离此不远处是平房区，仍有相当数量的职工在此居住。同时，B社区还有一片归其管辖的主要由某高校教职工居住的两栋高层住宅，这里居住着485户居民。在B社区，有三栋楼房仍然归原企业所有，这些楼房的两层以上被用来居住，一层用来出租，获取租金。这些片区在改制后变得越来越分散独立。除了高校教职工居住的片区外，B社区常年缺乏应有的物业管理服务，这导致了社区环境的衰败和混乱。但是，某高校职工居住的片区却表现出了很大的差异，其日常管理相对独立，由于职工所隶属的单位对日常管理担负一定责任，该片区具有很强的组织能力，对很多日常事务的处理很容易达成共识。这一片区的公共事务的处理，尤其是环境卫生等方面也比其他片区好得多。

在B社区，除了社区居委会及其党支部负责日常管理以外，街道的居民科、司法所、社保所、社区警务站、社区卫生站、社区服务站等机构也是社区居民办理各种公共事务的场所。这些机构分属不同行政级别，隶属于不同的上级政府机构。

居委会工作人员告诉笔者，社区治理主要有两大方面，社区安全和社区服务。B社区在处理公共事务方面体现了这两大职能。从某种角度讲，正是由于多家组织机构的并存，合作治理成为实现良好社区治理的关键。在面对重大事件或者处理公共安全事务的时候，基层政府通过合作治理和联动机制能够迅速组织动员各个机构以应对特殊事件。例如，在B厂的改制搬迁过程中，曾经发生过下岗职工们的集体抗议事件。尽管在各种文件上，企业的改制和搬迁符合国家发展的各项大政方针，街道办事处、居委会以及企业相关部门做了大量准备、组织和安置工作，但是企业职工的抗议乃至于集体行动一直没有停止过，正是合作治理使得事件很快得到平息。当然，具有碎片化特征的基层行政机构在实际的日常管理上，确实也存在着权责不明的问题，经常出现相互推诿的情况，因此也很难有效解决社区公共服务和管理的相关问题。尤其是针对老旧社区事务，基层行政机构和原企业之间存在不少需要协同协调才能够解决的问题，这些也是单位制改革过程中遗留下来的问题。

（二）C社区：高档商品房社区

在2005年之后的几年里，H公司累计开发了一期到五期小区。在C社区的开发建设中，住房价格从2005年的7000元/平方米上升到2020年的96000元/平方米。高昂的价格限制了购房人群的数量和类型。但是，在C社区，社区内部仍然形成了很多差别较大的地位群体，这主要是由于房价快速高企所带来的。较早期的住户，既有因原国企搬迁而住进来的回迁户，又有附近军队为安置家属而以较低价格购买住房形成的军队家属群体，还有某高校集体购买住房而形成的教职员工群体，后期入住的群体包括不少在附近高科技园区工作的企业主和经理人群体，形成了多元的住房地位群体。H公司不仅投资建设了中小学，与这些学校签署业主子女的入学协议，而且通过更加努力地打造小区物业服务水平以吸引“高端”人群入住。这使得后来入住C社区的社会群体的阶层地位明显提高。因此，C社区的住房地位群体日渐分化。在C社区的开发建设中，值得注意的是开发商的综合配套商业开发模式。这里先后建立起了适合具有较高消费能力群体的商场、著名的全球连锁餐饮服务企业、影院、超市等，形成了“社区商业”，这与在B社区所自发形成的社区商业，以及综合性社区商业之间有着迥然差异，体现了消费文化和消费方式上的社区分化。

（三）I社区：转变中的混居社区

B厂的足球场和空地由另外一家房地产企业开发建设，形成了如今的I社区，共有1374户居民，其中861户居住在七栋商品房片区里，300多户住在平房片区里，152户居住在二栋市属连锁超市宿舍片区里，有48户居住在一栋邮电局宿舍片区里。从住房特征上看，社区的碎片化特征十分明显，这里既有商品房小区，又有平房区、宿舍区以及后单位制小区。住房改革后，某邮电局将原属单位的住房使用权以较低价格卖给职工。此后，单位不再负责维护职工宿舍的物业管理以及其他相关的社区组织管理事务。随着后续入住的社区居民构成日渐多元，居民的流动性很高，这些后单位制的职工宿舍片区渐渐变成了缺乏物业管理和组织管理的小区。

然而，与这一片区形成鲜明对比的是，某市属连锁超市宿舍区由于单位仍然负责管理，其在物业服务、日常管理等方面明显优于该片区。笔者发现，在I社区中，在其日常管理和公共服务的提供方面，不同片区之间甚至片区内部，实际上都存在着多种组织机制。社区在无形中被划分为多种类型的片区、小区。对居委会和社区服务站等社区管理机构而言，"分片管理"是现实条件下的无奈选择。

（四）D社区：城市扩展中的农村社区

随着城市化进程的推进，市政府开始"整建制"推行"农转居"政策。2002年，政府在D村推行这一政策：农转居后的村民可以拥有市民的户口身份、享受市民的福利待遇，并能够获得3万元/人的政府补偿，但必须放弃集体土地的所有权。有趣的是，有的家庭妻子是市民身份，丈夫是村民身份，或者子女是市民身份。一些当地的老百姓把这叫作"一家两制"。至少在D村，"农转居"政策在实际的推行过程中没有完全实现市政府的"整建制"目标。截至2013年，当地还有村民283人。在户籍身份上，村民和市民同时并存。

由于D村所在的区域毗邻北京市某著名高科技园区，因此，市政府对这一地区的规划一直以高科技企业和大学聚集区为发展导向。由于D村所在地紧邻高科技园区、高等学府、实验小学，土地价值较高，这一地区也一直是房地产开发商的优先开发地段。然而，直到2020年为止，尽管D村周围的城市景观发生了明显的变化，但是D村不仅一直没有被拆迁改造，而且逐渐演变成了典型的"城中村"，这里有较为复杂的体制和机制在起作用。在D村向南不远处就是一座全国著名的T大学，据当地村民以及管理所称，D村连同其他几个村子，都一直作为T大学后续发展的预留用地，在规划和土地审批上，其用地性质一直被区政府严格控制着，所以一直没有被开发。但是，笔者并未查询到T大学的发展规划中有对D村土地利用的相关规划说明。对D村是否为T大学的预留地，区政府、T大学、D村村委会等利益相关方实际上仍然存有争议。值得注意的是，D社区的发展规划将对D村的户籍制度、管理格局、土地收益、民众收入来源、政治信任等方面造成极大的影响。

四、从单位社区到碎片化社区

本章描述了B厂和D村转型为城市社区的过程，包括其形成过程、人口构成、组织结构和基本的管理方式。通过“事件—过程”分析方法，剖析了中国单位制改革后基层社区碎片化与城市更新的微观逻辑。

改革前的B厂和D村是典型的单位制街区。B厂具有悠久的历史，在其行业内拥有显赫的地位，新中国成立后为共和国的工业发展和建设做出了很大贡献，这家国营企业的兴衰见证了这一地区的历史变迁。B厂最初是清朝末年的官督商办企业，在民国时期由民国政府军政部接收，1949年后逐渐改造建成为计划经济时代典型的大型国营工厂，改革开放后，经过股份制改革建立了现代企业制度，经历了一百多年的变迁。离B厂不远的D村，是典型的城郊农村，与B厂有着千丝万缕的联系，至今仍然有许多老职工和退休工人生活在这个村子里。在改革开放之前，这一地区是典型的城乡二元体制，工人被整合进单位制的国营工厂，农民被整合进村生产队，社会的聚合模式具有十分鲜明的单位制特征。

改革后，单位制社区碎片化为多个具有差异社会经济属性的社区。90年代初市场化改革后，随着城乡二元体制的松动、城镇化进程的加快，社会空间发生了巨大的变化。这些变化不仅是地理意义上的空间景观的巨大变迁，更是社会意义上的社会分层结构的巨大变迁。90年代中后期，北京市的城市发展和建设迅速波及这一地区。单位制社区的碎片化机制主要有三个。

第一，农村生产大队转型为城中村和城市社区。2002年，北京市开始推行“农转居”政策，即变农民为市民，农民获得市民身份，享受市民待遇，但要放弃土地使用权及收益。在这一政策得以推行后，很多村开始“整建制”地变为城市社区。由于多种原因，D村没有实现市政府预想的“整建制转居”，迄今为止，十多年时间过去了，D村仍有村民283人，D村的土地仍然保持了集体土地性质，村委会和村集体经济十分活跃。

第二，国营工厂转型为城市商业综合与居住社区。2005年，筹备多年的国企改制开始实施。这项改革的实施策略是，工厂改制搬迁，工业用地变更为居住用地并经过“招拍挂”出售，工人下岗、转岗、买断、辞退。经过80多轮的竞拍，H公司以当时最高的价格——约24亿元购得了这块土地的开发权，在原厂区域范围内分五期开发，并逐渐以“学区房”为主要卖点，形成了集高档商品房小区、消费、娱乐为一体的新型城市社区。政府获得了土地出让收益的50%左右，其余部分交给了B厂，每位职工根据工龄和级别等多种指标获得了数目不等的补偿金。街道办事处批准成立了C社区居委会。对于原厂工人的宿舍和居住区，政府并未拆迁或改建，企业将房屋产权通过多种渠道以较低价格转售或出租给工人，形成了三个主要由老厂职工组成的新社区，B社区即是其中规模最大、人口最为集中的社区之一。

第三，房地产市场嵌入社区更新导致社区进一步碎片化。原B厂的体育场和足球场等空地则由另一家地产商开发，这处中档商品房小区，连同其他平房区和其他当地企事业单位的宿舍区一同形成了I社区。经过10年的发展，这一地区已经不再是传统意义上的城乡接合部了，城市的物理边缘早已蔓延到更远的地方了，D村更成了大家一般所说的城中村。在这里，仅仅在视觉景观方面，分化的程度就已经令人瞩目了，C社区的豪宅、I社区的塔楼和平房、B社区六层老旧楼房与简易楼、D社区参差不齐的私建低层楼房，构成了建筑风格混搭、对比强烈的城市“碎片化”景观。

总之，这一地区从改制前实行单位制的总体性社区，在短短几年的时间里，就迅速变成了碎片化社区，4个社区逐渐分化瓦解为17个片区，这些片区之间相对独立，住房特征和社会经济特征差别迥异，与之前的高度整合的社区相比，碎片化特征十分明显。这一大规模的激烈的社区变迁，不仅深刻地改变了这一地区的空间结构，而且也深刻地改变了其社会分层结构，带来了基层治理模式的重要转变。

五、从“社区碎片化”到“社区整合”

突破“社区碎片化”困境，重走单位化、总体式治理的老路是行不通的，但在缺乏“社区精神”的前提下走向真正的、理论预测和期待的“自治”之路，又是不现实或者说不切合当下实际的。那么，一个比较可行的办法是“党建领导”下的“共治”。但这种共治，是以激活社区自治为前提的。这种“共治”是基于一系列制度、机构与实践运行基础上的长期努力的结果。

解决“社区碎片化”困境，有三个重要途径。第一，要明确社区治理的责任主体，建立规范、制度、机制。社区治理是社区所有居住和生活共同体的责任，而不是社区外部乃至政府的责任，政府责任在于兜底，在于维护秩序。第二，要激活社区议事机构建设，这也正是新清河实验最为精彩的部分。在这方面，实验团队已经取得了很好的研究和实践。第三，要从“空间”入手，从“共同利益”入手，从“微基建”入手，激活自治活力，让社区民众参与到社区提升工作之中，以最低成本实践新的社区整合模式。只有在实际项目运作中，社区整合才不是“口号”。

第十三章
社区中的集体消费

如本书前章所述，中国正在经历着人类历史上最大规模的城镇化。大量人口涌入城市，特别是涌入超大型城市，同时城市社会体制发生了变革，这给中国城市基层社区治理带来了极大的挑战。2019年初，新清河实验的改革创新进一步拓展至社区物业管理服务，团队从完善组织体系的角度，提出了在街道办事处层面增设社区治理指导中心这一物业服务的协调机构，改善物业管理服务水平。而从理论上对社区物业管理问题进行深层次的探讨，就不得不回到社区中的集体消费问题。

新清河实验团队通过田野调研及实验推进，发现基层社区治理中存在的复杂问题和矛盾都与集体消费问题有关。在基层社区治理中，在许多基本公共服务方面，如医疗、教育、环境卫生、社区安全、交通基础设施、环境景观建设，以及住房、住区的环境、车辆管理等，都不是居民或消费者个人可以单独实现的，而是必须（或者不得不）与其他居民或消费者一起作为一个整体去共同实现的。这些物品或服务往往既具有公共物品属性，也具有商品属性。多重属性模糊了治理主体的责任，带来了诸多治理的问题和隐患。

本章通过研究清河街道的三个典型社区，对社区治理存在的问题进行分析，认为缺乏有效的集体消费组织和管理机制是导致社区治理矛盾和纠纷的主要因素，并在此基础上提出基层政权的一个核心责任是组织和管理集体消费。中国城市的高密度居住方式决定了集体消费问题必然长期存在，如果这一问题得不到有效的解决，将会为未来埋下冲突的隐患。

一、城市社区的集体消费

（一）什么是集体消费？

集体消费概念最初是由著名社会学家卡斯泰尔提出的。他认为，集体消费是一种特殊类型的消费，其性质与过程只能由集体组织和管理来完成，而无法通过个体交易单独实现。卡斯泰尔的这一概念主要针对的是欧美国家与公共福利有关的一些消费，诸如教育、医疗、公共住房、基础设施等。但是，由于中国在政府角色、制度体系、居民生活方式等方面与欧美国家存在重大差异，因此中国城市的集体消费问题具有特殊性，本章根据中国的场景，对于集体消费做出了新的阐释。与欧美的消费模式相比，集体消费在中国城市、城镇居民社区生活中占据了十分突出的位置，对于居民日常生活有着极为重大的、直接的影响，其原因阐释为如下几点。第一，国家性质决定了我国所有制形式主要是公有或共有形式，即以全民所有或集体所有为主，如，土地产权所有制是公有的而非私有的。所有制形式决定了中国城市的集体消费比例会大大高于欧美国家。第二，我国属于人口超巨型社会，巨型或超巨型城市比比皆是，城市或城镇的高层楼房高密度居住方式极为普遍，这就决定了我国城市、城镇居民社区生活中集体消费的特征更为突出。第三，我国社会是一种政府主导型社会，大量集体消费由政府财政支出完成，集体消费比例较高，这就决定了中国城市的集体消费在各种消费形式中占据主导地位。以上三点，导致集体消费在中国社会背景下具有特殊含义和内容。

（二）社区生活中的集体消费

中国的集体消费问题涵盖诸多方面，本章主要研究的是社区生活中的集体消费问题。社区生活是人们生活不可或缺的部分。一般而言，人们在三种空间中生活，即就业空间、社会交往空间和居住空间，其中与居住空间相联系的就是社区生活，而社区生活中，集体消费占据十分重要的位置，几乎涉及社区生活的方方面面。例如，社区中的住房问题，与之相关联的不仅仅是房子本身的购买或投资，还有房屋的维修、基础设施建设、基本公共服务的提供等，这些都不是简单地将房屋出售、分配或者租赁就能够一次性地交由社区居民来支配或者管理的。1998年住房改革之后，国家或者单位把住房卖给个人，但并没有考虑到与住房相关的居住要素应该如何组织消费或者管理，造成一些城市社区无人管理、秩序混乱。一定程度上，人们并没有意识到社区治理中的很多问题实际上是一种集体消费问题。

社区集体消费的最大特点在于，人们的居住选择与社区集体消费紧密连在一起，而且一旦居住选择确定后，社区集体消费往往具有无法规避的特性。在社区中，不同群体围绕着集体消费问题很可能产生矛盾或冲突，如果集体消费问题解决不好，在我国目前的社会状况下，常常会将矛盾或冲突诉诸政府，甚至会引发人们对政府的不满。可以说，社区治理中的集体消费问题不仅涉及居民与居民之间、居民与市场之间的矛盾，也会牵连到居民与政府之间的矛盾。因此，研究社区集体消费问题的形成，探寻其矛盾凸显的原因，就显得十分必要。为了更好地研究这些问题，我们将中国城市基层社区进行了分类研究。目前，城市社区类型繁多，本章根据清河的基本情况，集中探讨以下三类社区。

第一，单位制解体之后的老旧社区——本章称之为后单位制社区。这些社区大多是经过单位制改革而形成的，居民主要由原单位职工构成，其主要特点是居民收入低，缺乏物业管理或者物业管理不到位，社区基本公共服务或建设相对较差。

第二，新建商品房社区。这些社区是目前中国大规模建设的最为主要的居住类型，许多居民通过购买商品房进入社区，并重新构造社区关系，这类社区的市场化程度高，大都由物业公司管理，在物业费的价格、缴纳、公共服务提供、小区基础设施建设等集体消费方面，常常存在着不少的矛盾和隐患。

第三，聚集大量外来人口的城中村社区。这类社区的主要问题是由人口城镇化和城乡二元结构导致的人口流动性高、职业结构相对多元，以致难以组织和管理集体消费，社区中的矛盾或者冲突比较明显。尽管集体消费的方式和能力在这些社区存在差异，但这些社区都存在着不同程度的集体消费困境。

新清河实验团队曾对清河不同类型的社区做了广泛调研，比较了这些社区的不同特征并进行分类。所以，本章所选择和研讨的三个社区是具有典型特征的。笔者对于三个社区采用过多种调研方法，包括参与观察、访谈、座谈，问卷的方法以及实验的方法等。本章的撰写是采用案例的方法，案例研究的主要访谈对象包括居民、外来人口、社区志愿者、居委会工作人员、物业公司管理人员、基层政府公务员和主要管理者等。首先归纳总结了三种典型社区的集体消费问题，而后进入实证的案例部分，分别阐述后单位制社区、新建商品房社区和城中村社区的集体消费困境，最后总结集体消费问题的成因并提出对策。

二、后单位制社区的市场失灵

在计划经济时代，国家或单位承担了社区集体消费的全部责任，但随着单位办社会的模式被放弃，房屋和小区的管理责任被推向了房屋所有者，这就逐渐形成了单位制解体之后的居住小区或社区。然而，在整个改制过程中，国家或者相关政策制定者并没有很好地考虑到集体消费的组织和管理问题。无数脱嵌于体制的个体，既没有能力通过市场机制来解决物业服务或小区管理，也无法自发组织起来实现集体组织与管理。最终，这些原因导致这类社区开始走向衰败。

正是由于缺乏有效组织和管理，后单位制社区的集体消费问题十分突出。一方面，因为这些社区聚集着大量中、低收入者，这些居民或者习惯了国家的“包干”管理方式，或者由于收入低而拒绝缴纳物业服务费，在这些社区中即便是物业费很低廉，也常常难以征收；另一方面，低廉的物业费，导致物业公司无法提供充分的社区服务和集体消费品，难以胜任老旧小区的物业组织管理工作。于是就构成了恶性循环，最终导致社区环境破败、基础设施老化、社区矛盾和冲突不断被积聚。在这些社区中，民众对社区服务和管理的意见很大，加之国企改革、单位制解体所造成的相对“剥夺感”，促使很多人怀念计划经济时代，对基层政府一定程度上产生了抵触情绪，这更增加了改善社区居住环境以及提高社区管理水平的难度。

作为本章案例的B社区是一个后单位制社区。这里居住着3275户居民，一共有35栋楼房，两栋高层住宅，以及三栋条件简陋、修建于80年代的简易楼。总计居民达到1万余人，外来人口4000余人。这里95%的居民都是原来某工厂的职工及其家属。B社区的平均收入较低。有一家国营的物业公司负责运营社区物业，物业费仍由原单位提供。在这类社区中没有建立业主委员会。

（一）社区管理资金缺口较大

B社区的整体物业费用是由居委会组织管理的，主要是通过非正式的途径从原单位处获得。相似的情况还有在B社区不远处的矿材厂小区。矿材厂小区原来是一家市属矿材厂的家属院，后来厂子倒闭了，原有住房使用权转卖给原厂职工。改制之后的矿材厂小区，由政府划给一个新组建的“农转居”社区居委会来管理。这里的居委会主任讲：“我们社区的环境卫生比较差，不如改制之前，以前有单位管。后来改制了，理论上单位和我们关系也就不大了。但是，每年大约百万元的物业费还是由原单位从一些房屋租金中划拨。这也是我们争取的，毕竟很多老人还在。”

在矿材厂小区和B社区，均存在着物业费难以征收的现象。“物业费”无法征收上来，一个很重要的原因是房屋产权不清晰。B社区菜场搬迁的例子就很好地说明了这一点。为了整顿社区环境，街道办试图重建社区菜场，为此打算清理社区的底商租户用房。但是这些房子大多是经过多道转租手续而被底商租用的。更不可思议的是，房管所、原单位的房屋管理部门也无法搞清楚其具体的房屋产权所有人。这直接导致街道的社区改造规划无法实现。这个故事也揭开了中国单位改制过程中基本公共秩序混乱的冰山一角。

另一个比较重要的原因是，这些老旧社区的居民平均收入较低，往往对社区物业费的征收采取抵制态度，以社区环境卫生管理为例，一位居委会工作人员表示：“每月3元的卫生费都难以收齐，就不要说房屋维修费了。有的居民竟然提出，必须把楼道内的卫生清扫也处理了，否则不同意交卫生费。也有很多居民说，小区内很多房子还是原来的厂子在管，不应该再交这笔钱。”

由于物业费难以征收，B社区管理资金缺口较大。如果说物业费难以征收是资金缺口大的表面原因的话，那么深层次的原因还在于这类社区长期由国家、企业负责社区事务的管理，社会惯性导致居民们抵制市场机制的建立。

（二）社会惯性导致市场机制失灵

B社区居住者大多拥有在国有企业居住和生活的经历。其中，党员就有809人。大多居民都是曾经在同一个企业工作过的老职工，社会关系网络十分发达。社区居委会也是由原来的三个家委会合并形成的。

值得注意的是，B社区大多数居民仍然把新成立的居委会当作原来的单位。例如，很多习惯了单位制生活的居民，遇到家庭纠纷仍要来找居委会调节、解决。一个居委会的工作人员说：“夫妻之间的感情争执也要找我，没办法啊！”实际上，很多居民并不适应单位解体之后的生活。

由于居委会无法提供基本的公共服务，政府的资金也因为种种原因不到位，加之改制下岗所造成的巨大心理落差，使得居民对社区的管理抱有极大的愤慨，但同时也将社区提升改造的希望寄托于政府。在这一类后单位制的老旧社区中，居民的生活水平普遍偏低，而且由于长期的单位制居住经验，对社区集体消费市场是抵制的。任何尝试引入市场机制的做法，往往都会在这一类社区中遭到一定程度的抵制。

（三）集体消费组织和管理缺乏责任主体

一位居民的看法相当具有代表性："这笔钱到底是居委会负责收，还是厂子负责收，谁也说不出个章程，大家自己组织又不可能，你看看卫生费怎么收？那些简易楼，就更没人管了，连里面住的是什么人都不清楚了。以前厂子管，现在没人管，也管不了。"

可以说，原本可以实现有效组织和管理的社区，由于缺乏有效的机制和责任主体而变得环境破败、民怨沸腾。这值得基层管理者乃至国家相关政策制定者高度重视。集体消费组织和管理缺乏明确的责任主体，不仅是导致后单位制社区衰败的重要原因，也是社区集体消费机制不健全的重要原因。

由于过去采取单位制管理模式，后单位制社区难以适应新的市场机制，市场失灵现象十分突出。这类社区难以征收物业费，或者物业管理费相对低廉，导致物业公司退出或者无法提供充足的公共物品，社区环境出现了整体性的衰败。加之大多数社区居住者长期习惯于政府、企业包办一切的居住方式，社会惯性导致市场机制难以被居住者接受。

国企改制以及城市景观的巨大变迁，造成了后单位制社区居民相对剥夺感较强，这进一步增加了这一类社区在组织集体消费和进行社区事务管理方面的难度。而且，由于缺乏明确地组织管理集体消费的责任主体，这一类社区往往处于管理失控状态。社区衰败更加加重了社区居民的不满。

三、新建商品房社区的市场缺陷

从发展趋势上看，新建商品房社区是今后中国人获得住房或者社区公共服务的最主要的集聚形式。房改以后，中国人要获得住房需要从市场上购买，人们一旦完成这个交易，就会直接进入集体消费过程之中。目前，在新建的商品房社区，主要是由物业公司来负责组织和管理基本的物业服务，包括环境卫生、小区保安、房屋维修、基本设施等等。总体上看，与其他居住形式相比，这一类社区的集体消费问题相对较为规范。但是，在这些社区中仍然存在着一定的问题和隐患。

首先，市场机制很难在这些社区的组织管理中发挥作用，这主要是由于物业公司提供的产品或服务本身具有集体消费的性质。物业服务难以有效地通过量化标准来衡量，而且物业公司与居民个体之间存在着严重的信息不对称，同时这些产品或服务的消费不是立刻购买就能够瞬间完成的，即由个体不能够独自完成消费，产品和服务不具有可选择性。其次，在新建的商品房社区，随着时间的推移、房屋的老旧，很多物业管理、基本的公共服务的问题将会暴露出来，但是化解各种纠纷的机制并没有真正建立起来。大量的业主“维权”事件表明，现有的管理模式难以有效地化解纠纷，有的甚至还制造纠纷。最后，这类社区自治能力不强，居民之间难以组织协调，同时业主委员会由于不具有处理公共事务的能力，因此常常不能担负起组织集体消费的职能，最终导致社区服务和管理难以有效施行，导致社区走向衰败。

新清河实验团队调查的C社区，是一个新建的高档商品房社区。该商品房社区聚集着具有较高消费能力的群体，居民大多是大学教授、IT公司的管理者、政府官员、企业高管等高收入群体。该社区组织体系十分齐全，有物业公司、居委会、党支部、服务站，也成立了业主委员会。该社区物业服务基本到位，管理比较规范，居委会、党支部、服务站也多次获得荣誉，社区内环境整洁干净。但是，在这样的管理比较良好的社区中，我们仍然可以发现，潜伏着不少集体消费问题。

（一）交易地位不对等引发集体消费矛盾

所谓交易地位不对等，是指作为个体的业主与作为组织的物业公司之间在市场交易中处于不对等的地位。

首先，双方交易过程中的定价机制是不对等的。一位物业公司的工作人员说："物业费定价本身是难以衡量的，如何定价，物业公司与业主之间是不对等的，或者说是物业公司比较主动。"

其次，个人往往缺乏组织集体消费的能力，难以与作为组织的物业公司抗衡。同时，业主委员会并没有发挥其应有的对等谈判或者交易、监督的职能。

由于物业管理的相对特殊性和专业性，普通居民难以衡量或评估物业服务的优劣或相关公共物品的品质，而且无法强制性地要求物业公司提供财务状况报表。业主委员会由于缺乏组织性和参与机制，不可能代表业主利益去争取合法权益，这也导致社区集体消费的交易双方地位常常处于不对等状态。由于物业管理服务本身是一种集体消费过程，而交易双方存在着严重的地位不对等、信息不对称，因此往往导致业主利益被损害或者被忽视，甚至出现维权纠纷。

（二）社区的房屋专项维修基金是笔糊涂账

随着房屋老旧，各种维修费用加大，社区基本服务和管理的矛盾逐渐显露出来。用于住房维修的住房专项维修资金在管理和使用方面往往存在着严重的问题。

建立住房专项维修资金制度，始于1998年。2004年开始，办理房屋产权证时必须缴纳住房专项维修资金，其缴纳标准也由最初的按购房款2%到3%的比例缴纳变为2008年的按住宅建筑安装工程每平方米造价的5%到8%缴纳。2007年，修订后的《住宅专项维修资金管理办法》规定，维修基金专门用于小区公共部分的维修，归全体业主共有。在实际调查中，我们发现这笔资金往往是一笔糊涂账。在B社区，这笔资金的使用情况并没有告知居民，居民也很少过问和关心这一笔资金的使用明细。C社区的这一现象也比较普遍。在这种情况下，一些社区中甚至出现了业主委员会与物业公司串通挪用专项资金的事情。

一位社区居民讲述了他所了解到的情况："某物业公司以小区设施需要维修的名义，通过发放问卷的形式让每个居民表态，而由于居民往往缺乏相关知识，缺乏关心小区事务的主动精神，往往也就简单地签字同意，最后这笔钱实际上是从居民缴纳的房屋专项维修资金中支出。物业公司正是利用了这一点，才能够轻易地从相关管理机构中套取这笔钱。"

房屋维修资金是全体小区业主所共有的，但在实际运行过程中，由于缺乏明确的责任主体和有效的监督机制，维修资金往往被滥用、挪用，其使用变成了一笔糊涂账。可见，缺乏有效的集体消费组织和管理机制，居民常常无法实际控制本该属于全体居民的共有资金的支配权。房屋会逐渐老旧，而住房专项资金的使用缺乏监管，未来社区的纠纷将会大量增加。

（三）集体消费组织和管理缺乏有效监督机制

由于缺乏明确有效的监督机制，物业公司与居民之间矛盾的解决难以得到规范化的制度保障，或者监督成本太高而造成物业服务管理的监督缺失。在C社区，如果居民平时遇到问题，一般是居委会召集物业公司、业主委员会来协商解决。但是，"多龙治水"模式也会导致管理效率降低。表面上看，这是居委会提出的以社区居委会为核心，把其他社区管理机构包括物业公司、业主委员会、社区警务站等组织起来解决问题的"1+X模式"。但是在实际运作过程中，在涉及社区集体消费的核心利益分配问题时，居委会的核心地位往往得不到法律上的保障。一些社区涉及集体消费的利益纠纷长期得不到解决。在实际运行过程中，业主委员会一般难以起到监督的作用。同时，由于大量基本社区公共品由物业公司提供，居委会往往也处于边缘化地位，其所应发挥的监督或者管理的作用受到了较大限制。

由于市场机制的不健全，相关的制度设计并没有充分考虑到社区治理运行过程中所可能出现的实际问题。由于没有认识到集体消费的属性，缺乏组织集体消费的能力，这些管理相对规范、居住环境相对较好的社区，再过十年到二十年，随着房屋老旧、破损问题的出现，社区纠纷也会大量涌现。可见，在这些社区中仍然潜伏着较大的危机隐患。

四、城中村社区的公地悲剧

清河的城中村，改革前曾经是人民公社体制，改革后则变成了城乡交叉管理的体制。原本应由村委会来组织生产消费，但其中不少村子推行了“农转居”，建立了社区居委会，从而形成了农村与城市两套管理体制并存的局面，因此承担集体消费责任的主体也变得模糊不清。在人民公社时代，农村的生产和消费由乡公社和村大队来组织管理，并不存在集体消费问题。但是，城乡二元管理体制则带来了社区事务管理的责任模糊与相互推诿，导致城中村社区集体消费的组织和管理出现了某种“真空”状态。

此外，随着城市不断更新和扩张，大量外来人口的涌入使得城中村社区的集体消费问题更趋复杂。大量外来人口的涌入带来了土地租金收益的提高，增加了村委集体经济组织和村民们的经济收益。但是，土地租金收益的分配机制不具有包容性，增加的收益也没有用来改善社区居住环境，这些城中村在基础设施建设、维修以及公共服务的提供等方面长期处在一种匮乏状态。简单地讲，巨额的土地增值收入并没有通过有效的机制被分配使用在社区集体消费事务之上，这一类城中村社区在享受着城市发展带来的经济高收益之时，却在社区居住环境和社区建设等诸多方面走向了衰败。

作为本章案例的D社区是典型的城中村社区。在城市化过程中，农村体制向城市体制转变，市场机制进入这些农村社区，带来了集体消费的问题。

（一）大量外来人口被排斥在分配体制之外

D社区是一个典型的人口“倒挂村”。这里的房租相对低廉，在每月600—1000元左右。这个社区中外来的中青年群体较多。22—35岁的群体占流动人口总数的50%，22—50岁的占90%。大量外来人口不愿离开北京，又无法融入当地社区。很多居民尽管在这里居住了五六年，仍然被视为外来群体，自然也难以被整合进社区事务的管理机制中。组织具有不同身份的居民进行集体消费，首先面对的就是体制性障碍。大量外来人口被排斥在这个社区的乡村和城市双重分配体制之外，这一类群体很难被组织到社区的集体消费中来。其次，流动人口不把这里当作“家”，这一群体大多不会认同所居住的社区或者热心社区的公共事务。正是由于存在着体制上的分割，这一类社区的治理存在着诸多问题，不仅集体消费难以组织，而且聚集着大量的社会矛盾。这两种体制经常出现不协调的现象，社区的集体消费问题越来越难以解决。

（二）“公地悲剧”：大量社会矛盾的积聚

很多居委会工作人员认为，大量的外来人口增加了管理的难度，“一地两府”[①]也导致基本公共服务无人买单，最后只能由上级政府出面协调解决。D社区的公共治理问题的实质，其实就是“公地悲剧”。由于部分土地资源仍然归集体所有，原来的D村委员会并没有在“农转居”过程中消失，而是保留并重新组织。依托土地增值收益，

① 所谓“一地两府”，是指在这个社区中，土地仍为村集体所有，而大部分居民已经转为市民，因此这一社区设立了居委会和村委会来共同管理，导致具体的公共服务和治理主体的责任一度并不清晰。这一问题已经由上级政府出面协调，并对一些基本的公共服务问题提出了解决方案。

D村委会及其村经济组织获得了巨额收益。但转居后的“居民”由D社区居委会负责管理，居委会难以提供公共服务。任何一方公共机构都希望自己的管理收益最大化，作为一个整体的“D社区”面对着“公地悲剧”问题。

在这里，市场是失灵的，政府也是失灵的。从社区居住者的角度来看，由于社区结构碎片化，外来流动人口、本地户籍居民、外来常住人口等不同身份的群体仅仅是在D社区居住和生活，没有人负责和“照顾”这块公地。

“公地悲剧”的后果是令人震惊的。这里煤气中毒致死事件频发。道路狭窄导致救援不力是其中一个十分重要的原因。社区缺乏交通管理，缺乏停车设施和空地，几条主要道路经常被各种车辆挤占。大量外来人口的涌入，使社区的人口密度大幅度升高，带来了各种公用设施不足的问题。尽管村里成立了四家物业管理公司，负责部分村集体改建的租赁房屋的日常管理，但远远不能满足居住在这里的3万多人的最为基本的公共服务需求。最后，许多本地居民和不少外来户都希望这个地方赶快拆迁。社区环境的衰败，社区基本公共服务的相对缺失，导致人们对基层政府的治理能力缺乏基本的信任。

（三）社区碎片化导致集体消费难以组织

城中村社区和后单位制社区在集体消费困境方面具有某些共性。例如，这些社区在改制或城市化过程中，往往在社区的利益结构、空间结构和组织结构上处于一种碎片化的状态。这种碎片化社区又往往导致集体消费难以组织管理。

如在D社区，从居住空间上看，楼房住区、平房住区、商业用房混杂在一起，社区内部不同的居住片区差异很大，既有仍属于单位制社区的T大学教工宿舍区，又有单位解体之后划归D社区居委会管理的小区。社区内部的不同片区之间缺乏联系，不同片区居住者的要求差异很大。即便从这些片区的层面来组织集体消费，也存在着片区内部居住者利益、身份等差异巨大的问题。在提供公共服务、征收适当的管理费用方面，社区居民存在着较大争议。

总之，具有明显城乡分割特征的城中村社区，由于在社区事务的集体消费方面存在着政府与市场的真空状态，问题和矛盾不断积聚。原有的乡村体制和新生的城市体制在大多数这类社区中并没有得到很好地融合。理顺分割治理体制整合碎片化的社区，是组织这一类社区集体消费的前提。延续目前的社区居委会管人、村委会管地、辖区单位自己管自己的社区治理体制、机制，只会继续割裂社区的整体性，导致社区内的“公地悲剧”不断上演，社会矛盾不断积聚。

五、结论与对策：基层政府应担负起组织集体消费的责任

中国的所有制形式、高密度居住方式和政府主导型消费模式，决定了中国城市基层社区的集体消费必然是长期存在的、亟须政府加以组织管理的重要问题。一方面，市场在一些社区中是不健全的，甚至是失灵的，而且市场很难满足大量中下层群体的需求；另一方面，政府也存在着管理缺位、管理失控的问题。有鉴于此，本章强调在城市基层社区治理中基层政府在组织和管理集体消费方面的核心地位和作用。

有效的市场机制是具有边界的，市场交易的理性行为在很大程度上取决于交易类型。因此，在市场失灵的情况下，需要政府进行干预。一般而言，政府干预的方式有三种，一种是全面管控，一种是全面放开，还有一种是采取中间路线。完全的政府管制，或者由国家统筹一切的思路和模式，被实践证明是失败的。这在一定程度上是因为企业或者政府无法负担巨大的维护成本，也一定程度上因为政府难以提供更具个性化的优质服务。但是，完全的市场化也将导致巨大的问题。迄今为止，至少在微观层面，世界各国采取的方式大多是中间路线，鼓励社区自治组织参与社区治理，只是侧重有所不同。

根据上文的分析，在不同类型的社区中，要么存在着市场缺陷问题，要么存在市场失灵问题或者“公地悲剧”问题。本章认为，为了解决这些问题，基层政府应该担负起组织和管理集体消费的责任。在三种类型社区中，基层政府可以采取有针对性的组织方式和管理技术来解决社区集体消费问题。

首先，在新建商品房社区，应该加强居委会的监督职能，规范住房专项维修基金的使用。由于并没有建立一整套正式的管理体系或者管理制度，多元治理主体或者多中心治理的结构往往带来的是一种较为消极的协调式治理，很多情况是事后的问题化解，而非从根本上建立了居民、业主委员会与物业公司之间矛盾调解机制。这些社区中潜伏着大量的危机，而且随着时间的推移、房屋的老旧，很多问题会逐渐暴露出来，最后仍然要由政府来承担责任。强化基层政府和社区居委会的管理和监督职责，也就是强调政府的“扶持”功能。基层政府要尝试构建解决社区集体消费问题的“申诉”“解决”“监督”机制，然后逐渐让社区居民了解和认识到社区参与和社区共治的途径和办法。经过一定程度地训练和案例“实操”，这一困境将能得到相当程度的缓解。

其次，对于大量的后单位制社区来说，基层政府和社区组织，应该担负起组织集体消费的职责，建立统一的规范和原则，进行统筹管理。这些社区缺乏物业管理，民怨很大，而不满最后仍然会转化为对政府治理能力的质疑，转化为政治信任度的下降。为了解决这些问题，一方面，政府应担负起统筹管理的职责，另一方面也应该扩大有序的社区参与，让政府与民众之间形成正向的良性互动。后单位制社区是转型时期产物，最终后单位制社区要走向正常化，基层政府和社区自治组织要寻找到解决日常集体消费问题的机制、主体、途径。

最后，对于大量的城中村社区，各种社会矛盾是叠加在一起的，而最为核心和基础的是如何组织和管理集体消费问题，需要建立政府主导、各个群体广泛参与的社区集体消费组织、管理和监督机制。

从近期来看，应该逐步建立更加具有包容性的社会管理体制，把流动人口集体消费的组织管理纳入到政府管理的职责之中。从长期来看，城乡结合地带的社区集体消费还是要纳入正常的城市公共服务预算，以及根据土地增值收益公平分配原则，解决社区资金、服务主体、社区所有居住者参与的问题。

第十四章
社区中的自发商业

在最初调研中，新清河实验团队发现了一个内嵌在清河老旧小区内的以“非法形式”存在了数十年的菜市场，虽然多年来菜贩们不断受到工商、城管的打压，其据点在小区内外附近也多次改变和辗转，但从未被彻底“消灭”，其规模反而愈发壮大，因受居民欢迎而“远近闻名”。本章的研究聚焦于菜贩是如何在基层治理体系的夹缝中生存下来，以及基层治理体系中各主体间的互动机制如何形成。

一、社区往昔

如前文所述，位于北京市海淀区清河地区的B社区作为“三厂”职工的宿舍大院，始建于20世纪80年代初。90年代中后期，由于经营不善，大量央企、国企出现严重亏损，三厂的经营情况也陷入困境。为了控制成本、提高劳动效率，国家提出“减员增效”的口号，三厂积极响应。一方面将单位企业中不直接从事生产的部门从整体中分割出去，以市场化方式运作，自负盈亏；另一方面确定职工编制，通过竞争上岗，裁撤多余人员。与此伴随的，则是社区内的下岗职工人数急剧攀升。由于失去收入来源，他们以及所负担的整个家庭都迅速陷入贫困境地。2006年末，随着国企转制逐步完成，原先的老企业搬迁至郊区，但原三厂的职工宿舍大院则继续保留在清河地区，因此B社区成了一个没有效益的企业所留下的包袱。

经过30余年的变迁，小区现有住户3275户，万余人，其中60

岁以上人口达1200余人，80岁以上老人将近600人，社区人口老龄化问题严重。由于企业外迁，社区的投资、建设与维护逐渐减少，社区生活条件差，房屋老旧，垃圾问题等各种矛盾聚积，社区环境日益破败。

B社区作为后单位制社区，自然而然地带有很多单位制的特征。20世纪70年代末、80年代初，B社区开始了第一批楼房建设。除了在建设前小区规划的时候，整个小区在宏观的视界上被划分出了三大块区域以外，小区内的楼房建设并不是统一安排的，而是由三厂各自的基建科分别负责和规划建设的。因此，虽然小区内没有进行人为的切割和封闭，但早期的楼房建设基本沿袭了平房时期的空间划分，这使得社区治理在空间上的划分非常明显。与社区内相对独立的治理空间相对应，各厂也分别成立了家委会和后勤部门，对本厂职工的各项生活事务和公共事务进行管理和提供服务。

进入90年代以后，B社区已经全面完成了住房建设，三厂职工们从平房逐步迁入楼房，居住关系日趋紧密。为了加强B社区的统一管理，三厂决定共同建立“B社区管理委员会”，对小区进行统一的规划与建设。由三厂各自抽调本厂职工共同建立的“管委会”，不但将之前三厂分别面向本厂职工居民的服务集中到了一起，而且还筹资新建了中心广场及运动设施。这个时期的“管委会”成为B社区中最主要的治理主体。管委会还在中心花园的西侧引入了商业区，并建立了供销合作社。在供销合作社的运作下，B社区在商业区附近设立了粮店、副食店、菜站等设施。对于周围的居民来讲，粮店、菜站和副食店的出现为他们的日常生活带来巨大的便利。经过一段时间的磨合，附近的居民们早已习惯把粮店、菜站与副食店所处的地界看成是社区的“商业中心”。

90年代末，住房的私有化和市场化使得外来人口不断增加，社区负担的事务也相应增加。此外，单位制瓦解后，社区内原先由单位承担的各项功能和服务也需要社区自身来负担，原来以家委会为基础的分割式管理方式已经无法适应新的形势和需求。自2002年底开始，B社区着手筹建居委会的相关事宜。B社区居委会的构成人员主要来自三厂家委会，社区治理空间基于地域范围开始重新整合。到了2017年前后，B社区居委会归入街道办事处统一管理，街道办负责发放居委会成员的工资。自此，B社区内居委会成了新的治理主体，也免不了要承担起如计划生育、维护社会治安等社会控制的内容。因此不但不能有效行使其自治权，还由于承担了太多的行政职能而带有浓厚的行政色彩。

二、菜贩市场的演变

菜市场位于B社区西边靠墙的小马路上，院墙将B社区与清河小学分隔开来。从早晨6点开始，菜贩们装载着新鲜的蔬菜和水果，陆续从各地赶到这里。这条小马路与南侧和北侧院门外的城市街道相邻，南侧与Z路相邻的铁栅栏门可以打开，菜贩们由此将载满果菜的小货车开进小区，当然也有不少菜贩条件不济，只能用三轮车或自制的小板车来运载果菜。菜贩们一般从清晨6点开始售卖，持续到中午，过了午饭饭点，菜贩们一早运来的蔬菜水果兜售一空，原本热闹的路面也逐渐安静下来，小马路上也就看不见菜贩们的踪影了。

游动菜贩占据的这条小路南北长约500米，马路左右两侧的台阶上摆满了摊位。马路本身不算宽敞，来买菜的居民络绎不绝，使得这里格外热闹。B社区的游动菜贩市场具有几个明显的特点，这些特点也成为了他们深受居民喜爱的重要原因。第一，价格低廉。这主要体现在与正规超市的对比之中，由于不需要支付门面费、不需要缴税，摊贩的实际成本几乎只是菜品本身的成本，给其价格带来巨大的优势。第二，品种丰富。在这里摆摊的菜贩常年有几十家，不同的菜贩提供的菜品种类齐全，给居民提供了丰富的选择。第三，菜品新鲜。每日凌晨菜贩们都会到农产品批发中心采购新鲜的菜品，当日菜品到中午时，基本就销售一空，这保证了菜品的供应始终是新鲜的。超市由于考虑进货成本，通常会一次性采购多日菜品，在新鲜程度上大打折扣。

（一）兴起时的区位优势

2000年左右，这里还只有零星的几个小菜贩摆摊。到2005年时，B社区及其周边的居民已经习惯到这些小摊贩买菜。五年的时间，菜贩们经营的规模越来越大，B社区西墙外这条土坯式的旧马路已经被占得满满当当。客观来讲，聚集起来的菜摊从规模上已经演变成为一个像样的菜市场。菜贩们所占领的这一条土坯马路处于联结几个小区的中心地段，既能与周边的居民保持方便的距离，又不会给他们的生活环境造成什么打扰和麻烦。这条土坯马路理论上本应该是一条正在施工的道路，但是由于种种原因施工进程一直被耽误，所以成了“一条死路”的尽头，不但没有汽车通行，不会影响交通，而且地方平整，方便摆摊和叫卖。

由于这条“死路”一直处于待施工状态，并未真正成形，根据2006年12月8日修正的《北京市市容环境卫生条例》第二十一条的规定，施工中道路的市容环境卫生责任人是施工单位。[①]因此，城管对此地的管理较为宽松，菜贩们基本很少面对执法力量施加的压力，与此同时，修路工程因为种种原因不断延期，施工单位更是无暇管理菜贩，此地几乎成为城市管理中的“真空地带”，无人问津。菜贩们在这里摆摊可称无忧无虑，甚至毫无顾忌。在供求关系十分旺盛和缺乏执法力量制约的情况下，菜贩在此地越聚越多，经过几年的发展便初具规模。这个不起眼的菜市场开始在B社区附近逐渐成形并慢慢扩张。

---

① 参见《北京市市容环境卫生条例》（2006年修正）第二十一条：本市实行市环境卫生责任制度。单位和个人应当做好市容环境卫生责任区内的市容环境卫生工作。市容环境卫生责任区是指单位和个人所有、使用或者管理的建筑物、构筑物或者其他设施、场所及其一定范围内的区域。（一）城市道路及其人行过街桥、人行地下过街通道等附属设施由道路维修养护单位和清扫专业作业单位根据职责分工负责；其中新建、改建、扩建施工中的和未经验收边施工边通车的道路，由建设单位负责。

（二）第一次搬家：修路

2005年，菜贩们占领的土坯马路终于要开始重新施工改造，长时间占领形成的地盘被真正的“主人”夺回。为了方便施工，建筑队的工人们首先承担的是清理菜贩的重任。虽然个别小贩还会对经营许久的“宝地”依依不舍，但大型的压路机和混凝土搅拌车并没有怜悯之心，它们成了制服菜贩的利器。菜贩们也不是没有眼色，看着地盘被“正规军”攻占，只能另寻他路。

可是在附近，这么得天独厚、占尽优势条件的地界并不好找。周边的几个大型居民区有着大量下岗及离退休的购买“主力军”，菜贩们想要寻找的“新据点”不能离这些居民太远，处于弱势的菜贩更不能在主要的交通大道上公然摆摊去跟城管们“示威”。“距离近”和“要自由”使菜贩们盯上了旁边的B社区。

B社区内的中心广场为小贩们的生存提供了各方面有利条件。搬到小区里使得菜贩们跟最主要的购买力量——小区居民的距离更近了，小区大院里的原厂职工和家属不出小区就可以买到新鲜的水果和蔬菜。小区中心广场空旷、平坦，也给摊贩们摆摊提供了合适的场所。除此之外，小区的院墙还给菜贩们提供了某种保护。根据2016年修正的《北京市市容环境卫生条例》对市容环境卫生责任人的认定，住宅小区的责任人应为物业管理单位，因此街道、城管通常不会插足社区内事务。B社区的物业公司本身发展不足，力量很弱，不但不具备执法条件，其“非市场化”的运作也使得物业公司没有足够的财力、人力和物力对菜贩进行有效清理。对于菜贩来讲，在小区内摆摊经营占尽了一切有利的条件。就这样，在西墙外马路施工的过程中，菜市场顺其自然地从小区外逐渐迁移到小区内中心广场附近的空地上。在这个过程中，虽然菜市场的转移对居民来讲更加方便了，但与此同时，小区的环境却每况愈下，越来越受到严峻的挑战。

（三）小区内的生存空间

迁入小区之后，随菜贩而来的还有随地可见的烂菜叶和果皮等垃圾，喧嚣的叫卖声也使住在靠近中心广场的几栋居民楼，尤其是居住在一楼的居民们苦不堪言。生活环境的恶化导致部分被迫承担其后果的居民对菜市场由抱有好感变成了敌视，居委会成为他们首先发泄的对象。其实大多数单位宿舍区和老城区居民认为，社区是一个对一定地域范围内的居民进行管理、控制和服务的权力机构。居委会作为政府在社区的"代理人"，成为街道办的下属行政机构，其自治性质发生了变异。它已经不是一个"自我管理、自我教育、自我服务的基层群众性自治组织"。

居委会"自治"属性的衰弱，使得居民们对其从来都不抱有太多的期望，更不指望它在处理涉及居民权益的事件时能够成为一个可以依赖、可以诉求的组织力量。居委会反而成为了居民发泄的窗口。作为政府在社区的管家，小区环境的恶化很容易被居民们轻易地归结为是居委会工作的失职。由于小贩们人多势众，这些遭罪的居民很难找到可以发泄不满和干预菜贩的切入点，那么居委会就自然而然地成了菜贩们的"替罪羊"。这一段时期，居委会承担了清理菜贩的主要工作。但在实际情况中，居委会对菜贩的清理并不"尽心"，也不彻底，这主要归结为两方面工作原因。

客观上，虽然在《北京市市容环境卫生条例》的规定中，居委会有义务动员居民参与环境治理，[①]但是居委会并不具备执法权限。在与菜贩的实际交涉中，居委会只能使用劝说教育或者直接轰赶等方式。由于居委会没有执法力量为其撑腰，菜贩们对居委会并不惧怕。主观上，居委会在社区基层治理的过程中并不完全是"一个心

---

① 参见《北京市市容环境卫生条例》（2020年修正）第八条，"本市提倡和鼓励居（村）民委员会组织居（村）民制定维护市容环境卫生的公约，动员居（村）民积极参加市容环境卫生治理工作，创建整洁、优美、文明的环境。"。

思做事”。很多时候，居委会人员出于对居民利益和社区实际需求的考量，在执行政策时会有一定的自主权和决定权。

虽然社区的环境在不断恶化，但居委会主任意识到如果彻底清退菜贩，会给那些上了年纪、行动不便的老人们造成更大的不便。况且这部分老年人不是少数群体，60岁以上的老人总共加起来将近2000人，他们的退休金数额不高，子女很多也是无业状态，低收入使得这些离退休的老人们对菜价极其敏感。小区大部分居民生活水平不高，使菜贩们的优势凸显，由于流动菜贩不需要支付租金，他们贩售的菜品和水果的价格相对于超市更加低廉。

除此之外，菜贩们自产自销，也保证了菜品的新鲜以及种类齐全，这些优势汇总起来便使得这些本身就行动不便的老人们更愿意在离家近的地方采购菜品，还有的菜贩与老人们熟识，对于行动不便的高龄老人，还会主动送菜到家里。考虑到供需关系，居委会主任虽然表面上带领居委会的工作人员“打压”菜市场，但私下里却在努力为这些菜贩找到一块合适的地方规范经营。

（四）第二次搬家：老旧小区改造

最终迫使菜贩们真正离开小区的不是善意的说服或是强硬行政力量的驱赶，而是再一次经历了因施工“地盘”被占而被迫迁出——B社区的老旧小区改造工程开始了。2011年，清河街道将老旧小区改造作为政府为民办实事的一项民心工程。由于B社区内房子老旧、路面塌陷、公共领地私搭乱建现象严重，因此成为本次老旧小区环境整治的重点对象。政府投资3100万对B社区进行升级改造，整个改造工程包括社区绿化、道路改造、规范停车位、自行车棚改造、雨水管道更新、楼房外立面楼道内粉刷等九个方面。

为了协助改造工程顺利推进，清河街道办事处副主任、城管科、宣传部、城管队、清河工商所、清河卫生防疫监督所等部门主要负责人以及社区民警、物业主任等一行多人到B社区，出席B社区组织各支部书记、党小组长、楼门组长、居民代表参加的社区改造方案协商会。针对B社区内的违法建设问题，各相关部门组成了联合调查组，对所有违法建设进行摸查登记。街道对小区300多个无照经营摊位进行了联合执法，于5月9日前全部取缔。面对强大的联合执法力量和已经被彻底清理的违建，菜贩们再一次知难而退，自觉离开了小区中心被他们占据近三年的广场。这一次菜贩将何去何从？一面是旺盛需求带来的丰厚利润的吸引，一面是联合执法的强势取缔，最终，小贩们把注意力集中到小区南门外Z路两侧的人行道上。

（五）占道经营

小区南门外的Z路是一条不算宽的小马路，双向行驶的汽车相遇时其中一车要尽量靠近路边，另一辆车子才能通过。小路的两侧都是家属院，其中北侧B社区的居民是菜贩们经营的主要目标人群，马路南侧小区的居民则成了购买主力军的新的补充力量。菜贩们被迫选择到这条马路的人行道上摆摊，一方面还是为了靠近旺盛的购买需求发源地，另一方面也是想尽量不引起城管的注意，毕竟这不是城市主干道，不会太引起城管的注意。即使城管出动前来取缔，菜贩们也很容易逃到马路两侧的小区里，使城管无可奈何。就这样，Z路逐渐演变成一个新兴的菜市场。

毕竟不是在小区院子里，在马路上占道经营危险指数比以前高了不少，菜贩们时时刻刻地“提防”着城管和工商。为了能跟城管的巡逻打个时间差，他们通常会选择两个时间段出来经营：一个是早晨8点以前，这个时候城管还没上班；另一个是晚上6点以后，城管基本上都下班了。但菜贩们依然会遭遇城管执法，在城管到来时惊慌奔逃。没有制度性措施和长期有效的管理，Z路上的菜市场屡禁不止，从来都没有被彻底根除，直到2014年夏天。

三、治理体系的各主体与菜贩间的互动

在计划经济时代，国家担负着市场的全部功能，国家通过单位

实现其社会资源的提取和分配。但随着社会转型的发生，市场逐渐被引入，国家有选择地抛弃掉之前所承担的市场的那部分功能，导致服务和管理缺位；与此同时，被国家所抛弃的市场（比如超市）虽然能够自我发育，但终究没能满足该小区的特质和需求。作为单位制解体后事实上维持当地市场供求关系平衡的重要参与者，在B社区附近“流窜”的菜贩们不但弥补了这种服务缺位，而且在长时间与社区各主体的互动中真真切切地融入了社区，并成为当地最为重要的一支市场力量。

我们可以观察到，菜贩市场在艰难生存甚至壮大的过程中，隐藏的正是国家、市场、社会之间生动而有趣的互动，以及在这互动中所形成的博弈与平衡。在这个博弈中的各个主要力量分别是：街道办事处、城管、工商、居委会等基层治理主体所代表的“国家”力量；B社区内广大居民以及物业等社区自组织所代表的“社会”力量；无照菜贩们所代表的“市场”力量。正是这些力量的博弈与互动，产生了菜贩们得以生存的夹缝空间。为了更好地理解这一过程，本节将着重分析各个主要的博弈力量之间的互动是如何进行的，以及这些互动所带来的结果。

（一）基层政府

首先我们来讨论基层政府与菜贩的互动。在基层治理体系中，街道办事处作为区政府的派出机构，是体现并执行国家“意志”的最具代表性的基层治理主体，其职能几乎涵盖了一级政府的所有职能。街道办事处对菜贩的态度最能反映出自上而下的“国家”治理逻辑。在访谈中，我们了解到，以街道为代表的政府机构在面对治理无照摊贩的问题上有着明确的底线——法律规定的非法经营行为应当被明令禁止。

菜贩缺少必要的“土地使用证明”和“相应的经营场地”而无法获得营业执照，这成为了他们“非法”的根源，也正是他们无法获得政府支持的原因所在。如果在这样既有的“非法”条件下，政府为他们再创造合法的经营场地，对政府来讲，无疑表现出了一种前后矛盾的治理逻辑。但是，我们不妨假设另外一种情况。如果该小区在历史上从来都没有无照摊贩经营的现象，政府为了方便居民生活而主动设立一个便捷菜市场，这个时候被政府鼓励进入市场经营的菜贩便可以天经地义地获得经营场地，并依此有资格合法申请经营执照。在这种情况下，菜贩们便可以被认为是合法经营，即使他们曾经可能处于“非法”状态。如此来看，市场的起源合规与否成为了政府治理的逻辑判断起点。而B社区的菜市场从历史上来讲是游动菜贩自发形成的，本来就没有什么“正统性”。

作为人民的政府，“关注民生、保障民生”是基层政府在执政过程中最在意的评判。与街道办事处主任的接触，可以帮助我们理解政府在治理菜贩时所秉承的基本原则，即整治环境的同时要保证市场供应。一方面，不能因为整治环境，就不考虑居民日常买菜的便捷性；另一方面，无照菜贩虽然保证了市场供应，但是无序的经营使得环境日益恶化，也不符合政府的管理逻辑。若想兼顾环境和市场供应，则必须得引入正规的供应商和经营者。在正规经营者的选择上，政府也有自己的小算盘，他们更希望由体制内的经营者“超市发”来经营，一是听政府的话，方便管理；二是可以在政策上给予其适当的价格优惠，使其更具竞争力。小区内的商业地段有限，如果要引入新的经营者，则意味着已经在此地经营数年的外资超市——“迪亚天天”要在合同到期后搬离。

超市发是北京市当地有名的连锁超市企业。[①]作为海淀区区属企业，超市发一直以来积极配合区政府、各街道办事处，为城市、社区布局商业网点。为此，街道办事处主任特地邀请超市发公司的负责人与居委会主任一同探讨和协商在B社区内新开一个超市发门店的相关事宜。引入超市发进入小区既符合政府的利益，同时也满足

---

① 北京超市发连锁股份有限公司，简称“超市发”，前身是北京市海淀区副食品公司，成立于1956年。

超市发的扩张需求，可谓一举两得。可是即使双方都相互积极地表达了合作的意向，到了讨论引入流程问题的时候，政府还是陷入了两难的境地。

在“先清菜贩再引入廉价超市”还是“先引入廉价超市后再清理菜贩”的顺序上，政府陷入了两难境地。如果保障生鲜果菜供应不间断，就要先引入超市发，与菜贩共同存在一段时间，直至菜贩被彻底清理出小区。但讽刺的是，由于价格上的劣势和门店内经营的不便，正规超市甚至无法坚持住这一段共存的时间就已经被菜贩的“不正当竞争”击垮。但反过来，如果暂停供应，先将菜贩彻底清理再引入正规超市，那么这一段时间内居民对政府的不满又会转化为对政府清理菜贩时的阻挠。总之，“先引入廉价超市后再清理菜贩”，超市会活不下去；“先清菜贩再引入廉价超市”，居民又会不满。政府只能左右为难。

基层政府的两难在于，它的管理的都是对合法“有证”的经营者的管理，而无照的菜贩只能交给城管来处理。同时，政府也试图通过引入正规超市来打压菜贩，但实际情况事与愿违，正规市场往往由于价格和成本过高，在与菜贩较量时只能甘拜下风。

（二）城管执法部门

接下来，讨论城管执法部门与菜贩间的互动关系。20世纪90年代中期，中国进入城市化快速发展阶段，城市中的流动人口开始激增。伴随着社会分层逐渐复杂化，社会冲突也随之明显增加，社会环境也开始出现不同程度的恶化。与此同时，大街小巷中出现了越来越多的无证摆摊和搭建违章建筑等现象，由工商管理、卫生、环保等部门多头各自执法的管理体制逐渐显露出较大的弊端。

1996年10月1日施行的《中华人民共和国行政处罚法》第十六条规定，将原来分属于工商、环保、规划、环卫等各个职能部门的行政处罚权全部或部分地集中到城管这一个部门，也就是把以上这些相关职能部门所拥有的管理权、审批权和处罚权相分离，并把处罚权单独分割出来，用以履行城市管理中的行政处罚任务。[①]通过对行政处罚权的统一，更加方便了城市基层治理体系对违反城市管理法规的当事人实施相应的行政处罚，有利于维护城市管理的正常秩序。同时，这样的做法相对之前来讲，在很大程度上节约了执法成本，提高了执法效率。1997年5月23日，北京市宣武区成立了中国第一支城管监察大队。从此，城管队伍就正式诞生了；随后，各个大中城市、各城区纷纷仿效，并逐渐建立起自己独立的城管队伍。

“城管”是“城市管理综合执法局”的俗称。城市中各个城区设立城管大队，各大队按照街道辖区设立所属城管分队，各个城管分队均以城管大队的名义行使行政执法权和处罚权。城管大队及其分队是城管系统中处于基层一线的执法力量，其所属的“区城管监察局”是“市城管综合执法局”的直接下级单位，因此城市管理综合执法部门属于典型的条线式管理，在本章所涉案例中，其领导和管理逻辑自上而下依次为：北京市城市管理综合行政执法局（市城管局）—海淀区城管执法监察局（海淀区城管局）—海淀区城管监察大队—海淀区城管监察大队清河分队。

值得一提的是，北京市城市管理综合行政执法局实际上由北京市市政管理委员会（简称市市政管委）负责管理。北京市市政管委则是根据中共中央、国务院批准的《北京市党政机构改革方案》设置的机关单位。[②]

北京市市政管理委员会（市市政管委）的领导方式同样也施行条线式管理，海淀区市政市容管理委员会（区市政管委）为其下属单位之一，接受其领导，对其负责。因此，海淀区城管局也同时要接受海淀区市政管委的领导。区市政管委负责本区城管监察大队及其分队的管理、调度和监督，即海淀区市政管委负责海淀区的城管

① 参见《中华人民共和国行政处罚法（2021年修订）》第十八条，“国务院或者省、自治区、直辖市人民政府可以决定一个行政机关行使有关行政机关的行政处罚权”。

② 北京市市政管委是负责本市城市市政基础设施、公用事业、环境卫生和城市市容环境综合整治以及城市管理综合执法的市政府组成部门。

监察大队及其分队的管理、调度和监督。但是，在实际情况中，基层城管队伍接受的是双重领导。具体来讲就是其既要接受“条”的领导，也要接受“块”的领导。这里“条”的领导是指在城管自身的体系中，各区城管大队、分队等基层队伍应当接受其上级单位，即区、市级城管执法局的领导；“块”的领导是指各区城管大队、分队等城管基层执法力量要接受其所在区政府、街道办事处的领导。本章所涉的城管，即处于城管条线最底端的海淀区城管监察大队清河分队，不仅应接受市、区城管局的领导，同时还要接受清河街道和海淀区政府的领导。

由于“块”的部分掌握着编制、人事、财务、业务等各种资源和权力，因此，实际上区政府、街道办事处成了各城管大队、分队等基层执法力量的主要管理者。而“条”线的上级部门只能起到对下级部门的业务指导、协调和监督作用。这造成“条条”指挥不动“块块”而产生矛盾，给有效行使执法权力造成巨大障碍。

（三）社区居委会

在中国，社区居委会与政府的关系变迁一直是社会学尤其是社区治理研究非常关注的议题。一方面，依据《中华人民共和国城市居民委员会组织法》的规定[①]，居委会是“基层群众性自治组织”，同时应协助“政府或者它的派出机关开展工作”。另一方面，在实际工作中，居委会却成为了街道办政府的下属行政机构，居委会大部分时间都在处理街道办派给的任务或工作，几乎没有履行自身职能的时间，这使得其自治性质出现严重变异。结果政府和居委会在社区治理中角色与职能变得极其模糊，而法律上也没有其各自角色及其职责的明确界定，导致居委会负担增加，居委会的职能严重泛行政

① 政府与居委会的关系为政府在工作上“给予指导、支持和帮助”，参见《中华人民共和国城市居民委员会组织法（2018年修订）》第二条“不设区的市、市辖区的人民政府或者它的派出机关对居民委员会的工作给予指导、支持和帮助。”。

化，实际上变成了政府的“腿”。

从政府的角度来讲，其由对居委会的“指导者”角色变成了“领导者”角色。不仅政府将很多自己的工作和职责下放给社区居委会来代为执行，而且居委会的财政权和人事任免权也由街道政府直接控制，甚至居委会的制式，如职位名称、成员人数等也由街道统一规定和安排。这使得居委会俨然成为了一个在社区空间中的缩小版的政府机构。

从居委会的角度来讲，本来应该作为政府“协助者”的角色转变为政府的“代理人”角色。居委会不但不敢仅仅把街道政府的指示单纯作为“指导、支持和帮助”，而且一定会一丝不苟地去执行来自政府的指示和安排，甚至希望将自己的身份彻底“行政化”，为此花费了大量的时间和精力去完成政府分派的工作。

造成居委会对政府高度依赖的原因，主要是政府掌握着财政和权力两种重要资源。首先，居委会必须依赖政府对其进行财政拨款，以保证正常的运行。出于对政府财政资源的高度依赖，其行为也会受到相当程度的影响，在实践过程中，只有积极配合政府才有可能取得政府的好感和支持，以此获得更多的资金。其次，居委会成员的职业发展与职位升降都从属于街道办事处。有鉴于此，在本章讨论的范畴内，我们更倾向于把居委会看成是政府权力的末梢，它是政府在社区的“代理人”，它代表的是政府的意志，它的工作职责即是对社区居民进行管理、控制和服务。

然而，居委会作为街道政府权力的执行者，在社区基层治理的过程中，并不完全是“一个心思做事”；同时，自上而下的权力体系也不是“一竿子通到底”。很多时候，居委会及其负责人员出于自己的利益和实际考量，在执行政策时会有一定的自主权和决定权。据B社区很多居民反映，居委会主任作为区人大代表，不仅工作负责、能力强，而且敢为居民说话、办事，为此得罪了不少区领导。由于B社区中的菜贩清理的问题成为“创文”[①]的短板，街道办事处多次

① 创文，即“全国文明城区创建工作”的简称。

要求社区居委会出面维护市场秩序，劝说商户收回摊位、拆除违建，在室内正常经营。但居委会主任也有自己的算盘，并不是完全站在政府这一边。作为原来毛纺企业的工会主席，她已经在这里居住了五十余年，她的祖辈就在这里生活和工作。她对社区的情况非常了解，深知菜市场的产生和持续存在有一定的合理性，以及菜市场对B社区中退休和下岗职工的重要性。所以考虑到这一供需关系，居委会主任虽然表面上也执行街道派下来的清理菜市场的任务，但私下里却在想办法为这些菜贩们找到一块合适的地方规范经营。

单位制时期，单位全面垄断着一切社会经济资源。国家通过居委会对居民进行社区的组织和动员。在动员过程中，对被动员者极为重要的资源是由动员者所牢牢掌握的，因此被动员者必须要表现足够良好才能有机会获取这些资源。这使得居民不得不对居委会及其前身家委会形成高度依赖和无条件的服从。改革之后，资源的获取方式开始逐渐多元化，居委会难以通过垄断所有资源来对社区居民进行控制，从而大大削弱了其动员的能力和根基。因此，居委会为了有效执行来自街道政府指派的行政性任务，不能仅仅凭借政府所赋予的行政权威，还要通过构建以人情、信任等要素为基础的非正式团体来获得必要的支持和帮助。

居委会主任在处理与固定摊主、菜贩的关系时，更多的是运用一些策略与之建立感情和人情关系，而不是一味地借助政府赋予的行政力量。正因为如此，在执行街道政府下达的命令时，她更容易获得他们的支持和理解。与此同时，固定摊主与菜贩们也积极、主动地和居委会的“一把手”保持这种良性关系，以期获得“官方”权力的认可和庇护。在长时间的互动实践过程中，菜贩将对城管与街道政府的恐惧转变为与居委会的配合。

（四）物业公司

在住房体制改革之前，住房是由国家或者单位统一进行分配的福利品，因此也就不会有市场机制的运作参与，在全国范围内也基本上不存在住房买卖的市场。与此同时，房屋的日常维护与管理通常由国家（政府房管部门）或单位（自管）负责。由政府房管部门指派的物业公司所提供的管理并不具备“服务”功能，物业的工作人员也没有太多的服务意识，他们的工作仅仅算是一种对公有住房日常维护的福利分配。这种管理权成为一种垄断性资源，使物业使用者个体和产权单位不能对房管部门的物业服务施加影响，只是被动地接受服务，处于无权地位。对于产权单位来讲，物业所行使的房屋管理权具有浓厚的行政分配色彩，它与产权单位之间的“代理”关系由政府指定，无法解除，产权单位只能被动接受。这个阶段的物业公司，不是居民的“管家”，而是实实在在的“官家”，它既不是按照市场化的方式运行，也不会受到市场竞争的影响。居民、产权单位和房管部门都不能对物业公司形成有效的监督，更无法对其进行更换。作为管理资源的垄断者，在缺少竞争的情况下，其工作水平和态度都无法与房改后市场化的物业公司相比。

住房体制改革之后，随着市场经济体制逐步建立，住宅渐渐地从纯福利品性质走向商品化发展的道路。在这个发展的过程中，出现了两种截然不同的社区形式和物业公司，与之相对应的，则是两种不同的国家—市场—社会关系。

一部分由市场化开发商新建的社区已经具备了典型的商品化住宅特征。在这种社区中，房屋作为一种商品，由业主购买，业主拥有房屋的全部产权。工作单位不再成为住房的分配者，其作用仅仅是向职工提供工资使其能够进入市场购买或租赁房屋。伴随着住房商品化、产权私人化的发展过程，业主委员会和市场化的物业公司应运而生。业主委员会代表全体业主的利益，不仅有权选择能够满足业主需求的物业公司提供服务，并对其提供的服务进行监督，而且有权解聘掉服务质量较差或不能够使业主满意的物业公司。物业公司作为第三方服务机构，根据物业管理合同，接受业主委员会的委托，对社区进行专业化管理。在这种纯粹的商品化住宅社区内，由业主所代表的“社会”力量与物业公司代表的“市场”力量成为最重要的参与主体，由政府所代表的“国家”力量仅仅扮演着社区建设的引导者和推进者的角色。

另一部分社区则是在“单位大院”的基础上演化而来。随着经济体制改革逐步深化，单位制度已经逐步瓦解和弱化，很多不属于单位所承担的社会功能如开办食堂、澡堂、幼儿园等后勤保障服务或教育功能被逐渐地分离了出去，由社会承担起来。但还有一些很重要的社会功能如档案管理、组织功能等依然留在单位，特别是国家事业单位之中。这些单位大院依然保存着浓厚的“后单位时代”印记。一个愈发凸显的问题则是住房产权的模糊性，单位职工无法清晰分辨住房的拥有者到底是职工还是单位，更不敢轻易把单位时代分配的住房放到市场上出售。除此之外，此类“后单位时代”社区中的物业公司大多由转制而来，它们依然保持着原体制下与房管部门或其他政府机关的行政联系，尚无法摆脱原来行政单位的惯性，这使得它们很难实现观念与行为的调整，无法发展成为市场上自由竞争的主体。它们在原体制中行政关系网络的掩护下，把物业管理权依然看成是理所当然的“行政权力”，用以维护既得利益。这必然会引起社区居民和物业公司的冲突和矛盾。

B社区的物业显然属于后面这种“非市场化”运作的物业公司。非市场化运作使得物业公司的管理意愿和能力都受到很大限制。一方面，单位制时期享受惯了“无偿服务”的社区居民不愿缴纳物业费，使得物业没有足够的资金来运作和打理社区事务；另一方面，由于缺乏资金，物业在社区的管理效果没法令人满意，这更加坚定了居民们拒绝缴纳物业费的态度。总之，物业的运作举步维艰，社区内居民与物业的关系也陷入恶性循环。物业公司对菜贩的不作为，与其说是主观上的放任不管，不如说是客观上的能力和资源不足。具体来讲，则是因为收不上物业费而导致运转困难。在自身难保的情况下，更谈不上管理本身就不属于其主责的社区事务。

非市场化的运作给物业公司带来了管理无能。在法律上的执法不正当性，造成物业公司在菜贩“入侵”社区后，无法有效地对后者实施管理以及清理。

四、对社区自发商业生存逻辑的理论分析

随着单位制度改革的推行，国家统一占有和分配各种资源的体制在一定程度上出现瓦解。个人所受单位的约束和依赖也在较大程度上有所减少。在这种情况下，社会逐渐发育并通过市场化的方式承担起原先由单位所承担的部分社会功能（如社区商业）。不过，由于产权的模糊性，使得后单位制社区内并没有演化出以私有财产为核心、以共有财产为纽带的利益共同体，以业主为主要代表的社会力量并没有在这样的社区中萌生。同时，由超市等商业力量所取代并自我发育起来的市场功能，终究没能满足单位大院的需求。

本章所探讨的B社区可以说正是一个以企业下岗职工及其家属为主要构成的社区，社区居民收入水平普遍偏低、高龄老人数量庞大，他们对价格高度敏感，对购物的便捷性也有更深的依赖。而群聚于此的无照游动菜贩所供应的蔬菜水果由于无须缴纳摊位费等经营成本，其价格相对于小区内的正规超市有明显的竞争力，也保证了菜品的新鲜以及种类齐全。这些优势都极大地迎合了社区内居民的日常生活需求。旺盛的需求为菜贩市场的诞生及发展提供了有利的先决条件。由此，在这种服务和管理严重缺位的情况下，菜贩们逐渐起到了弥补服务缺位、维持当地市场供求关系平衡的重要作用。可以说，这里的游动菜贩能够持续地生存下去，要得益于B这个后单位制社区所具有的大环境。

在不同的制度安排以及特定的时空环境中，社会中不同群体之间的关系与格局受到了相当程度的影响。同时，国家在实际治理过程中，并不是如我们所想象的那样，是一个协调而统一的整体，国家角色的多样化和复杂化成为其意志执行的阻碍。国家各个部门之间利益和协作能力不同而形成的张力所带来的行动失效，可能反而成为非正规部门得以产生和存在的幕后推手。菜贩在面对国家强大

力量的压制时，看似处于弱势，却可以利用基层治理体系各个部门之间的博弈与张力来从容应对。他们的身影随着治理力量的流动而流动，该消失的时候他们会消失得无影无踪，当机会出现时，他们又会再次出现……

五、政策建议

本章对菜贩这种自发商业生存逻辑的分析，折射出的不仅仅是国家、市场与社会关系的互动以及基层治理体系的运作逻辑，更反映出了后单位制时代所面临的转型问题。计划经济时代，国家担负着市场的全部功能，国家通过单位实现其对社会资源的提取和分配。随着社会转型的发生，国家有选择地抛弃掉之前所承担的市场的那部分功能，导致社区内服务和管理缺位；同时，国家出于政绩需要而要取缔社区非法商贩，使得真正由供需关系所激发出来的、能够弥补社区服务缺位的菜贩市场丧失其合法性。同时我们也发现，在对菜贩的治理过程中，国家并不是我们所想象的那样，是一个协调而统一的整体，街道办、城管、居委会等各个国家力量由于彼此的利益及协作能力不同，造成在实际治理过程中出现不协调甚至是矛盾。正是在这种治理目标与政策执行的落差中，B社区的菜贩赢得了生存的空间。反过来，通过梳理菜贩与各方力量的互动关系，可以帮助我们进一步理解在社区范围内，尤其是后单位制社区中“国家—市场—社会”三者之间的关系。

如何在社区发展中更好地发挥市场的机制和功能呢？其实是有很多经验可以借鉴的。如在日本、新加坡等国家或者中国台湾、香港等地区，有许多“小而美”“小而精”“小而特”的社区集市和商业。它们成功的核心在于，政府始终坚持“以人为本”，以居民的生活居住区为中心，紧紧围绕居民实际生活需求设计布局所有设施，并且对这些商贩的经营加以规范管理，满足居民日常购物的实际需求。比如新加坡的邻里中心的业态配置就给社区居民带来了很大的便利和实惠，不仅拉近了商贩和居民的距离，增加了社区的活力，也给这种商业模式带来了强大的生命力。

可以说，在当前老龄化日益加重的背景下，发展城市老旧社区商业是满足社区老年居民消费和生活之需的必要举措。我国城市社区商业发展远远落后于发达国家，针对老年群体的社区商业更是非常匮乏。居家养老和社区养老的老年人的生活需求得不到充分满足。大力发展社区商业、规范运营管理，对于满足老年人日益增长的美好生活需要具有重要意义。伴随这几年政府对于老旧小区改造的力度不断加大，政府更应因地制宜，结合社区实际特点，及时调整社区商业布局，进一步完善社区商业功能，提高商业服务设施的利用率，让更多的老年人能够在家门口享受服务。针对本章中这种带有集市性质的商业服务，可以进一步规范经营秩序，并定期对运营情况进行调查，重点做好卫生、食品安全和服务水平的管理，还可以成立菜贩们自我组织与管理的社区自治组织，加强监督和自治，并开展服务口碑评比，形成一种互相竞争的氛围，营造良好的经营服务环境。

社区基层治理问题是当代中国社会转型的重要方面，聚焦社区中的日常微观情境成为透视宏观维度下中国社会、经济等各方面转型过程的重要视角。从菜贩的产生以及演变过程，来观察他们与基层治理体系中各个治理主体的互动关系，较为有效地解释了为何他们在与有的法律法规相违背的情况下依然可以获得生存空间。单位制度的变革亦成为本章分析的主要维度。单位制的解体事实上造成了社区内国家—市场—社会各方力量的重新分配，市场和社会力量开始逐渐超过国家力量，以业主为代表的社会力量逐步萌生，以物业为代表的市场力量也开始参与社区治理。然而上述变化大多数仅发生在市场化商品房小区之中。以国企单位小区为代表的老旧小区开始进入后单位制时代，不但市场与社会的力量没有相应发育，国家治理角色也不断试图退出，造成管理与服务的巨大缺位，这也成为未来需重点面对和解决的重大社区治理问题。

第十五章
社区居委会的功能与角色

新清河实验始终聚焦基层社区的组织变革展开，这当中最重要的实验对象便是社区居委会了。正如本书前文中反复提及的，改革开放以来，我国城市基层社会发生了从“街居制”到“社区制”的重大变迁，城市社区治理面临着巨大挑战。居委会在城市社区治理中发挥着重要作用，分析和解决居委会的运作机制及面临问题，对推进城市基层社会“治理体系和治理能力现代化”具有重要意义。本章通过新清河实验的三个试点社区，考察了居委会在社区治理工作中与街道办事处、居民的互动过程，以及影响居委会行动逻辑和策略的内部因素和外部环境，指出了居委会功能与角色的“脱节”，剖析了“脱节”产生的原因和对社区治理的影响。“脱节”本质上是内外部结构、关系与社区治理需要的“脱节”，是国家“自上而下”的治理诉求与社会“自下而上”的权益诉求在社区场域碰撞的结果。

一、研究背景与问题

改革开放以来，我国城镇化建设得到了较快的发展，社区紧密联系群众、直接服务群众、积极组织群众，是最基本的社会单元和基层社会治理的基础。追溯历史，我国的基层社会管理/治理体制[①]经历了以“单位制”为主“街居制”为辅向“社区制”的转变

① 在中国共产党十八届三中全会以前称为“基层社会管理体制”。

与改革，由政府全权掌控的社会治理与公共服务职能逐步回归社会。在二十余年的“社区制”实践中，我国进行了关于社区治理的一系列积极探索和制度创新，不仅在满足人民群众生活基本需要、化解社会矛盾、倡导良好社会风尚等方面发挥了不可替代的作用，也为全面建设小康社会提供了有益经验。但随着建设中国特色社会主义事业的不断深入，适应新形势建设和发展城市社区，全面提升社区治理水平，成为“推进国家治理体系和治理能力现代化”的关键之一。

近年来，北京的社会治理工作取得了积极成效，西城区、东城区、朝阳区先后被评为全国文明城区[①]。2012年6月，海淀区正式启动为期三年的全国文明城区创建工作（以下简称“创文”），并于2015年2月通过了中央精神文明建设办公室的考核验收。

2014年8月至2015年4月，正值“创文”的验收和收官之际，新清河实验团队对清河社区治理情况进行了系统调研。实验团队在深度调研和参与、观察的过程中发现，一方面，“创文”是社区发展建设的重要契机，各级政府和市场、群众都为之付出了巨大努力，但在评比过后，居民对社区治理情况的评价一般，根据对居民的抽样调查，仅有44.8%的居民对社区治理情况表示满意，[②]51.0%的居民对近三年来社区治理情况的改善表示满意，[③]横向比较，这些数据与《全国文明城市测评体系（试行）》（以下简称为《测评体系》）要求的“市民对创建工作的支持率≥80%”相差甚远，且从数据上看，

① “全国文明城市（区）”是中央精神文明建设指导委员会对全国大、中、小城市中精神文明建设成绩突出，物质文明、政治文明、精神文明建设协调发展，在全国具有示范性作用的城市所授予的最高综合性荣誉称号。2004年9月，中央文明委正式下发《全国文明城市测评体系（试行）》，标志着全国文明城市评比工作的正式启动，每三年评选一次，此前先后评出了三批近100个城市（区），并定期组织复评。

② 对当前社区治理情况的评价：6.4%非常满意，38.4%满意，39.9%一般，11.2%不满意，4.1%非常不满意。

③ 对近三年来社区治理改善情况的评价：10.8%非常满意，40.2%满意，34.0%一般，11.6%不满意，3.4%非常不满意。

“创文”并未给社区治理情况带来显著性改善；另一方面，社区治理情况远没有各类文件、各种制度体系描述的那样系统有效，不仅实际情况相当复杂，“创文”的各项指标也难以完全落实，甚至在部分社区中存在着较为强烈的矛盾和问题。

通过对街道办事处工作人员、居委会委员、社区居民以及社区相关企业、组织代表的进一步访谈，笔者发现了这样一个“普遍现象”——几乎社区里出现的所有矛盾点都聚焦在居委会这个层面：街道办事处工作人员评价不少居委会成员工作不力，没有大局意识和主动作为的观念，不配合甚至应付上级布置的社区工作，有时还和“问题”居民“穿一条裤子”，遇事推脱，给街道办事处“制造”了各种困难和麻烦；而部分居民认为居委会“不作为、不关心、不倾听”，不心系群众、不代表居民的利益，更多是“看上级脸色行事”，辜负了国家和政府给予社区的大好政策和资源支持；居委会成员们则非常“委屈”，认为自己收入低、付出多，“上管‘总统’，下管垃圾桶”，承担了大量工作，经常加班、熬夜，但还是很难得到街道办事处的支持理解和居民的拥护。

根据《中华人民共和国城市居民委员会组织法》(简称《居委会组织法》)，居委会是居民自我管理、自我教育、自我服务、自我监督的基层群众性自治组织，接受人民政府或它的派出机关的指导、支持和帮助，也承担了协助政府开展工作和向政府反映居民意见、要求和提出建议的职责。在现实中，居委会承担了繁重的行政工作，工作人员大多不居住在本社区，首先是受政府雇用而来，再经历社区选举，与其群众性自治组织的性质相悖。

本章关注和研究的重点是两个方面的问题。首先，在社区这一社会治理的微观单元，街道办事处、居委会和居民三个治理主体之间的互动关系是如何建构的？其次，“三方互动”的过程中，居委会的行动逻辑和策略选择是什么？受到了哪些因素的影响？产生了什么样的后果？

二、居委会与居民之间的“脱节”

笔者考察了居委会在应对居民提出合理需求的过程中，与街道办事处、居民的互动关系，提出居委会居民利益代表性的缺失，以及街道办事处的政绩观，“忽略”了居民的合理需求。进一步分析，居委会与居民之间的“脱节”现象，本质上是居委会成员结构与其自身职能的“脱节”，而街道办事处的政绩观，也可以说是管理体制结构与社区治理需要的“脱节”，又进一步导致了居委会“行政化”现象的产生和加剧，最终不仅导致了一定程度上社区治理的失效，也削弱了居民的参与意愿和热情。

（一）“消失”的老年餐桌

C社区是北京乃至全国知名的高端商品房社区之一，环境优美，各项配套设施相对完善，居民文化层次和生活水平较高，可以说是清河街道治理情况最好的社区之一。近年来，随着国家的宣传引导和社会建设事业的推进，社区居民的“主人翁”意识有了较大提升，经常主动向居委会、物业公司提出意见建议。

2014年8月，在海淀区即将迎来“创文”检查的阶段，社区的几位老年积极分子从新闻中得知，邻近城区的部分社区中开展了“老年餐桌活动”，很好地服务了老年人生活，也备受大家欢迎。于是，他们联名向居委会提出，希望建设社区老年餐桌，并得到了社区中相当一部分老年人的支持。

发起人之一、一位子女在IT行业工作的L大爷说：

当时我们提出请居委会协调街道和上级政府，给社区建立老年餐桌，主要有几个考虑。一是居民有强烈需求。咱们社区中老年人与子女同住的现象较多，但子女平时上班忙，不能在中午赶回家来给老年人做饭，即使孩子能回来，我们也心疼，希望他们能多休息一会儿。但是老年人自己做饭，一方面挺麻烦，自己又吃不了多少，另一方面很多人因为身体原因做饭困难，很多都是把孩子早上给自己做的饭热一热吃，很不健康。二是我们老年人都从外地过来，在这儿没有熟人，特别孤单，最多也就是和几个人买菜、遛弯的时候说说话，如果有了老年餐桌，大家可以聚起来。三是我们也知道政府经费需要花钱的地方多，我们几个人都商量好了，街道和居委会给提供个场地就行，有挺多相对年轻、身体好的积极分子都愿意轮流给大家买菜、做饭，而且我们还能吃到不同地方的口味，是个挺好的事。

居委会Y主任听了居民代表的意见之后，当即表示支持：

我觉得大家的提议特别好，这个老年餐桌的事不仅可以解决咱们社区的实际困难，也符合社区老年人越来越多的趋势下居民的需求，还可以是咱们社区工作的亮点，我这两天再征求一下更多居民的意见，如果大家普遍支持，下周一上班就去和街道领导汇报。

接下来，Y主任走访了社区内的部分居民代表，得到了大家普遍的认可和支持，初步设计了可行的老年餐桌运营模式。与此同时，也调研了社区内可供选择的场地，并和相关负责人进行了初步意向接触。之后，Y主任带着自己写的申请材料到街道说明了社区居民关于老年餐桌的提案。街道十分重视，安排街道领导到社区调研。座谈会上，居民们再次表达了自己的需求，并提出了很多可行的建议，街道领导也做出了积极的回应。

接下来的一段时间，居民们热情高涨，特别是几位发起的老年人经常坐在一起讨论老年餐桌的运营细节，甚至是哪里的蔬菜便宜新鲜之类的问题。其间，他们知道居委会Y主任几次被叫到街道开会商讨此事，也曾多次催促居委会Y主任抓紧推动，居委会Y主任以“街道还在论证，需要一个比较长周期的处理过程”为由，请大家稍安毋躁。居民纷纷表示理解，翘首企盼着居委会主任带来好消息。

两个月后的一周，居委会Y主任再次把几位老年餐桌的发起居民叫到一起开会。居民们以为主任会宣布好消息，兴高采烈地来到居委会，结果主任“东拉西扯”了一通，最后对居民们说：“老年餐桌的提案被街道搁置了。”

Y主任解释道：

> 街道领导觉得大家的提议非常好，但是现在执行起来十分困难，他们会积极推动，但估计需要非常长的时间。一个是很难找到合适的场地，如果购买新场地，街道一次性开销太大；另外老年餐桌如何良性运营，持续下去，也需要进一步的论证。目前，我们给大家联系了社区周围的一家餐厅，可以送餐，能够暂时解决老年居民的午饭问题，如果大家对餐厅的服务有任何不满意，尽管告诉我，我去沟通。

会后，居委会Y主任给大家送了纪念品——一瓶洗衣液，并亲自下楼把居民们送出门。居民们在回家的路上心情都非常沉重，但也感到很无奈。

老年餐桌发起人之一、居民H阿姨说：

> 我们也不知道老年餐桌不能办的具体原因是什么，但人家态度特别好，也提出了解决办法，我们有火也发不出来，所以就这样算了吧，送餐太贵也不卫生，大家还是自己对付对付，在家里做饭吃吧。不过我是真的不好意思面对曾经一块儿筹备老年餐桌的其他居民……

此后一个月，街道办事处和居委会投入到“轰轰烈烈”的“创文”工作中，看着每天忙忙碌碌的居委会主任，居民们也没再提出老年餐桌的事。美好构想中的老年餐桌“消失”了。

（二）搁置居民需求

1. 内部因素：缺失的居民利益代表性

老年餐桌的发起过程是一个非常理性、可行的过程，即部分居民在内部达成一致并向居委会提出建议，居委会征求更广大居民的意见，居委会向街道办事处反映居民需求并提出可行方案，街道办事处进一步实地考察和了解情况。更重要的是，根据笔者的访谈发现，情况并非如Y主任向居民所说的那样，事实上街道办事处、居委会、居民三方都有能力执行和实施，但最终为何没有成形？

一位街道领导说：

街道起初觉得居民的提议非常好，愿意出钱给社区买或租一套底商，作为老年餐桌的活动场所，我们觉得这是一项特别好的工作。但是后来随着事情的推进，我们发现居委会打算办老年餐桌的目的不纯，因为他们也提出希望占用底商二楼的一部分作为办公活动用房，明显偏离了街道和居民的初衷，而且如果真的给了他们，街道难以向其他社区解释和开展后续工作。另外，我向他们提出，街道支持办老年餐桌，但街道不可能也没有精力实时监督，居委会必须全程监督老年餐桌的运行情况，对食品安全、居民关系等问题负责。最后，居委会觉得太麻烦，放弃了，但也不能直接拒绝居民，于是联系了一家餐厅开展送餐服务，他们肯定知道居民是不会点餐的。

管理者与被管理者能够目标一致，相互担当，是执行的关键。作为居民自我管理组织的居委会，在社区建设中受到多重身份间不同角色的矛盾拉扯，在“国家—社会”的张力中陷入无法发挥职能的困境。在杨文健对居委会角色分析的研究[①]中发现，居委会在国家威权体制控制之下，居委会的人员任免、职责安排均由政府管控，体制之内的居委会难以代表居民群众的切身利益。显然，在老年餐桌事件中，除了居民的“大利益”，居委会也想借机争取自身的“小利益”，这种“小利益”在一定程度上可以说是居委会推动建立老年餐桌的主要动力。而当自身利益需求难以满足，还要承担更多工作的情况下，居委会从自身的角度出发，选择搁置居民需求。

老年餐桌发起人之一、居民B阿姨说：

> 我不知道最后街道和居委会是如何“勾结”的，Y主任和我们说了不行之后，我们几个到处打听，发现情况并不像他们说的这样，政府对这个老年餐桌是有专项支持的，而且其他很多社区都办起来了，她提的理由根本不存在。应该就是因为街道办事处和居委会嫌麻烦，不重视也不在意居民的现实需求，从心底就没想给老百姓办事，如果他们的父母家人住在这个社区，面临吃午饭困难的问题，他们就有动力去干了。

在清河街道，居委会成员不是本地居民的现象非常普遍。27个社区居委会主任中只有7人为本社区居民，占25.9%，而且其中还包括3名军产社区的居委会主任，接受军队联勤部门和街道办事处的双重管理，属于较为特殊的情况，如果排除军产社区，居委会主任为本社区居民的比例仅为16.7%。在三个典型个案社区居委会中，只有9人为本社区居民，占22.5%，甚至A社区的全部居委会成员均非本社区居民。[②]因为绝大部分居委会成员除工作之外的时间都不在社区，家人亦不在社区，所以对居民真实生活情况的了解只能依靠居民的

---

① 杨文建：《论社区矫正制度的完善——基于杭州社区矫正工作的调研》，《经济研究导刊》2014年第15期。

② 数据收集时间：2015年1月。

反馈。与此相类，从居民的视角，刘子曦在对B市业主维权运动的研究[①]中发现，很多业主希望参选居委会委员，往往是不满于街道办事处指派的候选人非本小区业主，不能很好地维护居民的利益。

笔者在田野调查中进一步了解到，当前清河街道办事处选聘居委会成员时，从工作的角度，将酌情优先考虑本社区居民，海淀区也提出了居委会成员中本社区居民比例≥20%的要求，但是在现实中却很难实现。一方面，当前绝大部分社区居民，特别是相对高端社区的居民，并没有到居委会从业的意愿，他们往往可以找到待遇更好或者更轻松的工作；另一方面，愿意在本社区居委会工作的居民，一般都是年龄较大、没有专业技术的就业弱势群体，或是有较重的照顾老人、教育孩子等家庭负担的女性，工作能力和精力难以保证。另外，也有居委会主任提出本社区居民身份会给居委会工作带来人际关系复杂、工作难度增加的顾虑。

综上所述，因为人员选聘、工作性质等原因，居委会成员本地化比例低，在一定程度上制约了居委会全面了解和融入居民生活，进而产生难以充分理解居民需求、与居民“断裂”的实际情况。居委会虽是基层群众性组织，但难以充分代表居民利益，服务居民主动性弱，从内部导致了居委会工作与居民需求的“脱节”。

2. 外部环境：街道办事处的政绩观

虽然街道办事处指出了居委会在老年餐桌事件中诸多不当的想法和做法，并以此作为难以满足居民需求的主要原因，但作为居委会的指导和支持单位，有责任和义务主动作为，更好地推动对居民合理需求的满足。街道办事处需要创造政绩，政绩是工作的重要动力，是当前压力型体制下我国基层政府组织存在的客观问题。压力型体制指某级政府为了实现预定目标，将接收到的各项指标分解给下辖各部门的管理方式，这是配合物质化评价体系诞生的相应模

---

① 刘子曦：《激励与扩展：B市业主维权运动中的法律与社会关系》，《社会学研究》2010年第5期。

式。[1]“创文”期间，清河街道办事处制作了详细的迎检分工，将《测评体系》的相关要求分解，再分配给个人，这正是压力型体制和这一体制下基层政府组织工作思路和方式的体现。

街道办事处干部说：

> “创文”的压力确实太大，三天两头开会强调，街道在内部分工后，定期组织检查，区里也不定期下来抽查，大家都非常紧张。这个时候提这样一个需求，不是“不作为”，是和“大局”矛盾，一方面需要街道和居委会投入大量的人力、物力、财力，另一方面确实存在运营隐患。多一事不如少一事，更何况还可能出问题，所以老年餐桌就暂时搁置下来了。

笔者在调研中发现，党的群众路线教育实践活动开展以来，国家和社会对政府组织的经费开支情况有了更加明确的要求和监督，但是在基层就变成了“不许花钱”，居委会的活动开支受到了非常严格的控制，经费审批工作流程越来越复杂，使得社区开展活动愈发艰难，降低了对居民的服务水平。“维稳”是当前社会矛盾冲突相对严重的环境下政府组织的重要工作之一。在社区治理中，很多具有长远意义的工作，难免会遇到利益冲突纠纷或者需要承担一定的风险，部分官员缺乏发展思路，宁可回避问题也不搞建设，为未来的工作制造了巨大困难和隐患。综上所述，由于街道办事处更多关注上级指令及政绩需求，有意无意中回避了应有的社区治理责任，制约了社区的建设和发展。

（三）“脱节”的后果：被“忽视”的居民需求

关于老年餐桌的“消失”，就居委会而言，缺失的居民利益代表

---

① 荣敬本：《经济社会系统的进化理论对我国改革的启示》，《经济社会体制比较》1998年第1期。

性决定了居委会不能和居民拥有共同的出发点，之所以居委会尝试去推动此事，是因为其有自身的利益需求，但当需求无法得到满足或付出大于收益时，居委会则“趋利避害”地选择用其他方式或部分解决或“柔性”安抚居民情绪。

曾担任居委会主任多年、现已退休的F说：

> 随着国家和社会的发展，居民的生活水平越来越高，对社区工作的要求也不断提高，且需求多元化。说实话，有的需求居委会能解决，有的需求居委会不能解决。但现在的情况是无论能不能解决，只要不关乎居委会的利益，就一律不能解决。对此，居委会也潜移默化地形成了一种解决办法，就是通过安排领导见面、拉长问题解决时间、诉苦、送小礼物甚至是构造居民内部矛盾等方式化解居民对于自身需求无法解决的不满。

可以说，老年餐桌的“消失”是居委会提供公共服务与居民需求的“脱节”，其本质是居委会不能真正代表居民利益，进一步分析，是居委会成员结构与居委会自身职能的“异化”了。同样需要注意到的是，表面上看街道办事处与居委会矛盾重重，相互指责，但事实上，街道办事处为了更好地完成自以为更重要的“创文”任务，没有起到对居委会应尽的监督和支持责任。

可见，只有当居民利益与街道办事处、居委会利益，进一步说是居民需求与街道办事处、居委会政绩需求一致时，街道办事处、居委会才有意愿和动力解决居民需求。由于当前居委会成员的聘任、工资奖励体系均由街道办事处具体负责和执行，可以说市区政府、街道办事处和社区居委会在工作中构成了一个紧密相连的“政绩共同体”。正是因为居委会无法代表居民的“利益”，以及受街道办事处政绩观的影响，居委会在实际运转中脱离了群众性自治组织的法定属性，转变为简单执行上级指令的行政机构，阻塞了居民的自治渠道，制约了居民治理主体作用的发挥，削弱了居民的参与意愿，违背了公共治理理论中多元共治的治理趋势。

三、居委会应对行政指令的策略

笔者还考察了居委会在应对上级对社区的规划和要求的过程中，与街道办事处、居民的互动关系，提出居委会有限的工作能力，以及居民缺失的社区参与，使二者“联合”应付街道办事处，“无法落实”国家对社区的顶层设计。进一步分析，居委会与街道办事处之间的“脱节”现象，本质上是居委会人力资源水平和其自身职能的不对等，而居民缺失的社区参与，也可以说是居民的“经济理性人”特征与社区治理需要的不匹配，又进一步造成了居委会“行政化”现象的产生和加剧，最终导致了一定程度上社区治理的失效。

（一）“文字上”的社区活动

A社区是一个典型的混合型社区，内部包含商品房、经济适用房（安居工程）、单位宿舍、回迁房、军产房和平房等多种类型，在地域上被划分为六片，分属不同单位/物业公司，内部环境复杂，沟通协调难度较大，开展社区活动的组织成本非常高。

“创文”涉及社区治理的方方面面，而且十分深入，对部分工作的检查方式为实地考察，部分为资料档案审查。就档案资料建设而言，区委区政府的各委办局将迎检任务下发给街道办事处的各个科室，街道办事处进一步将区里的要求转发给各社区居委会。就这样，精神文明建设、环境卫生、摊档管理、交通秩序、弱势群体帮扶、文体活动等工作一级一级地延伸到了居委会，而且时间要求特别紧急，往往是头一天下通知，第二天就要检查。从理论上讲，这些检查既突然又不突然，因为其中列举的全部要求都应该是居委会在以往日常工作中已经完成的，只需要整理汇总即可。但事实上，因为种种原因，居委会并没有开展这些工作，只能临时“抱佛脚”，千方百计应付。

《测评体系》明确列出将对“我们的节日”主题传统文化活动、社区联谊活动、市民学校教育、“全民阅读”活动等群众性活动进行资料档案审查，但就笔者从对A社区居民积极分子的访谈中了解到的信息，除联谊外，其他活动都未曾组织过，居民也普遍不知道政府有这些要求。

居委会主任说：

> 我们社区工作开展得比较好，之前活动都开展了，现在把材料排版汇总一下就行。其他社区可就惨了，为了应付上面的工作，基本就是上网上东拼一点西凑一点，然后自己编一点，对付个两页的篇幅，看起来像那么回事儿就行。所以“创文”给他们带来的压力特别大，一边要出去指挥交通、清理楼道，做一些面子活，一边还要做档案，把原来的窟窿补上。

也是在同一个居委会，一位负责文教的居委会委员说：

> “创文”突击迎检的一个多月，我们基本每天都加班，更别提双休日了，主任说这也是街道的规定。基本是上午接各种电话、收各种文件，然后按要求编各种材料，宣传部、文明办、计生办、民政科、社区建设科、社保所、统计所、工青妇等，就连派出所也让准备材料。中午吃完饭大家就去按照街道的要求组织清理楼道、清扫马路、指挥交通，清整完了回到办公室再继续整材料，编完才能下班。基本上“创文”60%以上的工作量都用在了做档案上，档案摞起来有一人多高，我长时间看电脑眼睛都变形了！也不知道这些材料除了被检查还有什么用！

可见，社区并没有都说真话。“创文”突击检查的一个多月，A社区本来就少得可怜的居民活动也取消了。绝大多数居民只是知道居委会最近特别特别忙，但不知道他们在忙什么。事实上，“创文”提出的相关要求，目的是为了督促多样化、有意义的居民自治活动的积极开展，进而真正做到服务居民，推动社会发展。但在执行中，这些活动往往只存在于文字之中。

（二）应付上级工作

1. 内部因素：有限的工作能力

在“社区制”已经替代“街居制”的当前，社区治理仍受到“单位制”后尚未改变的组织管理方式、运作模式的影响，居委会无法脱离“政府的腿”的角色限制，社区自治的发展受到制约。本章对居委会成员的问卷调查也验证了这一点：90%的居委会成员认为“街道办事处布置任务过多、过重，给居委会工作带来了困难和限制”；77.5%的居委会成员认为“行政性任务阶段性繁重，只能在闲暇时间组织自主性社区自治活动”。

虽然以上观点可以部分解释居委会在当前工作中存在难以开展自治的问题，但笔者认为，由于我国政府治理体系发展建设的历史和现实原因，对“上级千条线，基层一根针”工作模式和环境的调整、改变很难一蹴而就，落实上级要求的工作是当前一个阶段居委会本职工作的重要组成部分，而且“顶层设计”对社区自治也具有积极意义，并非是决定性的消极影响和制约。此外，当前居委会的工作能力也与社区自治不相匹配，难以独立设计和开展工作。

清河街道办事处居民科——与居委会联系最密切的科室的一位干部说：

> 社会上包括居委会内部总说我们街道布置的工作多，阻碍社区自治。但是我们没办法啊！区里给街道下发了任务，比如说数字统计，整个科室一共编制四个人，我们如果挨个儿地走访调查，29个社区十几万人，根本没有精力和能力。更重要的是——我要和你讲明白——街道布置的很多工作并非是绝对意

义上的行政工作，而是法律规定就应该由居委会做的事情，例如这次“创文”的很多要求，就是平时居委会应该做到的。现在的情况是，居委会普遍都愿意搞联欢会、运动会，因为做起来容易，但是不愿意搞一些高层次的、有深度的活动，例如精神文明教育、文化学习、青年人活动等，我们强制要求也是没办法，否则居委会一定不是偷懒就是跑偏。

因此，分析居委会内部的实际情况，前文已经论述过的关于居委会缺乏居民利益代表性的观点，以及居委会的内部资源约束等问题，居委会如何从提升自身工作能力出发，更好地完成居委会的本职工作，应该成为被关注的重点。

A居委会主任说：

居委会的工作非常琐碎，一个是街道办事处布置的任务繁重，总是逼着我们干活儿，根本不考虑居委会的实际情况；另一个是我们还要开展居民纠纷调解、手续办理等必须要抓紧办理的工作。唉，但是我也能理解街道，毕竟居委会的工作是“良心活儿”，如果上级不明确要求，很多人能偷懒就偷懒，能造假就造假了，社区一定不能越来越好。毕竟谁都希望干得少一点不是？我认为我们面临的最大困难就是人手不够，特别是能干的人不多，工作开展难，效果也一般。

在调研中笔者发现，不同社区“创文”的工作量是不同的，居委会成员工作负责、能力强的社区，“创文”的工作量较少，个别工作特别得力的社区甚至基本没有因为“创文”而影响日常工作。此外，每逢街道办事处组织的居委会成员选聘和分配工作，各居委会主任都会找到街道领导“诉苦”，希望能够多要来几个人，把编制占满，最好还能至少有一个年轻、高学历的同事。其实组织的执行力与其组织的严密性、人员组成、制度规范、权力划分息息相关，其所承担的职责受到执行力的约束和限制，与执行能力相匹配。笔者认为，当前居委会执行能力的短板在于人力资源，主要包括人数较少和人员处理行政事务的各项能力不高两个方面。

分析我国行政机构的人员结构，不难看出工作人员配置比例呈现出“倒金字塔”现象，这意味着数目较小的基层工作人员面临着相当繁重的工作压力，居委会正是这一“倒金字塔”的末梢组织，承担着巨大的工作压力。《居委会组织法》要求，每100—700户居民设置一个居委会，每个居委会由5—9人组成。但现实情况是，清河街道居民户数在2000户以上的社区有15个，1000—2000户的有9个，不到1000户的有4个，但其中居民人数在2000以下的只有1个。而在居委会成员的配备上，街道办事处只是小幅扩大了居委会成员编制，又因为执行中始终达不到满编，平均每个居委会只有7.7人，即使再加上4—6个编制在社区服务站的协管员，也难以和法规要求相适应。此外，还需要注意到，因为现行的《居委会组织法》修订于20世纪90年代，随着社会建设事业的发展，居委会已经承担了比当时更多的工作。

在三个重点调研社区的40名居委会成员中，男性有7人，女性33人，整体平均年龄42.7岁；在居委会工作的平均时长是6.7年，其中工作超过8年的有16人，不足3年的有13人；硕士学历2人，本科学历16人，大专学历9人，高中（中专）学历12人，初中学历1人。总体看来，居委会成员主要以35—55岁的中年女性为主，且在内部主要分为三个群体：其一是十几年前下岗后到居委会再就业的职工，社区工作经验较为丰富，但文化水平相对较低，即使部分拥有本科/专科学历，也都是夜校、电大授予的学历，基本不能熟练地使用计算机；其二是“40”“50”就业困难人员，就业竞争力较弱，也没有经过专业的培训，到居委会工作受到了近年来国家政策的倾斜；其三是相对年轻的家庭主妇、军嫂和极个别的青年女性，虽然这部分人文化水平相对较高，但往往是因为承担了巨大的家庭负担才选择到离家近、工作稳定的居委会工作，或是出于获得北京户口、考公务员加分等方面的考虑，工作动力和质量都难以保证。

综上所述，一些居委会因人力资源受限而导致执行能力有限的现象需要引起高度关注，这也导致了个别居委会在工作中上级不推动就不作为、居民不推动就不作为、应付工作的现象，进而使得居委会工作与国家对社区的顶层设计相“错位”。

2. 外部环境：居民参与不足

居民既是社区治理的受益者，也是社区治理的参与者、建设者，促进居民参与是推动社区自治的关键。社区参与的广度和深度与我国的经济转轨和社会转型密切相关。改革开放以来，我国经济、社会发展严重不均衡，社会阶层和利益日益分化，市场经济对人们的思想观念产生了巨大影响。在这种情况下，居民“理性经济人”的特性愈发突出，加之提出社区建设的时间不长，居民缺乏自治意识和对社区的认同感和归属感，参与意愿较低，往往只在自身利益受到影响的情况下才出面参与。

很多关于社区参与的实证研究表明，与大多数“冷漠居民”并存的是少数积极分子，这些人往往以女性、党员、楼门长、退休人员等居多，其具体的参与原因包括有充足的时间、长期受单位组织文化熏陶、希望发挥余热或结交朋友、获取居委会派发的象征性的物质回报等。笔者几次到A社区参与文体娱乐、意见征集等活动，所见的基本都是同一批居民，老年女性占了相当大的比例。

对居民的问卷调查结果显示，19.7%的居民不愿意参与社区事务，原因是：其中29.8%认为“没有意义”，55.3%认为“没有精力”，5.5%认为“社区事务与我无关”，8.4%则因为“没有收到邀请”“对社区事务不了解”等其他原因。但在现实中，居委会的很多工作都需要居民的参与，现有少数积极分子的人数、成分特点远远达不到上级的要求，例如本章案例中提到的作为“创文”考查内容之一的市民学校教育活动，街道办事处明确要求其工作对象不仅要包括中老年人，也要包括青少年群体。对此，居委会采取了更直接的应付行为。

居民不仅不愿意参加社区活动，甚至为了不参加活动，帮助居委会应付上级检查，与居委会联手造假，这无疑会默许并推动居委会对付行为的扩大化。问卷调查结果显示，在社区事务中，49.0%的居民愿意做“服务接受者”，3.7%愿意做“组织者”，15.5%愿意做“服务提供者”，16.2%愿意做“监督/观察者”，15.6%明确表示“不参与”。可见，虽然有少部分居民表达了希望为社区做贡献的想法，但绝大部分居民还是出于“理性经济人”的考虑，将自己置于“获得者、旁观者”的位置，甚至在问卷“您愿意以什么样的身份参与社区事务”的问题中，部分居民直接表达了不参与的意愿。

此外，社区参与情况也与活动类型、内容有关。问卷调查结果显示，42.5%的居民愿意参与社区议事协商，45.2%愿意参加社区选举，50.1%愿意参加公益志愿活动，56.9%愿意参加文体娱乐活动。杨敏在对莲湖社区居民参与情况的分析中指出，不同类型的居民在自身需求的驱动下选择参与不同种类的社区事务，被划分为强制性（福利性）、引导性（志愿性）、自发性（娱乐性）和计划性（权益性）四种自主性逐渐升高的社区参与类型。社区参与情况既反映了社区当前的治理情况，也密切影响了社区的发展建设。

表15-1 居民参与社区事务意愿情况

	非常愿意	愿意	一般	不愿意	非常不愿意
是否愿意参加社区议事协商	14.3%	28.2%	42.3%	9.2%	6.0%
是否愿意参加社区选举	24.5%	20.7%	40.0%	8.5%	6.3%
是否愿意参加公益志愿活动	21.4%	28.7%	40.5%	5.5%	3.9%
是否愿意参加文体娱乐活动	27.3%	29.6%	35.7%	4.3%	3.1%

一位居委会委员说：

> “创文”检查提出的很多要求都非常有意义，像市民学校、传统文化这种特别高端的例子我都不举，咱们就说敬老爱老、助残、环境清整等社区志愿公益活动，这是一个非常正能量的事，也是社区自治的体现。但是去年我们私下了解了一下，愿意参与而且有时间参与的人寥寥无几，特别是中青年，一是人家忙，二是好多人觉得付出了没有什么回报，如果真的想开展这个活动，必须花很大力气宣传、动员，还要把各个环节设计得特别有意思才行，后来我们居委会的几个人一商量，就放弃了。现在居民们都想让居委会提供服务，你要是想让他为社区做点贡献，那可是太难了，根本就没有自己是社区的主人的意识。而且很多人别说是做贡献，就是让他们来参加玩的活动，认识认识邻居们，人家都不愿意来。

可见，居民参与不足是社区治理重要主体的缺失，特别是对自主性更高类型的社区活动的不参与，削弱了居委会推进社区自治的信心，进一步为居委会的应付行为提供了客观条件。

综上所述，居民缺乏公共意识，出于自身利益最大化的考虑，不愿参与社区事务或倾向于参与自主性较低的娱乐活动，社区参与不足导致了居民对居委会缺乏监督，为社区治理制造了障碍，使得社区的治理情况长期处于较低的水平。

（三）被“架空”的顶层设计

社区活动仅仅停留在“文字上”，就居委会而言，有限的工作能力决定了居委会不能按照上级要求开展自治活动。面对上级的检查，居委会存在选择性地采取弄虚作假、形式主义甚至欺骗等应付上级派发工作压力的行为。显然，这种居委会的应付行为并非个别现象。

曾担任居委会主任多年、现已退休的F说：

现在居委会的造假水平非常高，已经形成了一个“严密”的工作流程。文字上就抄一抄，编一编，对于有的还需要照片的活动，一般都是上网找和自己社区环境差不多的，直接复制粘贴过来，或者剪切修改一下，让别人看不出来是在哪儿，实在应付不过去就做一堆条幅，把和自己熟悉的居民叫过来摆拍，大家聊聊天，在聊天的过程中居委会就不停地换条幅，从不同角度不停地拍照，居民也不断换位置，就这样，一小时可以凑十几个活动的图片。这基本成了居委会公开的秘密了，很多居委会主任愿意要大学生来工作，就是因为大学生用电脑熟练，头脑“灵活”，会很多电脑技术，很快就能把检查材料凑好。

可以说，“文字上”的社区活动是居委会工作与国家对社区顶层设计的“错位”，进一步分析，是居委会有限的工作能力与其自身职能的不匹配。

同样需要注意到，居民在这一事件中扮演了与居委会合作的角色，没有起到对居委会应尽的监督和支持责任，这一现象的根本原因是居民参与的缺失。

一位街道办事处的领导说：

现在居民平时都不愿意参与社区事务，居委会也是能糊弄就糊弄，直到事情进行不下去了，才会想着解决。A社区是一个老小区，当时规划的时候没有考虑到现在很多家庭都有私家车的情况，导致现在社区内车辆乱停乱放情况严重。街道发现这个情况后就联系居委会，希望他们出面协调，以规划车位、收费的方式解决这个问题，这也是当时区里给街道提出的要求。但居委会总是推脱说居民难以协调。很多居民也没有被乱停车辆影响到生活，也不能积极参与。后来直到小区里车越来越多，居民为了停车多次发生争执，闹到居委会，居委会和居民没有办法，又来找街道共同解决这个问题。

居民间的矛盾冲突推动了居委会不得不按照街道办事处的要求最终落实了对社区的顶层设计。而其实居民的积极参与、团结合作、协力共进，能在根本上为社区事务的妥善解决提供支持和保障。

此外，笔者在田野调查中发现，对于居委会应付工作的情况，街道办事处并不是一无所知，甚至可以说有一些刻意纵容。

街道办事处干部说：

我们有的时候也能感觉到居委会应付工作，但大家毕竟是同事，而且很多工作街道办事处要靠居委会完成，所以只能“睁一只眼，闭一只眼”。对此现象，我们主要是将考核指标细化，明确档案材料的要求，增加他们应付工作的成本。

笔者认为，开展活动的意义在于推动社区自治、服务居民生活，而不是积累档案材料，考核指标细化必然会进一步增加居委会的工作量，对居委会原本十分有限的工作能力产生更大冲击，也一定会使部分居委会采取更多应付策略和手段，带来负面影响。

四、居委会在街道办事处与居民之间的生存策略

（一）小市场强制规范和违建拆除

如本书前章所述，B社区可以说是一个熟人社区，居委会的前身是原企业的家属委员会，其中很多成员和居民非常熟悉。因为原企业改制、搬迁和经营状况不佳，不再承担原有的社区治理和设施维护工作，现有的物业公司又因为经营理念、经费等原因不作为，且居民也没有意识和习惯缴纳物业费，社区沦为大杂院，脏乱差现

象严重。接下来，我们将从居委会功能与角色的立场重新解析一个“强拆”的故事片段。

B社区中有一个小市场，已存在了十余年，是当时政府和企业为下岗工人创造再就业机会的产物，商户多为社区居民。因为商铺内的空间狭小，商户普遍把商品放在门前的道路上摆摊贩卖，占用了大量的公共空间，更有甚者在原有摊位的基础上直接向马路扩建。市场疏于管理，脏乱不堪，很多商户在街上杀鸡，随地乱扔腐烂果蔬、塑料袋等，也因此很多居民融入了市场内的环境，随地吐痰、扔烟头、扔垃圾。《测评体系》中对农贸市场和公共场所的卫生、秩序管理提出了非常明确的要求，因此，B社区的小市场成为了“创文”的短板。街道办事处多次要求社区居委会出面维护市场秩序，劝说商户收回摊位、拆除违建，在室内正常经营，居委会积极执行，但没有成果。

居委会主任说：

> 我在居委会工作14年，与很多商户都非常熟悉，甚至大家是原来的老同事、老邻居，可以说我们同在一个屋檐下，所以不能也做不到“撕破脸”，只能劝说。但商户们普遍答应得很好，可我们前脚走，他们后脚就重新搬出来。这两年，街道对这个市场的治理非常重视，城管曾几次来规范，但好的秩序只能坚持一段时间，甚至我还几次看到上午刚刚来清理市场的城管，下班后脱了制服到恢复脏乱差的市场中买东西。我们居委会没有任何办法，各方面也都没办法，只能是街道要求一次，我们劝说一次，把事情糊弄过去。

“创文”验收日期日益临近，发现居委会工作不力后，突然有一天，街道办事处综合治理办公室组织了30多位身穿制服的青年男子，开着几辆卡车，强行冲入市场，把摆在公共区域的商品、冰箱、柜子等以及私搭的违章建筑统统不由分说地搬上车，并用人墙拦截住希望抢回东西的商户和居民。因为市场存在时间较长，很多居民都和商户有着一定的感情，看到街道办事处如此强硬地执法，他们都感到十分不满。

87岁的Z大爷大喊："你们这群小兔崽子，我们来这儿的时候，你们还没出生呢，这里的一砖一瓦都是我们建起来的，凭什么你们在这里胡作非为？你们这是暴力执法，欺负老百姓！"一位城管强硬地回应道："你们在这儿摆摊、搭违章建筑就是不对，是犯法，必须拆除，任何人不得阻碍'创文'！你们几个去拦住他！其他人继续！"

笔者和几位实验团队的成员也因在一旁拍照被城管强硬禁止，险些发生冲突。对此，商户和居民们更加气愤，但也很无奈，自知理亏，只能站到外围小声地嘀咕。为了防止后期有商户或居民上访，执法人员还进行了全程录像。

正是因为街道办事处的"暴力"执法，困扰街道和B社区多年来的问题终于得到了一次性解决，原有的道路变得宽敞、干净了，社区的环境也得到了改善。但居民也因此对街道办事处和居委会的成见更深了，同时，街道办事处因为居委会工作不力，且自始至终没有出现在执法现场和出面做好居民的安抚工作，也对其产生了非常大的意见。

（二）在街道办事处与居民之间的"自保"

1. 内部因素：冲突的角色定位

从治理结构的角度出发，居委会作为街道办事处与居民的"中间"环节，不仅承担了协助街道办事处及政府相关部门工作、开展居民自治的职能，也要发挥"承上启下"、沟通协调的重要功能。

一位居委会委员说：

> 我常常想不清楚自己到底是谁……一方面，做商户和居民工作的时候，他们骂我们居委会只会欺负老百姓。说实话，我感到特别委屈，因为我每天都在和他们打交道、为他们服务。

另一方面，街道并不认可我们是行政单位，认为我们是基层群众性自治组织。我们只能私底下骂，有本事街道别给我们派活儿啊。而且在不能完成街道交代的工作的时候，街道又总是批评居委会没有政治意识，没有大局观，“和问题居民同流合污”，对不起国家给我们发的工资。总之，就是居委会特别难，超级难，尴尬得很。

在与街道办事处及上级政府相关部门的关系上，按照《居委会组织法》，上级政府、街道办事处与居委会的关系是给予其“指导、支持和帮助”，但问卷调查结果显示，72.5%的居委会成员认为现实中街道办事处与居委会是领导关系而非指导关系。居委会具有显著的依附性，街道办事处掌握居委会人员调动和资源支持，通过人事干预和财政管控的手段实现了对居委会的控制，在实际中处于支配地位。

笔者认为，这种依附可以分为四个方面。

一是经济依附。居委会的工作经费以及居委会成员的工资补贴，都由街道办事处决定与划拨，正所谓“谁给钱我就跟谁走”，如果上级能够满足下级的各种经济需求，下级必然会高度依赖于上级。而且，在上级经费总额受限的情况下，居委会只有愈发依附街道办事处，才能获取更多的经济支持和经济自由。

二是权力依附。依照法理，居委会作为群众性自治组织，并没有任何法定的强制权力，但在社区治理的实践工作中往往需要扮演利益调节、秩序维护等角色，居委会只能通过依附街道办事处来获得公共权威。

三是心理依附。在现实工作中，居委会往往扮演了“利益协调者”的角色，无论是社区建设还是纠纷调解，居委会必然难以做到不损害任何一方的利益，从而会在某个群体中陷入被动的局面。特别是在上级政府、街道办事处与居民利益发生冲突的时候，居委会的心理自然是更愿意向“强者”靠拢，毕竟居民是弱势的、流动的，而上级政府、街道办事处是“铁打的”，即使他们不为居委会撑腰，出了问题也还是能找到责任人。

四是个体依附。一方面，居委会成员的选拔、聘任和考核工作由街道办事处负责，“脱离”或“违背”街道办事处就意味着失去当前的就业机会；另一方面，居委会成员的晋升、入编亦由街道办事处全权掌控，使得任何“有进取心”的居委会成员只有依附并愈发依附居委会才能实现个人的“收益最大化”。

虽然因为种种原因，居委会显著依附街道办事处及上级政府相关部门的事实无法避免，但是按照国家的各种相关法律规范和中央下发的各类文件，居委会基层群众性自治组织的属性却被反复强调。近年来，居委会选举制度的发展和实践推动受到了国家和社会各界的广泛关注，其意义在于推动法制建设和民主政治建设。按照《居委会组织法》的要求，居委会主任、副主任和委员应由全体有选举权的居民、每户代表或居民小组代表三种方式之一选举产生，具有引领性作用的《测评体系》也明确要求各社区的选民投票率应大于或等于80%。

一位62岁[①]的居民说：

> 我知道居委会选举这件事，看到过社区选举结果的公示，但因为自己不是居民代表（注：居民小组代表），没有直接参与过。我投过几次票，选的是邻居。我知道，国家一直在推动民主选举的执行，新闻中总提。我记得是一个晚上，一个老太太敲门，说是楼下的，还挺面熟。她给了我一张选票，让我选她当居民代表。我一想都是街坊邻居，怎能驳人家面子。投票后，她给了我一块肥皂，说是居委会发的，然后还让我在领取单上

① 法律规定，18周岁以上的本居住地区居民具有选举权。现实中，中青年群体因为工作繁忙等原因，参加社区活动相对较少；老年群体因为知识结构、年龄等原因，对选举制度了解相对较少。因此，对中老年群体关于社区选举制度的调研更具代表性。

签了住址和名字。这种选举真是没有办法，明明上面都定好了选谁，还让我们走个程序。

对选举制度的“变通”执行，必然使结果走样，进一步促生居民对居委会的不信任和抵触。首先是对居民代表的不信任，因为居民是“被动”选举的，是被居民代表“求”着投票的，居民代表根本代表不了居民，而且现实中除了拉票这个环节，他们与居民的接触很少。其次是对居委会的不信任，一方面是因为居委会并不是“真正”由居民选举产生的，另一方面是因为“变通”的执行给居民留下了非常负面的印象。最终，因为这种“先天”的不信任，后期即使居委会对社区治理有了一些作为和贡献，居民也很难领情。

综上所述，法律和政府对居委会定位与居委会现实工作情况的冲突、选举制度设计与实践的冲突，使得居委会“尴尬”地处于街道办事处与居民之间，与国家、社会的和谐发展需要相“脱节”。

2. 外部因素：缺失的社区规范

任何社会都在一定的秩序轨迹上运行，人们在长期生活中形成了普遍认可的、需要共同遵守的行为方式准则，即社会规范。更进一步，有学者提出了“社区规范”的概念，指出社区规范是为了满足公共利益需求或是解决集体问题而制定的正式与非正式规范，是社区自治的必要条件。街道办事处、居委会和居民、商户作为社区治理的不同主体，其行为都应受到社区规范的约束。

从考察街道办事处的角度，在小市场强制规范和违建拆除的过程中，如果依照相关法律规范，其强制执法并没有任何错误，但是如果从基层治理和和谐社会建设的角度出发，这样的执法有可能过当，为日后街道办事处、居委会与居民、商户的相处埋下了不和谐的因素。

居委会主任说：

街道来清理小市场，事前没有和居委会打任何招呼，直接暴力进行，根本没有考虑居委会的感受，也没有考虑居民的感受。他们一群大小伙子，都穿着制服，呼啦啦一拥而上，把居民都吓坏了，谁敢站出来反抗啊，肯定是在背后骂娘。

与此同时，笔者发现，街道办事处的强制执行在一定程度上也是出于无奈，商户和居民并非弱势群体。

一位来市场买菜的老年居民说：

商户中很多人都和邻居们非常熟悉，甚至是老同事。一次城管来清他们，要把摆在马路上的东西没收，我还帮他们往家里藏过蔬菜，等城管走后又还回去了。当时那个菜贩真是特别感谢我，后来过年的时候还到我家里来送过东西。我的老伴儿和邻居知道这个事后，也纷纷说我做得对。

可见，商户和居民不仅在经营上反复违反相关规定，例如不能占用公共空间、破坏环境卫生、纵容甚至协助违法违规行为等，街道办事处、居委会对小市场治理的行为上也缺乏合理性、合法性，既阻碍了社区治理工作，又造成了街道办事处、居委会与居民、菜贩之间的矛盾。有学者在对社区参与和社会资本培育的研究中指出，由于社会转型和结构变迁，在社区中非正式规范缺失，难以对社区成员的行为进行有效的约束。在当前的情况下，传统的道德规范、习俗的约束力逐渐削弱，致使在社区治理中，街道办事处、居委会、居民、商户在行为上、思想上、感情上紊乱无序，最终使得社区失序、治理失效，也进一步生成了新的问题。

五、政策建议

正如新清河实验团队在田野调查中发现的，几乎社区治理的所有矛盾点都聚焦在居委会身上。但居委会是不是当前一定程度上社区治理失效的“真正元凶”？居委会是不是没有任何作为？答案显然是否定的。笔者曾看到，在“创文”迎检最繁忙的阶段，正是那位在B社区小市场强制规范和违建拆除过程中躲起来的居委会主任，每天至少花费半天走访社区内的百岁老人和残疾人，关心和询问他们的生活状况，提供力所能及的帮助，而在晚上为了完成工作只能不断延长自己的加班时间；在C社区物业公司提出上涨物业费的方案后，物业公司、业委会和居民之间产生了巨大的矛盾甚至冲突，如果按照“理性经济人”的策略，居委会本可以抽身事外，但社区居委会多次组织多方沟通协调，甚至同时被居民指着鼻子骂“和奸商同流合污”，被物业公司恐吓“不再配合居委会的工作”，为事情最终的圆满解决贡献了巨大力量；在A社区，因为工作经费紧张，居委会主任自掏腰包给社区居民合唱队购买了录音机……事实上，居委会在当前的社区治理中虽存在主观问题，但依旧发挥了重要且积极的作用。实验团队对居民的问卷调查结果显示，52.9%的居民在遇到社区问题不知道应该找谁的时候，会第一时间想到居委会，[①]即使居委会并没有像“邻居朋友那样熟悉”，没有像“上级政府和街道办事处那样有权威”，也并没有像“物业公司收取了居民的物业费”。

可见，虽然确有主观内部问题，但居委会无法真正代表居民利益不能只归因于其本身，很多情况下系受体制和环境影响的“不得已而为之”。与此同时需要注意到，脱节不仅出现在居委会身上，在一定程度上也出现在整个国家治理体系之中。例如参考本章的分析框架和解释逻辑，不难发现在“创文”过程中，街道办事处迫使居委会承担了本不属于其自身职责或远超其自身能力的工作，而编造活动记录等行为甚至可以说是几方“心知肚明”的；街道办事处与居委会“共谋”，共同应对区政府甚至更上一级政府及相关部门的检查。

---

① 遇到社区问题不知道应该找谁的时候，52.9%的居民会第一时间想到居委会，1.8%的会想到业委会，28.3%的会想到物业公司，3.0%的会想到邻居朋友，12.8%的会想到上级政府和街道办事处，1.2%的表示不解决。

虽然脱节现象在一定程度上可以说是广泛存在的，但不能忽视国家和社会的纠偏意愿和趋势。党中央文件提出了“解放和增强社会活力，坚决破除各方面体制机制弊端”“创新社会治理，必须着眼于维护最广大人民根本利益”等要求。居委会也在实践中不断探索其作为自治组织的行动策略，居民参与度不断提升，政府从社区事务中不断后撤。

那么，怎样能够让社区居委会更好地发挥社区自治功能？笔者认为应从以下几个方面着手。

第一是清晰界定社区的职能边界，进行去行政化改革。近年来，社区的行政工作越来越繁重，工作任务几乎都是由基层政府直接下派，社区工作越来越“行政化”。厘清基层政府和社区居委会的权责边界是首要任务，作为基层群众性自治组织的社区居委会，其主要职责应是落实社区自治，提高社区自我管理、自我服务、自我教育、自我监督的能力和水平。其与基层政府之间应该是指导与被指导的关系，而不应该是目前的领导与被领导的上下级关系。

第二是增加居委会成员的本土化比例。加大力度改变居委会现有的人员构成，通过选举的方式吸收更多实际居住在本社区的居民到社区居委会工作，以此不断强化社区工作的主人翁意识，使社区居委会的工作自然而然地更贴近居民利益。

第三是加强制度建设和制度创新，培育社区自治的观念和能力。社区自治功能的强化过程需要基层政府、社区居民以及社区自组织协力合作。在各种社区自治力量的整合中，要不断强化社区自治的意识和观念，并通过制定政策法规，规范社区的自治行为、制度化保障居民的参与途径。如社区重大事务的决策制度、社务公开制度、对关系到居民切身利益的大事的听证制度、民主评议社区居委会工作、民主协商制度及考核奖惩制度等，使自治组织和居民群众依法规范自治行为。

第四是加强社区能力建设。社区居委会应从依赖行政管理转向自主决策社区事务，提升自身能力。政府应向社区赋权，使其能够从居民实际需求入手，解决社区生活中的诸多不便，不断满足居民的切实需求，以凝聚人心，提高居民的信任和认可度。

综上所述，对于本章提出的居委会功能与角色问题更确切地解释，是国家与社会在社区这一微观场域的相遇、渗透和互动，其根源在于国家“自上而下”的治理与社会“自下而上”的诉求的碰撞。社区治理的有序化、规范化进程中，“冲突”不可避免。笔者认为，虽然碰撞的过程可能会为国家和社会带来阵痛，正如同当前我们所处的历史阶段，但碰撞的结果将是实现“国家治理体系和治理能力现代化”和“让人民更幸福”。

第十六章 社区中的阶层认同

新清河实验在完善共建共治共享和推进社会治理创新的实践与研究过程中，始终关注社区阶层这个特别具有社会学意义的老问题。本章从清河街道的29个社区中选取4个典型社区，分析阻碍社区居民形成合力的一个重要因素，即社区阶层分化问题。具体而言，本章关心的是导致社区共识难以达成的社区阶层的分化，聚焦最尖锐的“社区阶层认同”。只有梳理清楚分化背后的矛盾和冲突，了解不同人群的需求，我们才能更好地有的放矢，完善社会治理制度。

一、背景与研究假设

本章从清河街道四个不同类型的社区入手，将转型中影响居民阶层认同的因素区分为“潜在利益”“现实利益”两类，并揭示了社区区隔下不同居民阶层认同机制的差异。

（一）阶层认同影响因素

人们对所处的社会地位进行主观评价时，通常会将客观的社会经济地位作为重要的参考标准。近年来，学者也发现客观社会经济地位影响人们的主观阶层地位。[①]然而，人们普遍都有自己的社会分层观念，他们会依据自己对周围环境的感知以及日常生活的经验判断产生出划分人群的框架。[②]这一分层观念不仅涵盖了经济和社会等因素，还涵盖了文化和心理等维度。实际上，存在客观社会经济地位与主观阶层两者之间不一致的情况，尤其对于处在社会等级结构两端的群体而言，更容易产生主观阶层地位认知偏差。[③]这启发我们，在转型时期的中国，除了职业、教育水平和收入外，还存在一些特殊的社会现实，影响着人们的主观阶层认同，在探讨主观阶层认同时，我们还需考虑社会等级结构两端群体的差异。[④]

笔者将影响阶层认同的因素归结为两类。

一类是从住房、收入和职业直接获得的“现实利益”。已有研究证明，住房和收入通常体现着个体可获得的经济资本，而职业除了带来经济资本外，还会产生社会资本，如政治权威和社会声望。不同社会阶层的人们会选择不同的住房类型，也就意味着，拥有相似生活机会的群体会聚居在同一社区，更有甚者发生“住房屏蔽”，即

---

① Robert W. Hodge & Donald J. Treiman, “Class Identification in the United States”, *American Journal of Sociology*, 1968, 73(5):535–47；Jackman Mary R. & Jackman Robert W., “An Interpretation of the Relation between Objective and Subjective Social Status” , *American Sociological Review, 1973,* 38（5）:569–8；Jackman, Mary R. & Jackman Robert W., *Class Awareness in the United States*, Berkeley: University of California Press；Gerber Theodore P. & Michael Hout., “More Shock than Therapy: Market Transition, Employment, and Income in Russia, 1991–1995” , *American Journal of Sociology*, 1998, 104:1–50.

② 刘欣：《相对剥夺地位与阶层认知》，《社会学研究》2002年第1期；卢福营、张兆曙：《客观地位分层与主观地位认同》，《中国人口科学》2006年第3期；范晓光、陈云松：《中国城乡居民的阶层地位认同偏差》，《社会学研究》2015年第4期。

③ 王春光、李炜：《当代中国社会阶层的主观性建构和客观实在》，《江苏社会科学》2002年第4期；李春玲：《社会阶层的身份认同》，《江苏社会科学》2004年第6期。

④ B. Sosnaud, D. Brady, and S. M. Frenk, “Class in Name Only: Subjective Class Identity, Objective Class Position, and Vote Choice in American Presidential Elections” , *Social Problems*, 2013, 60（1）, pp.81–99.

形成相似的生活方式和阶层认同，对外界产生排他性。[①]然而，住房资本不仅能体现出个体的经济资本，还能体现出个体背后家庭的经济资本。住房已经成为城市家庭积累财富和制造私人财富的主要途径。此外，ISEI赋值也主要通过职业分类转换而得，即将职业作为直接反映社会经济地位的重要指标，而人们的阶级、阶层意识往往是由其客观社会经济地位决定和制约的。[②]

由此，笔者提出假设1："现实利益"影响主观阶层认同。在当前市场改革进程中，住房、收入和职业反映出个体可以直接获得的现实利益，进而影响阶层认同，表现为住房类型越好、收入越高、职业越好，主观阶层认同越高。

另一类影响阶层认同的利益是从体制单位、户籍和教育间接获得的"潜在利益"。中国体制内外单位划分和城乡二元分割的社会事实，导致个体可以通过体制内单位和城市本地户籍形成垄断或排他，从而获得更多社会机会、资源和福利。此外，个体也往往可以通过教育这一文化资本——多是以教育资质的形式——制度化后转换成经济资本和社会资本。在我国，体制内单位仍是整个社会的经济支柱，而体制内单位的职工，因进入体制内而获得更多的收入、福利、权力和声望。[③]换言之，处于体制内的个体，比体制外的个体获得社会资本的可能性更大，进入社会上层的概率更高，自身对阶层认同的程度也会越高。固有的户籍制度成为阶层划分的重要依据。据此，有学者提出，城乡划分的户口性质会影响人们的主观阶层认同。

---

① 夏建中：《新城市社会学的主要理论》，《社会学研究》1998年第4期；刘精明、李路路：《阶层化：居住空间、生活方式、社会交往与阶层认同——我国城镇社会阶层化问题的实证研究》，《社会学研究》2005年第3期。

② Xin Meng, "Wealth Accumulation and Distribution in Urban China" , *Economic Development and Cultural Change*, 2007, 55, pp. 761–791; R.Yemtsov, "Housing Privatization and Household Wealth in Transition" , in JB Davies (ed.), *Personal Wealth from a Global Perspective*, Oxford: Oxford University Press, 2008, PP.312–333.

③ 李路路：《社会结构变迁中的私营企业家——论"体制资本"与私营企业的发展》，《社会学研究》1996年第2期。

此外，北京市的户籍限制制度，也使得“北京户口”成为一种身份的象征。[①]笔者在高端商品房小区C社区调查对象的访谈中发现，一对年收入30万、从事IT行业的80后小夫妻，认为自己处于社会最底层。在深入询问后，得知该调查对象为非京籍流动人口，租房居住在C社区。此外，布迪厄认为，文化资本已渗透到社会各个领域，并取代政治权威和经济资本等传统因素跃居社会生活的首位，且文化资本再生产的主要途径就是学校教育，即通过长期的学历制度转化为其他形式的资本。已有研究表明，教育对收入的回报率并非直接产生，而是随时间存在显著增长。[②]

基于此，笔者提出假设2：“潜在利益”影响主观阶层认同。在政府主导型的中国，单位、户籍反映出个体可以通过政府权力获得隐形福利，与教育共同形成一种潜在利益，具备转化成现实利益的可能性。这类潜在利益与现实利益一起共同对主观阶层认同产生影响，即在体制内单位工作、拥有北京户口、受教育程度越高，主观阶层认同越高。

综上，笔者的研究框架可以图示如下：

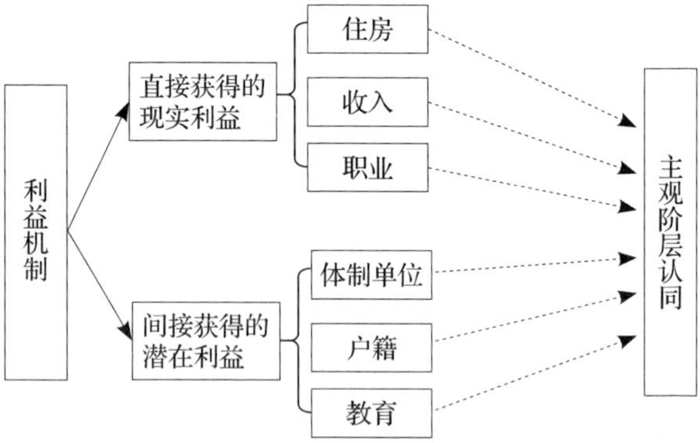

图16-1　影响阶层认同的利益机制

① 李飞：《客观分层与主观建构：城镇居民阶层认同的影响因素分析——对既往相关研究的梳理与验证》，《青年研究》2013年第4期。

② Seth.M. Hauser and Yu Xie, “Temporal and Regional Variation in Earnings Inequality: Urban China in Transition Between 1988 and 1995”, *Social Science Research*, 2005, 34, pp.44–79.

（二）社区区隔的影响

如本书前文综述，已有的阶层认同研究的主要发现和观点可以概括为“多元决定”和“不一致”。在中国市场转型的过程中，传统的体制因素（“潜在利益”）和新兴的市场因素（“现实利益”）交织，使得处于不同转型阶段的区域、城市、人群，受到不同因素不同程度的影响，导致出现“多元决定”。而从此出发，进一步引申，我们可以认为，“多元决定”和“不一致”的背后并不是因素的“多元”和“不一致”，而是“人群”的不一致。换言之，社会变迁的激烈程度会影响人们对所属群体社会地位认知的稳定性，这也正是个体主观阶层认同模糊性和复杂性的体现。

近年来，越来越多的学者提出，集团性因素是中国社会分层的主要机制，在集团内部，分配是较为公平的，社会分配的不公主要是集中在不同集团之间的，例如区域、单位。[①]这启发我们，影响阶层认同的因素可能也是集团性的。以社区为例，随着住房市场的演变，中国社区愈发分化，[②]高端别墅、普通商品房、城中村社区的生活水平、生活方式迥异。表面上看，这些社区的阶层认同可能有天壤之别，但是在这些社区内部，可能阶层认同的影响机制是一致的，而不同社区的阶层认同机制则有可能泾渭分明。在市场转型大潮中，中国城市从传统的计划经济时代的单一单位社区，分化为了差异巨大的多种社区，并同时产生了巨大的社会区隔，这种分化与区隔并不仅仅是表面上的收入、生活水平的分化，可能更是布迪厄意义上的“惯习”分化[③]，包括阶层认同等社会态度的分化。

---

① 王天夫、王丰：《中国城市收入分配中的集团因素：1986—1995》，《社会学研究》2005 年第3期；王天夫、崔晓雄：《行业是如何影响收入的——基于多层线性模型的分析》，《中国社会科学》2010年第5期；谢宇：《认识中国的不平等》，《社会》2010年第3期。

② 李强、李洋：《居住分异与社会距离》，《北京社会科学》2010年第1期。

③ Pierre Bourdieu, *Distinction: A Social Critique of the Judgement of Taste*, Cambridge: Havard University, 1984.

由此，笔者提出假设3："社区区隔"对阶层认同有显著影响。不同社区的阶层认同水平迥异。特别是不同社区有不同的阶层认同影响机制，在特定社区内，影响阶层认同的因素可能集中在一个或少数几个因素之上。

二、数据、测量与分析策略

（一）数据说明

本研究使用的数据来源于新清河实验2013年在清河街道的四个代表性社区所做的问卷调查和个案访谈。通过配额抽样的方式，完成有效样本570个。其中A社区为中端商品房小区，样本数为96；B社区为改制后的单位社区，样本数为111；C社区为高端商品房小区，样本数为133；D社区为"农转居"后的城乡接合型社区，样本数为230。

（二）变量操作化

1. 因变量——主观阶层认同

本章的核心变量是主观阶层认同。对阶层地位认同较具权威性的定义，是由杰克曼夫妇给出的。他们认为，阶层地位认同指的是"个人对自己在社会阶层结构中所占据的位置的感知"。在调查中，询问被访者"如果把社会划分为10个阶层（10最高，1最低），你认为自己属于哪个阶层"，可以得到一个数值作为主观阶层认同的测量指标。

2. 自变量

（1）社区类型：本章按社区综合水平（包括房价、地理位置、社区环境、社区文化等）将社区类型排序，高端商品房小区C编码为4，中端商品房小区A编码为3，改制后的单位社区B编码为2，城乡接合型社区D编码为1。具体而言，C社区建筑时间为2007年，2018年房价为5.90万元/平方米，采取新型物业管理方式，小区配套设施完善，有围墙，与外界完全隔离，形成了封闭的社区空间。A小区建筑时间为2004年，目前房价3.77万元/平方米，整体结构与C社区相仿，但综合水平略低于C社区。B社区建筑时间为1997年，居民主要为原国有工厂的下岗职工，无围墙与外界隔离。D小区多为平房院落，常住人口2243人，流动人口达3万余人，居（村）民自建房多，主要出租给流动人口，社区治安、卫生环境等总体水平最低。

（2）体制单位：笔者将党政机关、国有企业单位、国有事业单位归为体制内单位编码为1，其余包括外国独资企业、私营企业、个体工商户、集体企业、国有为主的合资合作或股份制单位、外资为主的合资合作或股份制单位归为体制外单位，编码为0，另外将无工作的人群编码为2。

（3）户籍身份：户口所在地为北京地区编码为1，非北京地区编码为0。

（4）住房产权：有住房产权的编码为1，租房或其他类型编码为0。

（5）职业：首先参照陆学艺的十大阶层划分，将职业选项按无工作、农民、农民工、工人、商业服务员职工、个体工商户、军人/警察、私营业主、专业技术人员、管理人员和党政干部的顺序进行1—11的编码。[①]补充分析表明，在我们所研究的四个社区，无工作的人大多属于退休人员（年龄较大），显然他们的社会地位、福利水平平均来看要高于农民、农民工和普通工人，但当地的农民是城中村的本地农民，实际上享有非常好的福利，并且通过出租房屋，获利颇丰。综上考虑，我们将职业按如下顺序进行1—11的编码：农民工、工人、农民、无工作、商业服务员职工、个体工商户、军人/警察、私营业主、专业技术人员、管理人员和党政干部。

（6）收入：将收入的分组变量取中间值作为连续变量，并在回归模型中对收入做了对数处理。

（7）教育水平：将受教育程度的分组变量转换为受教育年限纳入模型。

---

① 陆学艺：《当代中国社会阶层研究报告》，北京：社会科学文献出版社，2002年，第8页。

3. 控制变量

本章选取性别、年龄这两个变量作为控制变量。其中，女性为参照组，且年龄作为连续型变量纳入模型。此外，为了尽可能控制其他可能影响到受访者阶层认同的变量，我们还将受访者对生活水平的判断（“与三年前相比生活水平是否变差”）作为连续变量纳入模型。各变量的描述性统计如表16-1所示。

（三）分析策略

本章分析的因变量是连续型，因此采用多元线性回归进行分析。使用的软件是Stata 13.0。

表16-1 变量描述性统计（样本量N=570）

变量	指标	均值（标准差）	变量	指标	百分比
主观阶层认同	—	4.43（2.03）	单位类型	体制外单位	44.21%
收入	—	49260.2（60492.44）		体制内单位	35.61%
受教育年限	—	11.77(4.582)		无工作	20.18%
年龄	—	43.9（14.87）	性别	女性	52.28%
社区	社区D	40.35%		男性	47.72%
	社区B	19.47%	户籍地	外地	58.95%
	社区A	16.84%		北京本地	41.05%
	社区C	23.33%	婚姻状况	未婚	11.75%
职业阶层	农民工	6.14%		已婚	88.25%
	工人	6.84%	生活水平变化	好很多	22.81%
	农民	2.63%		较好	52.81%
	退休	34.56%		差不多	16.84%
	商业服务员职工	8.77%		较差	4.56%
	个体工商户	14.04%		差了很多	2.98%
	军人/警察	0.7%	党员	非党员	81.05%
	私营业主	15.44%		党员	18.95%
	专业技术人员	3.86%	房屋产权	无产权	51.05%
	管理人员	5.44%		有	48.95%
	党政干部	1.58%			

注：连续型变量汇报的是均值（括号内为标准差），离散型变量报告的是百分比。

三、研究发现

（一）现实利益与潜在利益

多元回归分析的结果表明，在控制相关变量的情况下，我们的假设基本得到验证。

如表16–2，从模型1中可以看出，“现实利益”假设得到验证。职业阶层、住房产权对城市居民的阶层认同都有着显著的影响（$p < 0.001$）。职业阶层每提高一个单位水平，阶层认同就上升0.132，而有住房产权的居民，阶层认同明显高于租户，平均高出1.239分。这些都证明以住房产权为代表的“现实利益”因素显著影响了城市居民的阶层认同。

表16–2　阶层认同的OLS回归模型结果

	模型1	模型2	模型3	模型4
收入	0.003			0.001
	（0.022）			（0.025）
职业阶层	0.132***			0.083*
	（0.035）			（0.037）
住房产权（参照组：无产权）	1.239***			0.599**
	（0.164）			（0.207）
体制内单位（参照组：体制外单位）		0.206		0.078
		（0.200）		（0.196）
无单位		0.167		0.211
		（0.217）		（0.239）
本市户籍（参照组：外地户籍）		0.420*		0.331
		（0.180）		（0.185）

续表

	模型1	模型2	模型3	模型4
受教育年限		0.133***		0.061*
		（0.022）		（0.025）
社区B（参照组：社区D）			0.358	−0.186
			（0.212）	（0.223）
社区A			1.296***	0.557*
			（0.224）	（0.247）
社区C			1.619***	0.653*
			（0.212）	（0.261）
男性（参照组：女性）	0.084	0.068	0.200	0.106
	（0.153）	（0.158）	（0.154）	（0.154）
年龄	−0.016**	−0.004	−0.016**	−0.010
	（0.006）	（0.007）	（0.006）	（0.007）
党员（参照组：非党员）	0.469*	0.366	0.566**	0.155
	（0.208）	（0.221）	（0.210）	（0.217）
已婚（参照组：未婚）	−0.061	0.112	−0.064	−0.006
	（0.268）	（0.269）	（0.266）	（0.265）
生活水平变差	−0.501***	−0.570***	−0.515***	−0.504***
	（0.083）	（0.085）	（0.085）	（0.082）
常数项	4.924***	3.750***	5.398***	4.054***
	（0.379）	（0.485）	（0.332）	（0.503）
N	570	570	570	570
adj. R^2	0.230	0.203	0.207	0.259

注：表中报告的是非标准化回归系数，括号中为标准误。* $p < 0.05$, ** $p < 0.01$, *** $p < 0.001$

分析结果还证明了“潜在利益”假设。模型2显示，本市户籍、受教育年限对阶层认同影响显著（p<0.05，p<0.001）。其中，有本

市户籍的居民的阶层认同平均高出0.42，而受教育年限每增加一年，个体的阶层认同平均增加0.133。但单位类型已经不再显著，这与我国市场转型，单位因素弱化不无关系。

模型3关注的是社区区隔的作用，结果表明社区区隔对阶层认同有明显影响。相对于社区D（综合水平较弱），社区B（国有改制单位社区）居民的阶层认同没有明显差异，但社区A和社区C居民的阶层认同都明显更高，分别平均高出了1.296、1.619个单位，且差异非常显著（$p < 0.001$）。这充分证明了社区区隔划分出了高低分明的城市居民阶层认同。

模型4综合考虑了所有变量的影响，结果进一步证明了我们提出的三个假设："现实利益"中，职业（$p < 0.05$）、住房产权（$p < 0.01$）影响显著；"潜在利益"方面，受教育年限（$p < 0.05$）作用明显；"社区区隔"上社区A、社区C与其他社区的差异依然非常明显。这进一步证明我们提出的三个假设是稳健的，"现实利益""潜在利益""社区区隔"确实是影响我国城市居民阶层认同的重要机制。

（二）社区区隔

通过表16-2的分析，我们可以看出不同社区的阶层认同差异非常明显。在此基础上，我们进一步对四个社区分别进行回归模型分析，结果证明我们研究的四个社区非常不同（如表16-3所示）。不同社区除了平均水平上的阶层认同差异之外，更有不同的阶层认同机制，这是更深层次的"社区区隔"。

在社区D中，本地户籍是影响居民阶层认同的唯一一个显著的变量（$p < 0.01$），而其余的利益因素（现实利益也好、潜在利益也罢）都不再显著。并且本地户籍居民的阶层认同高出流动人口的分值也非常多，平均高出1.174分。这与社区D的实际情况相符，社区D是城中村社区，聚居了大量的流动人口，他们的生活水平普遍较低，而同样一个社区内的当地居民则因为拥有当地的土地、房屋产权，每年仅通过出租房屋就可以获益颇丰。特别是那些属于当地农

村的居民，由于保留了农村户籍，同时村集体仍然有相当数量的产业，每年可以享受一系列村集体的福利甚至产业收益的分红。显然，在这样的社区内，虽然在同一屋檐下，但本地、外地成为了阶层划分的最关键维度，即便那些受教育水平高、工资收入高的白领阶层和中产阶层在阶层认同上也比不过拥有本地户籍的当地居民。

而在社区B中，影响阶层认同的因素主要有收入、职业阶层、单位体制（$p < 0.05$）。这也反映了该社区的现实情况。社区B属于国有工厂的单位社区，但工厂近年来效益下降，面临市场的巨大冲击。社区B居民的阶层认同表现出了较为矛盾的心理，一方面常年的单位传统体制，让他们对体制仍然有较强的认同，体制内单位的个人平均高出1.304分，而另一方面，随着市场转型，职业、收入等现实利益也成为影响他们阶层认同的重要因素。从这个意义上可以说，这个社区几乎是转型中国阶层认同“多元决定”的一个极佳缩影。

社区A和社区C都属于商品房小区，非常明显的是，影响两个社区居民认同的几乎只有一个因素，那就是有无住房。有住房产权居民的阶层认同平均高出1.001（$p < 0.05$）、1.729（$p < 0.01$）。这符合我们的基本体验，在房地产高涨的年代，在北京的商品房社区中的分层机制最重要的就是住房产权。以住房为代表的财富分化和不平等成为当代中国越来越重要的社会分层指标。[①]

另外，综合比较四个社区的模型，可以看出在市场转型过程中，同一个街道四个社区的分化与区隔非常明显。除了上述的分层机制外，从控制变量上也可以看出。从“生活水平变差”这一因素的作用可以看出，社区D、社区B居民在市场转型过程中，明显处于“相对剥夺”的地位，对其阶层认同有明显的负面作用，平均使得阶层认同下降0.578（$p < 0.001$）、0.659（$p < 0.001$），而这在新型商品房社区A和C中则不明显，直观地表现出了社区的隔离与分化。

① 王天夫:《家庭财富累积影响未来社会结构》,《中国社会科学报》2010年9月7日（011）。

表 16–3　四个社区居民阶层认同的 OLS 回归模型结果

	社区 D	社区 B	社区 A	社区 C
收入	–0.020	0.106*	–0.072	0.031
	(0.039)	(0.052)	(0.066)	(0.057)
职业阶层	0.050	0.240*	0.117	0.120
	(0.061)	(0.094)	(0.081)	(0.083)
住房产权	–0.255	0.434	1.001*	1.729**
	(0.420)	(0.386)	(0.427)	(0.515)
体制内单位	–0.105	1.304*	–0.081	–0.184
	(0.359)	(0.510)	(0.435)	(0.345)
无单位	0.169	1.325*	0.275	–0.013
	(0.367)	(0.573)	(0.663)	(0.588)
本地户籍	1.174**	0.833	0.149	0.080
	(0.399)	(0.495)	(0.371)	(0.322)
受教育年限	0.071	–0.075	0.040	0.117*
	(0.041)	(0.067)	(0.054)	(0.057)
男性	0.425	0.138	0.060	–0.547
	(0.255)	(0.359)	(0.350)	(0.305)
年龄	–0.019	–0.050**	–0.008	0.029
	(0.011)	(0.018)	(0.016)	(0.016)
党员	0.113	0.697	0.167	–0.145
	(0.599)	(0.484)	(0.431)	(0.351)
已婚	0.249	0.084	0.162	–0.087
	(0.392)	(0.615)	(0.634)	(0.855)
生活水平变差	–0.578***	–0.659***	–0.355	–0.211
	(0.139)	(0.155)	(0.233)	(0.182)
常数项	4.440***	5.008***	4.755***	0.829
	(0.827)	(1.251)	(1.209)	(1.424)
N	230	111	96	133
adj. R^2	0.123	0.275	0.124	0.129

注：表中报告的是非标准化回归系数，括号中为标准误。* $p < 0.05$, ** $p < 0.01$, *** $p < 0.001$

四、结论与反思

本章使用清河街道四个典型社区的居民调查数据，证明现实利益、潜在利益和社区区隔是影响我国城市居民阶层认同的主要因素。其中，现实利益方面，主要是职业、住房产权；潜在利益方面，主要是受教育年限。更高层次的社区明显有更高水平的阶层认同。更为重要的是，不同社区有着完全不同的阶层认同机制，体现出了明显的社区区隔与分化。但进一步分析可以发现，在社区区隔的视野下，社区内部的认同影响机制实际可能非常单一：在流动人口社区，是本地户籍；在商品房小区，是住房产权。恰恰在最具转型特点的单位社区，认同才是多种因素综合影响的结果，包括职业、收入、单位体制等。由此可见，影响我国居民认同的因素是否多元实际是由我国市场转型的特点决定的。

从另一个角度看，这一研究结果具有非常重要的现实意义。一个社区越多元实际上是越稳定的，越是单一越是脆弱。如果整个社会的阶层认同是多元因素决定的，比如有的人教育水平高，有的人收入高，有的人职业声望高，那么这种多元的阶层认同就能够避免社会形成极端的、界限分明的社会分化，潜在利益、现实利益与阶层认同的不一致恰恰起到了社会稳定器的作用。当一个社会可以仅仅用一个或少数几个因素划分为截然不同的社会群体时，其在结构上往往是最紧张的。[①]小到一个社区，大到一个社会，如果影响其成员阶层认同的仅仅只是有无本地户籍、有无住房产权，由此划分成明显的本地人、外地人，有产者、无产者等群体的话，那么实际意味着这一社群的结构已经非常单一，矛盾非常突出。而从社区建设的角度而言，这也成为了促进居民参与“共建共治共享”的障碍。阶层认同的背后实际是一整套的社会态度、心理认同与归属，而这些会进一步影响社会行为。利益与区隔的分化，使得同一街道的不同社区、同一社区的不同居民

---

① 李强：《“丁字型”社会结构与“结构紧张”》，《社会学研究》2005年第2期。

难以融合，难以实现全面参与和分享。实际调查也证明，流动人口、租房者的社区认同和社区治理参与度明显低于本地居民、有房者。

当前我国进入了中国特色社会主义新时代，社会主要矛盾已转化为人民日益增长的美好生活需要和不平衡不充分的发展之间的矛盾，这一历史性变化是推进社会治理的现实依据。经过改革开放四十余年的发展，我国社会生产力水平显著提高，但我国市场机制尚不完善，各种各样的发展不平衡、不公平、不公正和贫富差距在社区中显现，导致不满和焦虑情绪的蔓延。同时，中国城乡人口状况和城乡管理体制也发生了变迁，大量外来人口涌入城市，给城市社会治理带来巨大压力，也产生了很多新的矛盾。[①]近年来，一些地区发生的群体性事件（例如打工者与本地居民的剧烈冲突）不仅是这种结构性矛盾的体现，也是社会治理的难题所在。以清河为例，外来人口数量（8.4万）已超过北京户籍人口数量（7.4万）。如何基于不同群体的利益诉求，促进不同阶层群体的社会融合，是新清河实验研究和干预的目标之一，也是国家社会治理现代化水平的重要体现。

新清河实验在社会治理中做出了大量的创新尝试，包括社会组织实验和社区空间改造实验。针对社区隔离和分化，对弱势群体、核心问题提高公共服务水平，提高弱势群体的社区认同、让他们参与进来，形成统一的社区认同和社区归属感，真正促进共建共治共享和社区和谐发展。具体而言，一是推动成立“社区提升与社会工作发展中心”，通过专业社会工作者发挥专业优势，创新各类社区活动，促进居民社区参与，培育弱势社区居民的社区认同感和归属感，整合各类社会资源提高社区治理水平。二是通过专业的空间规划和改造，增强社区对居民的空间吸引力，促进阶层认同的多元机制形成，通过对弱势群体的“赋权”，提升阶层认同感。当然，所有实验都不能完全满足不同阶层的利益诉求，促进阶层融合、形成具有中国特色的多元社区阶层认同机制仍需进一步探索。

① 李强、卢尧选：《社会治理创新与“新清河实验”》，《河北学刊》2020年第1期。

第十七章
后单位制社区中的秩序重构

后单位制社区一直是新清河实验改革创新的重点。通过调研可以发现，后单位制社区作为一种具有历史延续性的城市社区类型，在城市社会生活市场化、社会化与行政化的过程中，既受到传统单位时期形成的单位共同体秩序的作用，也受到住房市场化、社区化影响形成的新社区秩序的作用。单位制解体后，传统单位共同体建立的社区秩序随着单位依附性的消失而呈现碎片化趋势。在共建共治共享的社会治理新格局下，社区治理需要重新探讨政府、市场与社会在社区结构中的定位，建立让后单位社区得以自我协调、良性互动的新社区秩序。本章主要关注的问题是，对后单位制社区而言，在社会结构与社会管理体制转型过程中，社区权力与社区秩序究竟发生了哪些变化？社区秩序对搭建共建共治共享的社区治理新格局的重要性何在？

一、转型背景下的后单位制社区

单位制是新中国建立之初经济发展与城市建设的一种创新手段，在相当长的一段时间里，成为国家进行社会动员以及整合全社会资源的一种重要的甚至是唯一的制度与治理手段。有学者认为，20世纪的中国社会具有“单位社会”的特征，单位社会生活已经成为社会生活的常态。[①]有鉴于此，进行社会学视角下的“单位制”研究有助于理解中国近代基层社会治理形势与社会环境的变迁。学术界一般将美国学者华尔德（Andrew G. Walder）于1986年出版的《共产党社会的新传统主义：中国工业中的工作环境和权力结构》一书视为单位制研究的起源。通过对中国国有企业中的日常工作模式与权威的分析，华尔德得出两个重要概念：单位社会中的“组织性依附”与“制度文化”。华尔德的研究对后来的单位制研究产生了重大的影响。此后路风、李路路等人，分别从体制机制与组织制度等视角研究单位，认为所谓的单位制是“我国各种社会组织普遍采用的一种特殊的组织形式，是我国政治、经济和社会体制的基础”[②]。

改革开放后，单位逐渐丧失其在经济市场的绝对占有地位，许多大型单位因为生产效率滞后，只能把没有生产功能的部门切割出去，包括职工居住区以及服务于居民的许多福利。90年代开始的单位转型或改制潮，遗留下许多脱离了单位的后单位制社区，后单位制社区的治理体制转变为社区治理带来许多挑战。过去的单位制社区与现在的城市管理体制有很大的差异，单位制社区是以单位为治理主体，“单位人”为治理对象；而后单位制社区是以基层街道政府为治理主体，“单位人”与“社区人”共同构成治理对象，是从“强单位”到“强基层政府”的治理体制转变。另外，单位共同体的消解与单位依附的断裂也是当前后单位制社区治理缺失的主要原因之一。近年来，随着对城市治理议题的关注日益增加，社会学中的单位制研究从组织制度研究逐渐转向对后单位制社区的研究。若要理解我国城市社区的发展轨迹，就必须要循着后单位制社区的脉络持续深入探讨。

---

① 李汉林：《中国单位社会：议论、思考与研究》，上海：上海人民出版社，2004年，第3—14页。

② 路风：《单位：一种特殊的社会组织形式》，《中国社会科学》1989年第1期。

二、社区权力结构与社区秩序

（一）社区权力结构

社区权力是社区结构与社区秩序建构的一个重要方面。社区秩序通过权力得以维持。从1929年林德夫妇的《中镇》开始，西方对于社区权力的研究越来越多。《中镇》从社区的各方面描述和解释中镇的社会生活，并指出在社区生活中存在一定的阶级差别。1937年，林德夫妇重返中镇，出版了《转变中的中镇》一书，分析了美国经济大萧条对社区的影响，发现环境的变化导致社区中出现垄断社区经济的团体，并控制了整个社区，引起了后续学者对社区权力的关注。

早期社区权力研究中最具有代表性的著作，就是1953年亨特的《社区权力结构：决策者研究》。在这本书中，亨特认为"构成主要商业利益的少数精英占据统治地位"，社区权力结构的特点是：由经济领袖统治；极少数真正的领袖掌握社区中的正式职位，他们一般通过非正式的渠道操控权力。

西方学者对社区权力的研究主要围绕"谁来统治"这一话题展开，例如亨特即是用声望方法来分析社区的决策结构，借以回答谁掌握决策权力的研究问题。从这一视角出发，衍生出两种相对的社区权力研究学派：精英论与多元论。精英论认为社区的权力掌握在极少数精英群体身上，精英通过正式或非正式的渠道来占据社区的统治地位，直接或间接地影响社区的决策。精英论的代表人物是亨特和米尔斯。与亨特的声望法不同，米尔斯在《权力精英》一书中采用的是职位分析法，也就是把研究对象定为社区领袖以及他们与其他成员的互动关系，因为米尔斯认为权力精英就是指那些占有重要职位的决策者。多元论的代表人物是达尔，他在1961年出版的著作《谁统治：一个美国城市的民主和权力》中，揭示了与精英论学者相反的观点，达尔认为，社区权力并不局限于掌握在少数人手里，而是分散在多个团体或群体中，每个群体都有自己的权力，只是群体之间的权力不一定对等，也不一定所有群体都有行动的实权。达尔利用决策法来观察决策过程，他认为在事件中真正发挥影响作用的是由民主政治产生的决策者，因此，他认为社区权力是由多元的政治所定义的。

精英论和多元论两个学派的争论一直是西方社区权力研究的热点话题，后来也有学者结合两派学说的论述，认为精英群体和多元政治主体处于一种博弈过程。西方学者对社区权力结构的研究对我国社区研究的启发很大，特别是其关注于社区权力对社区治理的影响。在中国社会转型阶段，由于单位制解体加上社区居民自治意识较低的原因，社区管理制度经历了几次变迁，社区权力结构也尚处于过渡阶段。

（二）社会秩序与社区秩序

社会秩序一直以来都是社会研究主要关注的话题之一，社会学家将社会有序与平衡状态视为社会的基础。霍布斯的“秩序命题”是研究社会秩序的起源，指的是在人们追求利益的同时“社会秩序何以可能”，而不因此陷入“一切人反对一切人的战争”。卢梭在《社会契约论》中指出：“社会秩序乃是为其他一切权力提供基础的一项神圣权利。”

亚历山大将社会秩序理论分为两种：个体论与集体论。[①]个体论的学者如哈耶克等人，重视个体主体性在秩序中的作用。哈耶克将社会秩序分为外部的秩序和内部的秩序两种，外部的秩序是为了达成目标经由理性的设计而产生的，内部的秩序则是在个人自觉下，通过人与人的互动过程而自发形成的秩序。

集体论的秩序理论则较为关注社会共同规范。韦伯认为，社会

① 杰弗里·亚历山大：《社会学二十讲：二战以来的理论发展》，贾春增、董天民等译，北京：华夏出版社，2000年，第8—9页。

秩序是所有社会力量的平衡，通过习俗、领袖与合法性来维持。涂尔干则是从社会分工的角度理解社会秩序，他认为社会分工决定了社会秩序，并将社会分为机械团结和有机团结。机械团结的社会秩序来自于强烈的集体良知和认同感，社会秩序依靠道德来维持。有机团结的分工更为复杂，个体间的互动是有目的性的，社会秩序的维护需要仰赖法律来维护。

本章所讨论的社会秩序是一种社区化、社会生活化的社区秩序。社区化就是个体在一定的地域范围内，通过设计的活动或者是自发的活动，在过程中互动。这种互动过程，就如同芝加哥学派的帕克所说，是一种竞争、冲突、适应与同化的过程。在这个过程中，自我管理、自我规范的意识逐渐形成，并进一步构成合理的社区规范，维持社区发展的稳定。由此可见，社区秩序是动态的过程，它会因为外部环境与内部条件的变化而触发互动，并产生一系列的互动行为。

在多元化的社会转型背景下，社区秩序对社区治理的作用变得十分重要。在传统社区，社区秩序仰赖单一主体，也就是政府或单位形成的治理结构来维持。改革开放后，城市管理体制发生的巨大变化使得社区治理的主体更加多元化。城市居民更多以个人利益为纽带进入社区共同体，传统的治理结构难以满足社区居民的多元需求，从而衍生出更多治理主体。各个主体成员之间的互动关系可能是冲突的，也可能是合作的，这些不确定性对社区秩序的维护有很大的影响。因此，新清河实验团队研究认为，社区秩序的维护应该更多地关注社区中各个治理主体的良性互动，并产生为了达成社区发展目标的共同行动，建构和谐有序的社区治理格局。

三、断裂与变迁——以老旧社区为例

B社区是典型的后单位制社区，尽管在城市住房体系改革后新增了许多通过市场方式进入社区的居民，但是参与的壁垒业已形成，新居民很难打破固化的单位共同体社区结构。在B社区中可以发现明显的内、外群体的区隔现象，几乎所有以社区居委会为参与载体的居民，都是原单位的老职工或家眷。

当然，单位共同体建构出的熟人社会特质，对社区治理来说具有一定优势。举例来说，B社区在2005年左右转制，三家国企合并，留下许多退休职工与被买断工龄的职工，在处理转制后的许多社区管理问题时，居住在本社区的老单位领导起到了相当大的作用。一方面街道与居委会善用老领导们的“关系优势”与“精英优势”，一方面老领导们既能与居民沟通，也能代表居民与企业沟通，协助解决了很多单位转制阶段发生的困难。

然而，利用社会关系这种“非正式”的方式是不可持续的。首先，在单位买断工龄时，许多职工因为失业、社会福利与保障社会化而产生许多对单位的不满情绪。这些不满情绪一部分被转嫁给了单位老领导，导致单位精英的作用受到一定程度的影响。其次，随着单位精英的老龄化，“单位二代”逐渐失去对单位共同体的认同。综合以上因素，在还没适应新的城市社会管理制度前，后单位制社区旧有的社区结构与社区秩序正在悄悄崩溃。

以下用两个事件来说明B社区的失序现象。

事件一：在单位改制阶段，企业逐步将生产部门转移，当时服务于社区管理的后勤部门转向社会化，几位职工自行成立物业公司，在企业许可与资金支持下，承接社区的物业服务工作。单位改制后，物业公司市场化，除了退休职工外，其他居民都应该要自行承担物业费及其他管理费用，但是由于缺乏对物业消费的正确认知，单位人在适应市场化前就已经“被市场化”，衍生出对物业服务企业的不满，导致B社区的物业费缴纳率非常低，甚至连基本的垃圾费都收缴困难。在恶性循环下，社区的物业基本处于半失管状态，社区公共环境较为恶劣，维护环境的任务更多地落在社区居委会与街道办事处身上，造成基层政府较大的行政压力。

事件二：2019年4月，B社区因为长期失管，社区内有许多外来车辆进入，占据社区消防通道，也压缩了社区居民的停车空间，在居民的建议下，物业服务企业决定对B社区进行封闭管理。在征集居民意见后，封闭管理与停车管理于5月起正式实施。然而，在启动管理后，B社区发生数起大小不一的群众事件，街道办事处、居委会也收到不少居民投诉件，严重影响社区秩序。分析其背后原因，除了物业服务企业在实施过程中缺乏与居民的直接沟通外，还有部分居民不愿意为管理付费，认为收费不合理、不规范，另外也有少数居民因为封闭管理损及自身利益而反对。B社区的封闭管理事件目前已经严重影响到社区的正常运行，反对者对居委会在事件中的角色产生许多质疑与误解，通过传统单位的社会关系已经很难缓解B社区的冲突与矛盾。

从B社区的两个事件来看，外在环境改变与内在条件改变都会影响社区秩序。笔者也从中归纳出四个导致B社区社会失序的主要原因。

（一）单位认同的缺失

单位制是国家通过单位形式来统一分配社会资源或社会服务的一种方式。当时，经由国家分配，学生一从学校毕业就被安排到各个国企单位工作，接受岗位的专业技术训练后被分配到合适的岗位上工作，并集中居住在单位建设的职工住宿区。职工住宿区距离企业不会太远，B社区的居民一出社区大门，过了一个路口就到企业上班，下班后在企业提供的食堂吃晚饭，用的是企业以福利形式发放的饭票，家人也可以一起享受，偶尔还能到单位电影院看电影，当然电影票也是单位发的。子女在单位成立的幼儿园读书，在单位的医院看病，家里遇到生活问题就直接找厂长或单位其他领导帮忙解决，正如某老国企工会主席Z女士所说，“食衣住行、生老病死，基本单位全包了”。在当时的城市社会中，个人必须依附于组织也就是单位而生，工作、居住、上学、医疗、生活上的各种福利保障，基本上都由单位提供。长久以来，形成了对单位共同体的强烈依附。然而90年代开始，企业响应减员增效政策，许多单位福利走向社会化，单位不再发放饭票，许多服务设施关闭。到2005年，单位开始对职工买断工龄，许多青壮年职工家庭面临失业打击。B社区当时留下5000多位退休与买断工龄的职工。在单位转制阶段，部分职工（特别是买断工龄职工）对单位的安置措施十分不满，导致对单位的认同逐渐消失，并转移为对城市社会与城市管理体制的不满。小区物业B先生说："居民不交缴物业费的原因除了没有物业意识外，也有些是因为对单位不满，觉得单位亏欠他们。"单位依附断裂是单位认同缺失的主要原因。此外，随着购买二手房进入社区的新业主的增加，B社区在"杂化"的过程中，也逐渐失去单位共同体特征。

（二）单位精英的衰退

B社区的单位精英构成是单位管理结构的延伸。科层制（或称官僚制）是德国社会学家马克斯·韦伯在组织社会学的基础上所提出的，他认为，在现代工业化社会中，需要用一种由合理性的权威构成的理想组织结构及其行为模式，建立有效率的行政管理体系。韦伯提出的科层制结构，有以下特征：劳动分工专业化与岗位安排制、层级负责的等级制、稳定的规章制以及非人格化的理性特征等。[①]其中，韦伯认为非人格化特征是理性科层体系最重要的特征之一。"公事和私事之间有一条极为明确的界线，公务活动与私人生活的关系范围是截然分开的，不得掺杂个人的情感、偏好等非理性的因素。"[②]而单位制的管理制度，是层制传统的在地化表现。韦伯的科层制理论是建立在组织目标、个人能力与分工基础之上的，但重情抑理似乎更符合中国"关系社会"的普遍情况。从B社区的案例来看，企业以生产为导向，建立了十分健全而稳定的科层管理结构，包括最高领导党委书记，厂长责任制厂长，五个副厂长（其中一位是负责管职工居住区与生活的生活副厂长），组织部、后勤部、财务科等科

---

① 张萍芬：《关于韦伯的科层制理论》，《河北理工大学学报（社会科学版）》2011年第6期。

② 褚添有：《官僚制的悖论及其突破》，《广西师范大学学报（哲学社会科学版）》2009年第1期。

室，还有生产车间。其中，生产车间与职工的直接联系最多，一个厂基本上有六个生产车间，车间也有明确的组织架构，车间党委书记、车间主任、工会主席、带班长、组长等，最后才是车工。单位制度下的科层制管理体系让单位人根据专业分工安排岗位，有效地增加了生产效率。与西方国家不同的是，科层制的人格化、关系化特质，才是中国社会发展下的特殊产物。因为单位制度在城市管理中的应用，使得单位人的工作与居住生活基本重叠，单位内的权力结构与社区的权力结构基本一致，在工作上遇到问题，多数职工会找住在附近的单位领导“邻居们”来协助；居民若是遇到社区生活问题或邻里矛盾，更多时候是找车间主管或是厂长协助解决，单位精英不仅在工作上，在社区生活上也有很大的影响力。然而，随着单位认同的缺失、社区结构复杂化以及单位精英老龄化等，单位精英在社区治理中的作用逐渐衰退，新的社区精英尚未形成，进而使得社区权力处于真空状态，社区秩序难以建立。

（三）对社区市场化、社会化的不适应

单位认同缺失与单位精英衰退是B社区失序现象的内在因素。建立在结构明显、互动性高、封闭性高的单位共同体受到外部环境的影响而导致内部条件的改变。影响失序现象的外部环境变化主要来自于城市管理体制的几次重大改革。城市管理体制包含城市的组织形式、管理制度和管理方式，广义的城市管理体制涵盖范围很广，是城市政治、市场与社会管理的综合。1949年以后，我国城市管理体制经历了几次重大的变化。新中国成立初期，我国有效调整资本，开启了计划经济的道路。计划经济就是由国家来制定与经济有关的合理政策与重大经济活动，有计划地调节国家经济的运行方向。“一五”期间，国家首要发展工业，城市工业获得很大的成长空间，B社区所在的街道过去就是北京的老工业基地之一。单位制是计划经济体制下一种独特的城市管理制度，单位具有经济与政治的双重功能，在单位共同体内部，建立了以单位人为核心的权力结构和

关系网络。1954年，政府出台《城市街道办事处组织条例》和《城市居委会组织条例》，形成了由街道办事处与城市居委会构成的“街居制”，街居制作为单位制的一种补充，负责管理单位人之外的城市居民。当然，在单位制强有力的组织形式下，“编外人士”的数量较少，也因此形成了“小政府、大单位”的特殊城市管理阶段。改革开放后，单位制在市场经济的环境中受到了巨大挑战，单位开始衰退、解体，乃至从城市管理体制中退出，社区制自此取代街居制。街道办事处和社区居委会在城市管理体系中的地位愈加重要，特别是在单位解体后，单位的政治功能与社会功能剥离，单位人转为社会人，社区逐渐成为城市社会治理的基本单元。然而，对于后单位制社区居民而言，他们很难适应市场化与社会化的新城市管理体制，他们长期依附于单位福利，对于社会生活的消费意识不强，不愿意缴物业费。物业费缴纳率低，就是后单位制社区对社区市场化与社会化不适应的具体表现之一。

（四）社区权力结构与社区秩序的分化

在社区转制后，街道成为基层政府的核心，许多原本由单位承担的社会功能与政治功能全部转移为街道的行政职能。为了有效管理后单位制社区，街道与B社区居委会善用原本的单位精英优势，因此目前来说，B社区大多数积极参与社区公共事务的居民代表、楼门长或志愿者，都是原老单位的职工或职工家眷。在转制初期，单位精英的再生产确实在社区治理中发挥了很大的作用。社区形成了以居委会为核心，单位精英为内群体的治理格局。原本依据《城市居民委员会组织法》定性的基层群众性自治组织，在城市现代化与行政体制改革后，发展出行政化或过度行政化的特征。社区居委会承担基层政府下派的行政任务，成为行政职能在社区的延伸，导致社区自治在有限的条件下很难获得发展的空间。在B社区中，基于物业服务等社区市场化失灵，街道迫于行政压力承担了许多应该由社区自治解决的难题，而这些任务最终又落给了社区居委会。在这样的背景下，单位精英难免也“被行政化”，在参与社区公共事务的深度上受到很多限制。另外，在住房市场化后，进入B社区的新业主增加，在长期由单位精英构成的二元结构区隔现象下，也很难打破社区治理结构，进而在参与社区公共事务的广度上也产生了局限性。从B社区来看，在受到单位共同体的历史延续性以及新的城市管理体制的双重作用下，逐渐分化出三个社区群体。第一个群体是在转制阶段受到基层政府重视，在社区生活中有条件参与社区公共事务的单位精英群体，他们是社区治理结构中的内群体，以社区居委会为核心。第二个群体是转制后通过市场化方式进入社区的新业主群体，他们重视个人利益，参与社区的意愿不高，或者是没有参与社区公共事务的渠道，他们是社区治理结构中的外群体。第三个群体，是指老单位职工的子女，或者是被买断工龄的群体，他们对单位共同体的认同缺失，同时也不能适应社区市场化或新的城市管理体制，而成为社区治理结构中的游离群体。

四、结论与反思

外部环境变化以及内在条件的变化，使得B社区在单位转制后的十多年间，尽管基层政府投入大量管理成本，却依然处于混乱失序的状态。有鉴于社区权力结构与社区秩序是维持社区稳定的基础，笔者认为，后单位制社区是多元社会生活的集合体，在单位共同体碎片化与新社区治理结构尚未完善的基础上，应该将执行社会秩序的方式分为正式与非正式两种社区秩序。所谓正式的社区秩序，是指以街道办事处—社区居委会为核心的社区治理结构，是为了达成社区发展目标而设计出来的，政府在其中发挥建构社区新秩序的主要作用，建立多元主体参与社区治理的体制机制。非正式的社区秩序强调内生，由社区居民在社会生活互动中产生，特别是对于后单位制社区而言，单位认同逐渐衰落，社区应该在居民互动的基础上建立新的社区认同，强化社区居民在社区治理中的重要作用。

第十八章
新清河实验中的城中村治理

城中村是我国城镇化过程中出现的普遍现象，清河地区也不例外。城中村的治理主要有两种模式，即城中村改造和城中村整治。新清河实验团队从2013年底开始在D村开展持续的田野观察，笔者通过对D村五年的跟踪发现：城中村的整治仍然停留在治标不治本的阶段。本章试图从城市扩张带来的征地与改制描述城中村的变迁史，进而剖析城中村的治理难题。

一、城中村治理的背景

城中村通常位于城乡接合部，同时容纳了居民和村民、本地人和外地人，因为其复杂性和多样性成为中国体制变迁、城镇化政策及其影响的一个缩影。随着城市覆盖的范围急剧扩大，随之而来的基础设施建设、城市更新等将许多原属农村和郊区的土地也纳入进来，带来更多的空间形态上的改变。"农转居"工程实现了农民身份的转变，而由于政策的渐进性，很多地方出现了农民和居民、村委会和居委会并存的情况。

农民和居民共处一地，但实有差别。居民的房子所占土地属于国家，农民的宅基地属于集体用地，农民可以在上面盖自己的房子。农民自己盖的房子如果毗邻大城市或者就在大城市内部，就可以依靠自己的房子获取房租收入。居委会和村委会两类组织属于不同的管理体系。居委会是自治组织，归属街道领导，村委会对接的是乡镇政府。围绕着土地产权和财政体制，两者的治理机制存在着种种不同。

从中共中央、国务院印发的《国家新型城镇化规划（2014—2020年）》可以看到国家对于城中村的定位，即提升城乡接合部规划建设和管理服务水平，促进社区化发展，增强服务城市、带动农村、承接转移人口功能；加快城区基础设施和公共服务设施向城乡接合部地区延伸覆盖，规范建设行为，加强环境整治和社会综合治理，改善生活居住条件；保护生态用地和农用地，形成有利于改善城市生态环境质量的生态缓冲地带。《2020年新型城镇化建设和城乡融合发展重点任务》提出加快推进城市更新，尤其强调“改造一批城中村，探索在政府引导下工商资本与农民集体合作共赢模式”。可见，在城市发展过程中，越来越强调对城中村的治理。

为了更好地治理城中村，各地纷纷探索城中村管理办法。一方面，对城中村进行改造。较早启动城中村改造的主要是广州、深圳等东南沿海城市。这些地区因为发展起步早，成为流动人口的主要输入地，加上土地增值等因素，城市发展急剧扩展，土地利用方式亟待转变，于是率先启动城中村改造和改制计划。如广东从2000年开始做出了对城中村进行整治的决定，并于同年公布了《广州市“城中村”整治建设方案》，2006年开始加快了改造步伐。[①]另一方面，对城中村进行整治。整治主要针对的是未纳入规划和已经纳入改造规划但是尚未实施具体行动的城中村。就北京而言，近年来在京津冀协同发展过程中，尽管一些产业被疏解出北京，但一些新的行业、产业的形成仍需要大量的打工者。城中村的地理、价格优势在这个时候凸显出来，成为这些小生意者、打工者的首选。一些困扰城中村治理的问题主要集中在拆迁与开发过程的产权复杂、拆迁价格高企等，这都是制约城中村治理的因素。

① 《中国城市发展报告》编辑委员会编：《中国城市发展报告（2006）》，北京：中国城市出版社，2007年，第348页.

本章选取位于清河的一个城中村D村，着重从其变迁层面分析城中村治理困境。

二、D村变形记

正如前文所述，D村位于北京市海淀区清河街道南部，是一个典型的城乡接合部地区，分别由清河街道办事处和东升乡D村村委会进行管理和服务。该社区面积1.03平方公里，有431个院落，常住人口2243人，其中居民1048户、1950人，农民229户、293人；实际上在此居住的有1000多人，空挂户居多；流动人口达32859人，倒挂现象严重（1∶14.6）；有各种门店200余家；2所小学（私立1所），共有学生1000多人，8所幼儿园（私立7所），共有幼儿730名。由于居（村）民自建房多，出租户多（出租房屋8857间），占道经营和乱停车现象严重，社区环境脏、乱、差，治安案件高发，长期是北京市的高发案地区之一。由于这里是平房区，燃煤取暖，煤气中毒事件时有发生。社区火灾隐患极大，集中表现为私搭房屋建材易燃、电力不足易发火患，尤其是道路狭窄，一旦发生火灾，消防车难以施救，极易造成群死群伤事故。

（一）征地带来村居混合

城镇化的飞速发展，不仅带来人口的大规模流动，也带来土地利用方式的转变。城乡接合部的土地不断被国家征用，1980年征地101.3亩，1981年征地222.46亩，1984年征地160.3亩……1982年颁布的《国家建设征用土地条例》第十二条规定："生产队的土地已被征完，又不具备迁队、并队条件的，本队原有的农业户口，经省、自治区、直辖市人民政府审查批准，可转为非农业户口或城镇户口。"1988年颁布的《中华人民共和国土地管理法》第三十一条规定："被征地单位的土地被全部征用的，经省、自治区、直辖市人民政府审查批准，原有的农业户口可以转为非农业户口。"于是征地过程同时伴随着“农转居”，村民和居民共存的情况由此形成。D村共有两次大规模的征地时段：分别是1984—1989年和2005—2008年。

表18–1 D村征地原因及转居人数（1984—1989年）

年份	用地机构	“转居”人数
1984	北京市公安局西城分局	67
	北京市交通局公交总公司	337
1985	北京市交通局公交总公司	34
	西城区医药公司	34
	北京机械工程大学	34
1986	市政小月河工程	86
	海淀区人民银行	9
1988	北京机械工程大学	144
	北京市法医鉴定中心	58
1989	清河毛纺厂	391
总计		1194

注：根据相关村史资料整理。

随着北京城市的扩展，D村的土地陆续被征用，用于基建、水利、交通和绿化建设。如2002年北京市儿童福利院用地，2003年解放军总装备部用地。影响最大的是因北京举办2008年奥运会而发生的征地。为建设奥运训练场馆，D村所辖某片区整体搬迁，村集体出钱建设起来的大棚、蔬菜温室全部拆除，让位于奥运基础设施的建设。这几年多少村民因为征地被转为居民，笔者没有得到确切数据，但是至此，D村以土地为生的农业终于走到了尽头，最终形成了“居民1048户、1950人，农民229户、293人”的村居混合局面。由于城乡二元管理体制的影响，D村有居民也有村民，形成了村居共治的局面。

（二）改制助推“瓦片经济”

1. 改制方法

海淀区人民政府2002年颁布《关于我区城乡结合部地区乡村集体资产处置及集体经济体制改革试点工作的意见》，主要目标是以产权制度改革为手段，落实农村集体资产所有者权益，实现乡、村集体产权清晰化，解决历史遗留的经济问题。按照“产权清晰、权责明确、政企分开、管理科学”的原则，城乡接合部地区农村集体经济组织将被改造成股份合作制企业。集体资产处置是改制的核心环节。D村于2004年到2007年间开展了D村集体资产处置的经济体制改革工作。根据文件规定，将清产核资或资产评估并经确认后的净资产按图18-1中所列方法处置。根据记载，2004年，D村清产核资后的净资产总额为2.4亿元。

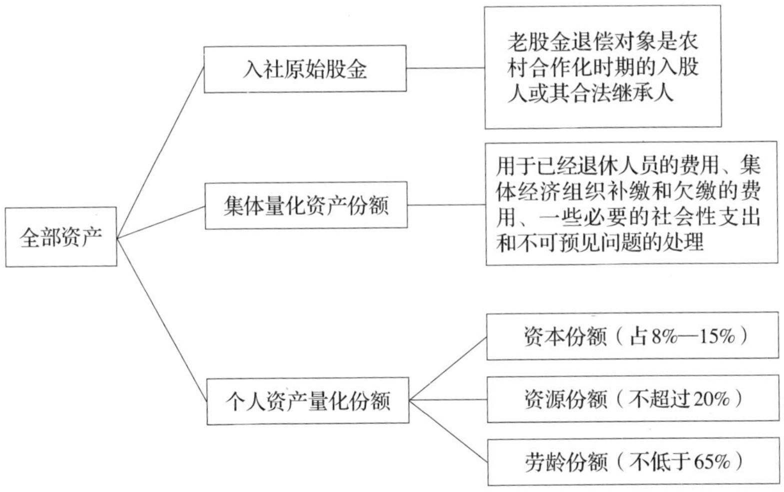

图18-1　集体资产处置办法（根据相关资料整理）

首先在乡经济合作社总资产中，农村合作化初期社员投入的股金（以下简称老股金）属于原入股人所有，原入股人死亡的，其所有权由原入股人的法定顺序继承人继承。D村共有863人（男：371

人，女：492人）获得老股金退偿款，总额为1913760元，男劳动力每人2400元，女劳动力每人2080元。

老股金之外的资产，80%量化给个人，20%量化给乡政府。不能量化给个人的20%（《意见》规定比例不超过退偿老股金之后净资产的30%），也不以现金形式交由乡政府。

D村村长在接受采访中说道：

> 净资产的20%是乡里的，乡里享受20%的收益权，我们在量化的时候，比如一个亿，你首先得拿出2000万来，这些钱不能量化，你量化8000万，但是这个钱我不拿走，乡里是不拿走的，不是说你一个亿我把20%的份额拿走，而是享受收益权。他为什么要这个钱呢？一个乡政府要这个钱干吗？乡里怎么来的呢，是各个村集合起来的。这里面包括原来以农民身份退休的这些人员，包括一些基础设施，国家不管农村基础设施这一块，自来水、电等这些东西它都不管，修路都不管，乡里管，第一要用于这些退休农民的退休工资，我们搞的乡内统筹，比如老家农民是没有退休金的，但是我们是有的，然后是医疗费，还有一些社会性开支。

被量化为个人所有的80%集体资产，成为“个人资产份额”，主要分为三大块：劳龄份额、个人身份份额和资源份额。

（1）劳龄份额

分量最重的是劳龄份额。按照海淀区政府的规定，劳龄份额的量化比例应该不低于“个人量化资产”的65%。量化条件是：“以改制之日为基准日，凡以在册人员身份参加过集体经济组织集体劳动三年以上且未参加集体资产处置的人员，按劳龄量化。个人劳龄是指自高级社成立以来至改制基准日止在乡、村参加集体生产劳动的时间。劳龄以年度为单位计算，不满6个月的不计算，超过6个月的按一年计算。”D村2004年8月完成了个人身份登记和劳龄年限确认工作，个人身份确认人数2069人，劳龄总年数45884年，劳龄份额总额共计14531万元。每个人平均有22年劳龄，平均可以分得7万余元。

（2）个人身份份额

量化条件：以改制之日为基准日，凡户口在本乡村的农业户口人员和本乡村国家征地转非时未参加集体资产处置的劳动力和未参加集体资产处置的超转人员，按人平均量化（已被征地居民也有）。量化比例：占“个人量化资产”的8%—15%。

（3）资源份额

量化条件：以改制之日为基准日，在本乡村的16周岁以上（含16周岁）农业户口人员和因国家征地转非后被集体经济组织留用未领劳动安置费且未参加集体资产处置的劳动力，按人平均量化。乡村内已退休的人员原则上不参加资源份额的量化。量化比例：不超过“个人量化资产”的20%。

2. 利益分配

当时的改制对城中村的发展现状有何影响？最大的影响就是改制为村民盖房提供了充足资金。20世纪90年代，大量外来人口涌进北京，城乡接合部的房子因为租金低廉成为他们较为理想的居住地。最初出租房主要是由村委会出面进行建设，或者有一些大院老板和村委会达成共识，通过出租房共同盈利。随着来京人口的大规模增加，租房市场供不应求。城乡接合部拥有私房的房主也渐渐通过重新盖房、扩建规模等方式成为新的食利阶层——房东。那时盖起几十间出租房不是一件容易的事情，首先需要解决的是资金问题。改制带来的利益分成解决了这一难题。

目前村里为村民打造了三类收入：工资性收入、福利性收入和财产性收入。工资性收入由在村集体创办的企业工作的人获得，村集体所办企业旨在解决本地人就业问题，所以会对人员资格做出相应限制，比如D村村民及其直系亲属可以优先进入。福利性收入主要指过年过节费，冬季取暖费，经济收益好的时候，村里会组织村民出去旅游。以上两项收入只要是村民都有机会享有。财产性收入则只针对一部分人——股东。继续回到2004—2007年的改制，个人资产份额算清后，根据当事人的意愿，有两种处置形式，一种是将量化份额转化为现金，在2006年12月15日前，对个人资产量化份额进行一次性金额现金兑现；另一种是将量化份额转化为股份，其份额流转的主体是经过集体资产处置获得资产量化份额的自然人，按照程序办理流转手续和转股登记。兑现的人员用这笔钱盖起了房子，在外来人口密集的城乡接合部当上了日进斗金的房东。另外300多人以入股的形式将资产交由"清河股份经济合作社"统一处理，每年以股东身份获取村集体的集体经营分红，即获得"财产性收入"。

（三）建设私房何以可能？

人口迁徙首先要解决居住问题。以农民工为主体的流动人口涌进北京的城乡接合部，对当地社区来说，形成了人口聚集—盖房—人口再聚集—再盖房的循环。早在20世纪90年代，以"浙江村"为主的城中村已经出现以租房为生的"大院老板"[①]。那时候，盖房、出租私房者主要是村集体。渐渐地，征地给郊区农民带来的影响越来越大——他们永远失去了耕地，农业生产方式难以为继。新的谋生渠道一是走向工厂，二是利用地处北京的独特区位优势去获利。在生计逼迫下，村民也加入到建设私房、出租私房的队伍中。那时，D村也有村民陆续翻盖新房的现象，但当时城市规划还没有向外扩展更多，位于五环外的土地还不是那么"金贵"。据居委会工作人员说，2003年时，居委会的一层小办公室是D村最高的建筑了，周围村民的房屋都没有它高。但是在几年前，居委会的小办公室转眼成了附近最低甚至全村最低的建筑。

最终能够将私房成片建起来，还离不开D村所在地区特殊环境政策的影响。这种影响通常不表现为正向的激励作用，而是在某个

① 项飙：《跨越边界的社区：北京"浙江村"的生活史（修订版）》，北京：生活·读书·新知三联书店，2018年，第294—299页。

时间段内不予禁止。居民/村民利用新旧政策交接之际的间隙盖房，虽然通常事后会被归结为“违建”，但在当时不适合做出这样的判断。在其他地区统一“拆迁上楼”模式中，转居的农民伴随着身份的变化，永远失去了自己盖房的资格。而D村的一个特殊之处在于，即便转居，居民的宅基地仍然保留，加上有的家庭户既有村民也有居民，同时可以享有村民和居民应该享有的利益，法规也没有对这种情况做出有效的规定。所以盖房的不仅有村民，还有居民。

2006年9月11日，海淀区公布《海淀区“城中村”整治工作实施方案》。城中村整治工作方案以奥运场馆周边、主要道路、重点地区、河道水系周边、大专院校周边等区域的整治为重点工作任务。将对影响城市容貌、威胁城市安全的破旧平房开展整治工作。而实际上，此时的整治过程也是私房扩建的过程。毕竟城中村作为城市的痼疾，不可能瞬间都被夷为平地，最大程度的整洁美观是最基本的目标，至于采取什么方式，余地比较大。

各个村子违建进行得如火如荼，奥运会过后，2009年海淀区政府出了一个对违法建设“零容忍”的政策。[①]村委会工作人员说：

> 2009年海淀对违建零容忍。村里2009年就没有大型的违建，都是2009年之前盖的，有的还想在房子旁搭一个棚子之类的，但是咱们村里巡逻的保安，发现哪里有苗头，比如哪里有砖头拉进来，就给制止住了。村委会有一个拆违小组，都是保安组成的，来回巡视，看哪里有，就提前到那里拆。咱们这里是集体土地。

城市扩张波及传统农村社区，带来土地利用方式的变化，进而

---

① http://www.bjhd.gov.cn/govinfo/auto4536/201303/t20130321_486813.htBl?keDwords=海淀区政府网站《全力做好年度遏制和查处违法建设工作》;《北京市海淀区四季青镇人民政府文件（2014年政府工作意见）》。

刺激村庄内部进行改制，改制带来的利益分红为绝大多数村民提供了建房资金，利用特殊时期的政策或者部分政策本身的漏洞，三十余年的时间，D村就这样从一个纯粹的农村社区变形成为极难管理的大型城中村。

三、城中村治理难在哪里？

虽然国家和各地对城中村的改造做出了相应的规划，但是具体到每个地区，由于改造的策略不同，加上地方各具自身特点，每个城中村卷入改造的时间和方式也未知。而在未能实施改造的时期，城中村整治成为焦点。

改造与整治的区别在于是否较大改变城中村的空间形态。

（一）改造难题

按照街道工作人员的说法，D村土地2003年被划拨给了某高校。一位街道工作人员说道：

> 我从东升来，原来主管规划。我亲手写报告，一直往市里交，年年写年年交。但是为什么就是没有解决？2003年的时候有希望了，后来为什么停了呢？到2003年的时候，咱们这一块的整体规划都批复完了，所有的人都能够就地上楼，然后划出一片地作为平衡资金的商品房，这样所有的问题都能解决。但是某领导有一次到T大调研，提出把这一块地方划给T大学，作为T大学的教育预留地。结果就变成T大不启动，从城市规划来说，别的地方也动不了。咱们想敦促T大学启动，区里的领导也都力主跟T大学再提这个事情。想说句实话，都说D村是海淀区的毒瘤，我在这里听着可不舒服了。但是这个怎么解决呢？当时T大学连市里都不去沟通，直接递给中央了。所以不能怨咱，咱们区里不是说不尽心。

显而易见，D村土地已经被纳入新的规划，但是迟迟得不到拆迁，无论是高校还是政府，并不能就该村的土地利用方式及用途达成共识。从2003年到现在，D村的土地价格也节节高涨，在村民看来，一旦被纳入拆迁的话，拆迁方需要付出高昂的拆迁成本。而政府对于宅基地的赔偿、地上物的赔偿有一套自己的标准，D村大大小小的企业有十几家，有商业地、工业用地和居住地，也有宅基地和国有土地，其混乱的土地权益、村居混合的设置等情况，将来势必引发围绕着拆迁赔偿的新一轮冲突。

（二）整治难题

在没有拆迁改造的希望时，和北京市其他重点挂账的城中村一样，D村只能通过整治保持一种相对稳定的局面。那么，对村居混合、村居共治、人口密集的城中村的整治面临哪些困难？

1. 政府管理力度不够

流动人口协管员的配置就很成问题。按照北京市相关政策文件的规定，流动人口聚集区需要按照2.5‰—3‰的比例来配置流动人口协管员，主要负责流动人口的信息登记、消防检查等工作。D村目前有3万多名流动人口，按照规定至少需要配备75名协管员，但目前只有7名协管员，远远达不到管理的要求。根据笔者走访，协管员工资在2000—3000元之间，收入水平并不高，招聘更多人员也面临困难。

2. 居民责任意识缺乏

一些房东没有登记流动人口信息的意识，只是单纯出租房子收钱。由于人员流动频繁、监管失效，社区陆续会发生盗窃等犯罪案件。

D村属于城乡接合部，属于农民工居住的聚集地，也住着很多虽然转居但在生活方式上变化不大的农民。他们的文明素质有待提升，随地吐痰、扔垃圾等现象司空见惯，法治和规则意识淡薄，摆摊占道经营普遍存在。作为城市的管理者，街道和城管为了城市清洁坚决杜绝这种现象，于是围绕着清理和拆迁就产生了许多矛盾。

3. 城中村管理模式特殊

北京作为政治中心，社区每轮大规模整治都跟政府活动紧密相关，在居委会和村委会应街道和乡政府要求加大管理力度时，城中村脏乱差现象会有所改善，沿街摆摊、占道经营情况也暂时得到遏制。但是突击式管理一般意味着更多的资金和人力投入，大型政事结束，反弹不可避免，城中村的整治面临着多次反复、“治标不治本”的难题。城中村城乡混合的局面决定了其只能采取城乡二元管理体制的模式。以计划建立菜市场和停车场为例，这两件事在D村提了好几年，就是没有解决。对于村委会来讲，首先需要同意划出地皮，在寸土寸金的今天，村委会虽然没有明说，但是不会轻易出让地皮。其次，街道某些领导主张投资建立菜市场和停车场，但是另一些领导考虑到不知道什么时候村子会被拆迁，并且该社区不是完全属于自己的街道管辖，不可能把大量资金投入到不完全属于自己管理的地界，从而没有投入资金的动机。此外，二元治理体制下责任不明确，即使菜市场和停车场能够建立起来，还面临着后续管理问题，如何收费，由谁管理，出了安全事故谁来负责？村委会坚决不愿接手后续管理问题，因为一旦接手就意味着需要投入更多的管理资金，并且需要承担风险责任。

四、关于城中村治理之道的思考

城中村的形成是城市扩张的结果，城市扩张带来土地利用方式的改变，按照相关规定，征用农村集体所有土地的，相应的农村村民应当同时转为非农业户口。应当转为非农业户口的农村村民数量，按照被征用的土地数量除以征地前被征地农村集体经济组织或者该村人均土地数量计算。应当转为非农业户口的农村村民人口年龄结构应当与该农村集体经济组织的人口年龄结构一致，每伴随一次征地，就有相应数量的农民转为居民。失去耕地，农业生产方式难以为继，为适应新形势，大城市村庄逐渐进行改制。而资源集聚的大城市吸引了众多流动人口，出于经济利益的考虑，村集体建设大院进行出租，村民建设私房营利，形成了今日城中村各方人员会集、关系相互牵涉、利益纠葛的复杂局面。城中村问题的解决是一个牵一发而动全身的过程。

（一）就村庄内部而言，主要涉及管理及不同身份群体的利益问题

从宏观层面讲，涉及城乡二元治理体制的相互调和。单纯的城市社区和农村社区各自有一套管制模式，但是城中村的土地状况和居民身份决定了要从根本上解决问题，不能忽视城乡二元体制的区别。从中观层面讲，则是街道与乡政府人力、资源投入的相互配合。居委会负责居民事务，村委会负责村民和集体土地事务。但是城中村的各项事务界限不是很明显，很多事情需要双方协调商量，一旦涉及资金、资源投入，在解决具体事务上各自的财政体系面临龃龉。从微观层面讲，村民并没有被纳入一套成熟的社保体系，其每年能够享受的福利和收入更多依据村集体企业经营状况的好坏。居民虽然被纳入城镇居民社保体系，但是城中村受面积和资源条件限制，能够为居民提供的公共服务极其有限。

（二）就村庄外部而言，主要是流动人口住房问题

实际上无论是对城中村的改造还是整治，涉及的都不仅仅是本地居民的利益，还有对此地流动人口生存空间的挤压。如果城中村越来越少，那在此居住的流动人口又将去往何处？这是个值得思考的社会问题，尤其是在目前我国没有大力为以农民工为主体的流动人口提供居住条件的情况下。《国家新型城镇化规划（2014—2020年）》提出："采取廉租住房、公共租赁住房、租赁补贴等多种方式改善农民工居住条件。完善商品房配建保障性住房政策，鼓励社会资本参与建设。农民工集中的开发区和产业园区可以建设单元型或宿舍型公共租赁住房，农民工数量较多的企业可以在符合规定标准

的用地范围内建设农民工集体宿舍。审慎探索由集体经济组织利用农村集体建设用地建设公共租赁住房。把进城落户农民完全纳入城镇住房保障体系。”实际上，国家的廉租房工程对城乡户籍有严格要求。对于那些从事自主经营的农民工，国家对他们急需的公共租赁住房持一种审慎态度。清理城中村之后，没有其他方式容纳大量的流动人口，也因此并不能消除由于人口集聚带来的城市问题。

第十九章
清河地区的文化建设

一、社区文化的特性与内涵

厘清社区文化的文化特性与内涵，是进行社区文化建设的第一步，即“社区文化建设”到底要建设什么样的“社区文化”？从现有的研究成果看，社会学对社区文化的研究，确也常常从辨析社区文化的概念入手进行，但由于研究者研究角度的不同，他们对社区文化的概念界定也是各执一词，难以统一。从总体上看，他们大多采用自上而下的政府管理制度视角，强调政府对社区文化机构和文化设施的配备，以及对社区文化活动和精神文明宣传活动的组织，甚至造成了将社区文化简单等同于文化设施和文化活动的政府行为倾向。因此，笔者认为，与其对社区文化的概念进行界定与辨析，不如从社区文化的文化主体——居民的文化需求，以及文化自身的逻辑与多元性出发，对社区文化的文化特性与内涵进行再思考。

（一）社区文化是对内认同的文化

从社区内部看，社区文化首先应是体现居民社区认同的文化。所谓的社区认同，既指居民对所在社区的归属感，也指居民对社区其他居民同属社会关系的认可。在我国台湾地区的社区营造中，这种“认同感”被直接表述为“社区感”，“社区”即指“有社区感的聚落”，而不是聚落的空间本身。台湾地区的社区工作者相信，对新兴城市而言，“社区”并不会因为“毗邻而居”即自然形成，而是需要通过“营造”，将这些偶然聚合的“聚落”“邻里”转化为具有生命共同感的“社区”，故而“社区营造”的首要任务，便是营造“社区感”。[①]由此可见，建设社区居民认同的社区文化，有助于打破社区居民间的冷漠关系，形成有效互动和生命共同感，增进居民对社区及其所在地域的归属感，从而提升社区凝聚力和个体幸福感。

（二）社区文化是对外独特的文化

从社区外部看，社区文化应是能够体现该社区特点，具有一定辨识度的独特文化。由于不同社区在人口结构、文化需求、历史文化积累、区域地理特质、经济形态，以及景观风貌等方面本身就存在着差异性，因此在进行社区文化建设时，应充分认识、尊重和利用这些差异性，因地制宜地形成独特的社区文化。对社区的人口结构、经济形态、文化需求等进行调查，尤其是对社区的历史文化信息和文化遗产资源的存量进行挖掘与整理，应成为社区动员和居民参与社区文化建设的第一步。台湾地区社区营造的“人、文、地、产、景”五大面向，即基于对社区文化独特性的认识而产生，它强调社区营造的“内发性”，即“完全以每个社区各自拥有的历史、个性为基础”，引导出蕴含于各自社区中的人、事、物，使之成为展开营造的基础，并借着对社区的深入了解而强化在地认同。[②]

（三）社区文化是高度整合的文化

从社区文化主体的多层次文化需求和文化自身的多元性看，社区文化应是能够高度整合地区大传统与地方小传统、物质文化与非物质文化、传统文化与现代文化、上层高雅文化与中下层民俗文化的整合文化。社区居民在年龄、性别、阶层、来源地域（籍贯）等

---

① 曾旭正：《台湾的社区营造》，台北：远足文化事业股份有限公司，2007年，第13—14页。

② 曾旭正：《台湾的社区营造》，台北：远足文化事业股份有限公司，2007年，第17页。

方面的差异，构成了他们对于社区文化不同层次的文化需求，在社区文化建设中应尽可能整合和满足这些多元化的文化需求。与其抱怨居民在社区文化建设和社区文化活动中参与意识和参与程度的低下，还不如检讨一下在社区文化建设中对文化整合性与多元性的长期忽略。而新时期物质文化遗产和非物质文化遗产保护工作的开展，要求在充分尊重社区文化权利的同时，最大限度地吸收社区参与遗产的保护、管理和传承工作。毫无疑问，在未来，社区将成为物质文化遗产与非物质文化遗产保护的主战场，散落在社区内的有形文物遗迹、名人故居、社区共同记忆的地点，连同它们的文化记忆和口述史，都应该成为社区文化建设中的一部分。社区居民共享这些文化资源，同时也应担负起将它们传承下去的重要责任。

二、清河地区的历史文化挖掘

在“新清河实验”项目的整体规划下，实验团队自2015年底开始对清河地区的历史文化进行挖掘与整理的尝试。通过搜集北京地方文史资料和进行实地田野调查，选取清河地区至今尚存或有迹可循的、文献史料相对丰富的、与清河各个历史时期中重大历史事件相关或代表清河地区在各个历史时期特点的重要历史文化遗迹，进行了首批以点带面的描述与回顾。这一工作显示，清河地区的历史文化具有以下三个特点。

第一，清河历史文化资源丰富，但历史文化遗迹的保护需进一步加强。清河地区的历史文化悠久，汉代的朱房村古城遗址、明代谒陵御道上的广济桥、清代的本裕仓营房遗迹、清末民初的清河陆军预备学校遗址和清河制呢厂办公楼等具有地域标志性的有形历史文化遗迹留存至今，从遗迹的存量上看已实属不易，基本构成了连续且清晰的清河历史文化脉络。从这些遗迹的文化类型上看，既体现了中华优秀的传统文化，如朱房村汉城遗址的冶铁手工业文明、广济桥高超的石拱桥造桥技艺；又传承着救亡图存的革命精神，如清河陆军预备学校，诞生于清政府因内外交困而不得不推新政、废科举、兴学堂、建新军的历史背景下，作为当时北京地区唯一一所新式军校，曾为旧中国军事人才的培养做出过不可小觑的历史贡献；还保留着开拓奋进的改革印记，如清河制呢厂办公楼见证了从清末洋务派兴办“溥利呢革公司”，到新中国成立后“清河制呢厂”的建设成长，再到企业转制改革的百年沧桑变迁历程。这些历史文化遗迹大多已列入北京市级或海淀区级的文物保护名录，如清河古城遗址为海淀区级重点文物保护单位、北京市级文物保护单位，广济桥为北京市级文物保护单位，清河制呢厂办公楼为海淀区级文物保护单位，应该说具有一定的保护基础。但是，这些历史文化遗迹保存的现状，却并不乐观。如清河古城遗址，虽为北京市级、海淀区级“双文保”单位，但却因种种原因并未得到应有的保护，一直淹没于荒芜的草木、各种违章建筑、垃圾与村民坟头的包围之中，直至2013年朱房村汉城遗址保护与修缮工程启动后，才陆续将遗址保护区域内的村民坟头迁出，违章建筑和垃圾也才得以清理。截至2015年10月笔者调查时，清河古城遗址的卫生环境面貌虽得以整治，但仍处于无人看管的状态，在附近施工和居住的外来务工人员在遗址内堆放破旧家具、晾晒衣服被褥和蔬菜干的现象比比皆是。广济桥虽风貌保存较为完好，但目前也处于无人管理的状态，桥面已改作停车场，这显然对古桥的保护十分不利。而桥头1984年刻立的文物保护碑已不知所踪，仅留有一个残破的碑座，可见此桥在近年并未得到应有的保护和修缮。面对这样的保存现状与问题，一方面我们当然需要呼吁上级相关文保部门对这些历史文化遗迹进行查访与修缮，另一方面我们也应该意识到和开始思考上级文保责任与在地社区参与的问题。

第二，清河历史文化遗迹地点多与社区相近或叠合，但社区居民与历史文化遗迹之间缺乏应有的连接。清河古城遗址隐藏于清河的城乡接合部D社区的西南一角，目前D社区中的清河老居民大多已经搬离，社区内租住着大量的外来务工人员，他们对清河古城遗址几乎没有了解也并不关心。清河制呢厂办公楼原本处于清河毛纺厂内，但由于工厂在国企改革中的转制倒闭和工厂所在土地的被出让，其所在地目前已成为高档商品房C社区的一部分。新清河实验团队对C社区和F社区进行社会调研的过程中，均有一些居民提到了这一历史文化遗迹与社区的关系问题。C社区的居民多为高收入的清河科技商业新移民及其父母和子女，他们表示虽然知道在自己的社区中有一处代表清河历史风貌的文化遗迹，但对其具体情况并不能详述，也很少去到遗迹附近。他们认为既然这里是文保单位，就应由上级文保部门进行修缮与维护，与社区的关系不大，但此遗迹若能转化和重修为社区公共活动空间，他们便有进一步了解和参与的兴趣。而在以毛纺集团老职工为主要居民的F社区，居民几次主动向我们提及了毛纺厂在清河历史文化中的重要作用，而对于毛纺厂现存的重要地标性建筑清河制呢厂办公楼，他们如数家珍，一再强调它对于老毛纺厂职工的情感认同价值，希望能够参与到对遗迹的保护和活化中来。但由于目前此遗迹地处高档商品房小区内，不要说参与保护，就连想走到近处看一看也成了奢望。笔者认为，这样的问题，十分值得我们进一步关注与思考。在清河社会经济变迁的大背景下，清河历史文化遗迹与相关社区、不同人群之间所呈现的复杂关系应如何去看待和解释，社区参与保护的意愿、责任、权利与义务应如何划定、评价与引导，都是我们在今后需进一步研究与讨论的重要话题。

第三，对清河历史文化资源的挖掘与利用，目前还处于初级阶段，表现为对历史风物的文字描述多，文化要素提取少，现代转化与多元利用的办法少。首先需要肯定的是，随着经济社会的发展以及对居民文化需求的日益重视，海淀区清河街道党工委和办事处已将对清河历史文化的重新梳理与品牌打造提上了议事日程。2016年清河史地书籍《京北畿甸清河镇》的出版、安宁庄西路清河历史文化墙的修建完成，以及清河历史照片的征集，都证明了清河街道党工委和办事处努力打造清河文化品牌的决心与实践。但是，这些工作目前还主要处于旨在将清河的历史文化留在书页中、存于文字上的阶段，而对清河历史文化要素的提取，以及历史文化资源进一步的开发与利用还没有真正开始，还有非常广阔的发展空间。从历史文化要素的提取方向来说，笔者认为，以清河地理区位特征为核心并将清河水系、古桥、老火车站作为重要标志物的交通文化，以清河漕运和粮食集镇为核心的商业文化，以洋务运动与近代毛纺织工业为核心的百年毛纺文化，以及以燕京大学社会学系清河社会实验区为核心的近代学术文化，都可以也适合成为清河地区进一步开发历史文化资源，打造清河文化品牌的生发点和思考方向。清河历史文化遗产的活化，不仅要把清河记录在书本上，还需要多学科专家的研究与专业团队的支撑。遗产活化需要探索现代转化与多元利用的办法，如与空间规划结合，将历史文化信息融入清河公共空间与社区空间的规划与设计；从地方传统的特色手工艺中汲取灵感，创意设计出代表清河文化特色的文化创意产品等。这些也正是新清河实验团队正在进行和将要进行的工作。更重要的是，要以创新社会治理背景下的社区文化建设为契机，进一步思考能够引导清河新老居民广泛关注和参与清河历史文化挖掘与利用性保护的实践方式，真正将清河的历史文化遗产融入清河当代居民的日常生活，从而使之传承下去。

综上所述，无论是从国家政策层面学科研究层面还是社区需求层面对以往“社会管理”背景下的社区文化建设研究进行反思，还是在“创新社会治理”的新形势下对清河地区的社区文化建设进行再思考和再研究，无疑对清河地区基层社区治理模式的创新探索，具有必要性和积极意义，当是现阶段新清河实验题中的应有之义。

三、清河地区社区文化建设面临的主要问题

从新清河实验团队在清河已获得的调查资料来看，清河地区内的社区类型相当复杂，既有城市社区，又有农村社区，既有老旧的后单位制社区，又有新建的商品房社区，还有产权归属复杂的混合型社区。对照上文我们关于“社区文化”文化特性与内涵的分析，

这些居住形态各异的社区，无疑都具有社区文化建设的任务，同时也因社区内部社会结构的不同，面临着各自的文化建设问题。

在以往的社会学研究中，社区文化建设存在的问题，常被统一归结为社区文化管理制度的不健全、文化设施配备的不到位、社区人员队伍的不稳定，以及社区居民参与意识的不强烈。但从文化形成自身的角度看，笔者认为，这些问题主要源于以下三种关系的疏离。

（一）人与地关系的疏离

人与地关系的疏离，指社区居民与社区所在地区地域文化之间关系的疏离。无论是老旧的本地社区，还是新建的商品房移民社区，这一问题都是它们在社区文化建设中面临的首要问题。本地老旧社区居民对地域文化熟视无睹，很难意识到其存在的文化价值并担负起文化传承的责任；新建商品房社区居民，又大多是由京外或京内其他地区搬入清河的现代新居民，因此很难与社区所在地清河的历史文化建立联系，产生文化上的认同。因此，如何与清河当地的历史文化建立联系，并以此为文化底色，建设新的社区文化，是亟待思考的问题。

（二）人与人关系的疏离

人与人关系的疏离，指社区居民之间关系的疏离。这类问题常出现在新建的商品房社区和混合型社区中。新建的商品房社区居民来自五湖四海，日常活动基本以各自的家庭为单位进行，邻里间互动较少，故邻里关系相对淡漠。混合型社区居民由于房屋产权性质的不同，在一个社区之内，又常被划分为不同的小社区和小群体，从而造成不同群体居民之间的区隔，使得整体社区居民互动不畅。因此，如何建立共同的文化话题，形成社区居民人人可参与、人人想参与的共同文化活动，是这类社区在社区文化建设中面临的主要问题。

（三）人与社会历史关系的疏离

人与社会历史关系的疏离，指社区居民与自身历史之间关系的疏离。这类问题较集中地出现在老旧的后单位制社区中。由于社会分层与文化分层的历史性错位，这类社区的居民常常表现出无法认同自身历史、对社区未来失去信心等情况，从而导致社区活力不足。因此，以文化分层唤起和引领社区的文化信心，弥补社会分层引起的心理落差，就成了这类社区在社区文化建设中需要关注和集中解决的问题。

四、新清河实验在社区文化建设方面所做的工作及建议

新清河实验一直强调社区文化建设的重要意义，注重其与民生保障、社区空间规划等内容的深度融合。实验团队在多个社区组织了大量社区文化活动，有社区logo评选、楼门美化、“朗读者”活动、社区中心广场改造的毛纺厂文化墙设计等。此外基层政府还建设了“清河故事馆”，实验团队组织老居民当志愿者讲述清河故事，又进一步挖掘社区文化“能人”，完成关于清河地区的著作，展示清河历史……研究团队在清河多个社区已开展的工作实践基础和已取得的理论研究成果，在已有工作基础上今后清河地区的社区文化建设，还应涉及和注重以下三个方面的工作。

（一）清河地区历史文化信息挖掘与社区文化空间的再创造

社区文化空间是社区居民活动空间的重要组成部分，也是清河地区历史文化信息融入社区文化建设的最好结合点。对社区公共文化空间的需求，是社区居民基本的共有文化需求，对这一空间进行再创造，可以作为社区文化建设的第一步。

根据本社区中已有的或邻近的历史文化遗迹，邀请居民参与挖掘其历史文化信息，撷取其中的部分文化元素，结合社区的实际情

况，在社区中更新或创造出属于居民自己的文化空间，如将社区中历史文化遗迹的历史沿革、传说轶事、图片照片等文化信息制成社区文化墙，在社区文化空间中予以展陈。这样做，对于清河老旧的本地社区来说，意味着唤起居民共同的历史文化记忆，增加居民对自身文化的自豪感与文化传承的使命感；对于清河新建的移民社区来说，则意味着在居民各自的文化知识系统中，增加共同的历史文化知识和话题，在居民各自的家乡文化与居住地清河的历史文化之间，建立起新的有机联系。

由此，一方面，散落在清河各个社区中的历史文化遗迹会从历史的尘埃中走进居民的现实生活中，其历史价值和文化意义会被社区居民重新审视和发现，历史和现实由此连接，其结果是越来越多的居民自觉地加入到历史遗迹的可持续的保护中来，清河的历史文化亦得以真正地向未来传承；另一方面，社区居民通过社区历史文化信息的挖掘，将居住地清河的历史文化化为本社区文化的底色和基础，真正参与到具有本社区特色的共同文化的建设中来，在获得共同的新文化和新话题的同时，相互了解与熟识，从而增强社区凝聚力和文化归属感，促进个人幸福感的提升。

（二）清河地区民俗文化信息挖掘与社区文化活动的再组织

民俗文化作为一个国家或民族中广大民众所创造、享用和传承的生活文化，[①]是人类文化中兼具全民共享性与地域特殊性的文化基础。它可以超越由于居民的来源地、职业、教育等多种异质性因素的差异所引起的社区文化建设难题。可以先帮助居民寻找各自地域文化中的共性，建立共同的文化话题，再基于各自地域文化的差异点，进行文化的对话，形成社区共同的文化活动，人人都能参与，人人都有发言权。

比如岁时节日，千百年来就是维系中国社会人际关系的重要的

---

① 钟敬文主编：《民俗学概论》（第二版），北京：高等教育出版社，2010年，第3页。

情感纽带，每一个中国人都会在岁时节日的欢乐或温情中，真切地体验到一种强烈的认同感与亲和力。团聚、洁除、宴饮、馈赠、娱乐，构成了岁时节日的共性元素。每一个中国人都会过节，但节日具体怎么过，各地又有所不同。这种共性中的差异性成为了社区文化活动组织的起点，抓住节日这个关键的文化时间点，社区的共同文化活动便可以实行。

再比如兼具竞技性和娱乐性的民间游戏，老少咸宜，既适合全家参与，又能产生邻里之间有效的社会互动。回忆儿时玩过的游戏，或者和父辈或祖辈一起玩他们儿时的游戏，还能将传统与现代连接起来，既民俗又“文艺”，或许是社区共同文化活动组织以及民俗文化在当代传承中的一种全新的模式。民俗文化中还有许多精美的传统手工艺品，在机械化批量生产的今天，手工艺品的意义被重新定义，而传统手工艺品饱含的温度与情感，使其以“时尚”的身份重新复归。举办这些既美丽又“时尚”的传统手工艺品的制作活动，也许可以吸引更多居民以更大的热情参与到社区文化活动中来。

因此，笔者认为，可以把“传统”而又“现代”的民俗文化作为清河社区文化活动再组织的切入点，以此聚集社区居民，并使居民之间产生持续性接触与互动的可能性，培养居民投身社区文化活动的意识与习惯，相信最终可以建设出具有社区特色的共同文化。

（三）清河地区社会文化信息挖掘与社区口述史的再书写

随着社会史研究范式的转向，普通民众的历史进入了学者的研究视野并日益受到学术界的关注和重视。口述史，作为普通民众历史的重要呈现形式和相关史料的搜集方法，因具有“自下而上”的叙述角度、“个人性”的叙述方式，以及对“大众历史意识”的叙述重建作用，其意义与价值被重新审视[①]。

---

① 定宜庄:《口述史料的独特价值与史料的整理鉴别》,《光明日报》2017年1月16日，第14版。

在清河地区，有许多老旧的本地小区，它们曾经是国企单位令人艳羡的福利标志，但由于中国社会的整体转型、企业的转制停产，而今已不得不落入经济贫困与基础设施落后的境地。社区中的居民也因经历了巨大的心理落差而对现实生活和社区更新感到希望渺茫，社区活力明显不足。对于这些老旧社区来说，只有让居民重新认识到自身的文化价值，才能使他们重燃关注社区事务的热情，重拾对于社区发展的信心。笔者认为，组织社区居民参与社区口述历史的再书写，是一种颇具可行性和有效性的方法。

诚然，若根据经济收入水平，对此类社区的居民进行分层，他们中的大多数人都处于中低收入层，然而不可否认的是，如果以对清河历史文化等地方性知识的持有和熟识程度作为分层的标准，他们中的大多数人正是清河特定时代历史文化的亲历者和见证人，是清河历史文化的传承人。他们看似个人化的人生轨迹、点滴际遇，与清河特定历史时期的重大事件间有着千丝万缕的联系，是清河历史文化大背景在个人身上的体现。他们各自人生故事的讲述与书写，应该成为清河历史文化中独具特色的一个重要组成部分。

因此，邀请这些社区里的居民，从个人的人生经历出发，讲述和书写关于清河、关于企业、关于社区的历史，一方面可以使居民对自己的人生经历及其所传承文化的价值进行再认识，有利于缓和社会矛盾，使居民重拾对自身文化的信心与自豪感，从而激发社区活力；另一方面，也可以丰富清河地区历史文化的内涵与外延，为清河地区整体历史文化信息的搜集、整理、挖掘与书写，提供新视角与新材料。

第二十章
“幸福社区”指标体系构建

建设幸福社区是一种很崇高的理想和目标，幸福社区比人们常说的宜居社区、和谐社区标准都要高出很多。新清河实验提出建设幸福社区的目标，并不是说我们现在就能实现或达到这一目标，而是提出我们思考的社区建设的一种理想。

本章从理论与实践角度探索如何建设幸福社区，提出了幸福社区测量指标体系。通过对于两个中产社区的实证调研，我们发现了影响社区幸福感的多方面主观、客观因素，并且数据分析也证明了本章提出的幸福社区指标体系大体是可以成立的。幸福社区不仅指个人幸福，更指向一种共同体的幸福。中产社区仅仅具备了建设幸福社区的一些基础条件，幸福社区的真正实现还需要建立市场约束机制、提高治理水平、激发社区活力，幸福社区的建设也意味着不断“形塑”新型社会关系或社区关系。

一、幸福社区与幸福社区研究

幸福是人们对于美好生活的一种体验或感受，这种感受具有主观性，但它又离不开客观生活要素的支撑。幸福是人们最为频繁谈起的生活目标，是人们对于理想生活状态的一种憧憬，甚至可以说是人类追求的终极目标，人类对于幸福的追求是永无止境的。幸福在英文中的对等概念有多种，比如“happiness”“blessing”“well-being”等。幸福是社会学、政治学、经济学、心理学、哲学、医学等诸多学科共同关注和研究的话题。社会学非常重视对人们幸福生活的研究，而任何一个人都生活于社会共同体或社区之中。本章使用“幸福社区”概念，旨在探索在社会共同体内如何追求幸福生活。

本章探讨幸福社区的主旨，即幸福社区固然是建立在每一个人的幸福感基础之上的，但是，它同时强调构建共同体的幸福生活。换言之，如果一个社区或小区，虽然属于高档社区，虽然物质条件相当“高大上”，但邻里之间“鸡犬之声相闻，老死不相往来”，既没有密切互动，也没有社区认同，这样的社区完全不具备共同体的特征，也称不上是幸福社区。幸福社区建设对于人口巨型大城市来说具有很大的挑战。因为人口巨型大城市具有突出的“匿名社会”特征，人们之间缺少认同。现代化大城市要真正构建幸福社区，面临社会建设甚至社会重建的重任。本章的实证研究部分，选择的是两个人口巨型城市的商品房小区，其目的就是为了探索在现代化大城市如何实现社区共同体的社会建设。

目前，学界关于幸福社区的研究已有了一些，但多是对于其基本内涵的思考，[①]在测量方面以调查为基础的实证操作还不多见[②]。相比之下，政府方面推进的社区建设反而显得更突出一些，有三个概念与幸福社区内容接近：文明社区、和谐社区与宜居社区。

文明社区是指管理机制健全、社会秩序稳定、环境整洁舒适、公共服务优质、人际关系和谐、道德风尚良好的先进社区。[③]宜居社区的评判包括社会文明程度、经济富裕度、环境优美度、资源承载度、生活便宜度、公共安全度六个方面。[④]2005年，民政部提出建设

① 韦朝烈、黄炳境：《论幸福社区建设的社会背景及其科学内涵》，《探求》2014年第5期；陈雅丽、唐晓阳：《创建幸福社区的若干思考》，《中共珠海市委党校珠海市行政学院学报》2012年第2期。

② 项继权、张瑞瑞：《幸福社区的内涵及其测评指标体系的构建》，《河南大学学报（社会科学版）》2015年第1期。

③ 首都文明社区创建管理办法（试行）参见：http://www.zhoudao.cc/fagui/102859.html。

④ 建设部《宜居城市科学评价标准》参见：http://www.gov.cn/jrzg/2007-06/25/content_660218.htm。

“和谐社区”，目标是将城乡社区建设成为管理有序、服务完善、文明祥和的社会生活共同体。相比之下，幸福社区是更为综合的概念，显示了对于更高品质社区生活的追求。幸福社区指的是规划合理、配套齐全、环境宜人、管理有序、服务完善、具有独特文化、社区参与性高、居民生活满意度高、归属感强的地域共同体。笔者认为建设幸福社区的核心力量是社区居民自身，而评价社区幸福的主体也应是社区居民，建设幸福社区与享受幸福生活是统一的。

二、幸福社区的测量与评估

笔者从社会学角度研究幸福社区，首先提出的问题就是怎样测量和评估幸福社区，幸福社区有没有可以测度的科学指标体系呢?

（一）目前国内外与幸福社区相关的测量与评估

从文献上看，目前幸福社区的直接研究、测量还不多，但与此相关的研究却不少见。比如，国内外比较多见的“生活质量”（the quality of life）研究，[①]国际上比较有影响的有世界卫生组织的“生活质量指标体系”“欧洲生活质量指标体系”，等等。在表20-1中，笔者列举了与幸福社区研究相关的一些指标体系。

这些指标体系虽然没有直接冠以“幸福社区”的名称，但所设计的维度和具体指标与幸福社区所阐释的含义是大体一致的。比如经合组织（OECD）的更好生活指数（Better life Index）是以人为出发点，以人的发展、人的幸福、人们的更好生活为总目标，经过多年的研究和修正发展出来的指标体系。该体系也十分强调社区生活是一种重要的社会支持网络（social support network）。所有这些研究对于本章提出“幸福社区指标体系”都有重要的参考和启发意义。

① 周长城：《全面小康：生活质量与测量》，北京：社会科学文献出版社，2003年。

表 20-1 与幸福社区相关的一些指标体系

名称	发布机构	主要维度	特点
全球幸福指数指标体系[①]	联合国	教育、健康、环境、管理、时间利用、文化多样性和包容性、社区活力、主观幸福感、生活水平	33个二级指标
更好生活指数[②]	经济合作与发展组织（OECD）	收入与财富、工作、住房条件、健康状况、工作生活平衡、教育与技能、社会关系、环境质量、公民参与和社会治理、人身安全、主观幸福感	涵盖11个维度，每个维度下都包含客观描述和主观感受
不丹全民幸福指标[③]	不丹	4个一级指标：社会经济发展、文化、环境、政府治理；9个二级指标：生活水平、教育、健康、文化、生态环境、政府治理、社区活力、时间利用、主观幸福感	国民幸福，不简单追求GDP的增长
地区发展与民生指数[④]	中国国家统计局	经济发展、民生改善、社会发展、生态建设、科技创新和公众评价	42个二级指标

① 参见：http://worldhappiness.report/。

② 参见：http://www.oecdbetterlifeindex.org/。

③ 参见：www.grossnationalhappiness.com。

④ 资料来源：国家统计局，参见：http://www.stats.gov.cn/tjsj/zxfb/201412/t20141231_661933.html。

近年来，我国国内对于构建“幸福社区指标体系”有很多实践。这些实践有比较突出的政府指导和政府主导色彩。政府力量强大，这是最为突出的中国特色，也是中国发展的优势所在。当然，幸福社区的最终评价者应该是生活在社区中的居民，政府所推进的社区建设是否真的符合居民的实际需求，是衡量能否实现幸福社区的关键，也是本章研究十分强调的一点。

政府方面关于社区建设的推进，主管单位是国家民政部。2008年，民政部颁布了《全国和谐社区建设示范单位指导标准（试行）》[①]，在民政部的推动下，全国兴起了积极的社区建设实践。比较突出的如南京提出的“幸福都市”[②]。幸福都市考核指标体系由工作目标指标体系（客观指标）和群众满意度指标体系（主观指标）两大部分组成。类似的政府指导的社区评估还有很多，如江苏省江阴市先后制订出台《幸福江阴综合评价指标体系（2007—2010）》和《幸福江阴综合评价指标体系（2011—2013）》，把“五民五好”内容量化、细化到指标体系中。2010年1月，“幸福江阴综合指标体系”荣获第五届“中国地方政府创新奖”。[③]本章下面提出的“幸福社区指标体系”参考了前述的各种社区评估和理论研究。

总之，目前国内外与幸福社区相关的研究较多，但真正实施的幸福社区测量较少。在指标的具体设计上，尽管各指标体系维度有差异，但总体上都包括客观指标和主观指标两大部分。我国的一些机构和地方政府对建设幸福社区指标体系做了一些有益的实践探索，但对于指标之间相互关系的理论思考仍然不足。迄今为止，还没有得到社会普遍认可的幸福社区指标体系。正是在这样一种前提下，本章试图对于幸福社区的测量与评估做出一些初步的探索。

---

① 中华人民共和国民政部基层政权和社区建设司：《全国和谐社区建设示范单位指导标准（试行）》民发〔2008〕142号，2008年10月6日。

② 参见：http://www.njshjs.gov.cn/40727/40730/201203/t20120313_2314708.html。

③ 朱民阳：《以人民幸福评估发展——幸福江阴综合评价指标体系构建的实践与思考》，《行政管理改革》2011年3期。

（二）幸福社区指标体系

在文献研究的基础上，笔者在2014—2015年对于全国各种不同类型的社区进行了比较广泛的调研。调研的社区类型十分多元：一类是在快速城镇化背景下变迁的农村社区，有纯农社区、农改居社区、城中村社区、大规模拆迁改造的新城区以及回迁社区等；一类是城市传统社区，包括传统的单位大院、旧城的胡同大院、旧城的文化保护区、单位已经转制房屋出售给职工的后单位制社区，以及一些老旧小区、简易房社区、棚户区等；再一类是较为新型的商品房小区，包括高档的、中档的、普通的商品房小区，这一类商品房小区是我国目前发展最快的社区，在多数城市中已经占到全部城市社区的半数以上。商品房小区是通过价格来筛选居民的，能够买得起商品房的大体上属于中产阶层，城市中绝大部分的新型商品房小区也都是典型的“中产社区”。

比较不同类型社区后发现，新型商品房小区在住房状况、社区设施、社区环境等方面大体上具备了幸福社区的客观物质条件。商品房小区通过住房价格筛选居民，住在这里的大多是城市中产阶层，居民的物质生活方面也满足幸福社区的基本条件。但不知道的是，居民的主观幸福感到底如何？居民会进行怎样的社会互动？是否在此形成了关系密切的地域共同体？由于这类社区的发展速度最快，在我国城市社区未来发展中最具有典型代表性，所以，本章所提出的幸福社区指标体系主要是针对新型商品房小区设计的。

在社区调研中，通过对社区居民、物业管理公司、居委会、居民的深入访谈，在征求了专家学者意见的基础上，实验团队提出了幸福社区指标体系，该指标体系又经过在重点调研的两个社区的试调查而多次修改，形成了目前的架构（参见表20–2）。幸福社区一级指标包括主观幸福感和客观福利因素。二级指标有9个方面，包括个体和家庭幸福感、社区生活幸福感、住房状况、社区设施、社区环境、社会关系、社区组织管理与社区参与、社区文化、外部环境。

14个三级指标，包括个人生活幸福感、家庭生活幸福感、社区生活幸福感、住房状况、社区基础设施、社区配套设施、社区环境、社区治安状况、社区交往、社区认同、社区组织管理、社区参与、社区文化活动、社区环境。

表20–2　幸福社区指标体系

一级指标	二级指标	三级指标	具体含义	变量赋值	权重
主观幸福（25分）	个体和家庭幸福感（7分）	个人生活幸福感	个人生活幸福感	1—5分	4
		家庭生活幸福感	家庭生活幸福感	1—5分	3
	社区生活幸福感（18分）	社区生活幸福感	社区生活幸福	1—5分	8
			社区生活改善	1—5分	4
			社区生活预期	1—5分	6
客观福利（75分）	住房状况（12分）	住房状况	总的住房满意情况	1—5分	2
			房屋质量问题数	次	3
			房屋质量问题处理	次	4
			供暖满意	1—5分	2
			楼间距满意	1—5分	0.5
			使用/建筑面积比例满意情况	1—5分	0.5
	社区设施（16分）	社区基础设施	基础设施总的满意度	1—5分	2
			电梯	1—5次	1
			门禁	1—5分	1
			停车位充足	1—5分	1
			停车服务满意度	1—5分	1
			户外照明	1—5分	1
			健康和休闲娱乐设施满意度	1—5分	2.5
		社区配套设施	生活便利性满意度	1—5分	2.5
			学校、医院等的便利状况	1—5分	4

续表

一级指标	二级指标	三级指标	具体含义	变量赋值	权重
客观福利（75分）	社区基本环境（13分）	社区环境	宠物影响	1—5分	0.5
			管理措施	1—5分	0.5
			环卫状况	1—5分	3
			绿化环境	1—5分	2
			景观满意	1—5分	2
		社区治安状况	治安状况总的满意度	1—5分	3
			遭遇事件次数	次	2
	社区关系（9分）	社区交往	熟悉程度	1—5分	1
			社会关系情况	位	2
			关系是否和睦	1—5分	1
			互助行为——与邻居	1—5分	0.67
			互助行为——物品借用	1—5分	0.67
			互助行为——社区居民	1—5分	0.67
		社区认同	将社区认同为家	1—5分	1
			对社区不舍	1—5分	1
			社区自豪感	1—5分	1
	社区组织管理与社区参与（15分）	社区组织与管理	居委会满意度	1—5分	2
			与居委会主任熟悉度	1—5分	0.5
			居委会组织公共讨论	是	0.5
			物业公司满意度	1—5分	2
			物业公司组织公共讨论	是	0.5

续表

一级指标	二级指标	三级指标	具体含义	变量赋值	权重
客观福利（75分）	社区组织管理与社区参与（15分）	社区组织与管理	收支公开	是	0.5
			物业费公开情况满意度	1—5分	0.5
			物业公司评价	1—5分	0.5
			物业公司：问题	个	1
			社区运营中心满意度	1—5分	0.5
			开发商满意度	1—5分	0.5
			信息发布	1—5分	1
		社区参与	参与居委会意愿	1—5分	2
			了解居委会职责	1—5分	1
			参与物业	1—5分	0.5
			了解物业职责	1—5分	0.5
			参与业委会	1—5分	1
	社区文化（6分）	社区文体活动	文体活动总的满意度	1—5分	2
			文体活动参与情况	次	3
			文体活动评价	1—5分	1
	外部环境（4分）	环境问题	空气污染	1—5分	1
			噪声污染	1—5分	1
			工业垃圾污染	1—5分	0.5
			生活垃圾污染	1—5分	1
			水污染	1—5分	0.5

注：表中一级指标和二级指标栏数字表示指标的权重，权重的确定方法下文有说明。

三、幸福社区的实证调研与数据分析

为了验证本研究提出的“幸福社区指标体系”，我们在两个大城市，选择了两个楼群规模和人口规模相似的商品房社区（或称中产社区）进行了实证调研。调研的问卷设计与上述的指标体系是完全一致的，问卷分为六大部分，共120个问题。调查前曾做过多次试调查，根据试调查结果多次修改问卷，也就是多次修正指标体系，“幸福社区指标体系”的提出也是以多次试调查作为实证基础的。调查采取入户面对面访谈方式，除了问卷填答外，也对一些住户进行了开放式深度访谈。两个社区的调查分别于2014年11月和2015年3月完成，问卷户内抽样采取Kish Table方法，最终完成的有效问卷为271份。两个社区均属于大城市的中高档商品房小区，入户问卷访谈非常艰难，导致最终完成的有效问卷数量有限，这也是本研究的不足之处。为弥补这种不足，在本章中采用了其他社区调研中的一些案例材料和深入访谈材料作为辅助和补充。

（一）两个非常典型的中产社区

社区C位于大城市A，是中高档的商品房小区，建筑类型是高层楼房。居民2900多户，居民就业者多为专业技术人员、管理人员、公司白领以及个体工商业者等。调查显示，该社区家庭年平均收入是36.8万，家庭收入分组中20万至50万组比例最高，占33.3%，10万至20万占22.7%，50万及以上占13.3%，在该城市中属于典型的中产阶层收入水平。

社区L位于大城市B，也是中高档商品房小区，楼房类型更多元一些，有联排别墅、花园洋房、电梯洋房、小高层和高层楼房，总户数约4000户。居民中就业者的构成主要有：个体工商业经营者、国有控股企业职工、合资外资港澳台企业职工、专业技术人员、管理人员以及自由职业者等。调查显示，该社区家庭年平均收入16.18万，其中5万至10万的家庭占30.3%，10万至20万的占30.3%，20

万至50万的占10.6%，50万以上的占4.2%。L社区家庭年平均收入比C社区要低一些，但与其所在城市的收入水平比，L社区的居民也属于典型的中产阶层。

两个社区的最大共同点即都属于中产社区，都具备了建设高水平社区的基本条件。第一，两个社区都隶属于大城市，我国大城市所提供的社会公共服务资源十分雄厚，地缘优势有利于两个社区对于公共资源的获取。第二，两个社区都是中高档商品房小区，有比较优质的物业服务，目前小区的房屋价格都有了不小的上升，居民在房屋利益上整体是获益的，属于体制改革的获益群体。第三，两个小区的居民都是典型的中产阶层。上文已经介绍了两个社区的职业构成和收入构成，本次调查还显示，两个社区中产阶层的主观认同感也比较高，C社区居民中自认为属于中产阶层的占66%，L社区居民中自认为属于中产阶层的占60%。第四，社区居民受教育程度较高。接受过大专及以上教育的居民占比大，C社区受过大专以上教育的占55.4%，L社区受过大专以上教育的占49.6%。高等教育群体占比高也是中产阶层社区的典型特征，这有利于社区成员的认同和文明社区的建设。第五，两个社区的基础设施、公共活动空间、社区绿化环境等都是比较优越的，具备了实现高水平社区的客观物质条件。这两个社区可以说是典型的中产社区。所谓中产社区就是由符合中产标准的职业群体及其家庭所居住的社区，中产社区提出建设幸福社区的目标比较符合社区发展的实际需求。

当然，两个社区也有明显差异，两个社区处于不同的大城市，两个城市经济、政治、社会的差异会在社区有所体现。两个社区的建成时间也不同，C社区建成于2007年，而L社区则建成于2013年，建成较早的C社区的发育程度要更成熟一些，而L社区还处在入住时间还不太长的房屋质量问题多发时期，后文会展示房屋质量对于社区幸福感的负面影响。此外，在成熟的社区中，居民通过几年的相处逐渐形成了互动和社区认同。在建成时间不长的L社区，居民还需要一定过程去熟悉，居民对社区的认同、对周边资源的获取也还需要一些时间。居民处在社区不同的发育时期，幸福需求也有所差异。

（二）两个社区的居民对于幸福的认知比较

由于问卷中的问题有120个之多，为了能够简单明了地显示调查结果，笔者将这些数据综合为前述幸福社区指标体系二级指标的九个方面，即个体和家庭幸福感、社区生活幸福感、住房状况、社区设施、社区环境、社区关系、社区组织管理与社区参与、社区文化和外部环境。每个方面均转换为百分制得分，满分为100分，在处理不同指标的权重时，采用“德尔菲法”（专家打分法）来确定权重。两个社区居民的幸福感等基本评价参见表20–3。

表20–3 C社区与L社区的幸福指数总体情况

	幸福社区总得分	个人生活幸福感	社区生活幸福感	住房状况	社区设施	社区环境	社区关系	社区治理	社区文化	外部环境
C社区得分	78.66	90.31	83.18	81.17	76.97	85.06	69.48	72.61	73.26	67.78
L社区得分	70.34	89.09	79.86	62.01	64.89	77.32	64.43	63.28	60.87	72.68
二者分差	8.32	1.22	3.33	19.16	12.08	7.74	5.05	9.33	12.40	–4.90

从表中可以看到，相比较而言，C社区的幸福指数比L社区的要高一些，C社区幸福社区总得分为78.66，L社区为70.34。在上文的分析中我们已经看到，就两个社区居民自身的条件（如收入指标、职业指标、教育指标等）来看，C社区居民的中产特征比L社区的要更突出一些。

各个分项指标，C社区得分也都高于L社区。两个社区相差最大的是住房状况，C社区比L社区高出19.16分。笔者在深入访谈中也发现，L社区房屋状况确实存在一些问题，一些居民有抱怨，这是导致L社区幸福感较低的原因之一。可见，即使在中产社区也常常存在住房质量问题，而住房质量是影响社区幸福感的非常重要的因素。社区设施、社区环境与住房一样，属于硬件条件，在这两项上

C社区比L社区分别高出12.08分和7.74分。如果仅从社区设施外观上看，两个社区并没有太大差距，但L社区的部分社区设施（包括体育健身设施等）实行的是市场化经营、收费运营，结果很少居民愿意付费，导致设施闲置，评分自然较低。除了硬件条件外，软件方面，C社区仍然高于L社区，社区文化一栏高出12.40分，社区治理一栏高出9.33分，社区关系一栏高出5.05分。只有一项例外，外部环境一栏L社区分值稍高些。外部环境是指社区以外的社会环境，包括对于我国司法体系、食品药品监管体系的评价、政府行政体系的评价等，这些与社区内部的幸福感关系不密切。总之，C社区幸福感得分高于L社区，能够得到几乎所有分项指标的支持，这也证明，本章所设计的幸福社区指标体系逻辑上具有一致性。

为进一步比较两个社区幸福情况的异同，验证是哪些因素影响居民对于幸福社区的评价，下面进一步做指标相关分析。以主观评价幸福为分析对象，分析其他多项指标与主观幸福评价的相关关系。

表20–4　两个社区多项指标与主观幸福感的相关分析

	C社区	L社区
住房状况	0.295***	0.260***
社区基础设施	0.312***	0.272***
社区配套设施	0.273*	0.108*
社区环境	0.293**	0.206***
社区治安	0.146*	0.0724
社区交往	0.251**	0.132**
社区认同	0.113*	0.107**
社区组织与管理：居委会	0.221*	0.181*
社区组织与管理：物业	0.264***	0.247***
社区参与	0.260***	0.270***
社区文化	0.125*	0.111*
外部环境	0.125	0.0682

显著性：* $p < 0.05$, ** $p < 0.01$, *** $p < 0.001$

相关分析表明，本研究所设计的幸福社区指标体系是能够成立的，指标体系的绝大多数指标都与居民的幸福感呈现比较明确的正相关关系。两个社区都不具显著性的指标只有一项，即外部环境，上文已经做了解释。具体观察两个社区的数据，在C社区，相关系数比较高的是：社区基础设施（0.312）、住房状况（0.295）、社区环境（0.293）、社区配套设施（0.273）、社区组织与物业管理（0.264）、社区参与（0.260）。而L社区，相关系数比较高的是：社区基础设施（0.272）、社区参与（0.270）、住房状况（0.260）、社区组织与物业管理（0.247）等。两个社区相关分析表明，对于居民社区幸福感影响的因素既有硬件的要素也有软件的要素，而且影响居民幸福感的客观物质要素与主观社会管理要素的分布也大体匀称，证明本章提出的幸福社区指标体系具有合理性和可应用性。

（三）幸福社区建设关键点

1. 社区硬件条件是实现幸福社区的重要基础

所谓社区硬件条件包括住房状况、社区设施和社区环境等。居民选择某一个社区，当然十分注重社区的基础建设，尤其是房屋的质量与社区的基本设施。这也是本章为什么定位于中产社区的重要原因，中产社区意味着具备了追求幸福社区的硬件条件。从表20–4相关数据结果上看，住房状况、社区基础设施等社区硬件环境与居民对于幸福社区的评价都是显著相关的。从实际调查的情况来看，两个社区绿化环境都比较好，当然，两个社区的住房状况、基础设施等硬件指数也有明显差异。相比较而言，L社区的社区基础设施、住房状况问题比较大，尤其是房屋质量和房屋设计问题。居民反映的问题主要有：“裂痕”“隔音效果差”“渗漏”“门、窗密闭性差，变形”“墙皮脱落”“上下水道跑冒滴漏”以及“房间位置设计不合理”。其中最多的问题是“裂痕”和“隔音效果差”，有54.1%的居民认为自己家的房屋出现过这些问题。在访谈时，L社区某楼居民这样说：

房屋工程质量和设计存在很多问题，一楼外的围墙都是后来重新做的。你说哪有小区不给建围墙的？这是后来业主去闹，才给修建的。你看我们外面那些窗户，都没有纱窗的，他们就是能省一笔是一笔。还有的楼，漏、裂。去年有几栋楼漏水，室外漏，室内也漏，拉着横幅去销售那里闹，才给解决了。有些家里还没住人房屋都有裂痕了。

居住是社区生活最为核心的要素，幸福的社区生活一定要建立在高水平的房屋质量的基础之上。目前，商品房小区所发生的最为突出的矛盾也多是居住者与开发商在建筑质量方面产生的争执。需要再次强调的是，社区的硬件建设是社区生活能否幸福最为重要的基础，如果连这样的基础都不存在，就根本谈不上建设幸福社区。当然，前面数据显示，L社区的总体幸福感也不算很低，达到70.34分。这是因为在发生房屋质量问题后，开发商采取了比较积极的态度，积极维修房屋，后来在小区建设上又有不少新的投入，大部分矛盾因此得到了化解。

L社区硬件评分较低的另一个原因是设计和管理机制出现了问题。其实，从外观上看，L社区的绿化非常好，社区空间也比较宽阔。但是，在这样大的空间里却没有设计和建设公共活动设施，连基本的休闲座椅、健身器材等也没有。而室内会所的健身器材是要收费的，需要办会所卡才能使用，六成以上的居民表示从不去会所。反之，在C社区，我们看到几乎每栋楼下面都有社区休闲长椅，社区有儿童游乐场，有免费的活动室。可见，硬件设施的布局和管理机制也不可忽视。

2. 合格的物业管理服务是实现幸福社区的基本条件

自90年代后期我国城市住房体制改革以来，城市多数居住小区采取了物业公司管理的市场模式。对于绝大多数中产社区来说，居民能够按时交物业费，物业公司服务到位，双方等价交易，市场运营大体上还是成功的。此次调查的两个社区，从居民回答的总体情况看，对于物业管理总体上还是给予了比较肯定的评价，这也是两个中产社区幸福指数还算可以的重要原因。

本次调查显示，两个小区——尽管幸福指数有些差异——但是总体上对于幸福社区给予了肯定的评价，物业管理公司的服务给幸福社区提供了基本条件。当然，与幸福指数的差异一致，C社区的各项物业服务的满意度稍高于L社区。具体数据如下：居民对于开发商填答非常满意和比较满意的，C社区为73.3%，L社区为55.6%；对于物业公司满意与非常满意的，C社区为81.2%，L社区为65.2%；对于供暖非常满意与比较满意的，C社区为94.1%，L社区为74.9%；对于环卫垃圾处理非常满意与比较满意的，C社区为92.1%，L社区为71.5%；对于社区治安非常满意与比较满意的，C社区为88.1%，L社区为82.0%。其他对于供水、供电、电梯等的满意度都是非常高的。本次调查完全是新清河实验团队入户询问住户真实感受，没有任何外来因素干预。这样的满意度大体上还是可以的。物业支撑着社区的基本运行。这种市场模式较为成功，比起改革以前行政干预模式，如单位模式、街道房管所模式等，在服务的内容、细节和质量上有了很大提升。

由于两个社区的居民对物业公司的服务多数还是满意的，在被询问“您认为3—5年后本社区会变得怎么样”时，C社区67.3%的居民填答“好得多”和“好一些”的，同样的回答L社区为65.7%，对于未来的憧憬也都是不错的。

两家物业公司都属于开发商的延续，这样做有一定道理。因为，房屋入住以后，往往会发现许多质量的细节问题，有些是初入住时难以发现的，要经过一段时间才能够发现。开发商和物业是一家公司，责任追究比较容易。事实上，两个社区的开发商与物业公司都先后承担了原房屋质量问题的一些维修工作。我们深入访谈也发现，两家开发商和物业公司都还是尽最大力量为住户服务，是比较负责任的。

物业公司管理的有效运行显示的是市场模式的成功，而市场模式的成功在我国具有重大意义。市场是由看不见的手来运行的，市场运行相比行政干预具有更高的经济合理性和可持续性。当然，市场不是万能的，尤其社区服务具有一定的公共物品性质，为防止发生“市场失灵”，必须对市场有所约束。本章最后一部分会分析对于市场的约束问题。

3. 实现“邻里守望相助”是多数居民对理想幸福社区的描述

上述的两个方面还只是实现幸福社区的基础要素和基本条件，幸福社区的实现同样缺少不了社区成员密切交往与和谐的邻里关系。中国自古就是人情社会，人情人际关系在今天的社会关系中仍然占据重要位置。[①]社会学以往的研究证明，现代大城市匿名型社会关系极大地损害了社区生活的质量。调查显示，密切的社区人际关系是构建幸福社区的核心内容。我们已经看到，C社区的居民幸福感高于L社区，在人际关系方面也是如此。问卷中有四个层次的问题是显示社区内关系密切度的：打招呼、存手机号、互相串门、知心朋友。问卷结果如下（平均数）：C社区居民平均见面打招呼的人26名，存手机号码的朋友9名，相互串门的6名，知心朋友4名。而L社区居民平均见面打招呼的人17名，存手机号码的朋友6名，相互串门的5名，知心朋友4名。这样的人际关系密切度，在大城市楼房社区中还是相当不错的。值得一提的是，我们在问卷的最后设计了一道开放式问题：“您理想中的社区是什么样子？”并提示可以从基础设施、社区环境、社区管理服务、邻里关系等方面进行描述。对于开放式问题回答的关键词的分析，两个社区回答结果相似。我们根据回答关键词的频次绘制了下面的雷达图。

① 边燕杰主编：《关系社会学：理论与研究》，社会科学文献出版社，2011年。

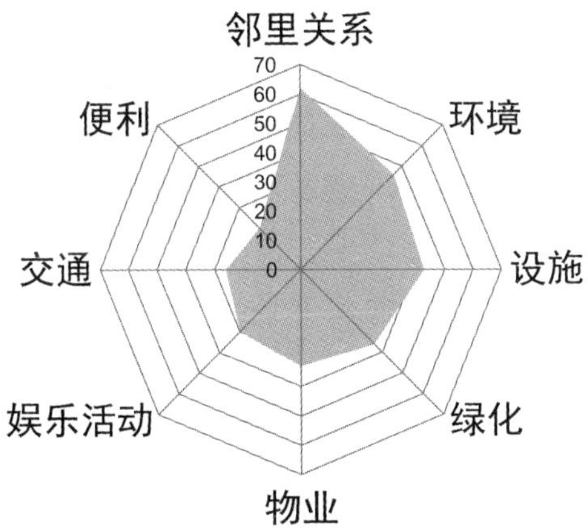

图20-1 社区居民理想社区雷达图

在图20-1中可以清楚看到，多数居民理想中的幸福社区，最为重要的因素并不是物质条件或服务条件，而是美好的社区关系、守望相助的邻里关系。

4. 社区参与对提高社区治理水平、提高幸福指数有重大影响

关于社区参与也是本次调查的主要内容，社区参与包括政治性参与和娱乐性参与。从相关性分析来看，社区参与对于居民幸福感影响显著，但从问卷结果和深度访谈看，两个社区的参与度都还有待提高。当问及是否愿意参与社区居委会主任的选举时，C社区有51%的居民表示愿意参与，而在L社区该比例仅为36.5%，且有17.6%的居民表示完全不想参与。通过访谈，我们了解到L社区的居委会主任和成员是街道直接委派的，居委会主任原来是附近一个村的村主任，居委会主任和成员都不是居民选举出来的。居委会主任对社区不了解，居民对居委会也不了解。居委会主任说：“我们平时的工作主要就是盖章。”而在C社区，尽管居委会主任不是本社区的居民，却是通过居民代表选举出来的，做事比较积极，重视居民参与。当被问及文体活动的参与情况时，L社区有超过一半的居民表示

一项文体活动都未参加过，而在C社区有超过一半的居民表示参与过两项及以上的文体活动。在这方面，也可以看出两个社区治理情况的差异。

居民既是建设幸福社区的主体，也是建设幸福社区的客体。作为建设幸福社区的主体，社区参与无疑是重要的。社区参与是社会资本的重要形式。社区资本犹如一把螺丝刀，对于个人和群体的生产力产生影响。[①] 在现代社区生活中，居民参与社区公共事务和活动已变得越来越重要，这是实现社区再组织的良好途径，是社区发展工作的基本原则和方法，是实现幸福社区的重要前提和基础，但目前要真正实现还是有非常大的难度。

四、关于幸福社区建设的思考

（一）中产社区与幸福社区的关系

中产社区的提出对于我国未来的社区建设具有重大意义：中国现代化社会的发展目标是实现橄榄型社会结构，中等收入群体未来将成为社会的主体。从现实看，中产社区为主体的商品房小区在城市化中发展速度最快，成为城市居民社区的主导模式。

中产社区通常具备构建幸福社区的众多物质条件、环境条件。其居民通常是通过市场购房入住小区，基本上属于城市的中等及以上收入群体，物质生活条件都比较宽裕。更重要的是，调研发现中产社区居民呈现出一种“中产心态”，对于社区生活有比较明显的满意感。在回答“您觉得您家庭幸福吗”时，填答非常幸福和比较幸福的居民比例，C社区为95.0%，L社区为94.2%。回答对目前生活满意度时，填答非常满意和比较满意的居民比例，C社区为94.1%，L社区为

---

① 罗伯特·帕特南：《独自打保龄：美国社区的衰落与复兴》，刘波等译，北京：北京大学出版社，2011年。

88.4%。回答对于生活在自己社区是否有幸福感时，填答有幸福感的，C社区为95.0%，L社区为83.7%。尽管两个社区有差异，但这三种幸福感或满意度都非常高。而当被问到“与搬进本社区前相比，您的生活变得如何”时，回答好多了和好一些的居民比例，C社区为77.3%，L社区为65.1%。中产社区带给了大部分居住者生活有所改善的感觉。

当然，调查也显示，两个社区尽管具备了建设幸福社区的一些基本条件，但是距离高水平的幸福社区还有差距。目前，两个社区的幸福社区总体得分都是处于70多分的水平上，连80分的水平都还没有到。这两个社区，在笔者所调研的全国各地的商品房小区比较中，还属于偏高的水平。可见，全国绝大部分的中产社区都面临着如何提高幸福社区建设水平的重任。怎样提高呢？仅就本次调查所发现的问题看，笔者以为，须重点关注下述三种“关系”。

（二）市场约束与提高社区物业管理水平的关系

物业公司对于幸福社区建设具有重要功能，提高物业管理水平不能仅靠市场原则。社区运营与一般的市场运营有明显区别。社区管理具有很强的公共物品、公共服务职能，物业公司实际上承担了很多的公共服务功能，必须对物业公司予以约束和监督。笔者认为约束和监督主要应来自两个方面：业主和居委会。

业主委员会是代表业主表达利益诉求的重要组织。C社区有业主委员会，而L社区没有业主委员会。我们确实可以看到两个社区在监督方面有差异。我们知道，业主与物业公司的关系中，物业费是核心。调研发现，成立了业委会的C社区，物业费收支情况有定期的公示，而没有业委会的L社区，物业费收支情况从未公示过。在被询问物业费收支情况是否公开时，C社区居民回答说“公开”的为61.4%，而L社区仅为13.4%，数据还表明，在被询问“您是否关心物业费收支公开”时，两个社区回答“关心”的居民比例都非常高。在让居民对于物业费公开这件事情做满意度评价时，C社区的满意度也明显高于L社区。在回答关于物业公司是否出现过“处理事件效率欠佳”“部门之间互相推诿”时，数据显示，C社区很少发生，但是L社区回答存在“处理事件效率欠佳”的居民比例为47.4%，回答存在“部门之间互相推诿”的居民比例为30.0%。调查显示，业主委员会的监督是很有必要的。尽管近来不少基层政府部门对于业委会有所非议，但从社区管理制度设计的角度看，业委会和业主一方的监督是不可或缺的。

另一个约束应来自居委会。居委会是我国政治制度架构非常重要的基础，是我国城镇居民自治组织，是我国政府与居民之间的最为重要的纽带，应该在幸福社区的建设中发挥积极作用。此次调查的两个社区中，居委会的表现有很大差异，C社区居委会监督做得好，而L社区居委会监督做得很差。问卷中关于“居委会是否组织过社区公共事务的讨论和协商”的问题，给予肯定回答的C社区居民占比为48.5%，而L社区仅为3.5%。当被询问到“您对居委会主任的熟悉程度”时，回答熟悉以及回答认识的C社区居民占比为61.4%，而L社区仅为10.5%。我们观察到，C社区居委会能很好地发挥作用，主要是因为该居委会有一位模范居委会主任，主动承担了很多社区的管理监督职能。例如，2015年C社区的物业公司试图将物业费提价，结果居民意见很大，双方关系曾十分紧张，后来居委会主任出面协调，才平息了涨价风波。反之，L社区的居委会基本上没有组织、参与什么社区活动，只是完成上级街道交办的一些事务。

从理论和实践上看，物业服务很大程度上属于社区公共事务，仅靠市场机制是无法完成的，居民在社区生活中的支出属于集体消费[①]而不是个体消费，也无法仅仅通过市场机制完成，而最具有法理依据的社区治理组织应该是居委会。笔者认为，在居委会、居民、业主、业委会、物业公司的关系中，居委会显然应该居于社区治理的领导位置。目前遇到的情况是，很多居委会不负责任，以为有了

---

① 李强、葛天任、肖林：《社区治理中的集体消费——以特大城市的三个基层社区为例》，《江淮论坛》2015年第4期。

物业公司自己就可以撒手不管了，这是极端错误的。

（三）激发社区活力与建设幸福社区的关系

本次调研的两个社区幸福指数总体得分70多分，与高水平的幸福社区有差距。主要差距在哪里呢？笔者以为最主要的差距是缺少社区活力。社区居民是社区中最为核心的要素，居民是幸福社区的主体，既是幸福社区的享受者，也是幸福社区的建设者。参与本身就是建设，幸福社区的突出特征应该是，人作为发展的主体在全面的社会交往和变革中发挥主动作用。[①]

从此次调研看，社区居民参与明显不足，社区缺乏活力。此次问卷调查了大约十项社区参与活动的细节，调研数据显示，L社区居民参与活动的比例十分低下，大多数社区活动的参与率都不足10%；C社区的参与率要高一些，但多数活动的参与率也就是30%左右。

社区参与不足和社区缺乏活力是长期以来我国社区建设的难题。市场化改革以前，社区管理的特点是政府包揽过多，社会处于附属、被动的位置，群众遇到事情大多会推到政府一方。[②]市场化改革后，随着新型商品房小区的兴起，市场机制兴起，物业公司进入社区，甚至占据了主导位置，居民没有话语权，往往处于被动地位，导致新型社区矛盾。建设幸福社区的核心问题在于如何激发社区活力，让居民真正参与到建设幸福社区的过程中来。只有具备极大活力的社区，才可能成为高品位的幸福社区。

（四）社区共同体与建设幸福社区的关系

社区概念与共同体概念非常相近，社区的本意就是地域共同体或居住共同体。幸福社区不仅指个人幸福，更主要的是指一种共同

---

① 阿马蒂亚·森：《以自由看待发展》，任赜等译，北京：中国人民大学出版社，2002年。

② 李强：《创新社会治理需要激发社会活力》，《人民日报》2016年2月2日第7版。

体的幸福，而共同体的幸福比个人幸福要复杂得多。

中国正在经历着人类历史上最大规模的城镇化。改革开放四十余年来，我们又经历了社区治理体制的巨大变迁。在这种双重变迁的背景下，绝大多数中国人都对于居住社区的变化有切身的体验。20世纪90年代中后期，我国城市经历了住房体制的重大变革，新建商品房小区迅速成长起来，并逐渐成为城市新型社区的主要模式。而这种新型社区模式必然生成新型社会关系或社区关系。以往素不相识的人群，在极短的时间内涌入到商品房小区中来，面临着新的社会关系的构建。社会学强调路径依赖，即一种行为定势会对于后来的行为或关系有极大的影响。所以，本章选择两个商品房小区探索幸福社区指标体系，旨在探索新型居住共同体的规律。这也体现了我们对于建设新型社会关系的期待。其实，这不仅是我们的期待，也是全社会对于新型社会关系的期待。从“和谐社区”“宜居社区”的提出，到对“幸福社区”的憧憬，无不体现了这一期待。就在本章写到收尾的时候，笔者从媒体上看到万科物业发布的关于“幸福社区测量模型”的信息，该模型比较偏重于安心、参与、信任、共生等主观幸福感的测量。这也再次印证幸福社区是社会各界对于美好社区生活的憧憬。

第二十一章
新清河实验的学术探讨与小结

作为本书的结尾部分，本章试图从社会学学科建设的角度对于新清河实验做出一些讨论和探索。由于新清河实验仍然在进行之中，现在还难以做出全面的总结，故在此仅着重讨论社会学的社区干预和社会学的行动力等问题。

新清河实验基于学科的反思，采用社区干预的方式投身基层社会治理的实践，体现了社会学的行动力。党的十九大以来，中央对加强和创新基层社会治理做出一系列重要部署，包括治理重心下移和资源下沉，加强基层党建引领、完善居民自治、发展基层协商和发挥社会组织作用等，以实现政府治理同社会调节、居民自治良性互动。李强教授曾提出，基层社会治理可以区分为政府主导、市场主导、社会自治和专家参与四种模式。新清河实验是属于社会学者积极参与的基层治理模式。[1]

本章试图从社会学的干预理论和费孝通先生的“双轨政治”模型的角度，对学者主导的“新清河实验”做出几点探索。我们提出了“社会学干预的中介效应”概念并认为这体现了社会学的行动力。所谓社会实验就好比是向既有社会“肌体”内植入一种新成分，必然会产生相关反应和生化作用。除了总结实验的目标、路径、成效与局限，本章也观察外界干预下的社区治理实验与既有体制机制的

---

① 葛天任、李强：《我国城市社区治理创新的四种模式》，《西北师大学报（社会科学版）》2016年第6期。

相互关系，特别是把对学者与权力关系的分析引入基层治理研究之中。这有助于我们更好地理解学术干预与实践之间的复杂关系以及类似实验对于城市基层治理的一般意义。

一、社会学者介入基层治理的实践

新清河实验是清华大学社会学以及交叉学科的师生参与基层社会治理的实践活动。如果追寻中国社会学学科参与基层变革实践的传统，可以上溯到20世纪二三十年代。当年，面对内忧外患、积弊丛生的华夏大地，一些社会学学者带着鲜明的本土意识和强烈的社会关怀积极投身实践，在知行结合中探索社会改良之路，形成了以梁漱溟、晏阳初等为代表人物的乡村建设运动，为后人留下了珍贵的知识与实践遗产。

当下，中国学者直接介入基层治理实践，这既有历史传承的影响，更是出于时代呼唤和学科反思。有研究将当代知识分子影响国家治理的类型分为三种：中立观察式、批评建议式和主动实践式。[①]近年来一些社会学者积极介入基层治理创新实践受到学界和社会关注，如新清河实验和大栅栏社区营造实验、山西蒲韩综合农协试验、四川村庄灾后重建、江苏太仓社区建设等。[②]实际上，不少社会工作专业的学者多年来一直都在实际参与城乡社区治理和服务。

有两种重要的学科因素促使少数社会学者，从传统中立研究者向积极行动者的角色转变。一是社会学学科自身的反思，二是社会学的中国本土化努力。当然也不可忽视国际学界的贡献。以法国社会学家阿兰·图海纳（Alain Touraine）为代表的“行动社会学”和以美国社会学家麦克·布洛维（Michael Burawoy）为代表的“公共社

---

① 唐亚林、钱坤：《“找回居民”：专家介入与城市基层治理模式创新的内生动力再造》，《学术月刊》2020年第1期。

② 李强等：《协商自治·社区治理——学者参与社区实验的案例》，北京：社会科学文献出版社，2017年。

会学”都强调学者直接参与行动的重要性。图海纳将社会学视作关于社会行动的知识，反对将个体行为简化为结构决定论。[①] 他对于回归行动者主体性的倡导，颠覆了传统的社会学研究方法，也改变了研究者和被研究者（行动者）之间的关系。[②] 在图海纳看来，通过社会学家的积极干预可以使社会行动者之间原本被秩序和支配掩饰起来的关系浮出水面。因此“只有通过能动的干预手段，介入社会生活，社会学家才能形成关于行动者本身的真切知识”[③]，而社会学干预也需要相应的原则、具体方法和技术手段。美国学者布洛维则指出社会学的特别之处在于“它不仅是一门科学，还是一种道德与政治的力量”。他根据知识类型和听众类型把社会学划分为专业社会学、政策社会学、批判社会学和公共社会学四种类型，指出四者之间并非相互排斥而是可以相互促进和转换的。[④] 区别于旨在引发公共讨论的传统公共社会学，布洛维提出一种不仅与公众对话还与公众合作的“有机的”公共社会学，意指社会学家不仅要通过著述，而且要亲身实践、参与和卷入社区和社会公共事务，包括与各种NGO组织、劳工团体合作，以社会运动的形式推动社会变迁。[⑤]

而新清河实验则体现了在中国背景下的社会干预和社会行动特色。中国十四亿多人口正在推进着全世界有史以来一国之内最大规模的城市化、产业化、现代化建设。中国的一个突出的特点，也是历史传承来的特征，就是总体上具有强大的行政管理和行政干预能力。新清河实验充分体现了中国场景下，社会干预、社会行动始终

---

① 阿兰·图海纳：《行动社会学——论工业社会》，卞晓平、狄玉明译，北京：社会科学文献出版社，2012年，第5—7页。

② 秘舒：《社会学干预方法在流动儿童社会融入中的应用》，《南开学报（哲学社会科学版）》2016年第4期。

③ 沈原：《强干预与弱干预：社会学干预方法的两条途径》，《社会学研究》2006年第5期。

④ 麦克·布洛维、郑翔：：《公共社会学》，《社会》2007年第1期。

⑤ 闻翔：《社会学的公共关怀和道德担当——评介麦克·布洛维的〈公共社会学〉》，《社会学研究》2008年第1期。

与当地党政组织密切结合的这种特征。清华大学社会学系沈原教授呼吁通过“社会学干预”方法实现传统社会学理论与方法从“结构社会学”到“行动社会学”的转变。他指出：社会的生产既是一个社会实践的任务，也是社会学认知的任务，社会认知寓于社会改造之中，要想真正地把握我们这个社会中行动者的生活世界，社会学应当另辟蹊径。①

不可忽视的是社会学的本土化问题近年来广受学界关注并引发了深入讨论。李强教授指出，社会学的本土化除了议题的本土化、理论与方法的本土化、范式的本土化这三个方面之外，还有一个重要方面就是中国社会学的社会实践、社会实验和社区干预，特别是社会学者在基层从事的社区治理实验。② 总之，上述学者强调知识生产与投身实践都是知识分子的重要面向，彼此关联密不可分。在社会转型过程中，学者应该发挥自身的主体性和能动性参与其中，而非仅仅充当看似“价值中立”的观察研究者。“躬行”是获得“真知”的重要途径。

对于学者参与基层治理进行社会学干预，需要思考两个基本问题：一是学者干预基层治理本身的特殊性何在，其作用机制及其前提条件为何；二是学者干预对基层治理又具有什么样的一般性意义。然而，目前社会学学者参与基层治理实践本身还很少，相关研究鲜见，个别研究也没有明确地把学者作为行动者的特殊性及其与其他行动者（特别是权力）的互动关系加以呈现。笔者认为，借助费孝通先生“双轨政治”的分析框架，我们可以更好地理解学者干预的特殊性和一般性，以及分析传统乡土社会的“双轨政治”模型对于城市基层治理的现代意义。

---

① 沈原：《强干预与弱干预：社会学干预方法的两条途径》，《社会学研究》2006年第5期。

② 李强：《改革开放40年与中国社会学的本土化、发展及创新》，《社会科学战线》2018年第6期。

二、新清河实验的价值取向与社会学的行动力

1928年，燕京大学社会学系杨开道和许世廉等学者在清河地区开创了把学术研究和乡村建设相结合的“清河社会实验”，该实验的内容本书附录有详述，故此处不赘。该实验后因日军占领北平而被迫中断。

前文已述，2014年初，在北京市海淀区领导的支持下，清华大学社会学系李强教授带领实验团队与清河街道合作，重启了聚焦社区治理创新的新清河实验。作为新清河实验的发起者和主持者，李强教授在多篇文章中专门阐述了实验的背景、目的、意义和路径。[①]立足于社区研究的长期积累，新清河实验具有若干鲜明的价值取向。

一是传承并发扬老清河实验以学术服务并改造社会的传统，致力于以知行结合的方式来探索社会学的本土化。实验团队成员在不同程度上都转换研究—发表的传统研究角色为实际行动者，以切身参与基层治理来促进学术研究。在此意义上，新清河实验可以视为老清河实验在七十多年之后的一次“精神回响”。

二是注重发现社会积极因素和激发社会活力。政府、市场与社会三者之间的平衡是实现高水平现代化的前提条件，必须培育与政府和市场相比而言“最为弱小的社会力量”。[②]新清河实验正是致力于发现社区居民身上积极主动的因素和动力，希冀“这种潜在的势能”能够“通过各种制度和规则设置有序释放出来”。[③]

---

① 李强：《清河实验：基层社会治理创新研究》，《中国机构改革与管理》2015年第8期；李强、王拓涵：《新清河实验：基层社会治理创新探索》，《社会治理》2017年第7期；李强、卢尧选：《社会治理创新与“新清河实验”》，《河北学刊》2020年第1期；李强：《新清河实验及其社会学意义》，《社会学评论》2021年第5期。

② 李强：《从社会学角度看现代化的中国道路》，《社会学研究》2017年第6期。

③ 李强、杨艳文：《“十二五”期间我国社会发展、社会建设与社会学研究的创新之路》，《社会学研究》2016年第2期。

三是以社区治理为切入点[①]，聚焦于对居民的赋权增能。社区治理是社会治理的基础和落脚点，社会学本土化也需要扎根社区研究，“社会学学科建设的本土化问题与国家提出的‘社会治理’问题二者相互汇集”于此。[②]实验力图通过多种方式拓展居民参与社区公共事务的途径，以长期陪伴方式探索社区治理创新的路径。

美国社会学家米尔斯把理解个人生活与社会历史关系的“心智品质”称为“社会学的想象力”（sociological imagination）。[③]相应地，我们不妨将实验中的社会学干预称为“社会学的行动力”（sociological action）。这种行动力是指社会学学者在专业研究和学科反思的基础上将理论知识、价值追求与国家政策结合起来并转换为基层治理实践的具体行动，通过与其他行动者共同合作来促进社会发展善治的践行能力。图21–1呈现了新清河实验不断摸索的社会学干预路线。

路径一是探索社区居委会议事委员制度，推动自下而上的社区公共议题的形成、协商和决策机制。针对社区居委会行政化问题，实验建立居委会议事委员制度作为补充，以增强其自治性和代表性。在公开透明的原则下，由居民代表（或户代表）差额选举产生议事委员，赋予知情权、参与权、监督权和决策权，发挥民主协商功能。实验团队通过“开放空间”会议技术、能力工作坊等对议事委员培训赋能，引导议事委员自下而上地提炼居民共性需求和普遍关切，结合社区经费的使用在议事会和多方（物业公司、辖区学校等）联席会上进行讨论，形成共识后转换为具体实施项目。议事委员制度既是畅通民意表达的重要渠道，也是居民自治载体和多方协商平台。

---

① 老清河实验以具有特定经济—社会联系和道德风俗的“区域”（清河镇及其周边40个村）为工作范围，参见侯俊丹：《制度变迁下的知识治理：早期燕京学派的清河试验》，《学海》2017年第5期。这与新清河实验仅着眼于社区治理有着明显不同。

② 李强、王莹：《社会治理与基层社区治理论纲》，《新视野》2015年第6期。

③ C.赖特·米尔斯：《社会学的想象力》，陈强、张永强译，北京：生活·读书·新知三联书店，2001年，第5页。

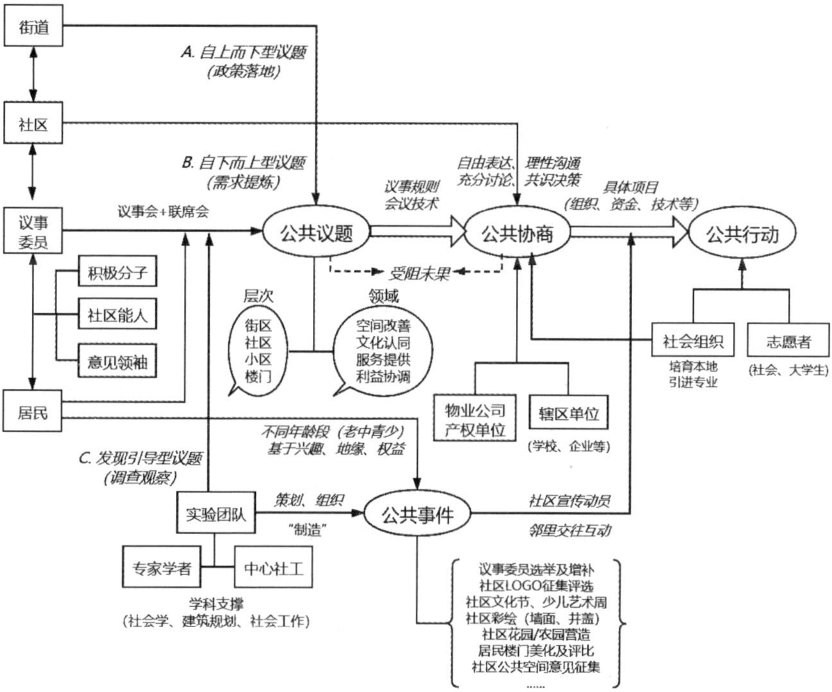

图21-1　新清河实验中"社会学的行动力"

路径二是围绕不同层次和领域的公共议题，激发居民参与积极性，拓展社区公共事务的多元化参与途径。实验根据社区公共事务的不同层次（街区、社区、小区和楼门）和不同类型（空间改造、文化认同、服务提供、利益协调等），针对不同人群的需求、兴趣和利益，推动不同年龄段居民对公共事务的关心和参与，初步形成了以议事委员为骨干，以积极分子、社区能人和意见领袖[①]为带动，以

① "积极分子"是指在社区居委会主导下参与社区事务的居民骨干，主要是居民代表和楼门长群体，以老年人为主；"社区能人"则是具有某方面特长并且愿意以此促进社区公益的热心居民，既有老年居民也有中青年居民；"意见领袖"则是在社区矛盾冲突中浮现出来的敢于表达自身观点并具有一定影响力的居民。在实验中，这三者均有典型代表者被选为议事委员并发挥了突出作用；前者参选多由居委会动员，后两者多为实验团队发现和动员或者自荐参选。

普通居民为基础的社区参与结构。例如，在楼门美化和老年餐桌项目中，实现议事委员从“议”到“行”，以自身行动带动更多居民参与；在建立“社区学堂”平台培育社区自组织[①]过程中，发挥社区能人的积极性并为居民提供公益服务；在小区停车矛盾协调中，鼓励居民意见领袖参加议事委员补选，通过公共协商平台与居委会和物业公司进行对话；在社区logo评选、墙面和井盖彩绘、社区农园等项目中，激发青少年的兴趣并带动家长关心参与社区事务。

路径三是链接社会专业资源助力社区治理和服务。实验团队推动清河街道与辖区单位（北京清华同衡城市规划设计院）开展合作，推动具有清河特色的社区规划师试点工作，招募多名专业规划师作为志愿者，推动规划师、议事委员、专业社工、居民志愿者和利益相关方相互配合，以参与式社区规划为理念形成“1+1+N”的工作机制。同时，实验引入不同的专业社会组织（交通规划、环境保护、空间设计、社区媒体等领域）并与之合作，链接外部资源以有效地服务民生需求。

三种路径也是试图探索基层社区干预的三种方法，通过这些方法的实施，完成了很多案例。下面仅列出三个综合案例，这些案例在本书各章中都有详述，故此处只简要地做个小结。

综合案例一：社区居民组织动员与公共空间改造提升。2014年到2016年，实验团队以A社区为首个试点社区，经过充分动员宣传，选举出居民议事委员，搭建起社区协商平台。针对该社区公共空间严重缺乏的问题，在街道社区支持下充分发挥议事委员作用，将部分办公空间改造为服务居民的多功能议事厅，将一块脏乱差的三角地带改造为受到居民欢迎的公共活动休憩空间，并以居民申请和自我组织的方式开展了楼门美化活动；同时开展了社区文化周、社区logo评选、社区学堂等项目，扶持社区自组织和社区能人开展公益活动，以促进邻里交往、撬动居民参与和培育公共意识。在此基础上，

---

① 孵化出社区剧场、“朗读者”、A社区报等居民自我组织的项目。

实验发挥专业规划师优势，在B、Z、G三个社区分别开展了小区广场和地下空间改造、种植园和花园营造等项目。

综合案例二：以互联网技术支撑公众参与和促进社区沟通。实验引入第三方与街道合作开展“互联网＋公众参与”的“路见清河”活动，探索利用基于地理信息系统的互联网手段征集地区内居住和工作人群对重点地段公共空间的意见建议。两次共征集有效提案3000多条，并组织了居民代表、规划专家、共享单车企业、街道办事处、区交通管理部门等多方代表座谈沙龙，共同商讨相关问题，推动政府工作、专业规划与民意需求相对接。此外，实验引入第三方为街道创办了覆盖29个社区的《今日清河》社区报[①]和社区信息化沟通平台“清河有邻”App，截止到2021年4月底，社区报已发行37期，“清河有邻”注册用户达到9940人。传统纸媒与信息化媒体相互结合的信息平台在清河地区的邻里沟通、公益活动、公共服务以及政策宣传（如疫情防控、垃圾分类）等方面逐渐发挥出作用。

综合案例三：协助街道开展老小区综合整治与物业管理工作。实验团队协助F小区开展老旧小区综合整治市级试点工作，对小区900多户业主进行了详细的改造意愿问卷调查和深入访谈，同时以微信群等手段加强政策宣传以保障居民的知情权；在老旧小区改造中组织社区、居民议事委员、普通居民和工程实施企业、电梯设计方等开展多次沟通协商会议，畅通居民意愿诉求的表达渠道。此外，还针对将原经营场所腾退并用于公共服务和建设养老驿站，进行居民需求调研和方案设计，为街道决策实施提供依据。2019到2021年，实验团队针对B小区物业公司停车收费矛盾激化问题，经过充分动员并按严格程序以户代表方式补举了9名议事委员，搭建了小区议事

---

① 老清河实验为促进农民对实验工作、外部时势的了解并形成共同意识，在燕京大学新闻系的支持下为实验区内40个村创办了《清河旬刊》（之前为《清河半月刊》和《清河月刊》）并编辑了清河壁报（纸张或黑板报形式）。

协商平台形成每月定期议事制度，使得不同的意见诉求得以合理表达。如此，等等。

实验的开展建立在学术、组织和经费三个基础之上。一是发挥交叉学科优势作为学术支撑。实验团队成员由社会学和城市规划学的学者构成，以社区治理、社区规划、社区养老的长期研究积累作为实验的学术指导，注重社会—空间的辩证关系并通过空间提升带动居民参与。二是成立专门的社会组织支撑、保障实验的可持续性。实验团队成立了社会工作机构（社区提升与社会工作发展中心），招聘了专职社工作为日常具体执行者并以在校实习生为补充力量。①多年来，专职社工发挥了对于社区和居民的专业的支持（引导、动员、协调等）和陪伴作用。三是持续多年获得海淀区社工委民政局的社会治理专项资金重要支持，保障了实验的相对自主性、项目的开展和机构的运转。

实验在深化居民自治、搭建协商平台、强化民意表达、动员居民参与、提升公共空间、促进街道干部和社区工作者理念转变和能力提升等方面持续探索，具体做法和阶段成效在实验团队成员的研究中有不同程度的呈现。②

三、"新清河实验"的两个阶段与干预方式的变化

从2014年至今，实验团队与清河街道的关系也经历了重要转变。2016年下半年，街道党政负责人调整后从原先被动配合实验转变为

① 实验先后接收中华女子学院、劳动关系学院等高校社会工作专业10余名硕士生和本科生进行实习，多名学生以实验项目为题完成了学业论文。

② 李强、王拓涵：《新清河实验：基层社会治理创新探索》，《社会治理》2017年第7期；刘佳燕、谈小燕、程情怡：《转型背景下参与式社区规划的实践和思考——以北京市清河街道Y社区为例》，《上海城市规划》2017年第2期；谈小燕：《老旧社区治理的社会学干预——以"新清河实验"为例》，《北京行政学院学报》2019年第4期；陈宇琳、肖林、陈孟萍、姜洋：《社区参与式规划的实现途径初探——以北京"新清河实验为例"》，《城市规划学刊》2020年第1期。

主动寻求与学者加强合作，实验团队也认为这有利于实验的可持续性。新清河实验从1.0阶段向2.0阶段转变，即由学者主导的自发探索转变为与街道的深度合作。这给实验带来了新的机遇和挑战，一方面街道对实验团队的支持和信任都明显加强，愿意向学者让渡更多空间，实验的合法性也由此增强；另一方面街道的意图和体制的逻辑也日益“卷入”到实验之中，实验的复杂性被加大。

实验两个阶段的演变恰好呈现出学者与基层政府之间的关系变化，这是影响实验的核心变量。在1.0阶段，学者与政府的关系相对较“远”，也较“弱”。街道更多的是被动地接受上级政府安排的“落地”任务，给予实验必要的支持但介入并不多；学者自主性较强，在试点社区发挥主导作用进行了社区强干预。而在2.0阶段，学者与政府的关系相对变“近”，也较“强”。街道党政自身意图、对实验团队的支持（如政策对接、干部投入、项目资金、办公场地等）和需求（配合老旧小区综合改造工程、社区党建、物业管理等重点工作以及总结宣传）都明显增加，学者自主性受到明显影响，很多时候需要对街道需求做出及时反应甚至是必要妥协；同时，实验团队的时间和精力也被高度稀释，实验转而呈现出“弱干预”的特点。

这一转变的背后，除了实验本身取得的初步成效和社会影响引起了街道重视之外，在深层次上也与近年来国内主要城市街道办事处职能从侧重于发展经济转向聚焦公共服务和社会治理的整体趋势有关。实验2.0阶段，街道党政领导班子高度重视实验价值并与学者有了更多共识，愿意尝试新的方法和手段。日益繁重的城市管理和社会治理工作使得街道对实验团队的需求变得更为迫切，街道通过实验来实现自身工作目标的意图变得更为明显，他们希望实验团队在其重点工作中能及时“出招”并且“管用”。试点范围在街道的要求下从一个社区扩大到五个社区同时推进，这也使得学者有机会面对多样性的社区以及不同社区的书记（见表21-1）。

表21-1　实验2.0阶段五个试点社区的比较

社区	主要类型	时任社区书记态度	实验团队角色	实验内容
A	混合型（多个小区、多种产权）	尊重民意、积极支持，参与每次议事会（继任者缺乏认同）	投入主要精力主导实验工作，引导社区居民	选举议事委员、空间提升改造、社区文化、居民自组织
F	独立的后单位型小区（多个转制国企职工混合居住区）	比较配合，但强势主导，自行选举议事委员并主持会议	配合政府老小区整治工程（市级试点），前期投入精力较多	选举议事委员、老小区综合改造的民意调查和社区协商
G	混合型社区（多个小区、多种产权）	消极配合 书记基本不参加，居委会副主任有时参加	专职社工为主，项目引入外部专业力量	议事委员、社区花园和老年饭桌项目
Z	独立的经济适用房小区	积极配合，书记参加历次议事委员会议	专职社工为主，项目引入外部专业力量	地下空间改造、社区农园、物业多方协商
B	后单位型社区（多个转制国企职工混合居住区）	强势主导，“甩开”实验团队运转，出现尖锐矛盾后被迫配合	前期被拒，停车矛盾升级后实验团队介入	议事委员补选（停车矛盾激化后）、广场改造和社区文化活动

学者参与社区治理模式的局限性在于“容易产生对专家的外部依赖性，其可持续性较差”。[①]由于学者并非社区的“在地”力量也无法成为其内生结构，因此专家模式可持续性问题的真正症结在于基层政府和社区是否有动力把实验的逻辑内化“扎根”。从实验团队与街道的关系中，我们隐约也可以看到费孝通以“双轨政治”模型分析传统乡绅与地方官员关系的现代身影。

---

① 葛天任、李强：《我国城市社区治理创新的四种模式》，《西北师大学报（社会科学版）》2016年第6期。

四、“双轨政治”模型与社会学干预的中介效应

1946年费孝通在《基层行政的僵化》一文中指出任何政治体系中都必须同时具有自上而下的轨道和自下而上的轨道。“政治绝不能只在自上而下的单轨上运行。人民的意见是不论任何性质的政治所不能不加以考虑的。一个健全的，能持久的政治必须是上通下达，来往自如的双轨形式。”[①]在他看来，中央集权和地方自治共同构成中国传统社会的政治结构。乡土社会中自下而上的政治轨道体现在地方士绅作为自治团体领袖，凭借自身社会地位与地方官员进行的私人性交涉和协商之中，压力由之传递到上层。[②]相比于西方社会，中国传统社会自下而上的政治轨道是非正式的[③]。自治团体虽然不是“法定”组织却是“实有”组织，自下而上的轨道虽然是无形的、非正式的，但却发挥着非常重要的作用。[④]地方士绅既是基层自治领袖又代表民众利益与官方斡旋，整体上起到对于皇权的“绅权缓冲”作用。

费孝通的“双轨政治”分析模型是在承认中国传统社会有实质性基层自治的事实和绅士阶层有相对独立的权力这两个基本前提之下来讨论双轨之间的“调协关键”问题。他并不否认现代社会条件下加强国家政权建设和政府职责的必要性，而是担忧两条轨道之间的相对平衡被打破，特别是基层自治功能被削弱。“基层行政的僵化

---

① 费孝通：《乡土重建》，《费孝通全集第五卷（1947）》，呼和浩特：内蒙古人民出版社，2009年，第36—37页。

② 费孝通：《乡土重建》，《费孝通全集第五卷（1947）》，呼和浩特：内蒙古人民出版社，2009年，第38—40页。

③ 费孝通指出传统中国政治自下而上的轨道具有非正式性特征，正是在此意义上，周雪光（2019）从正式制度和非正式制度的“双轨”来解读“官僚之轨”与“乡土之轨”，并将双轨分析延伸到向外极大扩延的当代官僚体制内部。本文仍是在国家和民众上下互动交界的意义上使用“双轨政治”。周雪光：《论中国官僚体制中的非正式制度》，《清华社会科学》第1卷第1辑，北京：商务印书馆，2019年，第7—42页。

④ 费孝通：《乡土重建》，《费孝通全集第五卷（1947）》，呼和浩特：内蒙古人民出版社，2009年，第47—48页。

是因为我们一方面加强了中央的职能，另一方面又堵住了自下而上的政治轨道，把传统集权与分权，中央和地方的调协关键破坏了，而并没有创制新的办法出来替代旧的。”①

当代城市基层治理一方面是国家意志和政策自上而下的贯彻落实，这需要获得民众的理解与配合；另一方面是民众意见和诉求自下而上的表达传递，这需要获得国家的政策回应和资源支持。在理想的基层治理格局中，应有相应的制度安排和畅通渠道来保障这两种逻辑的各自发展和相互结合。社区党组织是执政党的基层组织，是党联系广大群众的桥梁纽带。社区居委会是法定的基层群众性自治组织，也有协助政府及其派出机构开展工作的职责。理论上，社区“两委”都应该成为有效沟通国家和民众之间的“调协关键”，起到上传下达的“中介”作用，然而由于种种原因现实却并非如此。

在新清河实验中，学者作为新的行动者加入到街道—社区—居民的三者互动中，作为“中介变量”发挥了特殊作用，使得试点社区中既有的权力关系、资源配置、信息沟通和信任关系在一定程度上有所变化。本章把学者的这种特殊作用称为“社会学干预的中介效应”。学者作为“中介”既是政府与民众上下协调对接意义上的，又是社区居民内部横向整合意义上的。

首先，中介效应体现在对居民的赋权上，社区既有的权力格局部分地被改变了。居委会议事委员的微观制度设计核心是对于议事委员的赋权（知情、表达、监督和参与决策），而这种赋权借助于学者这一“中介”才得以实现。经由学者不断说服基层政府和社区，本应由制度所赋予的权利，终于经“学者”“转交”到议事委员和居民手中。这种“半正式”的赋权，使得潜在的民意经过一定的共识形成程序和方法得以聚焦，并且“浮出水面”，成为正式的社区公共议题，进而有可能得到社区和街道的回应、尊重和支持。

---

① 费孝通，《乡土重建》，《费孝通全集第五卷（1947）》，呼和浩特：内蒙古人民出版社，2009年，第44页。

其次，中介效应体现在相对集中的民意与各类资源的对接上，资源配置方式得到了部分地改变。自下而上的公共议题形成之后，需要得到街道、社区以及其他社会相关方在资源上的支持，才能转换为实际项目和行动。这种议题往往是老旧小区环境治理或空间改善类相关议题。比如，A社区自行车棚和三角地改造议题获得社区公益金和街道的资金支持，停车规范管理则是有效调动了物业企业的积极性并投入资金；B社区广场改造获得街道为民办实事项目的资金支持；Z社区农园改造则获得党组织服务群众专项经费支持等。目前社区治理服务最主要的资金来源是公共财政，物业费缴纳比例低、专项维修资金不足的老旧小区对于财政资金的依赖性更为明显。但在缺乏对居民真实赋权的情况下，财政资源的下沉未必能带来居民自治能力和参与度的提升，反而会产生新的问题。因此，新清河实验团队的作用之一就在于将有效表达的民意和以政府为主的组织和资金资源更好地对接。对于试点社区而言，实验团队的介入在一定程度上起到加强或"放大"民意信号的作用[①]。需要指出，即便是名义上由社区自主决定的专项经费也受到较多政策限制或者须由街道统筹。因此，在议事委员甚至某些社区负责人的眼中，实验团队便拥有了"为居民代言，能争取资源"的特长。

再次，中介效应体现在相关主体间的信息传递和沟通方式的改变上。实验团队尤为重视信息公开和信息沟通。通过问卷调查、网络参与、入户访谈、协商会议等方式来了解和呈现民意，宣传和解释相关法律和政策，尽可能保障居民的知情权和表达权。在老小区综合整治中，实验团队将传统调查问卷与政策要点解释相结合，并在业主微信群里进行政策宣传。[②]在试点社区选举议事委员的过程中，实验团队充分保障居民的知情权，在每个楼门单元均张贴公告广泛

① 有些项目资金是实验团队额外向街道争取的，这一定程度上减少了其他社区获得资金支持的可能性，因此背后存在着社区间的公平性问题。

② 在政策宣传的刺激下，原来只有数十人的微信群在短期内人数迅速增加，后来该群超过300多人，成为该小区日常沟通的重要渠道。

宣传，并通过社会组织和社区的公众号将推文发到居民微信群中。街道也在实验团队的建议下引入第三方创办社区报和App并要求社区普遍建立楼栋微信群。

最后，实验团队的介入也部分改变了居民、社区和物业等之间的信任关系，有利于多方合作的形成。街道对实验团队的信任来自学者的专业知识和技能，社区和居民对实验团队的信任取决于学者能否提供有效服务并保持客观公正。在A社区，作为外来的陌生者，团队骨干成员[①]日常与议事委员和居民打成一片，开展多项公益活动才逐渐获得居民和社区的信任。这种信任关系在存在突出矛盾的N社区表现也很明显。该社区部分居民认为物业公司的停车收费决定不合理，缺乏协商，过程不透明，由此对物业和社区均不信任。他们除了打“12345”热线投诉外，也经常向实验团队表达意见和诉求。此时，学者和专业社工作为第三方缓和双方矛盾的“润滑”作用尤为明显。

从“双轨政治”视角来看，学者干预在一定条件下起到了强化自下而上轨道并促进双向之间衔接的作用。这一方面有助于政府某些民生政策自上而下落地时更有民意基础和针对性（由“刚”变“柔”）。更重要的是使得自下而上的民意表达和公众参与由弱变强，居民的迫切需求和共识能够得到街道社区的充分尊重。从社区内部来看，学者的中介作用则表现为通过制造公共事件和搭建协商平台来联结居民内部并促进与社区、物业的沟通合作。

学者在社会治理中拥有一种相对特殊的影响力。费孝通先生认为传统社会中的“绅权”来自绅士阶层对于规范性知识（“应当如何”）的垄断。绅士一般不掌握政治权力，但拥有社会声望和对“道统”的解释权（即“政治权力”和“伦理权力”相对分离）[②]，并借此

---

① 2014年到2017年实验团队先后有两位博士后在街道挂职，专门负责实验工作，另一位博士生从2016年后几乎全职参与。在2.0阶段，日常工作主要由两名专职社工承担。

② 费孝通：《中国绅士》，惠海鸣译，北京：中国社会科学出版社，2006年。

在基层治理中获得与地方官员平等协商的地位，这也是自下而上轨道发挥作用的前提。应该看到，绅士的“中介作用”既来自作为一个整体阶层而拥有的特权，也来自其作为个体（指“良绅”）嵌入地方文化生活网络所获得的威信。有研究指出，专业知识和社会声望是专家学者在基层治理中发挥作用的基础，专业知识使其能够提出切实有效的具体方案，社会声望则使其赢得政府官员和社区居民双方的信任，并以自身为中介在政府和居民之间搭建信息沟通和相互协商的桥梁。[①]

专家学者作用的实际发挥取决于是否满足一些条件：（1）不仅掌握相关专业理论知识和技能，还要能够将其与中央政策精神结合向基层解释并做具体实践转换[②]，从而相对于基层而言具有一定的话语权；（2）保持相对自主和客观的立场，具有较高的公信力。学者既在体制之内又在官场之外的特殊性，使其能够不受基层行政体制的直接约束但又能在体制之内获得较高信任；另一方面，学者只有致力于理解不同主体的目标诉求并寻找平衡点，才有可能赢得政府和居民双方的共同信任。相比之下，高度行政化的社区和依赖政府购买服务的社会组织在自主性和话语权上都有所欠缺。普通社会组织在政府购买服务中更容易成为替政府打工的“伙计”，而非平等的“伙伴”。

在这个意义上，当代学者在参与基层治理时与传统士绅具有某种相似性。但两者的区别也很明显：当代知识分子在介入社区治理时，其身份依旧是外来者，并不具有传统地方士绅与乡村社区之间的那种经济、社会、文化和情感上的多重有机联系。而在乡土社会

① 唐亚林、钱坤，《“找回居民”：专家介入与城市基层治理模式创新的内生动力再造》，《学术月刊》2020年第1期。

② 项飙认为“乡绅式”知识分子既能把“小世界的事情”（百姓日常生活）说清楚，又有很强的伦理取向思考，还能够代表老百姓与“大体制”进行沟通和迂回并影响体制。参见项飙、吴琦：《把自己作为方法——与项飙谈话》，上海：上海世纪出版集团、上海文艺出版社，2020年。

中，地方绅士同时具有皇权在村庄政治中的代理人、村庄社会结构的道德权威和文化规范的意义诠释者等多重身份。[①]

有学者认为，“专家学者的出现和介入，使得居民与基层政府形成了以专家学者为联结点，搭建沟通信息、共同协商的治理平台与机制的新局面”，并描述了一幅颇为理想的图景：学者参与既能为基层治理“找回群众”弥补主体缺位，又能将基层政府内部的分散化治理加以整合。[②]这种乐观的观点忽略了学者与权力的关系以及既有的结构性制约因素，在一定程度上以学者的主观期待替代了对现实逻辑的实证分析，夸大了学者干预的作用。

实际上，新清河实验中学者干预的“中介效应”也有着明显的局限性。学者的日常“在场”或“缺席”或者干预程度强弱都会显著影响实验效果，这突出表现在议事委员会议通常都要在实验团队的主导下才能够正常运转，反之则容易出现困难或变形[③]。更准确地说，议事委员所发挥的实际效果取决于实验团队的干预强度、社区“两委”的支持程度以及议事委员自身积极性三个变量的不同组合。前文中某些社区负责人持消极态度的部分原因来自于“存量”对“增量”的不适应（认为议事委员对其形成了掣肘），而实验团队对于社区负责人能否定期参加议事委员会议也没有约束力，只能依靠彼此的关系。另一方面学者干预基层治理本身也缺乏制度性安排，学者干预强度也直接取决于与街道的互动。因此，学者干预的中介效应本身就是权变性（contingency）和非制度性的，其施展空间的大小会因时因地、因人因事而异，制约“中介效应”的因素包括实验

① 赵晓峰：《“双轨政治”的理论贡献、诠释限度及现代内涵》，《社会建设》2017年第5期。

② 唐亚林、钱坤：《“找回居民”：专家介入与城市基层治理模式创新的内生动力再造》，《学术月刊》2020年第1期。

③ “不在场”的无奈和挫败感受来自笔者努力推动某些工作时受到的无形阻力，这有点像希腊神话里西西弗斯（Sisyphus）费力推石上山却日复一日回落原点。

自身的合法性基础[①]、社区对改变既有权力关系的反应以及社区工作者的职业化逻辑等。此外，实验为社区引入外部资源时也会带来某些“非意料性后果”[②]，值得反思。

从深层次来看，现有法律法规和地方政策体系、基层治理体制机制存在着对基层治理实践创新的制约因素。实验从社区居民中选举产生非职业化的议事委员意味着对居民自治组织的“去行政化”尝试，这种自下而上的单点试验虽然有其社会合理性，也符合中央关于居民自治和基层民主协商的精神，但却缺乏必要的法律和政策支撑。议事委员的权利缺乏有效的制度保障，甚至在一定程度上只有“议”的权利，而缺乏对“决”的真实影响。实验初衷之一是想发挥居民议事委员在优化社区公共资金用途上的作用，但受各种因素制约，实际效果不佳。在现行压力型体制和逐级向下传导机制下，作为属地管理主体的街道有“责任无限扩张”的趋势，把责任和压力进一步向社区传递落实成为其“理性选择”，社区行政化问题随着治理重心下移反而变得更为突出。此外，行政体系遵循“效率优先”的原则，行政工作时效性的强约束意味着要在很大程度上牺牲耗时费力却可能无果的民主协商。以参与式协商为重点的实验内容则是“锦上添花”的非必选动作。疲于完成上级任务的街道干部和社区工作者即便认同实验理念，缺乏积极性也在情理之中。实验激发社会活力的价值导向与现有城市管理体制考核基层的“指挥棒”有时并不一致，后者才是影响社区日常运作逻辑的关键，这恰恰也是街道一级所无力改变的。

---

① 实验就曾遭遇过某职能部门上级官员对“居委会议事委员”合法性（在是否合乎现有法律规定的狭义层面）提出质疑。

② 在Z社区农园和G社区花园项目中，实验团队分别引入两个专业机构帮助社区居民进行设计改造，但出现了专业设计者的理念与居民实际偏好之间存在距离以及外部志愿者对本地居民参与的“替代/挤出效应”等非预期性后果，由此引起了部分居民的不满。

五、小结与探讨

（一）小结

秉承老清河实验知行结合服务社会的精神，新清河实验以社会学的理论方法为学术支撑，坚持激发社会活力，拓展公众参与和深化居民自治的价值导向。九年多来不断探索，通过对居民赋权增能和动员，在不同层次上、不同领域中努力推动自下而上的公共议题形成机制，搭建多方参与的公共协商平台，推动多元合作的公共行动。

基于费孝通“双轨政治”模型，本章提出了“社会学干预的中介效应”概念。在社区治理实验中，学者凭借专业理念、知识技能和社会声望，通过强干预方式在一定程度上促使民意表达和公众参与由弱变强，也有助于政府政策落地由刚变柔，从而在自下而上与自上而下的轨道衔接中起到协调作用；另一方面，学者干预也有助于试点社区内部社会资本由薄变厚，在不同主体间的沟通合作中也发挥了一定的“中介”作用，新清河实验由此也体现了“社会学的行动力”。

通过实验两个阶段的比较，本章呈现了基层政府对学者主导型实验介入过程同时带来的积极和消极两方面影响。随着试点范围扩大和实验内容调整，议事委员制度设计运行效果存在差异、创新逻辑难以被街道和社区内化等问题显露出来。学者“在场”或“缺席”、干预程度强或弱带来的效果差别，揭示了学者干预的中介效应具权变性，是不稳定的。由于缺乏地方性制度保障，加之社区行政化逻辑加剧，街道和社区都缺乏内化实验创新逻辑的激励机制。

本章可以视为对“双轨政治”模型普遍意义的一种“反证”。在具有特殊条件的学者作为外部力量强干预下，新清河实验才取得一定效果。对于常态治理而言，自下而上轨道的建设仍然缺乏制度性安排。这也提醒我们，在研究基层治理创新实践时，应当持更加审慎的态度，从更长时间段以及行动主体相互作用的角度观察分析，以揭示学者干预的先天局限和深层困境。

（二）探讨

时至今日，费孝通“双轨政治”模型仍然具有鲜明的时代意义。自党和国家发起社区建设以来，我们可以清晰地看到自上而下的政治轨道不断加强和延伸，社区日益被纳入体制之中成为国家和城市治理体系的基石。从“双轨政治”角度来看，十九届四中、五中、六中全会提出完善群众参与基层社会治理的制度化渠道和完善基层民主协商制度，意味着自下而上轨道的制度性建设同样非常必要。如果说学者干预基层治理的中介效应是在特殊条件下产生的，那么在常态基层治理中，自下而上轨道建设的起点在哪里呢？承载上下协调中介效应的组织载体、社会力量和制度安排究竟又是什么？

首先，城市基层治理中自下而上轨道的起点在作为生活单元的小区/院落而非作为行政单元的“社区”，居民自治也应该在此基础上相应开展。费孝通指出“政治是生活的一部分，政治单位必须根据生活单位”。以数目为规定并力求一律化的保甲制在区位上破坏了原有自治单位的完整性，没有社会声望的保长又必须服从上级命令，“如果自治团体成了行政机构里的一级，自下而上的轨道就被淤塞住了”。[①]这一观点至今仍颇有启发意义。在当代城市社会中，由行政力量人为划分而成的“社区”就其构成而言只是高度异质的“社会马赛克”，难以成为真正的基层自治单位。作为法定群众性自治组织的社区居委会在现实中已经高度行政化，社区工作者的职业化趋势也不断增强[②]，事实上已经成为体制内以非公务员身份协助执行公务

---

① 费孝通：《乡土重建》，《费孝通全集第五卷（1947）》，呼和浩特：内蒙古人民出版社，2009年，第40—41页。

② 社区工作者职业化的一个客观后果就是面向社会招聘的社区工作者大多数都不是本社区居民。2017年《中共中央　国务院关于加强和完善城乡社区治理的意见》（中发〔2017〕13号）特别提出要“通过依法选举稳步提高城市社区居民委员会成员中本社区居民比例”。

的基础力量。其实质是加强自上而下政治轨道建设，却在一定程度上以居民自治功能的下降为代价。相比而言，居住小区才是更真实的利益和生活共同体。因此，实质性的居民自治建设应该从小区或院落开始。在新清河实验中，虽然议事委员是社区层面上设立的，但讨论的事务主要都集中在小区层面上。有些地方在院落/小区层面普遍建立的居民议事会（如四川成都）和在自然村层面成立乡贤理事会（如广东云浮），其逻辑与此异曲同工，都是把自治载体建设落实到更为真实的生活单元层面。[①]

其次，社区党组织建设应该同时体现两个方向政治轨道发展的要求，并且要保持两者之间的适度平衡。理论上讲，党组织具有可以打破科层上下和体制内外等既有组织边界和群体边界的独特优势，社区党建实际上同时承担着自上而下和自下而上两条政治轨道建设的重任，践行党的群众路线必须有新的制度安排来保证党组织始终保持与群众的密切联系。有学者指出，社区党建可以视为国家介入和社区自治的结合点，它既是自上而下的又是自下而上的，在一定程度上能够起到“双轨政治”的作用。[②]但现实中，基层党政、社区高度重合的趋势使得作为基层政治组织的社区党组织与作为居民自治组织的社区居委会之间的界限变得更为模糊不清。[③]如项飙教授所言，通过加强党建把党“作为国家机构之间、政府和群众之间、不同群众团体之间的凝合剂”在理论上顺理成章，但现有的做法“似乎没有发挥党的社会性、群众性和有机性来整合社会，而是采取了

---

① 蔡禾（2016）等指出，以自然村为单位建立乡贤理事会之所以有效，正在于它不会与作为农村基层权力的行政村村委会形成平行竞争。参见蔡禾、胡慧、周兆安：《乡贤理事会：村庄社会治理的新探索——来自粤西Y市D村的地方经验》，《学海》2016年第3期。

② 熊易寒：《国家助推与社会成长：现代熟人社区建构的案例研究》，《中国行政管理》2020年第5期。

③ 肖林：《迈向社区公共财政？——城市社区服务专项资金政策分析》，《社会发展研究》2020年第4期。

行政化的手段"，即"党的建设的行政化"。[①]在社区行政化逻辑占主导地位的情况下，社区党建的"社会化"逻辑究竟能有多强？这在理论和实践上仍然是有待思考和回答的重要问题。

在城市基层治理中，需要不断发掘承载自下而上轨道建设任务的新社会力量，并对其参与治理进行制度性赋权。有学者指出，"双轨政治"对于乡村治理的现代内涵包括：重视以自然村（村民小组）为自治单元建立新型民间自治机构、重视地方领袖的培育、重视国家和社会组织之间相互制衡和协调的关键地带。[②]对于高流动性、高异质性的当代城市社会，基层治理已经难以依赖于习俗、宗教等传统文化资源，也难以依赖于绅士和宗族等传统组织资源。在费孝通先生那里作为社会事实的地方团体自治，在城市基层社会中却成为了悬而未决的问题，或是在外界干预条件下才能出现的"结果"。新清河实验学者干预的中介效应在基层治理常态下，完全可能也应该由新型基层自治组织和新的社会群体来承担。原因很简单：其一，现代社会的学者不再像传统社会士大夫阶层那样垄断规范性知识，社会治理的专业知识弥散于不同社会群体之中。受过良好教育的城市中产群体在一定条件下能够在基层治理中发挥更重要的作用。其二，在法治社会中，普通民众参与本地公共事务的权利也通过法律得到了基础保障。这使得现在的民众参与，不同于传统社会百姓缺乏法定的个体权利而不得不借助于地方绅士作为中介力量来与政府打交道。对于自下而上的轨道建设而言，只有居民的参与权利得到制度性充分保障，才能切实防止出现人民群众形式上有权、实际上无权的现象。由于《中华人民共和国城市居民委员会组织法》严重滞后于城市社会结构的变化，基层实践创新更依赖于地方性法规和政策体系的有效支撑。国内有些城市如成都通过地方政策使社区和

---

① 项飙：《普通人的"国家理论"》，《开放时代》2010年第10期。

② 赵晓峰：《"双轨政治"的理论贡献、诠释限度及现代内涵》，《社会建设》2017年第5期。

小区/院落两级居民议事会的权利得到制度保障，并且结合社区公共财政的政策设计为议事会的常态运行注入资源支持以撬动居民自治[①]，形成了社区居民协商议事制度、社区公共财政制度和社区自组织制度“三位一体”综合改革的“成都模式”[②]，这样就把法律规定居民享有而在实践中被长期悬置的相应权利重新“还权”于民。

最后，新清河实验既是对城市基层治理实践的研究，同时也涉及对学者公共角色和研究方式的反思。知行结合、投身实践是行动社会学和公共社会学所倡导知识生产的内在要求。新清河实验团队兼有研究者和行动者的双重身份，也带来了在认识论和方法论上必须认真面对的一些深层问题，我们对此尚未能开展深入讨论，显然存在不足。既然社会学干预本身具有鲜明的价值取向，那么如何在投身行动之时保持必要的客观性？如何在与其他行动者（特别是权力）进行必要合作之时又保持恰如其分的距离？既然行动者又要作为客体被自己分析，那么如何在反身研究之际避免主观因素遮蔽思考和表达？这些都是新清河实验团队在将来的实验中需要深入思考和检验的。

时代既赋予社会学学科以及相关诸多学科更多的机会，也提出了更高的要求。面对我国经济社会现代化的巨大变迁，新清河实验团队的全体同仁更应该成为社会实验、社会实践的积极参与者，将学术研究、社会实验、社会实践和参与社会治理的政策研究相互结合起来。

---

① 肖林：《迈向社区公共财政？——城市社区服务专项资金政策分析》，《社会发展研究》2020年第4期。

② 江维：《参与式社区治理的成都创新报告》，李羚主编，《四川社会发展报告（2016）》，北京：社会科学文献出版社，2016年，第11页。

附录
老清河实验回顾

历史上的清河实验是中国20世纪二三十年代乡村建设运动大背景下重要的社会实验之一，其建立与燕京大学社会学和社会服务系关于学科建设及调查方法的讨论、社会服务目标的实现、社会研究和改良的目的紧密相关。清河实验区的设立将社会研究、学生培养和社会服务结合了起来，作为综合实验的社会区域单位，一方面培养学生调查和分析社会生活，依据事实认识问题；另一方面学生获得参与社会实验的机会，培养社会工作技术，落实社会服务。

1928年，燕京大学社会学系得到洛克菲勒基金的资助，在许仕廉、杨开道的领导下选择了清河作为适当的地方——没有大家庭、距离燕京大学大约一个小时车程——进行社会调查，可以了解中国生活，而且“对于一个地方，用相当的时间，作数量分析的研究，较比普通用概略的方法叙述社会生活为有价值”[①]。经过两年的筹备和计划，清河实验区于1930年正式建立。实验区既是师生进行社会调查和社区研究的地点，也落实社会服务工作，具体在合作社、农业增产、儿童和妇女工作、卫生等方面取得了许多工作成效。1937年，清河实验因为社会时局而停办，之后清华大学在平郊的几个村庄开展了调查，燕京大学在1946恢复了清河实验点，也进行了一些调查，但是实验工作未能持续。

历经几十年的变迁，清河实验区发生了很大的变化。当前清华

---

① 许仕廉:《一个市镇调查的尝试》,《社会学界》第5卷，1931年。

大学社会学系在李强教授主持下重新开启新清河实验，有必要对过去老清河实验的工作和研究进行回顾和反思。

一、清河村镇社区概况

1938年，黄迪教授在总结清河实验工作时提出村镇社区的概念，认为村镇社区是真正的实验单位的范围，家庭、村和镇是村镇社区结构的必要部分。“家的重要是在于它是经济、婚姻与亲属的枢轴；村的重要在于它是正式教育、庙宇宗教和地方政治的舞台；而镇的重要则在于其为社区对外交换的媒介。”[①]黄迪具体从社区的地理环境、生物要素、社区生活三个方面对村镇社区进行分析，重点是社区生活。社区生活包含的基本结构是家庭、商店、庙宇、学校、青苗会与商会等社会组织，具体讨论经济、婚姻、宗教、教育和政治等各种功能活动以及它们相互之间的关系。

（一）实验区地理方位和交通概况

实验区选择了清河镇以及周围共40个村落，全区轮廓为方形，南北约16里，东西约11里，面积约200平方里。实验区分属三个行政单位。宛平县第五区十六村，包括清河镇、后厂、西北旺、东北旺、永泰庄、潘庄、安宁庄、二旗、黄土南店、黄土北店、回龙观、唐家岭、朱房、上地、河北村、后营、商家村；昌平县九村，包括小营、三旗、黑泉、马房、前屯、西小口、后屯、卢家村、东小口；北平北郊第一总署第九分署的十五村，包括双泉堡、仓营、花虎沟、关西庄、下清河、树村、前八家、后八家、萧庄、大石桥、西柳村、东柳村、六道口、水磨村、七间房。各村距离清河的平均距离是6里，最近的村庄距离1里，最远的村庄距离20里。

清河实验区内有两条交通干线，一是西部由南而北通过实验区

① 黄迪：《清河村镇社区——一个初步研究报告》，《社会学界》第10卷，1938年。

的平绥铁路（后更名京绥铁路，即现在的京包线），因所设站点距离清河镇比较远，对本社区的交通和运输没有起到多大作用，但是改变了另一条交通干线，也就是原来的从清河镇直通西北的大道（民国时期清河镇的这一段为清河二街，也是清河镇的商业中心，新中国成立后毛纺路成为商业中心，清河二街在改革开放之后的发展中被拆迁）的重要性，改变了清河所处的位置优势。村落和村镇之间，除了直通西北的大道之外，还有许多小土道连接。

清河实验区范围内有一条贯穿全区中部的河流，穿过清河镇。以清河为界，南北村落之间的情况以及各村落与清河镇的关系有较大差异。清河以北的村落较大，是传统的农业区，也是清河镇粮食的主要来源地，村庄生活日用产品等依赖清河镇；清河以南接近北平城郊，村落小，农业总产量低，需要从清河镇购买粮食和瓜果蔬菜，日用品购买多在北平城郊一带。

虽然实验区分属三个行政区，但整个区域以清河镇为中心同属一个市场范围，或者说清河镇可以辐射周围的其他村落。清河镇是粮食收集中心，收集周围区域的粮食之后分运到北平和其他城市，清河镇也是这个区域其他农产品如蔬菜、果品、花生以及油、盐、布匹、瓷器和农具等生产生活用品的集散和销售中心，吸纳周围村落的劳动人口。①

（二）实验区人口概况

调查研究一直是清河实验的重要内容，实验计划和安排都是在调研的基础上进行的。在正式开启清河实验之前，首先就对清河镇进行了调查，初步成果是许仕廉的《一个市镇调查的尝试》②。在清河实验进行过程中，学生可以选择进入实验区实习，参与社会工作，同时也进行村、镇、社会组织、市集、合作社、妇女工作等方面

① 许仕廉：《一个市镇调查的尝试》，《社会学界》第5卷，1931年。
② 许仕廉：《一个市镇调查的尝试》，《社会学界》第5卷，1931年。

的调查，许多学生据此完成了学术论文，部分论文发表在《社会学界》。清河实验在1937年因为时局关系中断，黄迪受托对清河实验的研究资料进行总结，完成《清河村镇社区》。黄迪认为前期对村和镇都有研究，但是缺乏对村镇社区的有机看法和整体介绍，而村镇社区是将实验区的村和镇看作有机联系的整体。

清河镇商业店铺和机关单位相对集中，就业人口以商业和工业从业者为主，农业人口比例只有11.41%。清河镇吸纳周围村庄劳动力，人口构成中性别比达到149.6，就业人口中15—49岁青壮劳动力达到56.04%；实验区40个村落总人口约25000人，约5200户，村落住家多在150户左右，[①]以从事农业为主。不同村落农业从业人口比重有较大差异，例如卢家村从事商业、工业等非农人口将近30%，而另一个村落黄土店北村非农从业者不足15%。实验区各村落的经济活动差异较大，农业和商业等有不同程度的发展。

（三）实验区家庭经济和生活

实验区村落的基本经济和生活单位是家庭。家庭平均人口不足5人，主要是一对夫妇为主的主干家庭。农户的主要生产资料是土地。在戴乐仁（J. B. Taylor）的指导下，燕京大学经济学系对清河经济生活进行了调查。从两个村落看（卢家村和黄土北店村[②]），自耕农占到一半以上，佃农比例超过半自耕农；家庭土地数量有限，70%以上耕地不足20亩，而且分布比较分散。清河租佃土地耕种主要采用现金租佃，金融流通是家庭所要面对的重要问题。

家庭农业生产主要依赖人力和畜力，一般使用自留种子和农家肥，农具多样，但是相对大件的农具和牲畜需要家庭之间借用或者租用。农业活动适应气候季节，农忙时期为旧历三月初至九月底。

---

① 黄迪：《清河村镇社区——一个初步研究报告》，《社会学界》第10卷，1938年。

② 万树庸：《黄土北店村社会调查》，《社会学界》第6卷，1932年；蒋旨昂，《卢家村》，《社会学界》第8卷，1934年。

农闲时间，除了节日娱乐活动之外，主要进行房屋修葺、买卖或者从事其他副业，或者办理男婚女嫁。副业是农户收入的重要构成，例如卢家村，几乎一半家庭都有副业。农业一般都是百态农业，不是单纯的土地耕作。

清河社区是相对贫困的区域，按照家庭平均耕地面积和平均亩产计算，家庭平均一年的农业收入也就160元左右，[①]还要缴付各种税赋，除了生活支出之外很难积累家庭财产。农家的主要财产就是房屋、牲畜和农具。房屋一般都是造价比较低的土屋，配有简单家具。家庭的物质消费水平很低，家庭花费最多的是饮食支出，主要食品是玉黍饼、窝窝头、小米粥；衣物很简单，而且基本自制。家庭在学校教育方面花费不多，但是有儿童不能帮忙家庭生产的影子成本。农家在农忙时老人和儿童也要参与农业劳作，甚至需要雇佣长短工。

不论穷富，婚丧嫁娶都是家庭大事，一般遵循传统的习俗和规范。婚姻大事家庭需要有很大的支出，丧葬也是家庭的重要经济负担，一些家庭可能需要通过钱会、借贷来应对，甚至可能导致家庭贫困。例如一个中等家庭的婚嫁需要花费约240元，而丧葬费用约290元，[②]如果以清河镇店铺伙计平均月收入约9元[③]计算，最少需要花费其两年半的收入，如果以家庭农业收入计算，也需要家庭两到三年的收入。

家庭在生产和生活的各个方面，不论金融流通，还是人生仪礼，亲属和邻里关系都是其重要的社会支持。

（四）实验区的商店和集市

农户有价值的农产品除去自用的部分，主要用于交换，获取现金购买生活所需的其他物品。农户一般是通过行商、村落店铺或者

---

① 黄迪：《清河村镇社区——一个初步研究报告》，《社会学界》第10卷，1938年。

② 张折桂：《礼俗调查的尝试：燕大清河试验区——北平清河镇左近四十村》，《社会研究》第四十至第五十期，1933年。

③ 许仕廉：《一个市镇调查的尝试》，《社会学界》第5卷，1931年。

去清河镇赶集进行交换。村落店铺可以看作是市场体系中最初级的商业中心，在其之上的是设在清河镇的商店。村店和镇店因为所处市场地位的不同，所提供物品的范围和性质有比较大的差异。

村落商店的数量与辐射的人口范围有很大的关系，多数村落都有店铺，多则二三十家，少则三两家。太小的村落没有店铺，购物只能去临近的村庄。村店一般提供日常零用的物品，还有一些流动的商贩贩卖瓜果、蔬菜、布匹、化妆品等。大件或者贵重的物品就需要去清河镇的商店购买，而且在清河镇可以出售农产品，获得现金收入。在清河镇的商店中，粮店最多。清河镇吸引的约40个村庄中，距离清河镇较远的村落也会将粮食卖到最近的市场（如沙河镇、青龙桥等），但是大部分粮食还是会卖到清河镇。清河镇的粮市比其他粮市大。清河镇的粮店主要是收集粮食，然后转卖到更大的市场。农民和粮店是通过“斗局”进行交易，斗局开始是买卖双方的中间人（介绍生意兼管过斗），之后成为专利部门，成为影响粮食市场的第三方力量。

就商店的经营状况而言，村店一般都是家庭商店，小本买卖。镇上的商店中也有很大比例是家庭店铺；大商店一般不是家庭店铺，店铺和住家一般是分离的，而且需要雇佣劳动力。雇佣的劳动力除了清河镇人外，均来自清河周围地区，其中一大部分来自附近的村庄。店铺经营方式仍然是学徒制，学徒一般也是通过亲属或者朋友介绍来的。对于农村穷困家庭的孩子来说，成为学徒是难得的机会，即使学徒生活非常艰苦。

以市场为中心，清河镇和周围村落发展起了紧密的经济和社会关系，实现着商品、劳动力和货币的流动。

（五）实验区的庙宇和学校

清河社区的生产生活过程中还有一个重要的组成部分，也就是庙宇。庙宇是民众信仰的中心，也是社区公共事务中心，同时也是举办现代教育的空间。

中国的民间信仰非常复杂。一般在家户内设有神龛供奉神佛或家仙，平时或者在特殊的节日供奉拜祭；店铺也有相应的供奉和祭拜。家庭的宗教活动只是一部分，另外部分主要在庙宇等公共空间中进行。

庙宇是重要的公共信仰中心。清河几乎每个村落都有庙宇，每一种庙宇都供奉多神。以庙宇为中心的宗教活动主要有两类，公祭和私祭。公祭活动一般由公会或者其他地方会社来组织，成为村落、村落之间甚至更大范围的组织活动。团体宗教活动中还有重要的一项就是庙会。私人的宗教活动主要是因生活中的许多需求而进行，而参加庙会同时也是参与庙会娱乐或者商业活动。

庙宇也用于学校教育。实验区40个村落有三十几所学校，其余是私塾或村塾。庙宇是村庄中规模较大的建筑，通常是村庄的公共活动场所，也作为校舍。村庄的私塾每年都需要地方组织从摊派的地亩钱中拿出一部分进行补贴，后来政府和社会提倡，一部分私塾改为学校，办学经费大多是乡公所和青苗会供给。虽然学生的学费很低，但入学率不高，绝大部分是男生。

清河镇的教育情况与村庄相比要好很多，学校经费较多。镇上儿童入学早，入学率高，女学生的人数也较村落为高。镇上学校的经费一部分是斗捐和屠宰附加，这两项村农民都有负担，而镇上学校中各个村的学生人数只占到23.7%。学校教师的待遇在村和镇有较大的差异，村落学校学生人数少，教师授课之余也充任许多其他工作。

在私塾或者村塾转为学校之后，学校管理成为了地方公共事务，成为乡公所或者地方社会组织的事务，也就出现了校长和董事由会首或者村长担任的现象，学校管理和地方事务管理紧密相关。

（六）实验区的青苗会和商会

在地方社会生活中，青苗会作为村庄的社会组织发挥着很大的作用。青苗会最初是看护青苗，其后职能逐渐扩展到维护生命财产安全，组织公共活动等。青苗会在地方有其发展历史，因为政权的更迭，青苗会已经成为比较规范的地方组织。民国政府为推进乡村自治而督促建立乡公所，主要人员构成就是青苗会成员，或者就是将青苗会直接改为乡公所。青苗会和乡公所维系着乡村生活的基本秩序。村落的具体事务基本是由青苗会与乡公所完成的。清河实验区分属三个行政单位，使得地方的政治更多地依赖于青苗会。

青苗会的事务主要掌握在少数的会头手中。大村事务多，会头之间分工明确，组织复杂，又分设几种委员会，小村则相反。青苗会的日常掌握在更有实权的人手中。会头一般是由村庄范围内有财力和能力的人担任，他们一般有较多的土地，都受过一定的教育，有知识和能力关注公共事务。

正是由于其双重身份，在承担乡公所维持治安、管理教育、协调村民内部各种纷争等责任的同时，青苗会仍然依据地亩等摊派费用，组织地方的宗教活动。村庄本身的经济能力影响青苗会的实际活动，同时要应对上级政府、军队施加的各种负担。青苗会的收入主要是按亩摊派地钱，按户收底钱、非农户的户捐以及村庄公产的收入。不同村庄青苗会的收入有很大的差异，而且在不同的年份，由于政府摊派和军队征发的不同，青苗会是否可以平衡收支有很大的差异。

清河镇发挥社会组织作用的还有商会。商会有正式的会员，会员交纳会费，但是非会员也得捐款。商会保护商店的利益，其职能非常多样化，参与教育、卫生、防卫等社会和公共事业，而且就防卫与青苗会合作。商会采用代表制议事，但是权力掌握在几家大的商会会员手中。

二、老清河实验的实验设计

（一）实验的宗旨和目标

老清河实验最初的定位是建立一个模范村镇社区，实验几年之后，实验目标重新定位——不是创造理想的社会，而是在实际社会里建立一个适当的实验场，获得改进社会技术，同时便于参与实验的师生从生活中求取知识。[①]通过实验区获得的经验和技术，可以在更大的地方推行；通过实验获得的材料，可以实现社会学的本土化；通过实验可以实践学术机构和社会的关系，培养人才，引导社会的思想和行动。

（二）实验区的组织构架

老清河实验区于1930年6月正式成立，设在清河镇。燕京大学社会学系主持实验区工作，最初是委派“执行委员会”，实行委员会制，之后为了更好地开展实验工作，1931年9月改为主任负责制。社会学系委派一名主任，对实验区工作负全责。最初在主任之下设置农村社会服务、农村经济和农村调查三组，之后改为经济股、卫生股、社会服务股和研究股，为了更好地与地方精英合作，还增设了顾问委员会。每股设股长和工作人员几名，社会学系的学生在实验区实习，参与实验工作或者进行调查，完成毕业论文。各股在机构上分立，但是在实验区工作具体开展过程中相互联系和合作，而不是孤立进行。1931—1933年，张鸿钧担任实验区主任；1934—1937年，王贺宸担任主任。

实验区主任和股长组成执行委员会，必要时主任召集，决议实验区大政方针。区务会议每月一次，全体职员参与。顾问委员会由当地的绅商各机关代表外界热心赞助本区工作者组成，本地人占多数，三个月召集一次。后设置专门顾问委员会，主要是农业、毛纺织业、合作化、小本贷款、妇女工作、旬刊、卫生、研究委员会，两个月开会一次，各股股长负责召集，以专门人才为主，邀请本地人加入，使得所议事项符合当地情况。

老清河实验区的经费主要来自燕京大学社会学系的支持，有一部分来自地方的捐款和社会人士的资助。实验计划实施七年，前三

---

① 许仕廉：《社会计划与乡村建设》，《社会学界》第8卷，1934年。

年实验经费主要来自外部，后四年希望由当地提供资金，这样实验的工作可以成为地方的实验，由当地人来进行。

（三）实验的构想

老清河实验区创办和发展时期，许仕廉和杨开道对农村建设也有很多理论上的探讨。许仕廉认为乡村建设是将社会计划应用于乡村，实现现代化。[①]社会计划就是运用系统、科学的技术和方法，不仅用于城市也运用于农村，是在现有的人口、资源、技术的基础上设计最有效率的方法；社会计划的目标是社会经济的改进，而不是政治组织的改变；社会计划是政府的推进，更需要依赖地方的主动；乡村建设中要区别地方建设的内容和政府政策的规定。乡村建设的主要内容包括农业、乡村工业、合作、医疗、教育、地方政治的建设。许仕廉认为中国的乡村建设面对的是中国的社会现实，农村需要发展农业经济；农村没有雄厚的资本实力，也没有单一的具有统治力量的阶级，在社区具有影响力的是士绅，他们是居于平民和政府之间的中间力量，乡村建设不能脱离他们的力量。

社会计划需要以地方的需要为基础，进行系统的整体的设计，而不只是卫生改良或者教育改良，要在农业、教育、卫生等方面同时并行，各部分之间协同建设。实验计划就是通盘考虑，以清河村镇社区作为地方经济区域落实社会计划，[②]具体工作中以村为最小单位，逐步推广实验工作。

杨开道参照西方农村发展的经验，主张推行农村生活运动[③]，涵盖的内容包括提高农民的知识水平、改良农事、注意农村经济、改善交通、扩大农村范围、提倡农村组织、培养农民领袖、扩展社会

---

① 许仕廉：《中国之乡村建设》，彭加礼译，《实业部月刊》第2卷第6期，1937年。

② 许仕廉：《中国乡村建设之最低工作单位讨论》，《申报月刊》第二卷第12号，1933年。

③ 阎明：《中国社会学史——一门学科与一个时代》，北京：清华大学出版社，2010年，第91—95页。

服务、生活社会化、开发正当娱乐、生活艺术化等；农村是一个地方共同社会，不同于城市，农村没有大的阶级分化，追求的是富足的自耕农的社会；农村问题不是简单的农业问题，而是一个整体问题，包括人口、土地、经济、社会交往、政治、宗教、组织、卫生和娱乐等各个方面。农村社会的改良最根本的问题不是土地问题而是农民的教育问题，同时要建立健全组织实现农村的自治，改变过去对权威领袖的依赖，进而实施自治的事业。中国农村自治的实现受制于管理、人才、经济上的缺乏。在农村经济收入增长之后，可以在农村传统组织的基础上发展自治。

在解决农村问题的具体政策和计划方案中，经济政策是基本。经济方面要解决土地、合作和金融的问题。对于如何解决土地和人口紧张的问题，可以采用限制人口、开垦耕地或者引导人口进入城镇、发展城市工业等方法。当时，实验区主张温和的方法，这就需要金融方面的扶持来获得土地；在农村教育方面，希望小学能够发挥村落服务中心的作用；而在管理上主张村长干事制，由年长的有威望的村长和受到现代知识训练的年轻人担任干事。[①]总之，杨开道认为应该借鉴西方的制度，从技术、经济、组织等方面出发，综合治理农村，实行地方自治，让农民过上自耕农的生活。

这些理论上的构想需要落实到具体的实践中来，先要了解农村，实践理论，找到改良农村的方法。1933年，王贺宸总结了实验的基本工作原则[②]，这些原则基本落实到了具体的实验工作中。第一，以调查为基础，实事求是。这是学术研究机构进行社会实验最基本的内容。老清河实验以清河调查为开端，调查一直贯穿始终。第二，以通盘计划应付整个问题。实验是整体的而不是零碎的，这样才能取得效果。第三，以经济为一切建设的基础。农村经济是发展社会

① 阎明：《中国社会学史——一门学科与一个时代》，北京：清华大学出版社，2010年，第94页。

② 王贺宸：《燕大在清河的乡建试验工作》，《社会学界》第9卷，1936年。

服务的基础。第四，与本地及外界各机构合作。在实验过程中与地方政府、教育、卫生、合作农业、技术等各方面的机构和人士进行了合作。第五，尽量聘用本地人才，加以训练，避免人存政举、人亡政息。让农村发展的动力来自内部。第六，一切设施均与当地情形适合，简单又经济。

三、老清河实验的具体工作[1]

老清河实验的具体工作主要集中在四个方面——农村经济、社会服务、乡村卫生和社会研究。农村经济包括信用合作、小本贷款、家庭工业、畜牧和农业改良；社会服务主要是儿童工作、妇女工作以及其他教育工作；乡村卫生主要是防疫统计、环境卫生、学校卫生、助产士的培养和医院建设；社会研究包括社会调查、人口调查、人事登记、青苗会研究以及宗教信仰、社会礼俗等调查。

（一）农村经济

老清河实验以经济建设为一切建设的基础。农村经济是其他社会服务的基础。农村经济包括农业生产增加、农家副业指导、合作社指导。

1. 建立合作社

合作社是解决经济建设的措施，也是农村组织发展可能性的实验。1929年实验区与华洋义赈救灾总会合作，为解决农村金融问题，试办农村信用合作社。实验推动过程中，特别强调地方的自发和主动，这也表现在信用社工作指导方面。一般是实验区负责人先与村庄有一定交往之后，宣传合作的原理和组织方法，让当地人了解合

---

① 以下实验区具体工作内容介绍主要资料来源为燕京大学社会学系编：《清河社会试验》，1934年。

作的意义和重要性，然后当地人提出要求，再成立合作社。信用合作社是其中一种，在此基础上发展其他合作社，如合作农场、商店等。为推动合作社的建立，实验区采用了多种推广方法，建立合作讲习班、开办合作农场、成立合作联合会、社员拜访及辅助、提倡副业、社员的公民训练、演讲。合作讲习班与华洋义赈会协作，灌输合作知识、启发合作精神、训练经济方法及引导地方自动进行，到1933年在合作指导处指导下东北旺、黄土南店、黄土北店、唐家岭成立合作社。[①]到1935年，实验区内17个村庄成立了合作社，也引发了实验区外11个合作社的建立。实验区内的合作社大多是在清河的北部，靠近北平的村庄只有两家合作社。这与以清河为界的南北之间经济和社会生活状态的差异有很大的关系。

合作社成立与村落的能人、组织结构和经济条件不无关系，具体可以通过合作社成立的类型来说明。合作社的形成有几种类型，第一类是由村庄青苗会决议成立。第二类是由村庄有能力的人发起成立，比如在卢家村是由小学教员发起，但是成立过程中和成立之后实际上还是受到青苗会的实质性的影响。[②]第三类是由村庄中年轻人联合发起成立，如在黄土北店是由一个小学毕业的青年提倡，得到村中的教员和其他年轻人的赞同后发起成立了合作社。[③]从信用合作社的经营来看，总体资金不足，也没有吸纳足够的当地的储蓄金，原因很多，如实验区资金的不足，合作社成员本身筹集的股金的数量不足，合作社的贷款和储蓄的利率与当地的金融市场的利率之间的差异等。合作社经营中还存在的一个重要问题就是，许多合作社掌握在地方组织青苗会手中，有利也有弊，或者理解合作，积极推进，或者不理解，参与的目的是掌握这个组织本身。

清河的信用合作社一般兼营其他业务，如兼营合作商店和合作

---

① 许仕廉:《清河镇试验区的合作事业》,《合作讯》1933年第100期。

② 蒋旨昂:《卢家村》,《社会学界》第8卷，1934年。

③ 万树庸:《黄土北店村社会调查》,《社会学界》第6卷，1932年。

农场。合作商店的经营上也存在问题。在一个原有的比较稳定的市场或者人口消费能力比较固定的情况下增加商品供给，而不能扩展商品辐射的人口的数量或者提高消费需求，就会打破原来的市场关系结构，造成对当地原有的商店经营的排挤。在合作农场方面，农户之间的互助合作、共同租种是北方农村可以见到的现象，如搭伙或者换工等，这些传统的组织方式可以成为合作农场的基础。但是合作农场面对的共有财产、共同劳动和共同决策以及效果如何，超出了按照习惯规则约束的农户之间的搭伙或者换工的范畴。合作过程中可能出现搭便车问题，而且很难监督。当然，合作农场也有成功的案例，也带来了示范效应，这就是东小口合作农场的盐碱地改造和水稻种植。①

清河普通农户户均土地不多，土地分散，很难兴办合作农场。已兴办合作农场的卢家村和东北旺村是租种外村的土地，而东小口村是购买盐碱地兴办合作农场。这给合作的推广带来很大的制约。

2. 推行小本贷款

为了补充农户对资金的需求，信用合作社之外，1931年实验区实施小本贷款，既可以消除高利贷的影响，也为设立银行提供参考。通过小本贷款，实验区工作人员可以与农户直接接触，建立联系，获得信任。②最初燕京大学社会学系支持200元，后热心人士无条件借给3000元。小本借款处由本地商人3人和实验区职员2人组成小本贷款委员会，经济股长为主席。小本贷款一般要经过申请，调查品行信用、用途以及需要程度，审核通过，签订合同，提供借款保障——地契、人保或者铺保等步骤，最多可以借20元（开始时最多10元），可以分月、分季或者分年归还。小本贷款发展迅速，第一年43家贷款，第二年发展到194家，从1933年的汇总情况来看，在贷款总额中，生产贷款占71.79%，主要是买卖资本贷款；非生产资

① 王贺宸：《燕大在清河的乡建试验工作》，《社会学界》第9卷，1936年。
② 李鸿钧：《清河小本贷款研究》，燕京大学社会学系学士论文，1934年。

本主要是还债。小本贷款申请者主要是在清河镇和附近村庄。小本贷款因为人员、审核、管理上的漏洞造成了比较大的损失，之后经济股停止了小本贷款工作，资金转向了信用合作社，也就是将借贷和金融通过合作社由村落内部来经营和管理，实验区退出了具体的工作。三十年代中国银行在乡村实施小本贷款，而七十年代以来在发展银行、发展基金会等机构和组织中小额贷款业务得到了很好的发展。

3. 乡村工业建设

老清河实验尝试发展乡村工业。实验区范围内主要是农业和商业，手工业和工业相对较弱。在选择如何发展实验区工业方面，考虑到可能的经营风险，以及家庭中劳动力的状况，选择了以女性为对象发展乡村工业，主要是毛纺织、地毯制作、挑补花和磨制花生酱。

1932年实验区得到北平华北工程学校赞助，决定介绍毛纺织为本区农民的副业。实验区选派学生2人去工程学院学习毛纺织，学成后在实验区开毛纺织培训班，首期审定20人，男女各半，全部学完需要3个月。由于房屋以及纺织设备价格问题，女性一般是学习梳毛和纺线，而且所用设备价格低，可以在家完成。培训班完成学习的可以留在培训班工作。培训后女工使用手纺车纺线，粗细不一，毛呢质量也就很难保证，而且所获工资没有超过实验区预计工资的可能。毛纺织业作为家庭工业存在实际的困难，清河镇毛纺织业的机械化程度很高，当时已经建立了毛纺织厂，家庭毛纺织的空间很小；毛呢成本高，大众主要消费价格便宜的棉布，毛呢销路也是问题。最后清河实验区毛纺织转向了使用机械的棉纺织品的生产。

老清河实验期间，挑补花——在棉布上挑图案用于出口有着较大的市场。1930年实验区少女手工班开始学习制作挑补花，之后在地方名人帮助销售的情况下，挑补花得到很好的发展。挑补花是手工制作，女性结婚后不外出工作，可以在家内完成。之后由于销售渠道不稳定，挑补花业受到了影响。实验区还尝试发展地毯制作，地毯主要是用羊毛手工完成，当时的利仁地毯以传授技术、提供原料、收购产品的方式与清河合作，在清河开设“利仁支厂”，清河少女班6人参加。之后少女、幼女班以半工半读的方式加入，但是由于利仁对女工年龄的规定（14—25岁）和当地人对签订合同的不理解，真正参加的人很少。清河少女手工班也尝试制造花生酱，生产成本低，技术简单，销路很好。但是顾虑食品卫生、储存技术、销路的问题，这项得到家户认可的手工业没有在清河真正发展起来。

4. 畜牧和农业的改良

老清河实验也尝试通过品种改良增加畜牧和农业的产量。当时农家一般是畜养本地的土猪和鸡，产量比较低。实验区与燕京大学协商后，由燕大农科院提供多年实验的种猪，在实验区推广。实验区人员去各村宣讲猪种改良的利益、喂养方法以及猪圈改良的方法，并鼓励当地农户通过贷款建立粉坊，在负责人指导下集中喂养所有家户的猪，共同缴纳地租、房租，这样比较节约。实验区还从燕大农科院和通州潞河中学运来来杭鸡进行鸡种改良。农业改良主要是选择农家指导其进行混合选种。实验区工作人员到各村进行农业改良演讲，举办农业展览会进行推广；与华洋义赈会协同办理贷款来凿井，使用自流水；向本区所组织的各种团体如合作社等提倡栽种果树，办种树运动会，并请农林专家于振周演讲；提倡在庭院、井旁、场边等间隙地栽种，不影响田地等。

合作社是老清河实验经济建设的主要组织方式，在合作社组织过程中主要依赖的是地方的社会组织和有能力的人，也就是青苗会和地方士绅，他们有财力和才力进行合作社的建立，但是同时也使得合作社推广工作中未能调动地方农户广泛参与。在乡村工业推广中，主要的对象是女性，女性在当时还没有进入到公共领域，局限在家庭生活领域，因而手工技术的推广和应用没有通过合作的形式实现，还是停留在实验区开办的生产单位或者家庭的内部。实验区没有实际的企业经营的资金、能力，也需要面对风险。实验区范围也没有通过合作形式建立起工业发展的基础，家庭的经营受多种因素影响，没有普遍地发展起来。合作农场的范围相对有限，在农业的改良方面主要面对的是农户，通过推广、技术指导和有利的合作，农业技术得到了一定的推广。

（二）社会服务工作

清河的社会服务工作主要面对妇女和儿童。清河农家基本上还是男主外、女主内的模式，女性文盲率比较高，没有参与到公共生活领域，主要是在家庭和庭院内从事家务劳动、农业相关劳动和少量的农田劳动。实验区从识字教育开始，再教育如何生活，并训练共同生活的习惯，发展组织与团结的力量。具体工作计划包括举办幼稚园、幼女班、母亲会、家政训练班、小学教师培训班、图书馆与阅览室、旬刊与壁报、娱乐和运动共九项。

1. 儿童工作

儿童工作的重点是教育和手工培训。实验区在1930年成立儿童会，利用儿童的闲暇时间通过游戏娱乐等方式灌输公民知识与公民训练，6个月以后按照年龄和需要进行分组。儿童会结束后，实验区举办了幼稚园、手工班和幼女班等。

2. 妇女工作

妇女工作的重点是提高妇女的生活技能和谋生技能，提升妇女的地位。实验区1930年设立了女子手工班，12—25岁不识字的女子参加，免学费，可以获得一定的知识和技能，如挑补花技能，写作、算数、记账知识和基本的常识。通过手工技能学习，可以发展家庭手工业，获得收入。1930年年底通过前期的家访和说明建立了母亲会，通过母亲会推进实验区的儿童和妇女工作，咨询她们的意见，并进行婴儿家庭卫生等方面的演讲。在母亲会的基础上，1931年建立了家政训练班，邀请公安局卫生所劝导员讲解儿童卫生，讲解儿童衣物制作、家庭布置、烹饪和美术等。

3. 小学教师训练班

通过与教育部门、学校合作建立了小学教师训练班，改善小学与私塾，并让实验区内知识分子了解实验工作。训练班主题包括小学教授法、学校管理、学校娱乐、学校卫生、家庭手工、农业改良、合作社，等等。

4. 图书馆与阅报室

1932年儿童图书馆改为清河图书馆，分儿童、成人、巡回三部。巡回部主要是图书送阅，一开始是将图书送到幼稚园和手工班轮流阅读，之后改为以小学为中心，借着实验区送《清河旬刊》的机会，将图书轮流送到40村。1935年12月东北旺合作社成立了自己的图书馆，是合作社开办的第一个图书馆，当时影响很大。图书馆一般有阅览室，提供杂志、报纸、留声机和象棋，可以成为人们交流的中心。

5.《清河旬刊》

通过与宛平县五区教育会以及燕大新闻系合作，出版《清河旬刊》，形成实验区舆论中心，对实验区事务进行讨论。实验区希望通过《清河旬刊》将各个村庄连接起来，形成共同生活，促进乡村改造。

6. 娱乐与体育

娱乐与体育在实验区工作推广以及文化娱乐生活提升方面都发挥了重要作用。在举办农产品展览、母亲会演讲等公共活动时，一般都备有双簧、杂耍等文娱表演。公安局区公所清河镇小学等举办卫生运动会，也有娱乐新剧助兴。新剧排演、体育运动可以丰富地方的生活，改变农闲时间人们一些不良的娱乐方式，而且借剧目和活动可以推广合作、科学等精神。在娱乐和体育活动推广方面，合作社发挥了重要的作用。

（三）乡村卫生

乡村卫生工作容易得到人们的关注，由此入手可以推动其他实验工作，同时可以实验在乡村进行卫生工作的组织方式。

实验区缺乏正规的医疗机构、设施和人员，实验区通过与多方协作，建立了乡村医院，聘请了专任的医生和护士；距离清河镇较远的三个村落——黄土北店、东北旺、东小口的合作社与卫生股联络建立了村诊疗所，合作社提供硬件设施，实验区派医生、提供药物。村诊疗所还可以辐射周围的村落，使得医疗资源具有可及性。实验区医生出诊之外，还进行家庭拜访，进行卫生知识宣讲。

实验区通过与其他机构合作推动助产工作。实验区当时还没有助产士，当地人也不到医院生产。实验区通过与助产学校协商，对方派遣助产士，进行助产工作。同时对旧接生婆进行最低程度的训练，降低产妇、婴儿死亡率。为了让当地人接受助产工作，助产士上门进行妇婴检查；与产婆交谈联络避免误会；通过母亲会进行宣传，也进行文字宣传。母亲会增加助产士，每星期开会宣讲卫生常识及产后卫生、婴儿护理等知识。印制“孕妇须知”及多种印刷品，也在《清河旬刊》上宣传。实验区与宛平县和北平公安局合办产婆（35—75岁，身体健康、耳目健全者）训练班，使得旧式的接生婆可以接受一定培训后继续从事接生的工作。

实验区也通过合作社开展了预防注射工作，主要是猩红热、白喉、牛痘等的预防注射。在人们接受了预防注射之后，1935年培训了村落注射牛痘人员，这些人员主要是合作社的社员，技术熟练之后发放证书。

在环境卫生方面主要是通过与商会、织呢厂和第七旅合作翻修道路，设清道夫，清道夫的经费由商会统一管理，商会也负责检查饮用水、食品卫生等方面的情况。卫生事务所的两名护士每星期六会进行家庭拜访，宣传个人和家庭的卫生知识；在实验区张贴卫生图画，发传单，举办卫生大会，在实验区举办的小学教师训练班和小本贷款委员会上进行卫生演讲。帮助改进地方学校的卫生制度，进行每年的体检和预防针注射，并增加学校运动的场地等。

（四）社会研究

大学参与社会实验的特点是什么？能够做出怎样的特殊贡献？社会研究应该是其中非常重要的方面。在实验工作开始之前，许仕廉和杨开道所领导的小组对清河镇生活各个方面进行了调查与研究，而且据此制订了工作的计划，虽然之后的工作计划有所调整。实验区正式成立之后，在当年的10月成立研究股，1932年派遣专人负责研究股。老清河实验的研究包括两个方面，一是概况调查，包括地理、历史、气候、交通、人口、政治、土地、农作物、租佃制度，二是专项研究。当时燕京大学社会学、经济学的学生以清河为对象，完成了他们的毕业论文，许多发表在当时的《社会学界》和其他的刊物上。清河相关的学生论文以及当时的报告和研究对于认识那个时期的经济、社会和文化有着很重要的价值。

四、总结与反思

老清河实验区按照通盘的计划在实验持续的七年内开展了经济、卫生、社会服务和文化娱乐等方面的全面的工作，在工作过程中各个方面互有衔接，但重点是农村经济建设。如何组织农村的经济？实验区主要采用的是合作社的形式。合作社在农村是否有其组织基础？实验区主要依赖的是地方的精英、有知识的人、年轻人，通过宣传、培训、指导等方式引导地方自主地建立合作社，并通过合作社来组织其他方面的工作，进而实现农村的自治。合作社应该说是清河实验最重要的组织形式，在妇女儿童工作方面也通过将妇女组织起来，如母亲会、手工班等，让她们能够理解团体的生活，能够在收入、地位等方面得到改善。在组建合作社的过程中，合作社一方面依赖地方精英建立起来了，但同时也受制于地方精英的权力和影响力，合作社的经营因而受到了影响，在合作社推广过程中，合作社的规模和业务没有得到很好的扩展，而更多地表现为数量的增加。在实验过程中，合作社的推广和经营还受到两个因素的影响，也就是当时的土地相对集中的状况、农户实际的收入状况。

老清河实验在调查和准备阶段，将清河和周围社区作为一个整体来进行实验，但是几乎所有具体的实验工作都是以村为单位，例如在合作社方面，虽然建立了合作社联合会，但是更多的是提供专业方面的指导，而没有形成一个整体，而且村与村之间、村与镇之间没有形成有效的联合或者合作，也就没有形成整体的效果。老清河实验在具体工作方法上还有许多值得探讨的地方，这对于当前的社区工作和农村建设等都有借鉴意义。